Das Buch

Keith Devlins mathematische ‹Sternstunden› führen den Leser in das «new golden age» der Mathematik, und zwar in Probleme und Lösungen aus jüngster Zeit, genauer: aus den Jahren 1960 bis 1985. Der Autor vermittelt auch dem Laien eine gute Vorstellung von modernen mathematischen Methoden, so etwa dem Verfahren zur Ermittlung extrem hoher Primzahlen. Er behandelt ausgewählte Probleme der mathematischen Grundlagenforschung, der Gruppentheorie und der Topologie sowie der analytischen Zahlentheorie, die in den beiden letzten Jahrzehnten nicht zuletzt dank der enormen Rechnerkapazitäten und -geschwindigkeiten von Computern gelöst werden konnten. Es fehlen auch nicht die seit kurzem so populären Fraktale und die Chaos-Theorie. Für Devlin ist diese neu erschlossene Disziplin der Experimentalmathematik jedoch weder eine philosophische Heilslehre noch eine Revolution des Denkens. Auch «chaotischem» Verhalten in dynamischen Systemen ist nur mit den Gesetzen der zweiwertigen Logik beizukommen – und die gelten in der Mathematik, der «Königin der Wissenschaften», bereits seit der Antike.
«Für den Nichtmathematiker über Mathematik zu schreiben, bleibt immer ein Wagnis... wer wissen möchte, worum es bei der aktuellen mathematischen Forschung geht, dem seien Devlins ‹Sternstunden› als Bettlektüre empfohlen. Es könnte sein, daß er sie nicht vor dem Morgengrauen aus der Hand legt.»
Jahresbericht der Deutschen Mathematiker-Vereinigung

Der Autor

Keith Devlin, Mathematiker und Wissenschaftsjournalist, lehrte an Universitäten in Großbritannien, Norwegen, Deutschland und in den USA. Er hat zahlreiche wissenschaftliche Arbeiten veröffentlicht und ist seit 1983 Science-Kolumnist des ‹Guardian›; für die BBC produziert er erfolgreiche Fernsehsendungen über moderne Mathematik.

Keith Devlin:
Sternstunden der modernen Mathematik
Berühmte Probleme und neue Lösungen

Deutscher
Taschenbuch
Verlag

dtv

Die Originalausgabe erschien 1988 unter dem Titel ‹Mathematics. The New Golden Age› bei Penguin Books Ltd., Harmondsworth, Middlesex, England.

Aus dem Englischen übersetzt von Doris Gerstner.

Dezember 1992
Deutscher Taschenbuch Verlag GmbH & Co. KG, München

ISBN 3-7643-2379-5
Umschlagtypographie: Celestino Piatti
Umschlagbild: Konstruktion der Knotengruppe für die Kleeblattschlinge.
Druck und Bindung: C. H. Beck'sche Buchdruckerei, Nördlingen
Printed in Germany · ISBN 3-423-04591-4

Inhaltsverzeichnis

Danksagung

Wie alle Mathematiker in der heutigen Zeit überblicke auch ich nur noch einen winzigen Teilbereich einer weiten und noch immer wachsenden Wissenschaft. In dem Bemühen, dem Leser einen umfassenden Überblick zu geben, war ich darauf angewiesen, daß andere die unvermeidbaren Fehler in meinem ersten Entwurf aufspürten. Ich danke Sir Michael Atiyah, Amanda Chetwynd, David Nelson, Stephen Power, Hermann te Riele, Morwen Thistlethwaite und David Towers, die das Manuskript ganz oder teilweise gelesen haben und mir wertvolle Ratschläge gaben. Mein Dank gilt ferner dem Penguin Verlag, der das hoffnungslos scheinende Unterfangen, eine «allgemeinverständliche» Darstellung der wohl unzugänglichsten Wissenschaft zu verfassen, von Anfang an begeistert unterstützte. Für alle Fehler und Unzulänglichkeiten zeichne natürlich ich allein verantwortlich.

Ich danke den nachstehenden Verlagen für die freundliche Genehmigung, urheberrechtlich geschützte Materialien wiederzugeben:

Nachdruck der Abbildungen 8 und 17–23 aus *The Beauty of Fractals* (1986) von H.O. Peitgen und P.H. Richter, mit freundlicher Genehmigung des Springer-Verlags.

Nachdruck der Abbildungen 9 und 10 aus *Die fraktale Geometrie der Natur* (Birkhäuser Verlag 1987) von Benoit Mandelbrot, mit freundlicher Genehmigung des Autors.

Nachdruck der Abbildung 14 aus *Studies in Geometry* (1970) von L.M. Blumenthal und K. Menger, mit freundlicher Genehmigung des Verlags W.H. Freeman and Co.

Nachdruck der Abbildung 31 mit freundlicher Genehmigung des *Scientific American.*

Nachdruck der Abbildung 34 mit freundlicher Genehmigung von *Spektrum der Wissenschaft.*

Nachdruck der Abbildung 57 mit freundlicher Genehmigung von Cordon Art – Baarn – Holland.

K.D.

Vorwort

Sternstunden der modernen Mathematik. Angesichts dieses Titels stellt man sich unwillkürlich die doppelte Frage, ob die Mathematik der Gegenwart in ein neues goldenes Zeitalter eingetreten ist und welchen Zeitraum der Geschichte man überhaupt als Glanzzeit der Mathematik bezeichnen könnte? Stellt die Ära der alten griechischen Geometer um 300 v.Chr. ein solches goldenes Zeitalter dar? Oder gilt dies eventuell eher für das 17. Jahrhundert, als Newton und Leibniz die Infinitesimalrechnung entwickelten und Fermat sein gewaltiges Werk zur Zahlentheorie schuf? Vielleicht verdient aber auch allein das mathematische Lebenswerk von C.F. Gauß (1777–1855) die Auszeichnung dieses Titels. Wie steht es mit der ungemein fruchtbaren Periode zwischen der Mitte des 19. Jahrhunderts und dem Ausbruch des Zweiten Weltkrieges, in der die Werke Riemanns, Poincarés und Hilberts entstanden?

Wie in jedem Bereich menschlichen Schaffens ist es auch in der Mathematik nicht möglich zu entscheiden, welche Periode die wahrhaft «größte Epoche» gewesen ist, da jede neue Generation auf dem Werk ihrer Vorgänger aufbaut. Jedoch läßt sich feststellen, daß die Gegenwart von einem beispiellosen Maß an mathematischer Forschungsaktivität geprägt ist. *The International Directory of Mathematicians* verzeichnet weltweit rund 25 500 Berufsmathematiker; dies ist jedoch nur ein Bruchteil der Gesamtzahl aller Mathematiker. Rechnet man das große Heer der «Amateure» hinzu, die die Mathematik als eine angenehme Freizeitbeschäftigung betreiben (und denen die Mathematik einige bedeutsame Entdeckungen verdankt!), dann muß die wahre Zahl riesig sein. Den Zahlen nach zu urteilen (eine zugegeben unsichere Argumentationsgrundlage, da Quantität, besonders in der Mathematik, nichts über Qualität aussagt), befinden wir uns heute also inmitten eines neuen goldenen Zeitalters.

Das Anliegen dieses Buches ist es, dem interessierten Laien einige der bedeutsamsten Entwicklungen nahezubringen, die in jüngster Zeit in der Mathematik stattgefunden haben. Jeden Fortschritt aufführen zu wollen, der als «bedeutsam» charakterisiert zu werden verdient, würde weit mehr als nur einen Band füllen. Ich war also gezwungen, eine sehr enge Auswahl zu treffen. Zunächst habe ich mich auf jene Entwicklungen beschränkt, die in den 25 Jahren zwischen 1960 und 1985 stattgefunden haben, wobei der Schwerpunkt auf dem letzten Teil dieses Zeitraums liegt. Da sich das Buch an einen allgemeinen Leserkreis richtet, habe ich nur solche Themen aufgenommen, über die in der Weltpresse berichtet wurde, und die darüber hinaus auf einem angemessenen Niveau erklärt werden können. Selbstverständlich haben auch meine eigenen Neigungen die Auswahl der Themen beeinflußt.

Von Ihnen, lieber Leser, wird nur vorausgesetzt, daß Sie sich für das Thema interessieren (warum sonst hätten Sie dieses Buch in die Hand nehmen sollen?) und ein gewisses Maß an Geduld mitbringen. Das Verstehen mathematischer Zusammenhänge erfordert einfach Zeit, selbst auf einem relativ oberflächlichen Niveau. Es ist unvermeidbar, daß sich einige Passagen dieses Buches erst durch eine einigermaßen gute mathematische Schulbildung in ihrer vollen Bedeutung erschließen, doch habe ich mich bemüht, diese Teile auf ein Mindestmaß zu beschränken; Passagen, die Ihnen zu schwierig erscheinen, können außerdem ohne weiteres in der Gewißheit übersprungen werden, daß es bald wieder «einfacher» wird. Obwohl die einzelnen Kapitel weitgehend unabhängig voneinander sind, können die ersten Kapitel für das Verständnis der nachfolgenden hilfreich sein.

So gut dies unter den oben gemachten Einschränkungen und angesichts des knappen Raumes möglich war, habe ich mich bemüht, dem Leser etwas von dem Reichtum und der Vielfalt der modernen Mathematik zu vermitteln. Leider ist das, was ich anbieten kann, nur die Spitze des Eisbergs. Ein Buch wie das vorliegende ist beinahe zwangsläufig zum Scheitern verurteilt; ich hoffe nur, es scheitert nicht zu kläglich.

Keith Devlin
Lancaster, England
Mai 1986

1 Primzahlen, Faktorzerlegung und Geheimcodes

Die größte Primzahl der Welt

Die größte bekannte Primzahl (der Begriff wird im folgenden erklärt) der Welt ist ein riesiges Gebilde, das in der Dezimaldarstellung 65050 Stellen benötigt. In der Schreibweise mit Hilfe von Potenzen kann sie handlicher dargestellt werden:

$$2^{216091} - 1.$$

Wir erzeugen die Zahl also, indem wir die Zahl 2 216090mal mit sich selbst multiplizieren und anschließend 1 abziehen.

Diese Schreibweise ist jedoch irreführend. Um eine Vorstellung von den Größenordnungen zu bekommen, die durch sie zum Ausdruck gebracht werden können, betrachten wir ein Beispiel. Auf die Quadrate eines gewöhnlichen Schachbrettes mit 8×8 Feldern sollen nach einer bestimmten Regel Stapel von etwa 2 mm dicken Münzen gelegt werden. Zunächst werden dazu die Felder des Schachbrettes wie in Abb. 1 fortlaufend von 1 bis 64 numeriert. Dann setzt man auf das erste Feld 2 Münzen, auf das zweite 4, auf das dritte 8 usw., so daß auf jedem Feld genau doppelt so viele Münzen zu liegen kommen wie auf dem vorangehenden. Auf dem n-ten Feld befinden sich folglich 2^n Münzen. Für das Schachbrett heißt dies, daß auf dem letzten Feld 2^{64} Münzen liegen. Wie hoch, glauben Sie, würde dieser Stapel sein? 1 Meter? 100 Meter? 1 Kilometer? Sicherlich nicht. Unser Stapel würde sich, so unglaublich es klingt, bis weit jenseits des Mondes erstrecken, der immerhin 400000 Kilometer von der Erde entfernt ist. Ja, er würde sogar die Sonne weit hinter sich lassen (Entfernung etwa 150 Millionen Kilometer) und bis fast an den nächsten Stern Proxima Centauri reichen, der etwa vier Lichtjahre von der Erde entfernt liegt. In der Dezimalschreibweise heißt die Zahl 2^{64}:

18446744073709551616.

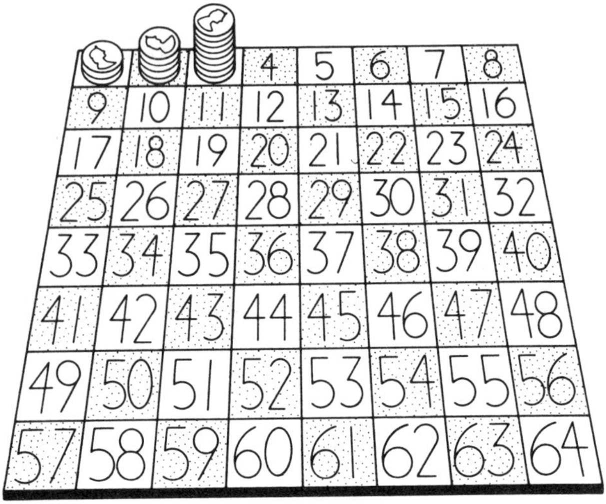

Abb. 1
Die astronomisch hohe Schachbrettzahl 2^{64}. Wenn wir auf das erste Feld eines Schachbretts zwei Münzen von je 2 mm Dicke legen, auf das zweite vier, auf das dritte acht usw., so daß auf jedem Feld genau doppelt so viele Münzen liegen wie auf dem vorangegangenen Feld, dann reicht der Stapel auf dem 64sten Feld bis fast zum nächsten Stern Proxima Centauri, der etwa 4 Lichtjahre von der Erde entfernt ist.

So viel zur Zahl 2^{64}. Um jedoch 2^{216091} zu erzeugen, bräuchten wir ein Schachbrett mit 216091, also etwa 465×465 Quadraten.

Wie geht man mit Zahlen dieser Größenordnung um? Nun, zunächst einmal benutzt man einen Computer. Aber natürlich nicht irgendeinen. Die oben erwähnte Rekordprimzahl wurde von einem der leistungsfähigsten Computer der Welt entdeckt – einer Maschine, die in der Lage ist, 200 Milliarden arithmetische Operationen pro Sekunde durchzuführen – und sogar mit diesem Computer dauerte die Rechnung über drei Stunden. Rechnerische Hochleistungsfähigkeit allein ist jedoch nicht ausreichend. Benötigt werden auch die Fähigkeiten des Mathematikers. Wie diese Fähigkeiten entwickelt wurden und welchen anderen Zwecken sie dienen können, davon handelt der Rest dieses Kapitels.

Primzahlen

«Jene Handlung ist die beste, welche der größten Zahl das größte Glück verheißt», schrieb Francis Hutcheson 1725 in seinem Werk *Inquiry into the Original of our Ideas of Beauty and Virtue*, Treatise II, Section 3.8.* Es ist unwahrscheinlich, daß Hutcheson dabei an *Zahlen* im mathematischen Sinn oder gar an die größte bekannte Primzahl oder etwas ähnliches dachte. Nichtsdestoweniger trifft seine Aussage auch auf die anhaltende Faszination zu, die die grundlegendsten mathematischen Objekte, die *natürlichen Zahlen* 1, 2, 3, ... auf den Menschen ausüben. Diese abstrakten mathematischen Objekte sind nicht nur für unser alltägliches Leben, sondern für die gesamte Mathematik von so fundamentaler Bedeutung, daß der Mathematiker Leopold Kronecker im 19. Jahrhundert (über die Mathematik) schrieb: «Die ganzen Zahlen hat der liebe Gott gemacht, alles andere ist Menschenwerk.»

Es gibt Eigenschaften, die die natürlichen Zahlen in zwei Klassen unterteilen: jene, die eine bestimmte Eigenschaft aufweisen, und jene, die diese Eigenschaft nicht haben, z.B. die Eigenschaft, durch 2 teilbar zu sein. Die natürlichen Zahlen zerfallen durch sie in die Klasse der geraden (2, 4, 6, 8, ...) und der ungeraden Zahlen (1, 3, 5, 7, ...). Oder die Eigenschaft, durch 3 teilbar zu sein. Wenn in diesem Buch von Zahlen die Rede ist, die durch eine andere Zahl *teilbar* sind, so verstehen wir darunter, daß die Division genau aufgeht und folglich kein Rest bleibt. So sind 3, 6, 9, 12 durch 3 teilbar, während dies für 1, 2, 4, 5 und 7 nicht gilt. Die Aufteilung in gerade und ungerade Zahlen ist eine natürliche und wichtige Klassifizierung. Die Aufteilung in Zahlen, die durch 3 teilbar sind, und in jene, die es nicht sind, ist dagegen weder sehr natürlich, noch ist sie von großer Bedeutung. Ein anderes Beispiel für eine natürliche und wichtige Klassifizierung der Zahlen ist durch die Eigenschaft gegeben, *Quadrat*zahl zu sein, etwa $1 = 1^2$, $4 = 2^2$, $9 = 3^2$, 16, 25, 36, ... Und so gibt es noch viele weitere Eigenschaften. Die weitaus wichtigste Klassifizierung der natürlichen Zahlen ist die nach Primzahlen.

Eine natürliche Zahl n heißt *Primzahl*, wenn sie nur durch sich selbst und 1 teilbar ist. Die Zahl 1 ist hier ein Spezialfall und wird definitionsgemäß nicht als Primzahl betrachtet.

---

* *Untersuchung unserer Begriffe von Schönheit und Tugend*, Frankfurt und Leipzig 1762.

2, 3, 5, 7, 11, 13, 17, 19 sind also Primzahlen, während dies für 1, 4, 6, 8, 9, 10, 12, 14, 15, 16, 18, 20 nicht zutrifft. Zahlen, die keine Primzahlen sind, nennt man *zusammengesetzte* oder *zerlegbare* Zahlen. 7 ist eine Primzahl, weil sie weder durch 2, 3, 4, 5 noch 6 teilbar ist. 14 ist keine Primzahl, weil sie durch 2 und 7 teilbar ist.

Der Hauptgrund für die Bedeutsamkeit der Primzahlen war bereits dem griechischen Mathematiker Euklid (ca. 350–300 v. Chr.) bekannt, der im IX. Buch seiner *Elemente* (einem dreizehnbändigen Kompendium des gesamten mathematischen Wissens jener Zeit) einen Satz bewies, der heute unter dem Namen *Fundamentalsatz der Arithmetik* bekannt ist: Jede natürliche Zahl größer als 1 ist entweder eine Primzahl oder kann auf eindeutige Weise als Produkt von Primzahlen geschrieben werden, wobei die Reihenfolge der Primfaktoren natürlich keine Rolle spielt.

Die Zahl 75900 beispielsweise ist das Produkt von sieben Primfaktoren, wobei zwei davon mehrmals vorkommen:

$$75900 = 2 \times 2 \times 3 \times 5 \times 5 \times 11 \times 23.$$

Der Ausdruck auf der rechten Seite des Gleichheitszeichens wird die *Primfaktorzerlegung* der Zahl 75900 genannt.

Die Kernaussage des Fundamentalsatzes der Arithmetik besteht darin, daß die Primzahlen die fundamentalen Bausteine der natürlichen Zahlen darstellen. Sie sind insofern den Elementen in der Chemie oder den Elementarteilchen in der Physik vergleichbar. Kennt der Mathematiker die Primfaktorzerlegung einer beliebigen natürlichen Zahl, so besitzt er damit fast alle Informationen über diese Zahl. Dies wird im weiter unten folgenden Abschnitt über Geheimcodes auf eindrucksvolle Weise belegt werden. Doch wenden wir uns zunächst den Primzahlen selbst zu.

Die grundlegende Frage, die sich im Zusammenhang mit den Primzahlen stellt, ist die nach ihrer Häufigkeit. Gibt es zum Beispiel eine größte Primzahl, oder existieren unendlich viele von ihnen? Auf den ersten Blick scheinen sie in der Tat sehr verbreitet zu sein. Unter den ersten zehn Zahlen größer als 1 (das heißt zwischen 2 und 11) gibt es 5 Primzahlen, was immerhin die Hälfte ausmacht. Unter den nächsten zehn Zahlen (zwischen 12 und 21) sind es 3 Primzahlen (13, 17, 19), also ein Drittel. Zwischen 22 und 31 liegt der Anteil der Primzahlen wiederum bei einem Drittel, während er für die nächsten beiden Zehnergruppen auf ein Fünftel sinkt. Die Primzahlen scheinen sich also zu den größeren Zahlen hin zu «lichten». Tabelle 1 zeigt, wie sich die Anzahl der Primzahlen kleiner als n (bezeichnet mit $\pi(n)$) für einige ausgewählte n ändert, und gibt die «Dichte» $\pi(n)/n$ für diese Fälle an.

n	$\pi(n)$	$\pi(n)/n$
1000	168	0,168
10000	1229	0,123
100000	9592	0,096
1000000	78498	0,078

Tab. 1
Die Primzahlverteilung. $\pi(n)$ gibt die Anzahl der Primzahlen kleiner als n für verschiedene Werte von n an.

Die Primzahlen werden also immer seltener, je größer die Zahlen werden. Heißt das jedoch, daß sie irgendwann einfach ganz verschwinden? Die Antwort lautet nein. Schon Euklid zeigte dies und bediente sich dabei einer Argumentation, die auch heute noch als Musterbeispiel eleganter mathematischer Beweisführung gilt. Stellen wir uns zunächst einmal die Primzahlen der Größe nach aufgelistet vor:

$$p_1, p_2, p_3, \ldots$$

p_1 entspricht dann 2, $p_2 = 3$, $p_3 = 5$ usw. Unser Ziel ist nun, aufzuzeigen, daß diese Liste nie vollständig sein kann. Anders formuliert: Zu jeder beliebigen Liste $p_1, p_2, p_3, \ldots p_n$ existiert eine Primzahl, die größer als p_n ist. Betrachten wir zu diesem Zweck die Zahl

$$N = p_1 p_2 p_3 \ldots p_n + 1,$$

die gebildet wird, indem wir die Primzahlen p_1, p_2, p_3 usw. bis p_n miteinander multiplizieren und das Ergebnis mit 1 addieren. Offensichtlich ist N größer als p_n. Wenn nun N zufälligerweise prim ist, dann wissen wir, daß es eine Primzahl gibt, die größer als p_n ist, was zu beweisen war. Wenn N andererseits keine Primzahl ist, dann muß sie durch eine Primzahl, nennen wir sie p, teilbar sein. Wenn wir nun jedoch versuchen, N durch eine der Primzahlen p_1, p_2, p_3 zu teilen, so erhalten wir stets den Rest 1 (jene 1, die wir zu dem Produkt der

Primzahlen $p_1 p_2 p_3 \ldots p_n$ addierten, um N zu erzeugen). p muß folglich eine andere Primzahl sein, womit wir ebenfalls bewiesen haben, daß die obige Liste nicht vollständig ist. Es gibt also in jedem Fall eine Primzahl, die größer als p_n ist. Daraus können wir schließen, daß sich die Liste der Primzahlen unendlich fortsetzen läßt.

Bemerkenswert ist, daß wir in dem obigen Beispiel nicht wissen, ob die Zahl N eine Primzahl ist oder nicht. Wenn wir jedoch einige der auf diese Weise erzeugten Zahlen betrachten, stellen wir fest, daß dies oft der Fall ist. Zum Beispiel:

$$N_1 = 2 + 1 = 3,$$
$$N_2 = 2 \times 3 + 1 = 7,$$
$$N_3 = 2 \times 3 \times 5 + 1 = 31,$$
$$N_4 = 2 \times 3 \times 5 \times 7 + 1 = 211,$$
$$N_5 = 2 \times 3 \times 5 \times 7 \times 11 + 1 = 2311.$$

Für die folgenden drei Beispiele trifft dies dagegen nicht zu:

$$N_6 = 2 \times 3 \times 5 \times 7 \times 11 \times 13 + 1 = 30031 = 59 \times 509,$$
$$N_7 = 19 \times 97 \times 277,$$
$$N_8 = 347 \times 27953.$$

Tatsächlich ist bislang nicht bekannt, ob der Ausdruck

$$N_{\mathrm{n}} = p_1\, p_2 \ldots p_{\mathrm{n}} + 1$$

unendlich viele Primzahlen oder unendlich viele zerlegbare Zahlen erzeugt, obwohl natürlich mindestens eine der zwei Möglichkeiten gegeben sein muß. Dies ist nur eine von Dutzenden auf der Hand liegenden Fragen, die bislang unbeantwortet geblieben sind.

Eine der berühmtesten der ungelösten Fragen, die die Primzahlen betreffen, ist die *Goldbachsche Vermutung*. Sie wurde 1742 von Christian Goldbach in einem Brief an Leonhard Euler aufgestellt und besagt, daß jede gerade Zahl größer als 2 die Summe zweier Primzahlen ist. Zum Beispiel:

$$4 = 2 + 2,$$
$$6 = 3 + 3,$$
$$8 = 3 + 5,$$
$$10 = 5 + 5,$$
$$12 = 5 + 7.$$

Mit Hilfe von Computern hat man die Goldbachsche Vermutung für alle geraden Zahlen bis 100000000 verifiziert; eine endgültige mathematische Lösung, die diese Vermutung entweder bestätigt oder widerlegt, steht jedoch bislang noch aus.

Primzahltests

Die meisten der klassischen Probleme im Zusammenhang mit den Primzahlen sind zwar noch immer ungelöst, doch hat man in den letzten Jahren gewaltige Fortschritte in der Entwicklung von Methoden erzielt, die der Erkennung von Primzahlen dienen. «Methoden, um Primzahlen zu erkennen?» fragen Sie. «Aber es ist doch völlig offensichtlich, wie man dabei vorgeht.» Und in der Tat gibt es eine ganz einleuchtende und einfache Methode, um zu prüfen, ob eine Zahl eine Primzahl ist oder nicht. Gegeben sei eine Zahl n. Wir testen nun zunächst, ob die Zahl durch 2 teilbar ist. Trifft dies zu, dann ist n keine Primzahl und der Fall ist entschieden. Trifft dies nicht zu, versuchen wir als nächstes, n durch 3 zu teilen. Ist 3 ein Teiler von n, dann ist n keine Primzahl und wir können den Fall wiederum abschließen. Andernfalls versuchen wir, n durch 5 zu teilen. 4 kann übersprungen werden, denn da 2 kein Teiler von n ist, gilt dies automatisch auch für 4. Wenn n auch durch 5 nicht teilbar ist, versuchen wir 7 (6 kann ebenfalls übersprungen werden, da n nicht durch 2 und 3 teilbar ist). Wenn Sie auf diese Weise bei $\sqrt{n}$ angelangt sind, ohne auf einen Teiler von n gestoßen zu sein, dann wissen Sie, daß n eine Primzahl sein muß. Andernfalls müßte nämlich n das Produkt zweier Zahlen u und v sein, die zwischen 1 und n liegen, und von denen muß natürlich entweder u oder v kleiner als $\sqrt{n}$ sein.

Das oben beschriebene Verfahren beruht auf der Durchführung von *Probedivisionen*. Obwohl dies für hinreichend kleine Zahlen ganz gut funktioniert, erweist es sich bei größeren Zahlen als sehr unhandlich. Um zu sehen, wie wenig praktikabel dieses Verfahren ist, stellen wir uns ein hochleistungsfähiges Programm vor, das auf dem schnellsten zur Zeit verfügbaren Computer (der eingangs erwähnten Maschine mit 200 Milliarden Rechenoperationen pro Sekunde) den Teilbarkeitstest durchführt. Für eine zehnstellige Zahl würde das Programm scheinbar keine Rechenzeit benötigen, die Antwort wäre unmittelbar auf dem Bildschirm abzulesen. Eine zwanzigstellige Zahl würde dem Programm schon einige Schwierigkeiten bereiten, und das Ergebnis ließe etwa zwei Stunden auf sich warten. Für eine fünfzigstellige Zahl bräuchte das Programm die unvorstellbare Zeit von 10 Milliarden Jahren. Und um den Test für eine hundertstellige Zahl durchzuführen, bräuchte der Computer

1 000 000 000 000 000 000 000 000 000 000 000 000

Jahre, eine Zahl mit 36 Nullen. Dies ist nicht nur eine triviale Gedankenspielerei um die Berechnung einer sehr großen Zahl. Denn man benötigt heutzutage 60- bis 100stellige Primzahlen für eine sichere Verschlüsselung von Nachrichten, doch davon später mehr.

Wie entscheidet man denn nun, ob eine hundertstellige Zahl eine Primzahl ist? Das derzeit beste Verfahren wurde 1980 von den Mathematikern L.M. Adleman, R.S Rumely, H. Cohen und H.W. Lenstra Jr. entwickelt und heißt nach den Initialen der Erfinder ARCL-Test. Die Laufzeit dieses Tests auf dem oben erwähnten Computer beträgt für eine zwanzigstellige Zahl 10 Sekunden, für eine fünfzigstellige Zahl 15 Sekunden und für eine hundertstellige Zahl 40 Sekunden. Sogar eine tausendstellige Zahl könnte von dem Computer bewältigt werden, wenn man man ihm eine Woche Zeit ließe.

Wie funktioniert dieser Test? Er beruht auf der Anwendung hochentwickelter mathematischer Methoden, die weit jenseits dessen liegen, was gewöhnlich in einer Anfängervorlesung an der Universität behandelt wird. Es ist aus diesem Grund auch nicht möglich, die Frage hier vollständig zu beantworten. Der zentrale Gedanke dieser Methode ist hingegen nicht schwer zu erklären. Er geht auf den großen französischen Mathematiker Pierre de Fermat (1601–1665) zurück und ist von bestechender Einfachheit und Klugheit.

Obwohl sich Fermat – von Beruf Jurist – nur in seiner Freizeit der Mathematik widmete, entdeckte er einige der bis heute bewundernswertesten Gesetze in der Mathematik. Eine seiner Beobachtungen besagt: Wenn p eine Primzahl ist, dann gilt für jede beliebige Zahl a kleiner als p, daß die Zahl $a^{p-1} - 1$ durch p teilbar ist. Setzen wir zum Beispiel $p = 7$ und $a = 2$, dann gilt:

$$a^{p-1} - 1 = 2^6 - 1 = 64 - 1 = 63$$

und 63 ist tatsächlich durch 7 teilbar. Versuchen Sie es selbst mit beliebigen Werten für p und a (wobei p eine Primzahl und a kleiner als p ist), und Sie werden stets die Bestätigung für Fermats Aussage finden.

Damit verfügen wir also über eine Methode, um zu prüfen, ob n eine Primzahl ist oder nicht. Man berechnet die Zahl $2^{n-1} - 1$ und prüft, ob sie durch n teilbar ist. Wenn dies nicht zutrifft, kann n keine Primzahl sein, denn sonst müßte n gemäß Fermats Beobachtung ein Teiler von $2^{n-1} - 1$ sein. Was kann man jedoch schließen, wenn $2^{n-1} - 1$ tatsächlich durch n teilbar ist? Leider nicht, daß n eine Primzahl sein muß, obwohl dies sehr wahrscheinlich ist. Die Fermatsche Methode besagt zwar, daß n ein Teiler von $2^{n-1} - 1$ ist, wenn n eine Primzahl ist. Man kann jedoch nicht umgekehrt schließen, daß es nicht auch zerlegbare Zahlen mit der gleichen Eigenschaft gibt. Auch die Aussage, daß alle Autos Räder haben, schließt nicht aus, daß auch andere Dinge Räder haben können, wie zum Beispiel Fahrräder. Es gibt ferner auch Zahlen, die keine Primzahlen sind und trotzdem die Fermatsche Eigenschaft besitzen. Die kleinste Zahl, auf die dies zutrifft, ist 341, das Produkt von 11 und 31. Mit dem Computer läßt sich zeigen, daß $2^{340} - 1$ tatsächlich durch 341 teilbar ist. Wir werden gleich sehen, daß es im Rahmen dieses Tests gar nicht erforderlich ist, 2^{340} wirklich auszurechnen. Zusammengesetzte Zahlen, die sich bezüglich der Fermatschen Eigenschaft wie Primzahlen verhalten, heißen *Pseudo-Primzahlen.* Wenn wir nun mit Hilfe der Fermatschen Methode prüfen wollen, ob n eine Primzahl ist, und dabei entdecken, daß $2^{n-1} - 1$ tatsächlich durch n teilbar ist, dann können wir daraus nur schließen, daß n entweder prim oder pseudoprim ist. Die Wahrscheinlichkeit spricht in diesem Fall allerdings sehr dafür, daß n tatsächlich eine Primzahl ist, denn obwohl es unendlich viele Pseudo-Primzahlen gibt, sind sie doch weit weniger verbreitet als die echten Primzahlen. Betrachten wir die natürlichen Zahlen bis 1000, so gibt es nur zwei solche Zahlen, bei den Zahlen bis 1 Million sind es nur 245.

Es macht übrigens keinen Unterschied, ob man statt 2 eine andere Zahl für a in die Formel einsetzt, etwa 3 oder 5. Die Existenz von Pseudo-Primzahlen wird es bei dieser Methode stets verunmöglichen, die Frage nach der Primeigenschaft einer Zahl allgemeingültig zu beantworten.

Bei dem oben beschriebenen Verfahren ist es nicht erforderlich, die Zahl 2^{n-1} wirklich auszurechnen. Wie wir bereits beobachten konnten, würde der Ausdruck schon für kleine Werte von n sehr groß werden. Es genügt daher für unsere Zwecke völlig, herauszufinden, ob $2^{n-1} - 1$ durch n teilbar ist oder nicht. Mit anderen Worten, Vielfache von n können *in jedem beliebigen Stadium der Rechnung* außer acht gelassen werden. Oder anders ausgedrückt, wir müssen ausrechnen, was übrigbleiben würde, wenn $2^{n-1} - 1$ durch n geteilt *würde.* Dabei interessiert uns nur, ob der Rest 0 ist oder nicht, die Vielfachen von n spielen keine Rolle. Bei Mathematikern und Informatikern hat sich eine besondere

Schreibweise eingebürgert, um den Rest einer Division zu bezeichnen: Das, was übrigbleibt, wenn A durch B geteilt wird, heißt:

$$A \bmod B.$$

Zum Beispiel: 5 mod 2 ist gleich 1, 7 mod 4 = 3 und 8 mod 4 = 0.

Probieren wir den Fermatschen Test einmal an einem Beispiel aus: Prüfen wir, ob 61 prim ist. Dazu gilt es nun, herauszufinden, wie groß

$$(2^{60} - 1) \bmod 61$$

ist. Wenn das Ergebnis nicht gleich Null ist, kann 61 keine Primzahl sein. Erhalten wir dagegen genau Null, dann ist 61 entweder eine Primzahl oder eine Pseudo-Primzahl. (Wie wir bereits wissen, ist 61 eine echte Primzahl.) Im folgenden wollen wir nun vermeiden, 2^{60} tatsächlich auszurechnen. Wir beginnen zunächst mit der Beobachtung, daß $2^6 = 64$ ist. Daraus folgt: $2^6 \bmod 61 = 3$. Da $2^{30} = (2^6)^5$, erhalten wir:

$$\begin{aligned} 2^{30} \bmod 61 &= (2^6 \bmod 61)^5 \bmod 61 = 3^5 \bmod 61 \\ &= 243 \bmod 61 = 60. \end{aligned}$$

Daraus folgt:

$$\begin{aligned} 2^{60} \bmod 61 &= (2^{30})^2 \bmod 61 = (2^{30} \bmod 61)^2 \bmod 61 \\ &= 60^2 \bmod 61 = 3600 \bmod 61 = 1. \end{aligned}$$

Und so ist:

$$(2^{60} - 1) \bmod 61 = 0.$$

Da das Ergebnis 0 ist, können wir erwartungsgemäß schließen, daß 61 entweder prim oder pseudo-prim ist.

An diesem Punkt haben Sie vielleicht den Wunsch, die Rechnung einmal selbst zu versuchen. Zeigen Sie also, daß

$$2^{10} \bmod 341 = 1,$$

und benutzen Sie dann dieses Ergebnis, um

$$2^{340} \bmod 341 = 1$$

zu beweisen. Das Resultat zeigt Ihnen, daß die Zahl 341 entweder eine Prim- oder eine Pseudo-Primzahl ist. (In diesem Fall handelt es sich, wie bereits erwähnt, tatsächlich um eine Pseudo-Primzahl.)

Der ARCL-Test stellt eine Modifikation des Fermatschen Verfahrens dar, durch die die Pseudo-Primzahlen ausgeschaltet werden. Um diese Modifikation zu verstehen, bedarf es profunder Kenntnisse der höheren Mathematik. Der interessierte Leser sei auf den Artikel *Primality testing and Jacobi sums* von Cohen und Lenstra verwiesen, der in der Fachzeitschrift *Mathematics of Computation* erschienen ist (Volume 42 (1984), pp. 297–330).

Mersennesche Primzahlen

Der ARCL-Test ist das derzeit schnellste allgemeine Verfahren, um herauszufinden, ob eine *gegebene* Zahl n prim ist oder nicht. Für Zahlen, die bestimmte strukturelle Eigenschaften besitzen, gibt es oft andere Methoden, die wesentlich schneller ans Ziel führen, indem man sich die besondere Struktur der Zahl zunutze macht. Das spektakulärste Beispiel dieser Art betrifft Zahlen der Form $2^n - 1$. Solche Zahlen bezeichnet man heute nach dem im 17. Jahrhundert lebenden französischen Mönch Marin Mersenne als *Mersennesche Zahlen.*

Im Vorwort seines 1644 veröffentlichten Buches *Cogitata Physica-Mathematica* stellte Mersenne fest, daß die Zahl

$$M_n = 2^n - 1$$

für $n = 2, 3, 5, 7, 13, 17, 19, 31, 67, 127$ und 257 prim ist, während sie für alle anderen n kleiner als 257 zusammengesetzt ist. Wie gelangte er zu diesem Ergebnis? Niemand weiß es. Er kam jedoch der Wahrheit erstaunlich nahe. Erst im Jahre 1947, als die ersten Tischrechenmaschinen aufkamen, wurde es möglich, seine Behauptung zu überprüfen. Er irrte sich nur in fünf Fällen: M_{67} und M_{257} sind entgegen seiner Annahme zerlegbar, während M_{61}, M_{89} und M_{107} Primzahlen sind.

Die Mersenneschen Zahlen eignen sich hervorragend, um sehr große Primzahlen zu erzeugen. Das schnelle Wachstum der Funktion 2^n für wachsendes n sorgt dafür, daß die Mersenneschen Zahlen M_n rasch extrem groß werden. Gesucht werden nun Werte von n, für die M_n prim ist. Solche Primzahlen heißen *Mersennesche Primzahlen.* Aus der elementaren Algebra folgt, daß M_n nur dann prim sein kann, wenn n selbst eine Primzahl ist. Man betrachtet also nur solche Werte von n, die prim sind. Trotzdem sind die meisten der auf diese Weise erzeugten Zahlen M_n zerlegbar, so daß die Suche nach geeigneten Werten von n keineswegs einfach ist – auch wenn dies auf den ersten Blick so scheinen mag:

$$M_2 = 2^2 - 1 = 3,$$
$$M_3 = 2^3 - 1 = 7,$$
$$M_5 = 2^5 - 1 = 31,$$
$$M_7 = 2^7 - 1 = 127.$$

All diese Zahlen sind Primzahlen. Für M_{11} gilt das Muster dagegen nicht mehr, denn:

$$M_{11} = 2047 = 23 \times 89.$$

Die folgenden drei Werte ergeben wiederum Primzahlen:

$$M_{13} = 8191, M_{17} = 131\,071, M_{19} = 524\,287.$$

Danach wird es zunehmend schwieriger, Mersennesche Primzahlen zu entdecken. Die nächsten fünf Werte von n, für die M_n eine Primzahl ist, sind 31, 61, 89, 107, 127.

Viele Leute, die die obigen Werte zum ersten Mal betrachten, kommen voreilig zu der Schlußfolgerung, daß immer dann, wenn p selbst eine Mersennesche Primzahl ist, auch M_p prim ist. Dies trifft sicherlich für die ersten Fälle zu: 3 ist eine Mersennesche Primzahl und ebenso M_3; das gleiche gilt für 7 und M_7; für 31 und M_{31}, für 127 und M_{127}. Doch dann bricht die Regelmäßigkeit ab. Obwohl 8191 eine Mersennesche Primzahl ist (nämlich M_{13}), ist M_{8191} (mit 2466 Dezimalstellen) eine zerlegbare Zahl. Dies wurde 1953 mit Hilfe eines der ersten Computer entdeckt (vgl. den Abschnitt über vollkommene Zahlen in diesem Kapitel).

Tatsächlich kennt man bislang nur dreißig Mersennesche Primzahlen. Die zwölf oben genannten Werte von n, für die M_n eine Primzahl ist, waren alle bereits zu Beginn dieses Jahrhunderts bekannt. Die nächsten fünf ($n = 521, 607, 1279, 2203, 2281$) wurden 1952 von Raphael Robinson mit Hilfe eines SWAC-Computers entdeckt. Den Wert $n = 3217$ fand Hans Riesel im Jahr 1957 mit Hilfe eines BESK-Computers. 1961 benutzte Alexander Hurwitz einen IBM 7090 und erhielt die Werte $n = 4253$ und 4423. 1963 entdeckte Donald Gillies mit einer ILLIAC-II-Maschine $n = 9689$, 9941 und 11213, und 1971 fand Bryant Tuckerman mit einem IBM 360-91 den Wert $n = 19937$. Mit der nächsten Entdeckung im Jahre 1978 machten die Rekordprimzahlen Schlagzeilen: Nach drei Jahren intensiver Arbeit und 350 Stunden Rechenzeit auf einem CYBER-174-Computer war es den zwei achtzehnjährigen High-School-Studenten Laura Nickel und Curt Noll an der California State University in Hayward gelungen, die 6533stellige Mersennesche Primzahl M_{21701} zu finden. Ein Jahr später verbesserte Noll den Rekord mit der 6987-stelligen Primzahl M_{23209}. Etwas später im gleichen Jahr wurde der Rekord erneut überboten, und zwar von David Slowinski, einem jungen Programmierer der Cray Research Company aus Chippewa Falls, Wisconsin. Mit Hilfe der überaus leistungsstarken Rechenanlage CRAY-1 fand er die 13395stellige Primzahl M_{44497}. 1982 bewies das gleiche Mensch-Maschine-Gespann, daß M_{86243} (eine 25962stellige Zahl) prim ist. Mit dem noch leistungsstärkeren Computer CRAY-XMP fand Slowinski 1983 die 39751stellige Primzahl M_{132049}. Vorläufiger Rekordhalter ist die 65050stellige Mersennesche Primzahl M_{216091}, die im September 1985 in Houston, Texas, auf einem CRAY-XMP gefunden wurde. Obwohl die Entdeckung von der Firma Chevron Geosciences gemacht wurde, gebührt das Verdienst eigentlich Slowinski, da Chevron das von ihm entwickelte Programm zur Entdeckung von Primzahlen laufen ließ. Dieses Programm wird häufig verwendet, um etwaige Fehler im Computer-System aufzuspüren.

Ist damit ein Endpunkt in der Entwicklung erreicht? Wahrscheinlich nicht. Es wird vermutet, daß es keine höchste Mersennesche Primzahl, sondern unendlich viele gibt. Bewiesen wurde diese Vermutung jedoch bislang nicht. Mit Sicherheit läßt sich nur sagen, daß mindestens dreißig existieren, nämlich jene, die bisher entdeckt wurden.

Die Methode, die verwendet wird, um die Mersenneschen Zahlen auf ihre Primeigenschaft zu prüfen, ist im Gegensatz zu der Mathematik, die dahinter steckt, sehr einfach. Sie ist bekannt als der *Lucas-Lehmer-Test*, so benannt nach Edouard Lucas, der 1876 die Idee dazu entwickelte, und Derrick Lehmer, der diese Methode 1930 verbesserte. Um zu prüfen, ob eine Mersennesche Zahl M_n eine Primzahl ist (von n wird dabei vorausgesetzt, daß es erwiesenermaßen prim ist), berechnen wir die Zahlen $U(0), U(1), \ldots, U(n-2)$ nach der folgenden Regel:

$$U(0) = 4,$$
$$U(k+1) = [U(k)^2 - 2] \bmod M_n.$$

Wenn sich herausstellt, daß $U(n-2) = 0$, dann ist M_n eine Primzahl. Wenn dagegen $U(n-2) \neq 0$, dann ist M_n keine Primzahl.

Nehmen wir beispielsweise an, wir wollten mit Hilfe des Lucas-Lehmer-Tests prüfen, ob M_5 eine Primzahl ist. ($M_5 = 2^5 - 1 = 31$; von 31 wissen wir natürlich bereits, daß sie Primzahl ist, doch können wir uns auf diese Weise die Methode veranschaulichen.) Wir führen nun folgende Rechnung aus:

$$U(0) = 4,$$
$$U(1) = (4^2 - 2) \bmod 31 = 14 \bmod 31 = 14,$$
$$U(2) = (14^2 - 2) \bmod 31 = 194 \bmod 31 = 8,$$
$$U(3) = (8^2 - 2) \bmod 31 = 62 \bmod 31 = 0.$$

Da $U(3) = 0$, muß M_5 eine Primzahl sein.

Vielleicht probieren Sie die Methode einmal selbst an den zwei Zahlen $M_7 = 127$ (prim) und $M_{11} = 2047$ (nicht prim, siehe oben) aus.

Faktorzerlegung

Auf der Tagung der angesehenen American Mathematical Society im Oktober 1903 war als einer der Redner Frederick Nelson Cole angekündigt, ein Mathematiker, der eine Arbeit mit dem unscheinbaren Titel «Über die Faktorisierung sehr großer Zahlen» vorstellen sollte. Als Cole an der Reihe war, ging er nach vorne zur Tafel, führte, ohne ein Wort zu sprechen, die Rechnung 2 hoch 67 aus und zog von dem Ergebnis 1 ab. Immer noch schweigsam, begab er sich zu einem unbeschriebenen Teil der Tafel und multiplizierte die Zahlen

193 707 721 und 761 838 257 287

miteinander. Die Ergebnisse der beiden Rechnungen stimmten überein. Ohne auch nur ein einziges Wort gesprochen zu haben, ging Cole an seinen Platz zurück, und zum ersten und bisher einzigen Mal in der Geschichte der American Mathematical Society erhob sich die gesamte Zuhörerschaft und zollte dem «Redner» stürmischen Beifall.

Cole war es gelungen, die Primfaktoren der Mersenneschen Zahl M_{67} zu entdecken (eine Leistung, die ihn anscheinend zwanzig Jahre lang jeden Sonntagnachmittag gekostet hatte). Seit 1876, als Edouard Lucas die von ihm erfundene Methode (heute Lucas-Lehmer-Methode) auf die Mersennesche Zahl M_{67} angewendet hatte, wußte man, daß sie eine zusammengesetzte Zahl war. Doch obwohl mit Hilfe dieses Tests die Frage, ob eine gegebene Mersennesche Zahl prim ist oder nicht, eindeutig entschieden werden kann, gibt die Lösung keinen Hinweis auf die Faktoren, aus denen die Zahl zusammengesetzt ist. Das gleiche gilt auch für den ARCL-Test, wie aus der obigen Beschreibung hervorgeht, sowie für eine ganze Reihe anderer zur Zeit verfügbarer Methoden zur schnellen Erkennung von Primzahlen.

Wie geht man nun aber das Problem an, die Faktoren einer erwiesenermaßen zusammengesetzten Zahl zu finden? Simples Probieren scheidet wie bei der Frage nach der Erkennbarkeit der Primeigenschaft aus, da es einfach nicht praktikabel ist. Ein gewisses Maß an Probieren liegt jedoch allen zur Zeit gängigen Verfahren zur Identifizierung von Primzahlen sowie zur Faktorisierung sehr großer Zahlen zugrunde. Es ist zum Beispiel durchaus sinnvoll, die in Frage stehende Zahl versuchsweise durch die erste Million Primzahlen zu dividieren, da dies recht schnell durchzuführen ist. Findet sich auf diese Weise ein Teiler, dann ist sowohl die Frage nach der Primeigenschaft als auch das Problem der Faktorzerlegung gelöst. Wenn kein Teiler gefunden wird, dann wissen wir zumindest, daß die Zahl entweder eine Primzahl ist oder – falls zerlegbar – nur sehr große Primfaktoren besitzt. Eine auf Fermat zurückgehende, einfache Methode der Faktorzerlegung, die sich diesen Umstand zunutze macht, wird im folgenden beschrieben.

Angenommen $n = uv$, wobei u und v große ungerade Zahlen sind, für die gilt $u \geq v$. Da wir davon ausgehen, daß n sich nur in sehr große Primzahlen zerlegen läßt, ist dies genau die Situation, der wir uns gegenübersehen, wenn n erwiesenermaßen eine zusammengesetzte Zahl ist und wir ihre Faktoren herausfinden wollen. Es sei:

$$x = \frac{1}{2}(u + v), \quad y = \frac{1}{2}(u - v).$$

Dann gilt: $0 \leq y < x \leq n$, und $u = x + y$, $v = x - y$, woraus folgt:

$$n = (x + y)(x - y) = x^2 - y^2.$$

Dies läßt sich umformen zu:

$$y^2 = x^2 - n. \tag{1}$$

Umgekehrt, wenn x und y die Gleichung (1) erfüllen, dann läßt sich n in folgende Faktoren zerlegen:

$$n = (x + y)(x - y). \tag{2}$$

Die Zerlegung von n in ein Produkt aus zwei Zahlen bedeutet also nichts anderes, als zwei Zahlen x und y zu finden, die die Gleichung (1) erfüllen, in welchem Fall die Faktorzerlegung durch die Gleichung (2) gegeben ist. Bitte beachten Sie, daß dies nicht unbedingt die *Primfaktorzerlegung* von n ergibt. Kennt man jedoch erst einmal zwei Faktoren, können diese wiederum zerlegt werden, was eine unvergleichlich leichtere Aufgabe ist, da sich eine Zahl um so einfacher in Faktoren zerlegen läßt, je kleiner sie ist.

Um die Gleichung (1) für x und y zu lösen, beginnen wir mit der kleinsten ganzen Zahl k, für die gilt: $k \geq \sqrt{n}$ und rechnen die Gleichung für die Werte $x = k, x = k + 1, x = k + 2, \ldots$ aus, bis wir eine Zahl gefunden haben, für die $x^2 - n$ eine Quadratzahl ist. Sobald wir eine solche Zahl x gefunden haben, ist die Faktorisierung natürlich erfolgreich abgeschlossen. Unter der Voraussetzung, daß n aus zwei ungefähr gleich großen Faktoren besteht (die folglich in der Nähe unseres Anfangswertes $\sqrt{k}$ liegen müssen), sollte die Lösung relativ schnell zu finden sein. Wenn Sie die Methode einmal selbst ausprobieren wollen, versuchen Sie es mit den Zahlen 10379 und 93343, die zwei gute Beispiele liefern.

Es gibt verschiedene Möglichkeiten, das oben beschriebene Verfahren zu beschleunigen. Um zu sehen, ob die Quadratwurzel von $x^2 - n$ eine ganze Zahl ist, müssen wir die Rechnung nicht in jedem Fall wirklich durchführen. Da eine Quadratzahl nie auf die Ziffern 2, 3, 7 oder 8 endet, kann jede Lösung für $x^2 - n$, die auf eine dieser Ziffern endet, sofort ignoriert werden.

Fermat selbst verwendete diese Methode, um die folgende Zahl zu faktorisieren:

$$2027651281 = 44021 \times 46061.$$

Computerprogramme benutzen einige hochentwickelte Methoden, um unmögliche Werte von x sofort auszuschließen. 1974 konstruierten Mathematiker an der University of California in Berkeley ein speziell entwickeltes elektronisches Gerät, das Zahlen durchsiebt: den SRS-181, der 20 Millionen Zahlen pro Sekunde verarbeiten kann.

Fermatsche Zahlen

Die *Fermatsche Zahl* F_n wird erzeugt, indem wir die n-te Potenz von 2 bilden, dann 2 mit dieser Zahl potenzieren und dem Ergebnis 1 hinzufügen:

$$F_n = 2^{2^n} + 1.$$

F_0 ist also gleich 3, $F_1 = 5$, $F_2 = 17$, $F_3 = 257$ und $F_4 = 2^{16} + 1 = 65537$ (das offenkundig sehr schnelle Wachstum dieser Zahlen beruht auf der wiederholten Anwendung der Exponentialfunktion).

Das Interesse an diesen Zahlen wurde geweckt, als Fermat 1640 eine kühne Behauptung aufstellte. Angeregt durch die Beobachtung, daß die Zahlen F_0 bis F_4 Primzahlen waren, schrieb Fermat in einem Brief an Mersenne: «Ich fand heraus, daß die Zahlen der Form $2^{2^n} + 1$ stets prim sind und habe den Mathematikern schon längst die Wahrheit dieses Satzes berichtet.» Diese Anmerkung möge all jenen als Warnung dienen, die versucht sind, auf der Grundlage nur weniger Anhaltspunkte allgemeine Schlußfolgerungen zu ziehen. Denn trotz seiner großen mathematischen Begabung irrte sich Fermat in diesem Punkt. Der erste, der diese Behauptung schlüssig widerlegte, war der große Schweizer Mathematiker Leonhard Euler, der 1732 bewies, daß $F_5 = 4294967297$ keine Primzahl ist. Obschon Euler dieses Ergebnis durch Probieren fand, liegt die besondere Ironie in der Tatsache, daß die einfache Anwendung des von Fermat selbst erfundenen Tests gezeigt hätte, daß F_5 nicht prim ist. Wie Sie sich erinnern werden, ist p nur dann eine Primzahl, wenn gilt: $3^{p-1} \bmod p = 1$. Für $p = F_5$ erhalten wir jedoch: $3^{p-1} \bmod p = 3029026160$; folglich kann F_5 keine Primzahl sein.

Spätere Arbeiten haben gezeigt, wie falsch Fermats Behauptung war. Heute weiß man, daß F_n für alle Werte von n zwischen 5 und 21 sowie für einige andere Werte zerlegbar ist. Es wird sogar vermutet, daß F_n für *alle* n größer als 4 zusammengesetzt ist.

Die Fermatschen Zahlen sind ein weiteres Beispiel dafür, wie bestimmte Zahlen dank ihrer besonderen Struktur sehr effizient auf ihre mögliche Zugehörigkeit zu den Primzahlen überprüft werden können. Eine recht verbreitete Methode beruht auf dem sogenannten *Proth'schen Theorem*, welches besagt, daß die Fermatsche Zahl F_n genau dann prim ist, wenn gilt:

$$3^{(F_n-1)/2} \bmod F_n = -1.$$

Dieser Test ermöglicht es, die Frage nach der Primeigenschaft einer Fermatschen Zahl sehr effizient zu lösen. Er hängt eng mit dem oben erläuterten Fermatschen Test zusammen. Unser Interesse gilt hier jedoch nicht der etwaigen Identifizierung neuer Fermatscher Primzahlen, sondern der Faktorisierung derjenigen Fermatschen Zahlen, die erwiesenermaßen zusammengesetzt sind. Gerade in diesem Bereich sind in den letzten Jahren wichtige Fortschritte erzielt worden, Fortschritte, die nicht ohne Anwendungen außerhalb der Mathematik geblieben sind.

Die Fermatsche Zahl F_5 wurde, wie bereits erwähnt, von Euler als eine zerlegbare Zahl identifiziert. Es gelang ihm auch, einen Primfaktor, nämlich 641, zu bestimmen. 1880 bewies Landry, daß F_6 ebenfalls zerlegbar ist, und auch in diesem Fall wurde ein Primfaktor gefunden: 274177. Mit der Fermatschen Zahl F_7 verhielt es sich jedoch anders. Zwar bewiesen Morehead und Western bereits 1905, daß die Zahl zusammengesetzt ist, doch gelang es erst Brillhart und Morrison im Jahre 1971, die Zahl (mit Hilfe eines IBM 360-91) in Primfaktoren zu zerlegen:

$$\begin{aligned} F_7 &= 2^{128} + 1 \\ &= 340\,282\,366\,920\,938\,463\,463\,374\,607\,431\,768\,211\,457 \\ &= 59\,649\,589\,127\,497\,217 \times 5\,704\,689\,200\,685\,129\,054\,721. \end{aligned}$$

Zu diesem Zweck benutzten sie eine auf Kettenbrüchen beruhende Methode, die Lehmer und Powers bereits viel früher vorgeschlagen hatten. Die Rechnung dauerte etwa eineinhalb Stunden. Verbesserte Versionen der *Kettenbruch-Methode*, wie sie heute genannt wird, gehören gegenwärtig zu den besten Faktorisierungsmethoden überhaupt.

Dieselben Wissenschaftler, die bereits 1905 gezeigt hatten, daß F_7 eine zerlegbare Zahl ist, bewiesen 1908, daß auch F_8 zusammengesetzt ist. Die Faktoren wurden jedoch erst 1981 von Brent und Pollard gefunden. Die Rechnung dauerte zwei Stunden auf einem Univac-1100/42-Computer. Die von Pollard entwickelte Methode war zu jener Zeit sehr ungewöhnlich, da anders als bei den meisten Methoden in der Mathematik nicht gewährleistet war, daß sie ein Ergebnis erzielen würde. Alles, was aus der zugrundeliegenden Mathematik geschlossen werden konnte, war, daß bei der Durchführung einer bestimmten Rechnung die Zahl mit hoher Wahrscheinlichkeit innerhalb einer angemessenen Zeitspanne in Faktoren zerlegt werden würde. Die Wahrscheinlichkeit, daß dies nicht eintreten würde, war gering. Dieses Verfahren unterscheidet sich demnach stark von der Methode des Probedividierens, wo die Chance, innerhalb von einer Milliarde Jahre ein Ergebnis zu erzielen, gering ist. Zwar spielt auch in Pollards Methode der Zufall eine gewisse Rolle, doch zeichnet sich sein Verfahren durch die sehr hohen Erfolgschancen aus. In den letzten Jahren sind eine Reihe von sogenannten *Monte-Carlo-Methoden* entwickelt worden, die wie Pollards Faktorisierungsmethode darauf beruhen, daß die Gewißheit, ein Ergebnis zu erhalten, zugunsten der hohen Wahrscheinlichkeit aufgegeben wird, ein Ergebnis in wesentlich kürzerer Zeit zu erzielen.

Die zwei Primfaktoren, aus denen F_8 (eine 78stellige Zahl) zusammengesetzt ist, lauten:

1238926361552897

und

93461639715357977769163558199606896584
051237541638188580280321.

Zur Zeit der Entstehung dieses Buches war es noch niemandem geglückt, die Zahl F_9 in ihre Faktoren zu zerlegen. Würde der deutsche Mathematiker Carl Friedrich Gauß heute noch leben, wäre er vielleicht mit den heutigen schnellen Computern in der Lage, das Problem zu lösen. Immerhin erzielte er im Zusammenhang mit den Fermatschen Zahlen eines der erstaunlichsten Ergebnisse überhaupt, indem er sie mit einem klassischen Problem der griechischen Geometrie in Verbindung brachte. Aufgrund dieser wie auch vieler anderer Entdeckungen zählt Gauß zu den überragendsten mathematischen Denkern der Geschichte. Im folgenden wollen wir uns ihm kurz zuwenden.

Ein großer mathematischer Geist

Carl Friedrich Gauß wurde 1777 in Braunschweig geboren. Sein Vater, ein Maurer, hegte die Hoffnung, daß sein Sohn ihm einmal bei der Arbeit zur Hand gehen würde, bei der handwerklichen Arbeit ebenso wie bei der Buchhaltung. Für die letztere Aufgabe schien der junge Gauß in der Tat ganz außergewöhnlich geeignet, denn schon als dreijähriger Knabe soll er in der Lage gewesen sein, die Lohnabrechnungen seines Vaters zu korrigieren. Es war ein großes Glück für die spätere Entwicklung der Mathematik (von der Physik und der Astronomie ganz zu schweigen), daß der herrschende Fürst schon bald von dem jungen Wunderknaben erfuhr und es übernahm, seine Ausbildung zu finanzieren. Im Alter von fünfzehn Jahren trat Gauß in das Collegium-Carolinum ein, nachdem er die Lehrer seiner Schule bereits weit hinter sich gelassen hatte. Doch schon nach drei Jahren mußten auch die Professoren dort zugeben, daß sie ihm nichts mehr beibringen konnten.

Im Jahre 1796, während seines Studiums in Göttingen, entdeckte Gauß den erstaunlichen Zusammenhang zwischen den Fermatschen Zahlen und der klassischen griechischen Geometrie. Diese Entdekkung bildet den siebzehnten und letzten Teil seines Mammutwerks *Disquisitiones Arithmeticae*, welches im Jahre 1801 erschien, als sein Verfasser gerade 24 Jahre alt war. Dieses Werk, das bis heute aufgelegt wird, stellt die Grundlage eines Großteils der heutigen Zahlentheorie dar, jenes Teilbereichs der Mathematik, der sich mit den Eigenschaften der natürlichen Zahlen beschäftigt (die in diesem Kapitel nur sehr unvollständig erwähnt werden können).

Eines der beliebtesten Probleme in der klassischen griechischen Mathematik bestand in der Konstruktion ebener Figuren (wie zum Beispiel Kreise, Dreiecke, Rechtecke usw.), wobei als Hilfsmittel nur Zirkel und Lineal benutzt werden durften. Das Lineal wies keine Maßeinheiten auf und eignete sich daher nur zum Zeichnen gerader Linien, während der Zirkel ausschließlich dazu benutzt wurde, Kreisbögen zu zeichnen, und nicht dazu diente, eine Länge zu messen und abzutragen. Mit einer gehörigen Portion Einfallsreichtum ist es möglich, eine ganze Reihe geometrischer Figuren unter Zuhilfenahme nur dieser zwei grundlegenden geometrischen Instrumente zu konstruieren. Noch bis in die Mitte der 60er Jahre stellten diese Konstruktionen weltweit einen bedeutenden Teil des Mathematikunterrichts in den Schulen dar. Die Griechen selbst waren in der Lage, regelmäßige Polygone mit n Seiten für $n = 3, 4, 5, 6, 8, 10, 12, 15, 16$ zu konstruieren. Ein Polygon oder Vieleck ist *regelmäßig*, wenn alle Seiten gleich lang und alle Innenwinkel gleich groß sind.

Der neunzehnjährige Gauß bewies nun, daß ein regelmäßiges Polygon mit n Seiten genau dann mit Zirkel und Lineal konstruiert werden kann, wenn entweder gilt: $n = 2^k$ für eine beliebige Zahl k oder $n = 2^k p_1, p_2, \ldots p_r$ (für beliebiges k), wobei $p_1, p_2, \ldots p_r$ verschiedene Fermatsche Primzahlen sind. Insbesondere heißt das: Für jede beliebige Fermatsche Primzahl p läßt sich ein regelmäßiges Polygon mit p Seiten konstruieren. Die erste Fermatsche Primzahl $F_0 = 3$ ergibt das gleichseitige Dreieck, das leicht zu konstruieren ist. Die nächste Fermatsche Primzahl $F_1 = 5$ erzeugt das regelmäßige Fünfeck. Da $F_2 = 17$ ebenfalls eine Fermatsche Primzahl ist, beweist das Gaußsche Ergebnis, daß ein regelmäßiges siebzehnseitiges Polygon gleichfalls mit Zirkel und Lineal konstruiert werden kann. Dies ist der erste und bislang einzige Fortschritt, der seit den Griechen in der Frage der Konstruierbarkeit regelmäßiger Polygone erzielt wurde. Gauß war so stolz auf seine Entdeckung, daß er den Wunsch äußerte, man möge auf seinen

Grabstein ein siebzehnseitiges Polygon einmeißeln. Zwar wurde diese Bitte nicht erfüllt, doch ziert das Polygon heute ein Monument, das ihm zu Ehren in seinem Geburtsort Braunschweig errichtet wurde.

Vollkommene Zahlen

Wie die Pythagoräer (die Anhänger des im sechsten Jahrhundert v. Chr. lebenden griechischen Mathematikers Pythagoras) feststellten, besitzt die Zahl 6 eine besondere Eigenschaft. Sie ist gleich der Summe ihrer echten Teiler (das heißt, aller Teiler außer der Zahl selbst):

$$6 = 1 + 2 + 3.$$

Die nächste Zahl mit dieser Eigenschaft ist 28. Die echten Teiler von 28 sind: 1, 2, 4, 7 und 14, und so ist:

$$28 = 1 + 2 + 4 + 7 + 14.$$

Solche Zahlen bezeichneten die Pythagoräer als *vollkommene Zahlen.*

In seinem im ersten Jahrhundert n. Chr. erschienenen Werk *Introductio Arithmeticae* nennt der griechische Mathematiker Nikomachos neben 6 und 28 noch zwei weitere vollkommene Zahlen: 496 und 8128. Aus diesen Zahlen wurden zwei Vermutungen abgeleitet: Erstens, die n-te vollkommene Zahl besitzt n Stellen. Zweitens, die vollkommenen Zahlen enden abwechselnd auf 6 und 8. Beide Vermutungen sind falsch. Zum einen gibt es überhaupt keine fünfstellige vollkommene Zahl und zum anderen endet die fünfte vollkommene Zahl, 33 550 336, zwar auf 6, aber das gleiche gilt auch für die sechste Zahl, 8 589 869 056. Wahr ist jedoch, daß alle geraden vollkommenen Zahlen entweder auf 6 oder 8 enden. Dies läßt sich direkt beweisen und hängt nicht von der Kenntnis beliebig vieler vollkommener Zahlen ab.

Im neunten Buch seiner *Elemente* bewies Euklid (350–300 v. Chr.), daß die Zahl $2^{n-1}(2^n - 1)$ immer dann vollkommen ist, wenn 2^n-1 eine Primzahl ist. Zwei Jahrtausende später zeigte Euler, daß jede gerade vollkommene Zahl diese Bedingung erfüllt. Zwischen den Mersenneschen Primzahlen und den vollkommenen Zahlen besteht folglich ein enger Zusammenhang. So liegt es auf der Hand, daß man zur Zeit nur genau dreißig gerade vollkommene Zahlen kennt. In der Tat hat man bislang noch keine einzige ungerade vollkommene Zahl gefunden; es wird vermutet, daß alle vollkommenen Zahlen notwendigerweise gerade sind. Obwohl dies noch nicht bewiesen werden konnte, deutet doch manches darauf hin. So weiß man beispielsweise, daß eine ungerade vollkommene Zahl, sofern sie überhaupt existiert, größer als 10^{100} sein und aus mindestens 11 verschiedenen Primfaktoren bestehen müßte. Andererseits lehrt uns die Geschichte, daß Voraussagen über vollkommene Zahlen mit Vorsicht zu genießen sind. 1811 schrieb Peter Barlow nämlich in seinem Buch *Theory of Numbers* über die achte vollkommene Zahl $2^{30}(2^{31} - 1)$, eine 19stellige Zahl, die 1772 von Euler entdeckte wurde, folgendes: «[Sie] ist die größte vollkommene Zahl, die je entdeckt wurde, und sie wird es auch bleiben, denn da diese Zahlen zwar sehr merkwürdig sind, jedoch sonst keinen Nutzen haben, ist es unwahrscheinlich, daß je ein anderer versuchen wird, eine noch größere vollkommene Zahl zu finden.»

Obwohl die vollkommenen Zahlen tatsächlich nur als Kuriositäten von Interesse sind, hat Barlow doch ganz klar die Anziehungskraft von Kuriositäten unterschätzt, wie der erste Abschnitt dieses Kapitels deutlich beweist. Und zweifellos sind die vollkommenen Zahlen ganz außergewöhnlich sonderbar. So sind zum Beispiel alle geraden vollkommenen Zahlen *triangulär;* sie können folglich durch eine äquivalente Anzahl von Kugeln dargestellt werden, die so angeordnet sind, daß sie ein gleichseitiges Dreieck bilden, was wiederum bedeutet, daß sie die Form $\frac{1}{2}\, n\, (n + 1)$ für eine Zahl n besitzen. Eine andere merkwürdige Eigenschaft ist die: Bildet man die Quersumme einer vollkommenen Zahl (6 ausgenommen), addiert also die Ziffern der Zahl, erhält man stets ein Vielfaches von 9 plus 1. Damit hängt auch eng das folgende Ergebnis zusammen: Wenn man sukzessive die Quersumme der Quersumme einer vollkommenen Zahl bildet, solange bis die Summe nur noch aus einer Ziffer besteht, so erhält man als Resultat stets 1.

Darüber hinaus ist jede vollkommene Zahl die Summe aufeinanderfolgender ungerader dritter Potenzen. Zum Beispiel:

$$28 = 1^3 + 3^3,$$
$$496 = 1^3 + 3^3 + 5^3 + 7^3.$$

Noch eine letzte Eigenschaft der vollkommenen Zahlen: Wenn n eine vollkommene Zahl ist, dann beträgt die Summe der Kehrwerte aller Teiler von n stets 2. Nehmen wir zum Beispiel die Zahl 6, die die Teiler 1, 2, 3 und 6 besitzt:

$$\frac{1}{1} + \frac{1}{2} + \frac{1}{3} + \frac{1}{6} = 2.$$

In der Tat hat die Suche nach diesen «kuriosen» Zahlen ein solch immenses Maß an Forschungsarbeit ausgelöst, daß trotz der von Barlow angenommenen Nutzlosigkeit solcher Zahlen ihre Berechnung heute so etwas wie einen Maßstab für die Leistungsfähigkeit großer Rechenanlagen darstellt. Betrachten wir zum Beispiel die Mersennesche Zahl M_{8191}, die erste Zahl, die die Kette der primzahlerzeugenden Mersenneschen Primzahlen unterbricht. Als der Lucas-Lehmer-Test 1953 erstmals auf einem ILLIAC-1-Computer durchgeführt wurde, um zu beweisen, daß diese 2466stellige Mersennesche Zahl keine Primzahl ist (und folglich auch keine vollkommene Zahl erzeugt), dauerte die Rechnung 100 Stunden. Im Laufe der Jahre hat sich die Rechenzeit für diesen Test drastisch vermindert: Auf einer IBM-7090-Rechenanlage dauerte die Rechnung nur noch 5,2 Stunden, auf einem ILLIAC-II-Computer nur noch 49 Minuten, auf einem IBM 360-91 3,1 Minuten und auf einem CRAY-I-Computer schließlich nur noch 10 Sekunden.

Geheimcodes

Im Herbst 1982 gingen bei einer wissenschaftlichen Tagung in Winnipeg, Kanada, zwei Mathematiker und ein Computer-Ingenieur abends noch ein Glas Bier trinken. Schnell kamen die zwei Mathematiker auf das Problem der Faktorisierung großer Zahlen und auf die rechnerischen Schwierigkeiten zu sprechen, die sich dabei ergeben können. Der Computer-Wissenschaftler, der ihnen interessiert zuhörte, erkannte bald, daß die Rechenanlage, an der er gerade arbeitete, aufgrund ihrer besonderen Bauweise eine der Hauptschwierigkeiten der beiden Mathematiker mit Leichtigkeit überwinden würde. Und so kam es, daß ein zufälliges Gespräch bei einem Glas Bier tiefgreifende Auswirkungen auf den Bereich der Datensicherheit hatte. Eine der sichersten Formen der Verschlüsselung von Nachrichten macht sich nämlich gerade die Schwierigkeit zunutze, sehr große Zahlen in Faktoren zu zerlegen. Die Geschichte, wie sich ein scheinbar nutzloser und esoterischer Teilbereich der reinen Mathematik zur Grundlage unserer heutigen, modernen Sicherheitssysteme mauserte, ist eine der interessantesten mathematischen Entwicklungen dieses Jahrhunderts und kann all jenen als Warnung dienen, die meinen, dieser oder jener wissenschaftliche Forschungsbereich habe keinen «praktischen Nutzen».

Dabei sind es oft die Mathematiker selbst, die am hartnäckigsten die Nützlichkeit ihrer Wissenschaft abstreiten. In seinem hervorragenden Buch *A Mathematician's Apology* schreibt der große britische Mathematiker G.H. Hardy: «Die wahre Mathematik hat keine Auswirkungen auf den Krieg. Noch niemand hat bis jetzt einen wie auch immer gearteten kriegerischen Zweck der Zahlentheorie oder der Relativitätstheorie entdecken können, und es ist sehr unwahrscheinlich, daß dies in den nächsten Jahren geschehen wird» (Kapitel 28). Dies schrieb Hardy im Jahre 1940. Nur fünf Jahre später wurde seine Aussage über die nicht-militärische Verwendung der Relativitätstheorie mit dem Einsatz der ersten Atombomben auf schreckliche Weise widerlegt. Was sein anderes Beispiel anbelangt, die Zahlentheorie, so stellt dieser «nutzlose» Teilbereich der Mathematik heute die Sicherheitssysteme für die Überwachung der zahllosen nuklearen Raketen bereit, die seit der ersten Atombombe über Hiroshima allgemeine Verbreitung fanden. So viel zu den Vorhersagen über die Anwendbarkeit mathematischer Entdeckungen im allgemeinen. Hardy selbst arbeitete übrigens auf dem Gebiet der Zahlentheorie, und einige seiner Forschungsergebnisse haben sich als höchst nützlich erwiesen, auch wenn er selbst etwas ganz anderes behauptete: «Ich habe nie etwas gemacht, das ‹nützlich› gewesen wäre. Für das Wohlergehen der Welt hatte keine meiner Entdeckungen – ob im Guten oder im Schlechten – je die geringste Bedeutung, und daran wird sich vermutlich auch nichts ändern.»

Der Gedanke, geheime Codes zu verwenden, ist natürlich nicht neu. Schon Julius Cäsar verschlüsselte während des Gallischen Kriegs die Botschaften an seine Generäle, um die Sicherheit seiner Befehle zu gewährleisten. Heutzutage besteht ein Bedürfnis nach Chiffriertechniken zum Schutz von Nachrichten nicht nur im militärischen Bereich. Es gibt auch wirtschaftliche und politische Gründe, Informationen so zu schützen, daß sie nicht in die falschen Hände gelangen.

Wie wird aber ein System zur Nachrichtenverschlüsselung entworfen? Eine lapidare, jedoch durchaus ernstzunehmende Antwort könnte lauten: «Mit großer Vorsicht.» Der potentielle «Feind» nämlich, der versucht, unseren Code zu knacken, verfügt sowohl über leistungsstarke Rechenanlagen als auch über hochentwickelte Methoden der Mathematik und Statistik. Die einfachen Methoden der Chiffrierung, die Cäsar verwendete, sind daher sicherlich völlig inadäquat. Bei einer solchen Art der Chiffrierung (dem sog. Cäsar-Code) wird jeder Buchstabe der ursprünglichen Nachricht nach einer bestimmten Regel durch einen anderen Buchstaben ersetzt. So könnte zum Beispiel jeder Buchstabe durch den drei Stellen weiter im Alphabet befindlichen Buchstaben ersetzt werden. Aus A würde so D, aus G J, aus Y B und aus dem Wort Mathematik PDWKHPDWLN. Eine auf diese Weise verschlüsselte Botschaft scheint zwar auf den ersten Blick ohne Kenntnis der zugrundeliegenden Regel nicht entzifferbar zu sein, doch trifft dies keineswegs zu. Es gibt maximal 25 Möglichkeiten, die Buchstaben zu verschieben. Ein möglicher Gegner müßte lediglich alle Möglichkeiten durchprobieren, um die richtige Substitutionsregel zu finden. Aber selbst, wenn eine andere, weniger offensichtliche Methode der Substitution verwendet würde, wäre der Verschlüsselungscode nicht sicher. Das Problem liegt in der Häufigkeit, mit der die verschiedenen Buchstaben in einer Sprache vorkommen. Zählt man das Vorkommen jedes einzelnen Buchstabens in der Nachricht, läßt sich daraus mit Leichtigkeit die zugrundeliegende Substitutionsregel erschließen – besonders wenn Computer verwendet werden, um das Verfahren zu beschleunigen.

Wenn also die einfache Substitution ausscheidet, stellt sich die Frage, welche anderen Möglichkeiten es gibt. Doch gleichgültig, welche Methode wir auch versuchen, es sind stets die gleichen Gefahren, denen wir ausgesetzt sind. Sobald der chiffrierte Text ein «erkennbares» Muster aufweist, kann ein hochentwickeltes Statistikprogramm den Code ohne große Schwierigkeiten knacken. Und hier offenbart sich das wirkliche Problem. Damit eine verschlüsselte Botschaft von einem vielleicht Tausende von Kilometern entfernten Empfänger wieder entschlüsselt werden kann, darf das Chiffriersystem nicht die ganze Ordnung zerstören – die Struktur der Botschaft muß als solche erhalten bleiben. Diese zugrundeliegende Ordnung muß nun aber so gründlich versteckt werden, daß ein potentieller Feind sie nicht entdecken kann.

Alle modernen Chiffriersysteme sind heute zwangsläufig auf Computer angewiesen. Da angenommen werden muß, daß der Feind über leistungsstarke Computer zur Analyse unserer Nachricht verfügt, muß unser System genügend komplex sein, um einer möglichen Computeranalyse standzuhalten. Aufgrund der Schwierigkeit, sichere Kodierungssysteme zu entwickeln und zu erhalten, besteht ein solches System unweigerlich aus zwei Komponenten: einem Verfahren der Kodierung, welches üblicherweise aus einem Computerprogramm oder einem speziell entwickelten Computer besteht, und einem «Schlüssel». Um nun eine Botschaft zu kodieren, benötigt das System nicht nur die Botschaft selbst, sondern auch den Schlüssel, gewöhnlich eine geheime Zahl. Das Chiffrierprogramm kodiert dann die Nachricht auf eine Weise, die von dem gewählten Schlüssel abhängt, aber so, daß allein die Kenntnis des Schlüssels eine Dekodierung des Textes ermöglicht (vgl. Abb. 2). Da die Sicherheit durch den Schlüssel gewährleistet wird, kann ein und dasselbe Kodierungsprogramm von einer ganzen Reihe von Personen über lange Zeit hinweg benutzt werden. Dies bedeutet also,

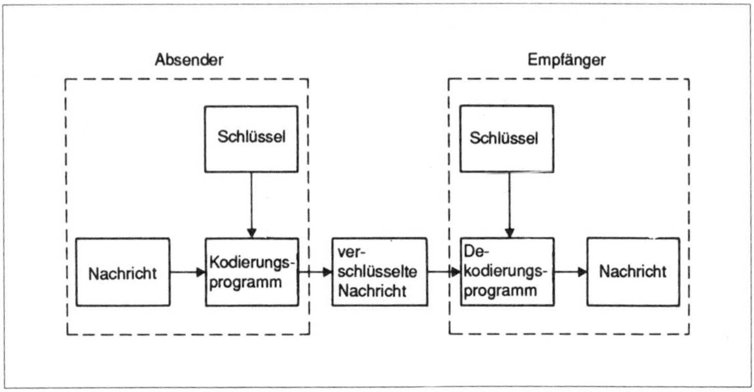

Abb. 2
Ein typisches Chiffriersystem. Das Kodierungsprogramm, welches entweder ein speziell für diesen Zweck entwickeltes Gerät oder aber ein auf beliebigen Computern installierbares Programm sein kann, verwendet einen vom Benutzer geheim gewählten Schlüssel zur Kodierung der Nachricht. Der Empfänger verfügt über ein ähnliches System zur Dekodierung. Traditionelle Kodierungsverfahren benutzen einen Schlüssel, der sowohl für die Kodierung als auch die Dekodierung der Nachricht verwendet wird. Das Dekodierungsprogramm kehrt dabei die Operationen des Kodierungsprogramms um. Das System der «public key kryptography» beruht auf zwei Schlüsseln (einem öffentlichen und einem geheimen), wobei die Beziehung zwischen der Verschlüsselung und der Entschlüsselung durch die zugrundeliegende Mathematik bestimmt wird.

daß die Entwicklung eines solchen Systems ruhig einige Zeit und Mühe kosten darf. Eine Analogie soll dies veranschaulichen: Hersteller von Schließanlagen und Panzerschränken können nur im Geschäft bleiben, wenn es ihnen gelingt, ein Schloß zu entwickeln, das an Hunderte von Verbrauchern verkauft werden kann, ohne daß dadurch die Sicherheit des einzelnen Käufers gefährdet wird, die ja auf der Einzigartigkeit des Schlüssels beruht. Der «Schlüssel» kann in diesem Zusammenhang auch eine Zahlenkombination sein, wodurch sofort die Ähnlichkeit der zwei Bedeutungen des Wortes «Schlüssel» in unserer Diskussion deutlich wird. Ebenso wie ein Einbrecher trotz Kenntnis der Bauweise eines bestimmtes Schlosses nicht in der Lage ist, den Safe zu knacken, ist auch ein Feind trotz Kenntnis des verwendeten Kodierungssystems nicht imstande, die verschlüsselten Botschaften zu entziffern. Um diese Aufgabe zu lösen, ist es unabdingbar, den Schlüssel zu kennen.

In einem typischen «Verschlüsselungssystem» vereinbaren Absender und Empfänger im voraus einen geheimen Schlüssel, den sie dann zur Übermittlung ihrer Nachrichten benutzen. Solange der Schlüssel geheim gehalten wird, sollte das System – vorausgesetzt, es ist gut – sicher sein. Ein Beispiel dafür ist das amerikanische System «Data Encryption Standard» (DES), dessen Schlüssel eine Zahl sein muß, die in der binären Schreibweise 56 Bits benötigt. Dies bedeutet, daß als Schlüssel eine aus 56 Nullen und Einsen bestehende binäre Zahl fungiert. Warum ist der Schlüssel so lang? Nun, niemand macht ein Geheimnis daraus, wie das DES-System funktioniert. Alle Einzelheiten lassen sich in der Fachliteratur nachlesen. Theoretisch könnte also der Feind unseren Kode knacken, indem er einfach nacheinander alle potentiellen Schlüssel ausprobiert. Im DES-System gibt es jedoch 2^{56} mögliche Schlüssel, eine so enorme Anzahl, daß dies eine praktisch undurchführbare Aufgabe ist. Zwar ist die Zahl nicht hoch genug, um absolute Sicherheit gewährleisten zu können, doch muß bei jedem Kodierungssystem ein Kompromiß zwischen Sicherheit und Benutzerfreundlichkeit eingegangen werden. Ist der Schlüssel zu lang, wird das Verfahren sehr unpraktisch.

Obwohl DES-Systeme derzeit weit verbreitet sind, haben sie doch einen offensichtlichen Nachteil. Bevor sie benutzt werden können, müssen sich die Partner über den Schlüssel verständigen. Da der Schlüssel sicherlich nicht über das öffentliche Kommunikationsnetz mitgeteilt werden soll, müssen sich die Partner persönlich treffen, um den Schlüssel auszuwählen; zumindest müssen sie über einen vertrauenswürdigen Kurier verfügen, der den Schlüssel übermittelt. Ein solches System eignet sich nicht für die Kommunikation zwischen Partnern, die sich nicht persönlich kennen. Insbesondere eignet es sich nicht für den Einsatz im internationalen Bank- oder Wirtschaftswesen, da es in diesem Bereich oft notwendig ist, vertrauliche Nachrichten an unbekannte Personen in fremden Ländern zu senden.

Im Jahre 1975 schlugen Whitfield Diffie und Martin Hellman ein völlig neuartiges System der Kodierung vor: die sogenannte *public key cryptography*. Diese Methode der Kodierung erfordert nicht nur einen, sondern zwei Schlüssel – einen zum Kodieren, der öffentlich bekannt ist, und einen anderen zum Dekodieren, der geheim ist. Wir können dieses System mit einem Schloß vergleichen, das einen Schlüssel zum Abschließen und einen anderen zum Aufschließen benötigt. Ein solches System funktioniert nun wie folgt: Ein neuer Benutzer kauft das von allen Mitgliedern des betreffenden Kommunikationsnetzes verwendete Standardprogramm bzw. den dafür speziell entwickelten Computer. Damit kann er zwei Schlüssel generieren. Einen davon, den Dekodierungsschlüssel, muß er geheim halten. Den anderen Schlüssel, mit dem die ihm zugesandten Botschaften kodiert werden, publiziert er in dem

Verzeichnis sämtlicher Benutzer des Kommunikationsnetzwerks. Um also einem Teilnehmer des Netzes eine geheime Nachricht zuzuschicken, ist es nur erforderlich, den öffentlich registrierten Kodierungsschlüssel des gewünschten Empfängers nachzusehen, die Nachricht mit Hilfe dieses Schlüssels zu kodieren und dann loszuschicken. Für die Entschlüsselung der Nachricht ist die Kenntnis des Kodierungsschlüssels völlig unerheblich. Man benötigt einzig und allein den Dekodierungsschlüssel und den kennt nur der gewünschte Empfänger. Also auch der Absender der Nachricht kann die Botschaft, nachdem sie einmal verschlüsselt ist, nicht mehr dechiffrieren!

Das klingt zwar alles sehr einleuchtend, aber wie läßt sich ein solches System verwirklichen? Auf den ersten Blick scheint dies unmöglich. Der Schlüssel zur Lösung des Problems besteht jedoch darin, sich die Stärken und Schwächen gerade jener Computer zunutze zu machen, die die Aufgabe des potentiellen Nachrichtenverschlüsselers so schwierig gestalten. Wie bereits weiter oben ausgeführt wurde, ist das Auffinden von sehr großen (etwa fünfzigstelligen) Primzahlen relativ einfach. Ebenso einfach ist es auch, zwei solche Primzahlen miteinander zu multiplizieren, um eine zerlegbare Zahl von hundert oder mehr Ziffern zu erzeugen. Die Faktorisierung dieser Zahl in zwei Primzahlen ist dagegen keineswegs einfach; sie ist im Gegenteil nahezu unmöglich. Genau darauf beruht das heute verbreitetste Verfahren zur sicheren Chiffrierung geheimer Nachrichten, das von Ronald Rivest, Adi Shamir und Leonard Adleman vom Massachusetts Institute of Technology entwickelt wurde und nach ihren Initialen RSA-Verfahren genannt wird. Der geheime Dekodierungsschlüssel besteht im wesentlichen aus zwei großen Primzahlen, die der Benutzer mit Hilfe eines Computers erzeugt (er sollte sie keinesfalls einer bekannten und somit möglicherweise auch dem Gegner zugänglichen Liste entnehmen). Der öffentliche Kodierungsschlüssel ist das Produkt dieser zwei Primzahlen. Da es keine schnelle Methode der Faktorzerlegung sehr großer Zahlen gibt, ist es praktisch unmöglich, den geheimen Dekodierungsschlüssel aus dem bekannten Kodierungsschlüssel abzuleiten. Die Verschlüsselung der Botschaft entspricht somit der Multiplikation zweier Primzahlen (was leicht ist), während die Entschlüsselung auf dem entgegengesetzten Prozeß der Faktorisierung großer Zahlen beruht (was äußerst schwierig ist). Damit ist jedoch noch nicht genau erklärt, wie das System funktioniert. Man benötigt dazu noch einige mathematische Methoden, die – obschon relativ hochentwickelt – bereits Fermat bekannt waren. Wichtigster Gedanke dabei ist, daß das Entschlüsseln und das Verschlüsseln einer Nachricht zwei konträre Vorgänge sind und daß die Schlüssel folglich in dem gleichen Verhältnis zueinander stehen müssen.

Aus diesem Grund beruht die Sicherheit großer internationaler Datennetzwerke gerade darauf, daß es den Mathematikern nicht gelingt, effiziente Methoden der Faktorisierung sehr großer Zahlen zu finden, während der Primzahlerzeugung gleichzeitig keinerlei Beschränkungen auferlegt sind. Die Sicherheit solcher Systeme hängt also davon ab, daß die Schwierigkeiten bei der Faktorzerlegung bestehen bleiben. Und genau hier kommt jenes zufällige Gespräch bei einem Glas Bier in Winnipeg ins Spiel. Die Erfinder des RSA-Systems hatten ursprünglich angenommen, daß zwei Primzahlen von jeweils etwa 50 Ziffern eine ausreichende Sicherheit gewährleisten sollten. Größere Zahlen erhöhen zwar die Sicherheit bei diesen Systemen, doch steigen auch die Betriebskosten; deshalb gilt es, einen annehmbaren Kompromiß zu finden. Auf so leistungsstarken Computern wie CRAY-1 war es bis 1982 mit den besten Faktorisierungsmethoden möglich, etwa fünfzigstellige Zahlen zu zerlegen. Als der Computer-Ingenieur Tony Warnock jedoch erkannte, wie die besonderen technischen Eigenschaften des Rechenwerks des CRAY-1 benutzt werden können, um die Schwierigkeiten der beiden Mathematiker und Experten der Faktorisierung Marvin Wunderlich und Gus Simmons zu überwinden, war der Weg gebahnt, um mit den Modellen der Faktorzerlegung nun auch sechzig- bis siebzigstellige Zahlen zu zerlegen. Die Sicherheit der RSA-Systeme geriet ins Wanken. Obwohl der Ausweg aus dieser Krise offensichtlich scheint – man verwendet einfach größere, nämlich etwa hundertstellige Primzahlen zur Erzeugung eines zweihundertstelligen öffentlichen Schlüssels –, führte dieser unerwartete Fortschritt doch zu einem Gefühl der Unsicherheit. Dieses Gefühl hat sich in den letzten Jahren angesichts weiterer Fortschritte bei der Faktorzerlegung noch verstärkt. Obwohl neunzigstellige Zahlen gegenwärtig die oberste Grenze für eine mögliche Faktorisierung darzustellen scheinen, könnten die hochentwickelten mathematischen Methoden, die gegenwärtig auf dieses Problem angesetzt werden, doch zu einem entscheidenden Durchbruch führen.

2 Die Mengenlehre, das Unendliche und unentscheidbare Probleme

Neue Horizonte

Manchmal markiert die Lösung eines alten Problems das Ende oder den Anfang vom Ende einer mathematischen Ära oder Fachrichtung, den Höhepunkt jahrelanger, mühsamer Arbeit. Manchmal eröffnet sie aber auch ein ganz neues, bis dahin vielleicht unbekanntes Forschungsgebiet. Genau dies geschah im Jahre 1963, als der 29jährige Mathematiker Paul Cohen von der Stanford University die Lösung des *Cantorschen Kontinuumproblems* fand. Nicht nur die Art der Lösung, sondern auch die von Cohen entwickelten Methoden waren völlig neu und revolutionär. Bald entdeckte man jedoch, daß diese Methoden eine ganze Reihe möglicher Anwendungen besitzen, und in den folgenden zwanzig Jahren begann auf der Grundlage von Cohens Durchbruch eine rege Forschungstätigkeit in dieser Richtung. In Anerkennung seiner Arbeit wurde Paul Cohen 1966 die Fields-Medaille verliehen, die höchste Auszeichnung, die einem Mathematiker zuteil werden kann, vergleichbar dem Nobelpreis in den anderen Wissenschaften.

Vor 1963 hatte ein Mathematiker zwei Möglichkeiten, um die Wahrheit oder Unwahrheit einer mathematischen Aussage zu ermitteln: Er konnte entweder versuchen, sie zu beweisen oder sie zu widerlegen. Bei der Entscheidung, welcher Weg vielversprechender ist, hilft dem Mathematiker oft nur Erfahrung und Intuition. Eine schlechte Wahl kann durchaus dazu führen, daß in dem Bemühen, das Unmögliche zu leisten, sehr viel Zeit vergeudet wird. Stets glaubte man jedoch zu wissen, daß letztendlich eine Antwort möglich sei. Dieser tröstliche Gedanke wurde von Cohen für immer zerstört, als er zeigte, daß es mathematische Aussagen gibt, die weder wahr noch falsch, sondern schlicht *unentscheidbar* sind. Allerdings war die Existenz unentscheidbarer Aussagen schon von Kurt Gödel im Jahre 1930 festgestellt worden, doch hatte man damals angenommen, daß dies die ganz gewöhnliche, alltägliche Mathematik nicht betreffe. Wir werden darauf später noch zurückkommen.

Um die Bedeutung dieser Entdeckung aus dem Jahre 1963 zu erklären, ist es notwendig, das Wesen der Mathematik selbst zu verstehen, und dazu wollen wir eine bahnbrechende Entwicklung in der Mathematik betrachten, die sich um die Jahrhundertwende vollzogen hat.

Die axiomatische Methode

Steht ein Physiker, Chemiker, Biologe oder ein anderer Naturwissenschaftler vor der Aufgabe, die Wahrheit einer Aussage zu überprüfen, führt er zu diesem Zweck in der Regel ein Experiment durch. Zumindest beruht seine Beweisführung auf experimentell gewonnenen Daten. Dies muß so sein, denn jeder Naturwissenschaftler untersucht einen Teilaspekt der physikalischen Welt, und folglich entscheidet diese in letzter Instanz, was existiert und was nicht. Wie sieht es aber mit der Mathematik aus?

Auf der einfachsten Stufe ist die Mathematik durchaus mit den anderen Naturwissenschaften vergleichbar, insofern sie – wie jene – bestimmte Aspekte unserer Umwelt herausgreift und erforscht. Die Welt selbst kann also durchaus Informationen für mathematische Fragestellungen liefern. Um beispielsweise zu überprüfen, ob die Summe der Innenwinkel eines Dreiecks 180 Grad beträgt, können wir unzählige einzelne Dreiecke vermessen. Obwohl dies sicherlich ein Beweisverfahren im Sinne der Physik oder Chemie darstellt, ist es nicht der Weg, den der Mathematiker einschlagen würde. Im Gegenteil, als mathematischer Beweis für die Aussage, daß die Winkelsumme *jedes beliebigen* Dreiecks 180 Grad beträgt, kann ein solches Verfahren keinesfalls gelten.

Der Grund, warum der «grobe» experimentelle Ansatz nicht geeignet ist, eine Aussage im mathematischen Sinn zu beweisen, liegt darin, daß die Mathematik – trotz ihrer Verankerung in der physikalischen Welt – eine präzise und idealisierte Wissenschaft ist. Die Begriffe «Punkt», «Gerade», «Ebene» und andere idealisierte Konstrukte der Mathematik haben keine Entsprechung in der Wirklichkeit. Der Mathematiker betrachtet die Welt als ein völlig abstraktes, idealisiertes Gebilde, innerhalb dessen er seine Abstraktionen präzise und streng logisch entwickelt. Ein einfaches, aber wichtiges Beispiel soll dies verdeutlichen.

Eine der grundlegendsten mathematischen Abstraktionen ist die der Zahl. Für die meisten von uns stellt sie die erste Begegnung mit einer mathematischen Abstraktion dar. Wir erkennen bereits als Kinder, daß es zwischen einer Menge von drei Äpfeln, einer Menge von drei Onkeln und einer Menge von drei Blumen etwas Gemeinsames gibt. Diese Abstraktion der «Dreiheit» führt dazu, daß sich eine geistige Vorstellung von der Zahl drei herausbildet. Das Wunderbare daran ist, daß die Zahl drei an sich natürlich nicht existiert. «Drei» ist eine rein abstrakte Vorstellung, und nur unsere Vertrautheit mit dieser Vorstellung bewahrt uns davor, mit einem unguten Gefühl von «der Zahl drei» oder einer beliebigen anderen Zahl zu sprechen. Wie abstrakt diese Vorstellung ist, wird deutlich, wenn wir versuchen, die Zahl drei zu erklären, ohne dabei die Wörter «drei» oder «Dreiheit» zu benutzen. Dies ist schlicht unmöglich, und doch bekümmert es niemanden. Das gleiche gilt auch für alle anderen mathematischen Abstraktionen. Obwohl sie in der realen Welt verwurzelt sein können, stellen Abstraktionen rein geistige Gebilde dar, die jenseits unserer Vorstellung nicht existieren.

Mit dem Begriff der Zahl ist bereits die Grundlage der *Zahlentheorie* geschaffen, jenes mathematischen Teilgebiets, das im vorigen Kapitel behandelt wurde. Wie geht man jedoch nun so mit Abstraktionen um, daß sie vielleicht sogar von Nutzen für die reale Welt sind? Der erste Schritt besteht zunächst darin, ein System grundlegender Regeln zu entwickeln. Auf Zahlen bezogen, bedeutet dies die Formulierung von *Postulaten* (oder *Axiomen*), die für alle Zahlen als wahr vorausgesetzt werden. Auf der Grundlage einer streng logischen Beweisführung lassen sich dann aus den gegebenen Postulaten Schlußfolgerungen ableiten. Die streng logische Beweisführung beruht ebenfalls auf bestimmten Postulaten, die in den Bereich der mathematischen Logik fallen, ein Gebiet, das mit dem Thema des vorliegenden Kapitels eng zusammenhängt. Aus Erfahrung wissen wir zum Beispiel, daß für die Addition zweier Zahlen deren Reihenfolge unerheblich ist. $5 + 3$ ist gleichbedeutend mit $3 + 5$. Ein Axiom, das also sinnvollerweise in eine systematische Arithmetik eingeht, ist das folgende:

Für beliebige Zahlen m, n gilt: $m + n = n + m$.

Diese Aussage ist als das *Kommutativgesetz der Addition* bekannt. Ein anderes wichtiges Axiom ist das *Assoziativgesetz der Addition*:

Für beliebige Zahlen m, n, k gilt: $(m + n) + k = m + (n + k)$.

Auch dieses Axiom ergibt sich aus der Beobachtung, wie die Addition in der Praxis funktioniert. Will man beispielsweise die Summe der drei Zahlen 3, 5 und 10 ausrechnen, spielt es keine Rolle, ob man zunächst 3 und 5 addiert und dann zum Ergebnis 10 hinzuzählt, oder ob man umgekehrt zuerst 5 plus 10 ausrechnet und dann 3 hinzufügt. Das Ergebnis ist in beiden Fällen das gleiche, nämlich 18.

Mit der Formulierung dieser beiden Axiome wagen wir bereits einen großen Schritt; einen Schritt, der genaugenommen nichts anderes als ein Glaubensbekenntnis darstellt. Denn obwohl beide Axiome «experimentell» für eine große Anzahl von Fällen verifiziert werden können, ist es letztlich – auch theoretisch – nicht möglich, die Wahrheit der Aussage für jeden Fall zu überprüfen, da es unendlich viele Fälle gibt. Können wir daher überhaupt sicher sein, daß die zwei Axiome auch für riesige Zahlen, mit Millionen von Ziffern, gelten? Eine solche Annahme erscheint vernünftig, vielleicht sogar evident. Andererseits gibt es in der Mathematik und in den meisten anderen Wissenschaften genügend Beispiele dafür, daß sich «evidente Wahrheiten» als falsch erweisen können. Auf der Grundlage unserer alltäglichen Erfahrung erscheint es schließlich auch offensichtlich, daß die Sonne die Erde umkreist, obwohl es nicht stimmt. Das verfügbare Datenmaterial kann folglich nur die *Vermutung nahelegen*, daß die zwei Axiome wahr sind. Es gibt keine Möglichkeit, dies schlüssig *zu beweisen*. Aus diesem Grund heißen solche Annahmen, deren Wahrheit vorausgesetzt wird, Axiome – ein Wort, das aus dem Griechischen stammt und etwa «Grundsatz» oder «Prinzip» bedeutet. In einem gewissen Sinne können übrigens beide Axiome doch bewiesen, das heißt auf noch fundamentalere Postulate zurückgeführt werden, aus denen dann die bekannten Regeln der Arithmetik abgeleitet werden. Doch bedeutet dies nur, die «Grundsatzentscheidung», welche Axiome als wahr vorausgesetzt werden, einen Schritt zurückzuverlegen. Sie wird dadurch nicht aufgehoben.

Um die Bedeutung des oben Gesagten zu unterstreichen, möchte ich erwähnen, daß die zwei genannten Axiome zwar in der Arithmetik der ganzen Zahlen als wahr akzeptiert werden, daß das Kommutativgesetz jedoch für gewisse Systeme unendlicher Zahlen falsch ist und das Assoziativgesetz innerhalb der Computer-Arithmetik versagt, und zwar, wenn sehr große Zahlen zu sehr kleinen Zahlen addiert werden.

An dieser Stelle ist es vielleicht angebracht, die axiomatische Entwicklung einer mathematischen Theorie etwas genauer zu betrachten. Da wir uns bereits mit einigen Aspekten der Arithmetik der ganzen Zahlen vertraut gemacht haben, bietet sich dieses Gebiet als Beispiel an.

Die ganzen Zahlen: Ein Beispiel

Die folgenden Axiome sind hinreichend, um die elementaren arithmetischen Operationen, Addition und Multiplikation, in den ganzen Zahlen zu untersuchen.

(1) Für alle m, n gilt: $m + n = n + m$ und $mn = nm$ (Kommutativgesetze der Addition und der Multiplikation).

(2) Für alle m, n, k gilt: $(m + n) + k = m + (n + k)$ und $(mn)k = m(nk)$ (Assoziativgesetze der Addition und der Multiplikation).

(3) Für alle m, n, k gilt: $m(n + k) = (mn) + (mk)$ (Distributivgesetz).

(4) Es gibt eine Zahl 0, für die gilt: $n + 0 = n$ (Existenz eines neutralen additiven Elements).

(5) Es gibt eine Zahl 1, für die gilt: $n \times 1 = n$ (Existenz eines neutralen multiplikativen Elements).

(6) Zu jeder Zahl n gibt es eine Zahl k, so daß gilt: $n + k = 0$ (Existenz des additiven Inversen).

(7) Für jedes m, n, k gilt: wenn $k \neq 0$ und $km = kn$, dann folgt daraus $m = n$ (Kürzungsregel).

Auf der Grundlage dieser Axiome ist es möglich, alle uns vertrauten Recheneigenschaften der ganzen Zahlen zu beweisen. Es gibt zum Beispiel analog zu Axiom 7 eine Regel, die sich auf die Addition bezieht:

Wenn $k + m = k + n$, dann gilt: $m = n$.

Um dies zu beweisen, stellen wir zunächst die Annahme auf, daß $k + m = k + n$ ist. Laut Axiom 1 gilt dann:

$$m + k = n + k.$$

Wenden wir nun Axiom 6 an, so existiert eine Zahl l, für die gilt: $k + l = 0$. Indem wir l zu beiden Seiten der Gleichung addieren, erhalten wir:

$$(m + k) + l = (n + k) + 1.$$

Laut Axiom 2 gilt dann:

$$m + (k + l) = n + (k + l).$$

Da $k + l$ definitionsgemäß 0 ergibt, ist

$$m + 0 = n + 0.$$

Aus Axiom 4 folgt dann unmittelbar:

$$m = n,$$

was zu beweisen war.

Um zu beweisen, daß $x \times 0 = 0$ für jede beliebige Zahl x gilt, gehen wir folgendermaßen vor:

$$\begin{aligned} x + 0 &= x \quad \text{(laut Axiom 4, wobei } n = x\text{)},\\ &= x \times 1 \quad \text{(laut Axiom 5, wobei } n = x\text{)},\\ &= x \times (1 + 0) \quad \text{(laut Axiom 4, wobei } n = 1\text{)},\\ &= (x \times 1) + (x \times 0)\\ &\quad \text{(laut Axiom 3, wobei } m = x,\ n = 1,\ k = 0\text{)},\\ &= x + (x \times 0) \quad \text{(laut Axiom 5, wobei } n = x\text{)}. \end{aligned}$$

Mit Hilfe des eben bewiesenen additiven Analogons zu Axiom 7 (wobei $k = x$, $m = 0$, $n = x \times 0$) läßt sich also zeigen:

$$0 = x \times 0.$$

An diesem Punkt möchten Sie vielleicht selbst einmal versuchen, die folgenden wohlbekannten Eigenschaften der Arithmetik ganzer Zahlen zu beweisen. Sie sollten sich dabei vergewissern, daß Sie in Ihrer Beweisführung nur bereits bekannte Tatsachen verwenden, also solche, die entweder als Axiome vorausgesetzt werden, oder solche, die Sie selbst bereits bewiesen haben.

(1) Es gibt genau ein Nullelement, das die Bedingungen von Axiom 4 erfüllt: Wenn für 0′ also gilt: $n + 0' = n$ (n ist eine beliebige Zahl), dann ist $0' = 0$ (Eindeutigkeit von 0).

(2) Es gibt genau ein Einselement, das die Bedingungen von Axiom 5 erfüllt (Eindeutigkeit von 1).

(3) Für jedes Zahlenpaar m, n gibt es genau eine Zahl k, für die gilt: $n + k = m$.

Bitte beachten Sie, daß durch den letzten der oben genannten Sätze die Subtraktion als mögliche Rechenoperation in den ganzen Zahlen definiert wird, obwohl sie in den Axiomen selbst nicht explizit erwähnt ist. Die Zahl k, die die Bedingung in (3) erfüllt, ist nämlich genau die Differenz von $m - n$. Ein Spezialfall dieser Aussage, $m = 0$, beweist, daß es nur eine einzige Zahl k gibt, die Axiom 6 erfüllt.

Wenn nun allerdings jede einzelne Aussage in der Mathematik mit der oben demonstrierten Ausführlichkeit bewiesen werden müßte, dann wäre die Aufgabe des Mathematikers praktisch unlösbar. Der Grund, für das Funktionieren der axiomatischen Methode liegt in der Tatsache, daß das mathematische Wissen kumulativ ist. Gilt ein Faktum erst einmal als zweifelsfrei bewiesen, kann es später ohne großes Aufheben weiter benutzt werden (auch in dem oben gegebenen Beweis, daß $x \times 0 = 0$ ist, haben wir uns dies zunutze gemacht). Derart ausführliche Beweise sind folglich nur in der ersten Entwicklungsphase einer axiomatisch begründeten Theorie notwendig. Überwiegend entspricht die mathematische Beweisführung einer strengeren Form der in den anderen Wissenschaften gebräuchlichen, gewöhnlichen Logik.

Widerspruchsfreiheit, Vollständigkeit und Wahrheit

Die Aufgabe der heutigen Mathematik besteht größtenteils darin, logische Schlußfolgerungen aus Axiomen abzuleiten, die weder direkt noch indirekt einen Bezug zur realen Welt besitzen müssen. Die im vorigen Abschnitt vorgestellten Axiome der Arithmetik ganzer Zahlen entwickelten sich aufgrund von Beobachtungen, wie die Addition und Multiplikation bei den uns vertrauten ganzen Zahlen funktionieren, das heißt also, bei den relativ kleinen ganzen Zahlen. Dabei sollten wir uns aber vergegenwärtigen, daß die negativen Zahlen erst im 18. Jahrhundert allgemein anerkannt wurden (vgl. Kapitel 3). Hat man sich auf die Anerkennung gewisser Axiome geeinigt, spielt die Frage nach deren «absoluter Wahrheit» wie die nach Realität und Wesen der durch sie beschriebenen Sachverhalte keine Rolle mehr. In den im vorigen Kapitel vorgestellten Axiomen wird zum Beispiel an keiner Stelle erwähnt, was eigentlich eine Zahl *ist*. Es gibt in der Tat noch eine ganze Reihe anderer mathematischer Objekte, die diese Axiome aufgrund ihrer formalen Definition erfüllen. Da ein Axiomensystem häufig viele verschiedene Sachverhalte beschreibt, haben die Mathematiker Namen eingeführt, um die verschiedenen Strukturen, für die ein bestimmtes Axiomensystem gilt, zu bezeichnen. Jede mathematische Struktur, die die oben erwähnten Axiome erfüllt, nennt man einen *Integritäts*ring. Streicht man das Axiom 7, handelt es sich um einen sogenannten *Ring*. Will man also ausdrücken, daß die ganzen Zahlen und ihre Verknüpfungen durch die Rechenoperationen Addition und Multiplikation die genannten Axiome erfüllen, ist es ausreichend zu sagen, daß sie einen Integritätsring bilden. Die rationalen Zahlen (Brüche), die reellen Zahlen und die komplexen Zahlen sind weitere Beispiele für Integritätsringe.

Jedes Ergebnis, das durch streng logische Schlußfolgerungen auf der Grundlage eines gegebenen Axiomensystems bewiesen wird, ist «wahr» für alle abstrakten Strukturen, die dieses Axiomensystem erfüllen. Fragen nach der «Wahrheit» dieses Ergebnisses in der realen Welt können dagegen nicht nur nicht beantwortet werden, *sie sind auch schlicht bedeutungslos*. Wenn ein Axiomensystem bestimmte Phänomene der realen Welt gut widerspiegelt, dann besitzen auch die Schlußfolgerungen aus diesen Axiomen einen Bezug zur realen Welt. Möglicherweise stellen sie sogar ein Wissen bereit, das zum Nutzen der menschlichen Rasse eingesetzt werden kann. Für die Mathematik ist der Wirklichkeitsbezug der zugrundeliegenden Axiome jedoch unerheblich. Einige Axiomensysteme, die zu sehr interessanten Entwicklungen in der Mathematik geführt haben, scheinen keine wie auch immer geartete Beziehung zur realen Welt zu besitzen, obwohl dies natürlich nicht bedeutet, daß ein solcher Bezug nicht vielleicht irgendwann entdeckt wird! Um den Preis einer mehr oder weniger großen Abstraktion von der Realität ist der Mathematiker in der Lage, in einer Welt absoluter Gewißheit zu arbeiten; dies bietet u.a. den Vorteil, daß sich seine Ergebnisse möglicherweise auch auf andere Strukturen anwenden lassen, Strukturen, an die er vielleicht selbst bei seinen Untersuchungen nicht gedacht hat.

Wenn «Wahrheit» also kein Kriterium darstellt, welche Überlegungen bestimmen dann die Formulierung eines Axiomensystems?

Eine wesentliche Bedingung ist *Widerspruchsfreiheit*: Es darf nicht möglich sein, zwei sich gegenseitig ausschließende Schlußfolgerungen aus den Axiomen abzuleiten. Diese Bedingung muß von allen Axiomensystemen erfüllt werden, wenn auch der Beweis logischer Schlüssigkeit keineswegs einfach, sondern im Gegenteil philosophisch problematisch ist.

Eine andere wesentliche Bedingung, die jedes Axiomensystem erfüllen muß, wenn es eine mathematische Struktur beschreiben soll, ist *Vollständigkeit*. Das heißt, das Axiomensystem muß so umfassend sein, daß alle «wahren Aussagen» über eine mathematische Struktur aus seinen Axiomen bewiesen werden können.

Beiden Anforderungen gerecht zu werden, ist ein schwieriger Balanceakt. Um Vollständigkeit zu erzielen, kann es notwendig sein, immer mehr Axiome einzuführen. Andererseits erhöht die Zahl der Axiome die Wahrscheinlichkeit, daß die Widerspruchsfreiheit nicht gewahrt bleibt.

Die Gödelschen Unvollständigkeitssätze

Um die Jahrhundertwende hatte der weltberühmte deutsche Mathematiker David Hilbert ein Programm vorgeschlagen, das die vollständige Formalisierung und Axiomatisierung der Mathematik zum Ziel hatte. Seiner Ansicht nach war die gesamte Mathematik als ein formalisiertes logisches System zu begreifen, das auf der Grundlage vorher festgelegter Axiome mit Symbolen operiert. Dies würde bedeuten, daß man einen Computer so programmieren können müßte, daß er «Mathematik treiben könne». Im Jahre 1930 zeigte jedoch der junge österreichische Mathematiker Kurt Gödel mit zwei völlig unerwarteten, aufsehenerregenden Sätzen, daß das Hilbertsche Programm niemals erfolgreich sein kann.

Gödel bewies folgendes: In jedem widerspruchsfreien Axiomensystem, welches geeignet ist, die elementare Arithmetik der ganzen Zahlen zu entwickeln, gibt es stets Aussagen, die sich zwar auf das Axiomensystem beziehen, die aber aus den Axiomen weder bewiesen noch widerlegt werden können (erster Unvollständigkeitssatz). Darüber hinaus zeigte er, daß die Widerspruchsfreiheit eines Axiomensystems selbst zu jenen Aussagen gehört, die innerhalb dieses Systems unbeweisbar sind. Der für Hilberts Programm so zentrale Begriff der Widerspruchsfreiheit wird also für immer unerreichbar bleiben (zweiter Unvollständigkeitssatz).

Gödels Ergebnis bedeutete zwar nun, daß Hilberts Ziel, die axiomatische Methode zum allumfassenden Prinzip der Mathematik zu erheben, zum Scheitern verurteilt war, es verkündete jedoch durchaus nicht den Untergang der axiomatischen Methode an sich, so wie sie bis heute innerhalb der alltäglichen Mathematik gebräuchlich ist. Im Gegenteil, die axiomatische Methode hat in diesem Jahrhundert große Bedeutung in der Mathematik erlangt. Gödel zwang uns nur, den Glauben bzw. die Hoffnung aufzugeben, daß ein beliebiges Axiomensystem je geeignet sein könne, alle Fragen zu beantworten.

Mit dem zunehmenden Erfolg der axiomatischen Methode setzte sich in den Jahren nach Gödels Beweis der Glaube durch, daß nur ganz spezielle Aussagen nicht bewiesen werden können. Gödels erster Unvollständigkeitssatz beruht beispielsweise darauf, daß in der elementaren Zahlentheorie ein Satz formuliert werden kann, der dem folgenden, offensichtlich paradoxen, nicht-mathematischen Satz entspricht:

Dieser Satz ist falsch.

In Gödels zahlentheoretischem Analogon wird «falsch» durch «unbeweisbar» ersetzt. Da die Formulierung einer solchen Aussage auf der Anwendung elementarer Arithmetik beruht, gilt Gödels Ergebnis nur für solche Axiomensysteme, die die Möglichkeit dazu bieten. Natürlich müßte aber jedes Axiomensystem, welches dem Hilbertschen Programm gerecht werden sollte, die Durchführung elementarer Rechenoperationen gestatten!

Wenden wir uns nun Gödels zweitem Unvollständigkeitssatz zu. Obwohl die Widerspruchsfreiheit eines Axiomensystems eine wichtige Bedingung ist, stellt die Unmöglichkeit, sie aus den Axiomen zu beweisen, kein allzu gravierendes Problem dar. Man geht bereits bei der Formulierung der Axiome stillschweigend davon aus, daß sie widerspruchsfrei sind, und konzentriert sich im wesentlichen auf die Folgerungen, die sich aus den «konkreteren» Axiomen ergeben. So gehört in der Zahlentheorie zum Beispiel die Aussage, daß die Axiome widerspruchsfrei sind, nicht zu jener Art von Aussagen, mit denen sich Zahlentheoretiker im allgemeinen beschäftigen. Gödels Unvollständigkeitssätze sind also letzten Endes vielleicht gar nicht so relevant. So schien es zumindest, bis ein forscher junger Amerikaner das Gegenteil bewies. Das verheerende Ergebnis, das Paul Cohen im Jahre 1963 entwickelte, zerstörte ein für alle Mal das tröstliche Gefühl, daß Unvollständigkeit die «wirklichen» Probleme nicht berühre. Den Beweis lieferte er anhand eines Beispiels aus dem elementarsten und grundlegendsten Teilbereich der Mathematik, der *Mengenlehre.*

Die axiomatische Mengenlehre

Die Entwicklung der abstrakten, reinen Mathematik im 19. Jahrhundert und verschiedene Fragestellungen, die auf die von Newton und Leibniz erfundene *Infinitesimalrechnung* zurückgingen, führten um die Jahrhundertwende dazu, daß der deutsche Mathematiker Georg Ferdinand Ludwig Philipp Cantor ein sehr allgemeines mathematisches Gerüst entwarf, das als Grundlage für die gesamte Mathematik dienen konnte. Diese Erfindung Cantors, die Mengenlehre, ist auch heute noch gültig und stellt in der Tat das Fundament für die gesamte Mathematik dar. Ihre Begriffe und Methoden finden Verwendung in praktisch allen Bereichen der modernen Mathematik. Die Entwicklung der Mengenlehre seit Cantors ersten Arbeiten verlief jedoch außerordentlich stürmisch. Bevor wir darauf zu sprechen kommen, müssen wir uns allerdings zunächst mit formaler Logik beschäftigen.

Zur gleichen Zeit, als Cantor die Grundbegriffe der Mengenlehre und insbesondere ein System von unendlichen Zahlen zur Messung der «Größe» unendlicher Mengen entwarf, schuf Gottlob Frege die sogenannte *Prädikatenlogik*. Ganz allgemein gesprochen, handelt es sich dabei um eine universelle, formalisierte Sprache, mit der sich jede beliebige mathematische Vorstellung ausdrücken läßt. Die Bedeutung dieser Entwicklung liegt dabei keineswegs darin, daß die Mathematiker zur Durchführung ihrer Arbeit der Prädikatenlogik bedurft hätten oder sie auch nur wünschten. Ganz im Gegenteil. Da die Sprache sehr einfach ist, gerät die Formulierung einer mathematischen Vorstellung oder Beweisführung in der Fregeschen Ausdrucksweise sehr umständlich und extrem lang. Die Bedeutung seiner Arbeit liegt vielmehr darin, daß sie zum einen klar zeigte, daß die vielen verschiedenen Bereiche der Mathematik Teile eines großen, zusammenhängenden Ganzen sind, und daß sie zum andern ermöglicht hat, die deduktiven Methoden, die der Mathematiker zum Aufbau seiner Beweise benutzt, einer gründlichen Analyse zu unterziehen. Der zweite Punkt ist dabei von weitaus größerer Bedeutung. Es muß allerdings hinzugefügt werden, daß die Prädikatenlogik in den letzten Jahren zunehmend dazu eingesetzt wurde, mathematische Vorstellungen oder Beweise formal auszudrücken, um so zur Entwicklung von Computerprogrammen beizutragen, die ihrerseits zu neuen mathematischen Ergebnissen führen können. Damit ein Computer in der Lage ist, mit mathematischen Fragestellungen umzugehen, ist es natürlich notwendig, die Sachverhalte in einer präzisen und einfachen Sprache darzulegen. Eine solche Möglichkeit bietet die Prädikatenlogik.

Der Begriff der Menge, wie er von Cantor verwendet wurde, ist sehr einfach. Unter einer *Menge* ist eine beliebige Zusammenfassung von (meist mathematischen) Objekten zu verstehen, die – und das ist entscheidend – nun als *ein einziges Objekt* betrachtet werden. Kleine endliche Mengen können beschrieben werden, indem man ihre *Elemente* in geschweiften Klammern einzeln aufzählt. Der Ausdruck

$$\{1, 3, 5, 9\}$$

bezeichnet also die Menge, deren Elemente die Zahlen 1, 3, 5 und 9 sind. Bei größeren (oder gar unendlichen) Mengen ist es natürlich völlig unmöglich, alle Elemente aufzuzählen, und so ist man zur Beschreibung der Menge auf die Existenz einer sie definierenden Eigenschaft angewiesen. Die mathematische Standardschreibweise für die Menge all jener Objekte x, die die Eigenschaft $P(x)$ besitzen, ist:

$$\{x \mid P(x)\}.$$

Die Menge aller Primzahlen (eine unendliche Menge) kann dann so ausgedrückt werden:

$$\{x \mid x \text{ ist eine Primzahl}\}.$$

Es gibt aber auch Mengen, die nicht durch eine bestimmte Eigenschaft definiert werden und deren Elemente folglich nicht allgemein bestimmt werden können. Dies ist jedoch für unsere gegenwärtige Grundlagendiskussion ohne Bedeutung. Der Begriff der Menge setzt die Existenz einer definierenden Eigenschaft nicht voraus. Lassen wir diese schwer faßbaren Mengen vorerst außer acht und wenden uns jenen Mengen zu, die durch bestimmte Eigenschaften definiert werden. Welche Arten von Eigenschaften sind für die Bildung von Mengen zulässig? Wie Sie vielleicht schon vermuten, lautete die Antwort ursprünglich: Jede Eigenschaft, die in der Fregeschen Prädikatenlogik ausgedrückt werden kann. Dies ist eine Definition, die dank der hohen Formalisierung dieser Sprache sehr präzise ist und allen Eigenschaften, mit denen man in der Mathematik zu tun hat, gerecht wird.

In jenem Stadium der Entwicklung konnten die Dinge kaum besser aussehen. Die Mengenlehre bildete eine adäquate Grundlage für die Konstruktion aller mathematischen Objekte und Strukturen, während Freges Prädikatenlogik eine universelle Sprache darstellte, mit deren Hilfe diese Objekte und Strukturen, einschließlich des Mengenbegriffs selbst, definiert und beschrieben werden konnten. Frege selbst machte in seinem zweibändigen Werk *Grundgesetze der Arithmetik*, das den Höhepunkt seines Lebenswerks darstellen sollte, ausgiebigen Gebrauch von mengentheoretischen Begriffen.

Während jedoch der zweite Band seines Werkes gedruckt wurde, erhielt Frege einen Brief des berühmten britischen Logikers Bertrand Russell, der vom 16. Juni 1902 datiert. Nach einer kurzen Würdigung des ersten Bandes kommt Russell zum Kern seines Briefes: «Es gibt nur einen Punkt, an dem ich auf Schwierigkeiten gestoßen bin», so seine

Einleitung. Es folgt eine kurze Erläuterung einer Beobachtung, die er genau ein Jahr zuvor gemacht hatte und die Freges gesamte Theorie zerstörte.

Das sogenannte *Russellsche Paradoxon* ist ebenso einfach wie profund. Einem grundlegenden Prinzip der Cantorschen Mengenlehre zufolge gilt: Wenn $P(x)$ eine beliebige in der Prädikatenlogik ausdrückbare Eigenschaft ist, die auf das mathematische Objekt x angewendet werden kann, dann gibt es entsprechend eine Menge all jener x, für die $P(x)$ wahr ist. Das heißt, es gibt die Menge

$$\{x \mid P(x)\}.$$

Es gibt keinen Grund, warum die Objekte x nicht selbst Mengen sein sollten, denn eine Menge ist ein mathematisches Objekt wie jedes andere. Wenn man die Mengenlehre als Grundlage der gesamten Mathematik betrachtet, zeigt sich sogar, daß jedes mathematische Objekt in gewissem Sinne eine Menge ist. Als Eigenschaft P nahm Russell nun die folgende (auf Mengen x anwendbare) Aussage an:

$R(x)$: x ist kein Element von x.

Um auszudrücken, daß x ein Element von y ist, benutzt der Mathematiker die folgende Schreibweise: $x \in y$; wenn x kein Element von y ist: $x \notin y$. Russells Eigenschaft $R(x)$ kann also verkürzt geschrieben werden: $x \notin x$.

Die Menge, die durch die Eigenschaft $R(x)$ definiert ist, sei mit dem Namen y bezeichnet. Dann gilt also:

$$y = \{x \mid x \notin x\}.$$

Da y eine Menge ist, können wir uns völlig zu Recht fragen, ob y sich selbst als Element enthält. Wenn dies zutreffen soll, muß y die oben definierte Bedingung $R(x)$ erfüllen; das heißt in unserem Fall: $y \notin y$, in Worten ausgedrückt: y enthält sich *nicht* selbst als Element. Wenn andererseits y nicht in sich selbst enthalten ist, dann bedeutet dies, daß y nicht die Bedingung $R(x)$ erfüllt; es muß folglich das Gegenteil richtig sein: $y \in y$, in Worten: y enthält sich selbst als Element. Dadurch entsteht aber folgende unhaltbare Situation: Um in sich selbst enthalten zu sein, darf y sich nicht selbst enthalten; ist andererseits y in sich selbst enthalten, dann enthält es sich nicht. Ein wirkliches Paradoxon.

Die verheerende Wirkung des Russellschen Paradoxons beruht gerade auf seiner großen Einfachheit. Es verwendet nur die allergrundlegendsten Begriffe; Begriffe, ohne die die Mathematik undenkbar wäre.

Einen Ausweg aus diesem Dilemma bot der deutsche Mathematiker Ernst Zermelo, den seine Arbeit über Integralgleichungen (ein sehr anwendungsbezogener Bereich der Mathematik) dazu veranlaßt hatte, über die Problematik unendlicher Mengen nachzudenken. In seinem Bemühen, eine sichere mengentheoretische Grundlage für seine Arbeit zu schaffen, veröffentlichte Zermelo im Jahre 1908 einen Artikel, in dem er ein Axiomensystem für die Mengenlehre entwickelte. Dieses System, das aufgrund späterer Modifikationen durch Abraham Fraenkel *Zermelo-Fraenkelsches Axiomensystem* heißt, hat sich allmählich als der richtige axiomatische Ansatz für eine Entwicklung der abstrakten Mengentheorie durchgesetzt. Eine ausführliche Herleitung und Erklärung der Axiome würde hier zu weit führen. Ich möchte deshalb den interessierten Leser auf die Bibliographie verweisen.

Aufgrund der Gödelschen Unvollständigkeitssätze gibt es natürlich keine Möglichkeit, die Widerspruchsfreiheit des Zermelo-Fraenkelschen Axiomensystems zu *beweisen*, doch scheinen die Axiome immerhin Paradoxien wie das Russellsche Paradoxon zu vermeiden. Die meisten Mathematiker glauben sogar, daß sie überhaupt nicht zu Widersprüchen führen – eine Überzeugung, die sich in dem Maße gefestigt hat, wie die Theorie die Zeit und alle Belastungsproben in Form häufiger Anwendung überdauert hat.

So viel zur Widerspruchsfreiheit. Wie sieht es jedoch mit der Vollständigkeit aus? Den Unvollständigkeitssätzen zufolge gibt es Aussagen über Mengen, die auf der Grundlage der einmal angenommenen Axiome weder bewiesen noch widerlegt werden können. Dieser Unzulänglichkeit kommt in der Mengenlehre besondere Bedeutung zu, da sie als die Grundlage der gesamten modernen Mathematik betrachtet werden kann, in vielen Fällen ganz explizit die Grundlage bildet. Machen sich also in der Mengenlehre Mängel bemerkbar, so könnte dies bedeuten, daß auch in anderen Bereichen der Mathematik ernste Unzulänglichkeiten existieren. Doch obschon diese Gefahr stets gegenwärtig war, schien das Zermelo-Fraenkelsche Axiomensystem durchaus geeignet, eine mathematisch befriedigende Mengentheorie zu gewährleisten. Deshalb ignorierten die meisten Mathematiker diese Gefahr in der stillschweigenden Annahme, daß es sie nicht beträfe. Im Jahre 1963 war dies jedoch nicht länger möglich. Mit seinem Durchbruch zwang Cohen die Mathematiker, sich mit diesem Problem auseinanderzusetzen.

Obwohl Cohens Entdeckung vielerlei Auswirkungen hatte, betraf sie doch in erster Linie ein Problem, das mit den Cantorschen unendlichen Zahlen zusammenhing, ein Gebiet, das durch die Formulierung der Zermelo-Fraenkelschen Axiome eine solide theoretische Grundlage erhalten hat. Wenden wir uns nun also dem Unendlichen und der Cantorschen Mengenlehre zu.

Unendliche Mengen

Obwohl die Welt, in der wir leben, endlich ist, benötigen wir zu ihrer Beschreibung eine Mathematik, die in hohem Maße auf dem Gedanken des Unendlichen beruht: die Menge der natürlichen Zahlen ist eine unendliche Menge, die genaue Bestimmung der Zahl π erfordert unendlich viele Dezimalziffern, die Anzahl der Punkte auf einem noch so kleinen Segment einer Geraden ist unendlich usw. Zwar hat es auch Versuche gegeben, den Gebrauch des Unendlichen in der Mathematik zu vermeiden, doch ist das Ergebnis ein unglaublich umständlicher und schwerfälliger Formalismus. Trotz des hohen Abstraktionsgrades ist die Welt des Unendlichen nämlich sehr einfach. Der Schritt vom Endlichen zum Unendlichen gleicht einem Zurücktreten, wenn man vor einem Fernsehbildschirm steht: Erst ein gewisser Abstand ermöglicht es, die verwirrende Komplexität der großen Anzahl winziger Lichtpunkte als ein zusammenhängendes Bild zu erkennen. Durch Einbeziehung des Unendlichen verliert das sehr große Endliche seine Komplexität. Dies ist ein Phänomen, das nicht auf die reine Mathematik beschränkt ist. In den Wirtschaftswissenschaften beispielsweise untersucht man lieber ein idealisiertes Wirtschaftssystem mit unendlich vielen Wirtschaftssubjekten als die sehr großen, endlichen Wirtschaften der realen Welt. Und in der Physik benutzt man unendliche Volumina, um gewisse subtile Vorstellungen von Wärme und elektrischer Energie zu erklären.

Die Entwicklung eines Systems der unendlichen Zahlen und ihrer Arithmetik bildet den krönenden Abschluß von Cantors bahnbrechenden Arbeiten zur Mengenlehre. Vielleicht stellt sich aber mancher Leser jetzt die Frage, wozu wir unendliche Zahlen überhaupt benötigen. Die Antwort lautet: aus dem gleichen Grund, aus dem wir die endlichen (ganzen) Zahlen benötigen – um die Elemente einer Menge «abzuzählen». Die natürlichen Zahlen gestatten es uns, die «Größe» einer endlichen Menge zu «messen». Um die Größe einer unendlichen Menge zu messen, benötigen wir unendliche Zahlen. Daraus können wir bereits schließen, daß es nicht ausreicht zu sagen, eine Menge sei «unendlich». Nachdem dieser Punkt geklärt ist, fragen Sie vielleicht, was denn eine unendliche Zahl überhaupt ist. Darauf bietet sich jedoch die Gegenfrage an: »Was *ist* eine endliche Zahl?» Wie bereits zu Beginn dieses Kapitels festgestellt wurde, sind die natürlichen Zahlen reine Gedankenkonstrukte. Die Existenz der unendlichen Zahlen können wir folglich ebenso postulieren. Entscheidend ist dagegen die Frage, wie sich die unendlichen Zahlen verhalten. Hier liegt der Schlüssel zum Verständnis der Cantorschen unendlichen Zahlen.

Die natürlichen Zahlen stellen Abstraktionen endlicher Mengen dar. Dabei kann es sich entweder um mathematische Mengen handeln oder um solche, die aus realen Dingen bestehen, wie etwa Mengen von Äpfeln, Menschen etc. Die Zahl drei ist das, was allen Mengen mit drei Elementen gemeinsam ist. Auf den ersten Blick sieht dies wie eine Definition aus, die sich im Kreis dreht (was dann natürlich überhaupt keine Definition wäre), doch bewies Cantor, daß dies keineswegs der Fall ist. Bevor wir den Begriff der «Zahl» definieren, müssen wir uns darüber klar werden, was es heißt, wenn zwei Mengen «gleich groß» sind.

Zwei Mengen, sie seien A und B genannt, sind *gleich groß*, wenn es möglich ist, ihre Elemente einander so zuzuordnen, daß jedem Element der Menge A ein Element der Menge B entspricht und umgekehrt. So sind zum Beispiel die Mengen

$$A = \{1, 2, 3, 4\}, \qquad B = \{100, \pi, \sqrt{2}, 1/2\}$$

gleich groß, was durch die folgende Zuordnung bewiesen wird:

$$\begin{array}{cccc} 1 & 2 & 3 & 4 \\ \updownarrow & \updownarrow & \updownarrow & \updownarrow \\ 100 & \pi & \sqrt{2} & \frac{1}{2} \end{array}$$

Ebenso gilt, daß die folgenden zwei Mengen

$$A = \{a, b, c\}, \qquad B = \{\text{Fuß, Strumpf, Schuh}\}$$

gleich groß sind, da sie einander umkehrbar eindeutig zugeordnet werden können.

$$\begin{array}{ccc} a & b & c \\ \updownarrow & \updownarrow & \updownarrow \\ \text{Fuß} & \text{Strumpf} & \text{Schuh} \end{array}$$

Bitte beachten Sie, daß in keinem der Beispiele die Anzahl der Elemente in der Menge eine Rolle spielt. Um festzustellen, ob zwei Mengen «gleich groß» sind, ist es nicht erforderlich, a priori eine Vorstellung von «Größe» zu besitzen, noch ist die Frage nur auf endliche Mengen beschränkt. Die gleiche Vorstellung läßt sich auf unendliche Mengen anwenden, wenn es auch in diesem Fall nicht möglich ist, die Zuordnung vollständig niederzuschreiben, wie dies in den obigen Beispielen vorgeführt wurde. Auf unendliche Mengen übertragen, erhalten wir allerdings schon bald unerwartete Ergebnisse. Es sei zum Beispiel A die Menge der natürlichen Zahlen und B die Menge der geraden natürlichen Zahlen. Intuitiv würde man vermuten, daß B genau halb so groß wie A ist. Entsprechend unserer Definition sind jedoch beide Mengen gleich groß, wie durch die folgende Zuordnung deutlich wird:

1	2	3	4	5	...
$\updownarrow$	$\updownarrow$	$\updownarrow$	$\updownarrow$	$\updownarrow$	$\updownarrow$
2	4	6	8	10	...

Einen Widerspruch stellt dieses Ergebnis nicht dar – höchstens einen Widerspruch zu unserer vorgefaßten Meinung. Aber unendliche Mengen verhalten sich eben nicht immer so wie endliche Mengen.

Ein anschauliches Beispiel für die Verhaltensweise unendlicher Mengen vermittelt die Geschichte von *Hilberts Hotel.* Dieses idealisierte Hotel besitzt eine unendliche Anzahl von Zimmern, die durch die natürlichen Zahlen 1, 2, 3 usw. fortlaufend numeriert sind. Eines Nachts will es der Zufall, daß alle Zimmer belegt sind. (In dieser Geschichte gibt es auch unendlich viele Menschen.) Trotzdem kann ein später Gast untergebracht werden, ohne daß dafür ein anderer Gast hinausgeworfen werden muß. Des Rätsels Lösung ist, daß jeder der bereits anwesenden Gäste ein Zimmer weiter zieht (der Gast von Zimmer 1 erhält Zimmer 2, der Gast von Zimmer 2 bekommt Zimmer 3 usw.), so daß dem Neuankömmling das freigewordene Zimmer 1 zugewiesen werden kann. In diesem Hotel ist es sogar möglich, unendlich viele Spätankömmlinge unterzubringen. Können Sie sich vorstellen, wie? Zwar erscheint der Gedanke eines unendlichen Hotels vielleicht etwas abwegig, doch ist gegen die innere Logik dieses Beispiels nichts einzuwenden. So sehr es also unserer Intuition widersprechen mag, ist dies doch die Art von Ergebnis, die wir erhalten, wenn wir daran gehen, die Welt des Unendlichen zu erforschen.

Das Beispiel der natürlichen Zahlen und der geraden natürlichen Zahlen könnte vermuten lassen, daß alle unendlichen Mengen gleich groß sind, was bedeuten würde, daß ein System der unendlichen Zahlen unnötig wäre. In der Tat sind zahlreiche der in der Mathematik weitverbreiteten unendlichen Mengen gleich groß, zum Beispiel die Menge der Primzahlen, die Menge der natürlichen Zahlen, die Menge der ganzen Zahlen und die Menge der rationalen Zahlen. Mengen, die die gleiche Größe wie die Menge der natürlichen Zahlen haben, werden *abzählbar* genannt, da die umkehrbar eindeutige Zuordnung zu den natürlichen Zahlen eine Methode darstellt, wie die Elemente einer Menge abgezählt werden können. Wie Cantor jedoch entdeckte, sind keineswegs alle unendlichen Mengen gleich groß. Es gibt vielmehr eine unendliche Hierarchie des Unendlichen. Die Methode, die Cantor wählte, um diese elementare Eigenschaft unendlicher Mengen zu beweisen, ist ebenso einfach wie elegant. Obschon er nur die grundlegendsten Begriffe der Mengenlehre verwendet, ist sein Beweis doch äußerst abstrakt, so daß wir ihn bis zum Ende des Kapitels aufsparen wollen, wo ihn der an Details nicht so interessierte Leser überspringen kann. Es sei an dieser Stelle nur erwähnt, daß die Menge der reellen Zahlen größer als die Menge der natürlichen Zahlen ist, jedoch von gleicher Größe wie die Menge aller Punkte in der Ebene und die Menge aller Punkte im dreidimensionalen Raum.

Die unendlichen Zahlen und das Cantorsche Kontinuumproblem

Nachdem nun der Begriff «gleich groß» geklärt ist, können wir daran gehen, ein System von «Zahlen» zu entwickeln, mit denen sich die «Größe» oder «Mächtigkeit» jeder beliebigen Menge, sei sie endlich oder unendlich, bestimmen läßt. Die «Zahlen» selbst stellen dabei natürlich reine Abstraktionen dar. Wesentlich ist, daß zwei Mengen, die gleich groß sind (in dem Sinn, daß es zwischen ihren Elementen eine umkehrbare, eindeutige Zuordnung gibt), die gleiche «Mächtigkeit» (die gleiche «Anzahl» von Elementen) besitzen. Wenn wir also beispielsweise die «Größe» der zwei Mengen

$\{a, b, c\}$ und {Fred, Elsie, Fido}

messen, so stellen wir fest, daß sie die gleiche «Anzahl» von Elementen, nämlich drei, besitzen. Ebenso verhält es sich, wenn wir die «Mächtigkeit» der zwei folgenden unendlichen Mengen messen:

$\{1, 2, 3, 4, 5, \ldots\}$ und $\{2, 4, 6, 8, 10, \ldots\}$.

Wieder stellen wir fest, daß die beiden Mengen die gleiche «Anzahl» von Elementen besitzen – sie entspricht in diesem Fall der kleinsten unendlichen Zahl, die Cantor mit dem Symbol $\aleph_0$ bezeichnete. Gesprochen wird dies «Aleph-Null», wobei Aleph der erste Buchstabe des hebräischen Alphabets ist. Der Grund für die Verwendung des Index 0 erklärt sich aus dem folgenden.

Was also *ist* die «Zahl drei»? Sie ist das, was allen Mengen mit drei Elementen gemeinsam ist. Oder anders ausgedrückt, sie ist das, was allen Mengen, die die gleiche Größe wie die Menge $\{a, b, c\}$ haben, gemeinsam ist. 3 ist folglich eine Abstraktion, die sich aus dem Begriff der «gleichen Größe» ableitet. Es gibt verschiedene mathematische Methoden, um diese Aussage zu präzisieren; sie sollen hier jedoch nicht näher erläutert werden. Entscheidend ist, daß das Merkmal «endlich» oder «unendlich» dabei keine Rolle spielt. Wenn Sie also gegen den Begriff «der Zahl drei» keine Einwände haben, dürfte es Ihnen auch keine Schwierigkeiten bereiten, die «Zahl» $\aleph_0$ zu akzeptieren. Sie ist das, was allen Mengen, die die gleiche Mächtigkeit wie die Menge der positiven ganzen Zahlen haben, gemeinsam ist.

Wie bereits oben erwähnt wurde, sind nicht alle unendlichen Mengen gleich groß – es gibt vielmehr eine unendliche Hierarchie von unendlichen Mengen. Ebenso wie es also eine unendliche Folge endlicher Zahlen 1, 2, 3, ... gibt, existiert auch eine unendliche Folge unendlicher Zahlen $\aleph_0$, $\aleph_1$, $\aleph_2$, $\aleph_3$, ... Jede dieser unendlichen Zahlen ist dabei «größer» als ihre Vorgängerin.

Die Addition und Multiplikation der Cantorschen unendlichen Zahlen erweist sich als ausgesprochen einfach, wenn auch zunächst etwas ungewohnt. Das Ergebnis einer solchen Rechenoperation beträgt immer genau die größere der beiden unendlichen Zahlen. Zum Beispiel:

$$\aleph_0 + \aleph_1 = \aleph_1,$$
$$\aleph_1 \times \aleph_3 = \aleph_3.$$

Das Beispiel des Hilbertschen Hotels entspricht demnach folgender Rechnung: $\aleph_0 + 1 = \aleph_0$. Um die Kapazität des Hotels zu überfordern, müßten also schon $\aleph_1$ Gäste eintreffen.

Ein Großteil der in der Mathematik vorkommenden unendlichen Mengen hat die Mächtigkeit $\aleph_0$. So zum Beispiel die Menge der natürlichen Zahlen, die Menge der ganzen Zahlen, die Menge der rationalen Zahlen, die Menge der Primzahlen etc. Wie Cantor bewies, ist die Menge aller reellen Zahlen jedoch zweifellos größer als $\aleph_0$, was natürlich sofort Anlaß zu der Frage gibt, wie groß die Menge der reellen Zahlen *ist.* Da $\aleph_0$ ausscheidet, muß die Antwort unter den größeren Zahlen $\aleph_1$, $\aleph_2$, $\aleph_3$, ... zu suchen sein, aber welche ist es? Cantors Bemühungen, dieses scheinbar einfache Problem zu lösen, blieben erfolglos, und auch die Anstrengungen vieler anderer hervorragender Mathematiker scheiterten. In der Tat widerstand das sogenannte *Cantorsche Kontinuumproblem* so zahlreichen Lösungsversuchen, daß David Hilbert es in seiner programmatischen Ansprache anläßlich des Internationalen Mathematikerkongresses in Paris im Jahre 1900 in seine Liste jener Probleme aufnahm, die er zu Beginn des neuen Jahrhunderts als die größten mathematischen Herausforderungen ansah. Der Name «Kontinuumproblem» leitet sich aus dem Problem der Mächtigkeit des *Kontinuums* her, das diese Fragestellung bestimmt. Mit dem Begriff «Kontinuum» wird die Menge der reellen Zahlen bezeichnet, wenn man sie als die Punkte betrachtet, die die *reelle Zahlengerade* bilden.

Ein kleiner Fortschritt in dieser Angelegenheit wurde im Jahre 1938 erzielt, als Kurt Gödel mit Hilfe neuer Methoden der mathematischen Logik zeigte, daß es auf der Grundlage des Zermelo-Fraenkelschen Axiomensystems nicht möglich ist zu beweisen, daß die Menge der reellen Zahlen eine von $\aleph_1$ verschiedene Mächtigkeit besitzt. Damit war jedoch nicht viel gewonnen, denn es war immer noch denkbar, daß die Axiome einfach nicht ausreichten, um das Problem zu entscheiden.

Obwohl diese Möglichkeit bestand, war doch in den Jahren nach der Veröffentlichung des Gödelschen Ergebnisses die Überzeugung weit verbreitet, daß das Kontinuumproblem innerhalb des Zermelo-Fraenkelschen Axiomensystems entscheidbar sei. Da Gödel gezeigt hatte, daß es unmöglich ist, eine Antwort, die anders als $\aleph_1$ lautet, zu beweisen, nahm man an, daß das Kontinuum tatsächlich die Mächtigkeit $\aleph_1$ besäße und daß es schließlich nur eine Frage der Zeit sei, bis der endgültige Beweis dafür geliefert würde. Entsprechend schien es keineswegs unvernünftig, mit diesem vorweggenommenen Ergebnis zu arbeiten, wann immer eine mathematische Fragestellung die Kenntnis der Mächtigkeit des Kontinuums voraussetzte. So wurden zahlreiche Ergebnisse in der Mathematik unter der Voraussetzung bewiesen, daß diese *Kontinuumhypothese,* wie die Vermutung genannt wurde, wahr sei.

Im Jahre 1963 wurde dann bekannt, daß Paul Cohen von der Stanford University eine neue logische Methode entwickelt hatte, mit deren Hilfe er in der Lage war zu *beweisen*, daß die Kontinuumhypothese nicht aus den Zermelo-Fraenkelschen Axiomen abgeleitet werden kann. Zusammen mit dem schon früher von Gödel erarbeiteten Ergebnis wurde dadurch gezeigt, daß das Kontinuumproblem im Rahmen des Zermelo-Fraenkelschen Systems tatsächlich *unentscheidbar* ist.

Es gibt zwei Möglichkeiten, die durch Cohens Veröffentlichung entstandene Situation zu betrachten. Eine Schlußfolgerung könnte lauten, daß Cohens Ergebnis die Unzulänglichkeit des Zermelo-Fraenkelschen Axiomensystems aufdeckt. Von diesem Standpunkt aus gesehen ist dies offensichtlich eine sehr ernstzunehmende Unzulänglichkeit. Denn zu wissen, daß das Axiomensystem, wie von Gödel vorhergesagt, unvollständig ist, ist etwas völlig anderes als zu wissen, daß es innerhalb des Axiomensystems nicht möglich ist, eine so grundlegende Frage wie die nach der Mächtigkeit der reellen Zahlen zu beantworten. Dies versetzt der Theorie einen vernichtenden Schlag. Einige Mathematiker schlugen vor, den Mangel der Theorie durch die Einführung zusätzlicher Axiome auszugleichen. Es erhebt sich hierbei jedoch die Schwierigkeit, passende Axiome zu finden. Aufgrund der im wesentlichen sehr einfachen Struktur der Mengenlehre und ihrer überragenden Bedeutung als Grundlage der Mathematik muß jedes Axiom, das eingeführt werden soll, «glaubhaft» sein. Ein Axiom muß also, wenn es schon nicht unmittelbar einsichtig ist (und manche der Zermelo-Fraenkelschen Axiome erfordern einiges Nachdenken, bevor sich ihre Bedeutung erschließt), natürlich erscheinen, sobald man sich mit ihm auseinandersetzt. Genau diese Überlegung macht es auch unmöglich, den einfachsten Ausweg zu wählen, nämlich die Kontinuumhypothese selbst als ein Axiom der Mengenlehre vorauszusetzen. Denn welche Rechtfertigung gäbe es für einen solchen Schritt? Die Tatsache, daß Mathematiker seit nunmehr fast einem halben Jahrhundert mit der axiomatischen Mengenlehre arbeiten, ohne ein solches zusätzliches «Prinzip» gefunden zu haben, führt die meisten Fachleute zu der Überzeugung, daß es kein «fehlendes Axiom» gibt.

Es drängt sich nun also die zweite mögliche Schlußfolgerung aus Cohens Entdeckung auf, daß es nämlich, so schwer wir uns auch damit abfinden mögen, nicht nur eine, sondern verschiedene Mengenlehren gibt. Eine ähnliche Erkenntnis setzte sich im 19. Jahrhundert auch in der Geometrie durch: Man stellte nämlich fest, daß es nicht nur eine einzige «korrekte», sondern drei verschiedene Geometrien gibt, von denen jede ihre ganz unverwechselbaren Eigenschaften und Ergebnisse aufweist. Die Kontinuumhypothese ist also in einigen Mengenlehren wahr, in anderen falsch.

Wie man bereits aus dem vorherigen Satz schließen kann, gibt es nicht nur zwei, sondern mehrere verschiedene Mengenlehren. Im Rah men des Zermelo-Fraenkelschen Axiomensystems ist nämlich nicht nur die Kontinuumhypothese unentscheidbar. In den Jahren nach Cohens Entdeckung stellte sich heraus, daß die von ihm entwickelte «forcing»-Methode nicht nur in der Mengenlehre, sondern in einer ganzen Reihe verschiedener Situationen Anwendung findet. In den folgenden zwei Jahrzehnten bewiesen Mathematiker die Unentscheidbarkeit zahlreicher klassischer Probleme der Mathematik. Die alte Erwartung, daß jedes «echte» mathematische Problem eindeutig gelöst werden kann, wenn man nur genügend Zeit und Einfallsreichtum aufwendet, mußte für immer aufgegeben werden. Neben den wahren und den falschen Aussagen gibt es folglich noch eine dritte Klasse von Aussagen, jene nämlich, die weder wahr noch falsch, sondern unentscheidbar sind. Cohens Methode bietet jedoch immerhin die Möglichkeit, festzustellen, ob ein Problem zu dieser dritten Klasse gehört, und leistet damit einen konstruktiven Beitrag zur Mathematik.

Cantors Beweis

Wie bewies Cantor, daß es eine unendliche Hierarchie der unendlichen Mengen gibt? Für jene Leser, die gerne ein Beispiel höchst abstrakter mathematischer Beweisführung kennenlernen möchten, stelle ich hier eine modernisierte Version der Cantorschen Argumentation vor. Ausgangspunkt ist der mengentheoretische Begriff einer *Teilmenge*.

Wenn X eine Menge ist, so bildet jede ihr entnommene Anzahl von Objekten eine Teilmenge von X. So stellt also

$$\{a, b, c\}$$

eine Teilmenge der Menge

$$\{a, b, c, d, e, f\}$$

dar. In gleicher Weise bildet die Menge der Primzahlen eine Teilmenge der Menge der ganzen Zahlen.

Betrachten wir nun die Menge *aller* Teilmengen einer Menge X. Existiert eine solche Menge überhaupt? Das Beispiel des Russellschen Paradoxons zeigt, daß wir uns davor hüten müssen, voreilige Aussagen über die Existenz von Mengen zu machen. In diesem Fall ergibt sich jedoch kein Problem. Eines der Axiome der Zermelo-Fraenkelschen Mengenlehre gewährleistet die Existenz einer solchen Menge. Sie heißt die *Potenzmenge* von X und wird mit $\mathbf{P}(X)$ bezeichnet. Wenn zum Beispiel $X = \{a, b\}$ ist, dann besteht $\mathbf{P}(X)$ aus den Mengen

$$\emptyset, \{a\}, \{b\}, \{a, b\}.$$

Was bedeutet in dieser Aufzählung das Symbol $\emptyset$? Es bezeichnet die sogenannte *leere Menge* oder *Nullmenge*, jene Menge, die keine Elemente besitzt. Will man dies überhaupt als eine Menge betrachten, so ist klar, daß die leere Menge eine Teilmenge jeder Menge ist, denn eine Menge ohne Elemente besitzt natürlich die Eigenschaft, daß «alle ihre Elemente» in jeder beliebigen Menge X enthalten sind. Dies ist eine triviale, aber dennoch logisch zulässige Argumentation, die jedoch vielleicht dazu führt, daß Sie den Begriff der «leeren Menge» für keine allzu gute Erfindung der Mathematik halten. Ebensogut könnte man allerdings sagen, Null sei keine vernünftige Zahl. Hier zeigt sich, warum die leere Menge neben allen anderen Mengen der Mathematik als eine echte Menge betrachtet wird: Sie stellt analog zur Zahl 0 ein «Nullelement» dar. In der Tat ist die Anzahl der Elemente in der Menge $\emptyset$ gleich 0.

Betrachten wir noch ein Beispiel: Wenn die Menge X drei Elemente enthält, $X = \{1, 2, 3\}$, dann ist die Potenzmenge $\mathbf{P}(X)$ jene Menge, die die folgenden Mengen als Elemente umfaßt:

$$\emptyset, \{1\}, \{2\}, \{3\}, \{1, 2\}, \{1, 3\}, \{2, 3\}, \{1, 2, 3\}.$$

Die zwei Beispiele sollten bereits erkennen lassen, daß $\mathbf{P}(X)$ stets wesentlich größer zu sein scheint als die Menge X. Wenn X zwei Elemente besitzt, dann enthält $\mathbf{P}(X)$ vier; enthält X drei Elemente, so steigt die Anzahl bei $\mathbf{P}(X)$ auf acht. Ein recht einfacher mathematischer Beweis zeigt, daß die Potenzmenge $\mathbf{P}(X)$ einer endlichen Menge X mit n Elementen 2^n Elemente aufweist. Aus dem, was in Kapitel 1 über die Exponentialfunktion 2^n gesagt wurde, können Sie ermessen, wie überaus schnell $\mathbf{P}(X)$ wächst, wenn die Anzahl der Elemente von X erhöht wird. Es zeigt sich, daß diese unterschiedlichen Wachstumsgeschwindigkeiten von X und $\mathbf{P}(x)$ auch im Unendlichen fortbestehen, obwohl das Beispiel des Hilbertschen Hotels deutlich macht, daß solche Übertragungen vom Endlichen auf das Unendliche nicht als selbstverständlich angenommen werden können. Hierauf beruht nun der Weg, den Cantor einschlug, um zu beweisen, daß es unendlich viele Stufen des Unendlichen gibt. Er zeigte, daß die Potenzmenge $\mathbf{P}(X)$ jeder beliebigen Menge X nicht die gleiche Größe wie X haben kann und daher von höherer Größenordnung sein muß. Daraus folgt mit Leichtigkeit die Unendlichkeit des Unendlichen: Nehmen wir an, X sei die Menge der natürlichen Zahlen. $X_1 = \mathbf{P}(X)$ muß dann von einer größeren unendlichen Mächtigkeit sein als X. $X_2 = \mathbf{P}(X_1)$ ist wiederum größer als X_1 und $X_3 = \mathbf{P}(X_2)$ größer als X_2 usw.

Um Cantors Ergebnis zu beweisen, nehmen wir einmal an, $\mathbf{P}(X)$ sei genauso groß wie X. Unser Ziel ist es nun, aus dieser Annahme einen Widerspruch abzuleiten. Gelingt dies und ist die Beweisführung logisch einwandfrei, so folgt daraus zwangsläufig, daß die ursprüngliche Annahme falsch ist, denn eine wahre Annahme kann nicht zu falschen oder widersprüchlichen Ergebnissen führen. Da X und $\mathbf{P}(X)$ gemäß unserer Voraussetzung gleich groß sind, gibt es zwischen diesen beiden Mengen eine umkehrbar eindeutige Zuordnung. Das heißt, jedem Element x aus X entspricht genau ein Element A aus $\mathbf{P}(X)$, und umgekehrt entspricht jedem Element A aus $\mathbf{P}(X)$ genau ein Element aus X. Da diese Aussage für jede beliebige Menge X, sei sie endlich oder unendlich, gelten soll, ist es nicht möglich, die Zuordnung, so wie oben gezeigt, durch Pfeile zu veranschaulichen – vergleichen Sie dazu jedoch Kasten A.

Betrachten wir nun also ein beliebiges Element x aus X und ordnen ihm ein Element A aus $\mathbf{P}(X)$ zu. A ist definitionsgemäß eine Teilmenge von X, das heißt, A besteht aus einigen der Elemente von X. Befindet sich nun x selbst unter diesen Elementen, ist x also ein Element von A? Dies ist eine völlig berechtigte Frage. Für einige Elemente von X lautet die Antwort sicherlich ja, für andere nein. Es sei U die Menge jener Elemente von X, für die gilt, x ist nicht Element des ihm zugeordneten Elements aus $\mathbf{P}(X)$. Kommt Ihnen dies bekannt vor? Die Menge U besteht aus Elementen von X und ist daher eine Teilmenge von X, das heißt, U ist ein Element von $\mathbf{P}(X)$. Folglich gibt es ein Element x aus X, nennen wir es w, welches dem Element U aus $\mathbf{P}(X)$ zugeordnet ist.

Es stellt sich nun die Frage, ob w ein Element von U ist. Trifft dies zu, dann muß w die U definierende Eigenschaft erfüllen, w darf folglich nicht Element des ihm zugeordneten Elements aus $\mathbf{P}(X)$ (in diesem Fall U) sein. Wenn w andererseits kein Element von U ist, erfüllt w die U definierende Bedingung nicht; dies bedeutet, w muß ein Element von U in $\mathbf{P}(X)$ sein. Somit erhalten wir eine unmögliche Situation – den gewünschten Widerspruch. Wie bereits erwähnt, folgt daraus zwangsläufig, daß die ursprüngliche Annahme, X und $\mathbf{P}(X)$ seien gleich groß, falsch ist. X und $\mathbf{P}(X)$ können also nicht gleich groß sein, womit Cantors Ergebnis bewiesen ist.

Dies ist ein exzellentes Beispiel dafür, wie ein Unglück zum Positiven gewendet werden kann. Die Ähnlichkeit zwischen der obigen Beweisführung und dem Russellschen Paradoxon ist Ihnen sicherlich

Kasten A: Beweis des Cantorschen Satzes

Gegeben sei eine unendliche Menge X. Es ist zu zeigen, daß $\mathbf{P}(X)$ und X nicht gleich groß sind und $\mathbf{P}(X)$ folglich größer als X sein muß. Der Beweis beruht darauf, die Annahme, daß zwischen den Elementen von X und $\mathbf{P}(X)$ eine umkehrbar eindeutige Zuordnung möglich sei, zu einem Widerspruch zu führen. Wenn die Elemente von X mit den Buchstaben des Alphabets bezeichnet werden (zwar ist dies eine endliche Menge, doch reicht sie zur Veranschaulichung unserer Argumentation völlig aus), dann könnte die für unsere Beweisführung angenommene umkehrbar eindeutige Zuordnung zwischen X und $\mathbf{P}(X)$ folgende Paare aufweisen:

Element aus X		Teilmenge von X
y	$\longleftrightarrow$	$\{a, b, c, d\} = A(y)$
z	$\longleftrightarrow$	$\{b, d, p, q, z\} = A(z)$

In diesem Fall ist y kein Element der zugeordneten Menge $A(y)$, während z in der zugeordneten Menge $A(z)$ enthalten ist. Es sei U die Menge all jener Elemente von X, die nicht in der ihnen jeweils zugeordneten Teilmenge enthalten sind:

$$U = \{x \mid x \notin A(x)\}.$$

Da U eine Teilmenge von X ist, muß U einem Element aus X, zum Beispiel w, zugeordnet werden können.

$$w \longleftrightarrow U = A(w).$$

Die Frage, ob w nun in in der Menge $A(w)$ enthalten ist oder nicht, führt dann zu einem Widerspruch. Wenn w ein Element von $A(w)$ ist, bedeutet dies, daß w nicht in U enthalten sein kann. Da jedoch U und $A(w)$ identisch sind, ist dies ein Widerspruch. Wenn andererseits w kein Element von $A(w)$ ist, ist w in U enthalten. Wiederum erhalten wir einen Widerspruch, da $U = A(w)$.

aufgefallen. In diesem Fall jedoch lassen sich alle Schritte aus dem Zermelo-Fraenkelschen Axiomensystem rechtfertigen und statt des Paradoxons, das die gesamte Theorie zunichte macht, erhalten wir den gewünschten Beweis dafür, daß die ursprüngliche Annahme falsch ist.

Die Entwicklung der Mengenlehre stellt einen der größten Erfolge der modernen Mathematik dar. Es gibt heute kaum einen Zweig der Mathematik, der nicht in mehr oder weniger starkem Maß von den Vorstellungen und den Methoden der Mengenlehre beeinflußt wäre. Die Leistung Cantors, diesen Teilbereich der Mathematik ins Leben gerufen zu haben, pries Bertrand Russell einmal als die möglicherweise größte Errungenschaft, deren sich dieses Zeitalter rühmen kann. Auf David Hilbert geht die Äußerung zurück: «Aus dem Paradies, das Cantor uns geschaffen, soll uns niemand vertreiben können.» Wenige werden dem widersprechen wollen.

3 Zahlensysteme und das Klassenzahl-Problem

Die Lösung eines 180 Jahre alten Problems

1983 teilten Don Zagier, Professor an der University of Maryland und Wissenschaftliches Mitglied am Max-Planck-Institut für Mathematik in Bonn, und Benedict Gross von der Brown University, Providence, Rhode Island mit, daß sie das von Carl Friedrich Gauß 1801 formulierte und unter Mathematikern berühmte Klassenzahl-Problem gelöst hatten. Obwohl ihr Beweis keineswegs der umfangreichste in der Mathematik ist (vgl. Kapitel 5), ist er mit 300 Seiten doch länger als die meisten. Was die Mathematiker jedoch fasziniert, ist weniger die Länge als vielmehr die Art des Beweises. Es handelt sich um einen sehr indirekten Beweis, der zwei scheinbar nicht miteinander verwandte Gebiete der Mathematik auf einzigartige Weise verknüpft.

Obwohl das Problem selbst wie auch seine Lösung höchst abstrakt sind und ein überaus schwieriges Gebiet der Mathematik betreffen, geht es doch im Grunde um Zahlensysteme der einen oder anderen Art, so daß sich die zugrundeliegenden Probleme durchaus beschreiben lassen. Genau dies ist das Anliegen dieses Kapitels. Bei der Gelegenheit werden wir auch einen großen Teil der geschichtlichen Entwicklung der modernen Mathematik kennenlernen.

Die ungewöhnlichen Eigenschaften der Zahl 163

Im 18. Jahrhundert entdeckte der große Schweizer Mathematiker Leonhard Euler (niemand weiß, auf welche Weise), daß die Gleichung

$$f(n) = n^2 + n + 41$$

eine überaus bemerkenswerte Eigenschaft aufweist. Setzt man für n beliebige Zahlen zwischen 0 und 39 ein, so ergibt der Wert $f(n)$ stets eine Primzahl: $f(0) = 41$, $f(1) = 43$ und $f(2) = 47$ etc. Keine andere bekannte quadratische Gleichung erzeugt annähernd so viele Primzahlen wie diese. Man beginnt mit $n = 0$ und setzt fortlaufend größere Werte für n ein. Zwar reißt die ununterbrochene Serie von Primzahlen bei $n = 40$ ab, da $f(40) = 41^2$, doch erzeugt der Ausdruck auch weiterhin erstaunlich viele Primzahlen. Unter den ersten 10 Millionen Werten ist das Verhältnis von Prim- und zusammengesetzten Zahlen 1:3 – weitaus größer als für jede andere quadratische Gleichung (s. auch Kapitel 6, in dem primzahlerzeugende Formeln eingehender besprochen werden).

Da die Eulersche Gleichung aufgrund ihrer hohen Erzeugungsrate von Primzahlen ungewöhnlich scheint, weist sie vermutlich eine Besonderheit auf. Aber welche? Die Eigenschaften einer Gleichung im Bereich der ganzen Zahlen hängen häufig eng mit den Eigenschaften derselben Gleichung im Bereich der reellen oder gar komplexen Zahlen zusammen. Es gibt sogar einen eigenen Bereich der Mathematik, die sogenannte *analytische Zahlentheorie*, die sich genau dieses Phänomen zunutze macht (vgl. Kapitel 9). Was geschieht also, wenn wir die Eulersche Gleichung im Bereich der reellen Zahlen betrachten?

Zunächst ersetzen wir in der Gleichung die Variable n (gewöhnlich das Symbol für eine ganze Zahl) durch die Variable x (gewöhnlich das Symbol für eine reelle Zahl):

$$f(x) = x^2 + x + 41.$$

Diejenigen, die sich noch an die Algebra in der Schule erinnern können, werden bei diesem Ausdruck an *quadratische Gleichungen* denken müssen; das sind Gleichungen der Form

$$ax^2 + bx + c = 0,$$

die für x bei bekannten Werten von a, b und c zu lösen sind. Vielleicht erinnern Sie sich sogar noch daran, daß eine Formel existiert, die die zwei Lösungen angibt:

$$x = \frac{-b \pm \sqrt{b^2 - 4ac}}{2a}$$

Die zwei Lösungen der Gleichung ergeben sich aus den zwei möglichen Vorzeichen der Quadratwurzel.

Da es im Bereich der reellen Zahlen nicht möglich ist, die Quadratwurzel aus einer negativen Zahl zu ziehen, ist das Vorzeichen des Ausdrucks $b^2 - 4ac$ von großer Bedeutung. Ist der Ausdruck nämlich positiv, besitzt die quadratische Gleichung zwei Lösungen; ist er negativ, gibt es keine reelle Lösung; ist er gleich Null, so besitzt die Gleichung eine einzige Lösung, doch ist dies ein Sonderfall. Der Ausdruck $b^2 - 4ac$ heißt die *Diskriminante* der quadratischen Gleichung.

Welchen Wert hat die Diskriminante in der Eulerschen quadratischen Gleichung

$$x^2 + x + 41\ ?$$

Hier ist $a = 1$, $b = 1$ und $c = 41$; folglich entspricht

$$b^2 - 4ac = 1 - 164 = -163.$$

Da die Diskriminante negativ ist, wissen wir sofort, daß die quadratische Gleichung

$$x^2 + x + 41 = 0$$

keine reelle Lösung besitzt. Es gibt jedoch zwei komplexe Lösungen:

$$x = -\frac{1}{2} \pm \frac{1}{2}\sqrt{163}\,i.$$

Die komplexen Zahlen werden später noch eingehender behandelt.

Auf diesem Ergebnis beruht nun die besondere Eigenschaft der Eulerschen Gleichung als primzahlerzeugende Formel. Entscheidend ist nicht, daß die Diskriminante negativ ist – viele Gleichungen haben diese Eigenschaft; bedeutsam ist vielmehr, daß ihr Wert –163 beträgt. Sicherlich fragen Sie sich jetzt, was denn an –163 so außergewöhnlich ist. Lesen Sie weiter und Sie werden entdecken, daß –163 tatsächlich eine ganz besondere Zahl ist; eine Zahl, die eng mit einigen der fundamentalen Konstanten der Mathematik verwandt ist.

Welches sind die geläufigsten Konstanten der Mathematik, jene Zahlen, die immer wieder in den unerwartetsten Zusammenhängen auftauchen? Die wohl bekannteste Konstante ist π, das Verhältnis zwischen Kreisumfang und Kreisdurchmesser. Diese Definition läßt bereits die Besonderheit von π erkennen, denn warum sollte dieses Verhältnis für jeden Kreis ungeachtet seiner Größe gleich sein?

Seit dem späten 18. Jahrhundert weiß man, daß die Zahl π *irrational* ist; ihre Dezimaldarstellung ist unendlich, ohne ein periodisch wiederkehrendes Muster aufzuweisen. Auf zwanzig Stellen ausgerechnet ist

$$\pi = 3{,}14159265358979323846.$$

Mit Hilfe von Computern hat man π sogar bis auf über 30 Millionen Stellen ausgerechnet.

Neben ihrer Definition als Kreiszahl taucht π auch in vielen anderen Zusammenhängen auf. So beträgt die Summe der unendlichen Reihe

$$1 - \frac{1}{3} + \frac{1}{5} - \frac{1}{7} + \frac{1}{9} - \frac{1}{11} + \ldots$$

$\pi/4$. Die Summe

$$1 + \frac{1}{4} + \frac{1}{9} + \frac{1}{16} + \frac{1}{25} + \ldots$$

ist gleich $\pi^2/6$, wobei das n-te Glied der Reihe der Kehrwert von n^2 ist. Die Entwicklung von Methoden, welche es ermöglichen, mit unendlichen Summen umzugehen, stellt eine der überragenden Leistungen der Mathematik des 19. Jahrhunderts dar.

Ein weiteres Beispiel, in dem π überraschend eine Rolle spielt, ist das folgende: Wenn man ein Streichholz auf ein Brett wirft, das durch parallele, jeweils eine Streichholzlänge voneinander entfernte Linien unterteilt ist, dann beträgt die Wahrscheinlichkeit, daß das Streichholz so fällt, daß es eine Linie schneidet, genau $2/\pi$.

Die nach π bekannteste mathematische Konstante ist e, die Basis der natürlichen Logarithmen. Wie π ist auch die Zahl e irrational; ihre Dezimaldarstellung ist unendlich. Auf zwanzig Stellen gerundet ist

$$e = 2{,}71828182845904523536.$$

Wie bei π gibt es verschiedene Möglichkeiten, e zu definieren. So ist e zum Beispiel die Zahl, für die der Graph der Funktion

$$y = e^x$$

die Eigenschaft besitzt, daß die Steigung der Kurve an jedem Punkt genau so groß ist wie der Funktionswert y an diesem Punkt.

Eine damit zusammenhängende Definition von e besagt, daß e die Zahl ist, für die folgende Aussage gilt: Die Fläche, die durch die Linien $y = 1/x$, $y = 0$, $x = 1$ und $x = e$ begrenzt ist, beträgt genau 1 (vgl. Abb. 3). In der Integralschreibweise liest sich diese Definition von e wie folgt:

$$\int_1^e \frac{1}{x}\,dx = 1.$$

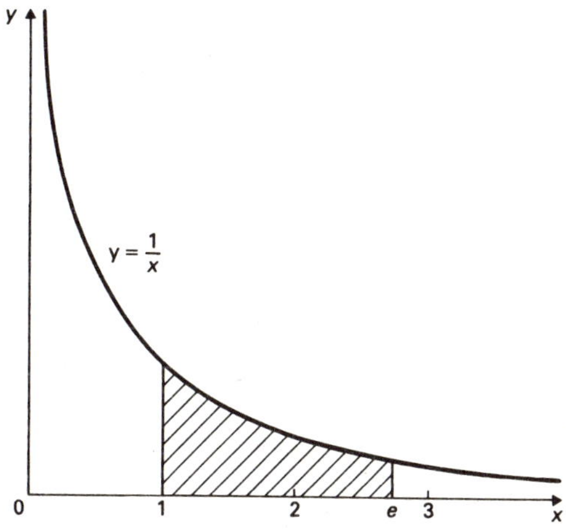

Abb. 3
Definition der mathematischen Konstanten e. Sie ist die Zahl, für die die schraffierte Fläche exakt 1 beträgt.

In einer weiteren Definition wird e durch eine unendliche Summe bestimmt:

$$e = 1 + \frac{1}{1!} + \frac{1}{2!} + \frac{1}{3!} + \frac{1}{4!} + \ldots,$$

wobei $N!$ (sprich «N-Fakultät») das Produkt $1 \times 2 \times 3 \times \ldots \times N$ bezeichnet. In der Tat handelt es sich hier um einen Sonderfall der Gleichung

$$e^x = 1 + \frac{x}{1!} + \frac{x^2}{2!} + \frac{x^3}{3!} + \frac{x^4}{4!} + \ldots$$

Nehmen wir für einen Moment das Thema der noch zu behandelnden komplexen Zahlen vorweg, so läßt sich sagen, daß die obige Gleichung sogar dann gültig ist, wenn x eine *komplexe* Zahl ist, das heißt, eine Zahl der Form $a + bi$, wobei $i = \sqrt{-1}$. Dies führt zu einigen erstaunlichen Ergebnissen. So entdeckte Euler beispielsweise die folgende Formel:

$$e^{\pi i} = -1.$$

Mit anderen Worten: Wenn man die irrationale Zahl e mit dem Produkt der irrationalen Zahl π und der imaginären Zahl $\sqrt{-1}$ potenziert, so ist das Ergebnis -1, eine ganze Zahl. Ebenso erstaunlich ist auch das folgende Resultat, welches e, π und $\sqrt{-1}$ zueinander in Beziehung setzt:

$$i^i = e^{-\pi/2} = 0{,}2078795763\ldots$$

Kommen wir nun zum Kernpunkt unserer Diskussion der mathematischen Konstanten. Alle drei Zahlen π, e und $\sqrt{163}$ sind irrational. Trotzdem erhalten wir auf zwölf Dezimalstellen gerundet:

$$e^{\pi\sqrt{163}} = 262\,537\,412\,640\,768\,744{,}000000000000.$$

Diese Zahl ist eigentlich keine ganze Zahl. Ein genauerer Wert wäre

$$262\,537\,412\,640\,768\,743{,}99999999999250,$$

der bis auf fünfzehn Dezimalstellen korrekt ist. Trotzdem läßt sich sagen, daß das Ergebnis fast einer ganzen Zahl gleichkommt, während für die meisten anderen natürlichen Zahlen k der Wert von $e^{\pi\sqrt{k}}$ bei weitem nicht so nah an eine ganze Zahl heranreicht. Überraschend ist nun, daß der Wert, für den dies zutrifft, ausgerechnet jene Zahl 163 ist, die wir ja nun schon kennen. Es liegt der Verdacht nahe, daß dies kein Zufall ist, sondern etwas zu bedeuten hat. Und diese Vermutung ist durchaus berechtigt. Was genau die Besonderheit dieser Zahl 163 ausmacht, erfahren Sie im weiteren Verlauf dieses Kapitels. Die Geschichte beginnt im alten Griechenland.

Frühe Zahlensysteme

Die alten Griechen scheinen die ersten gewesen zu sein, die eine mathematische Theorie der Arithmetik formulierten. Sowohl die von Thales um 600 v. Chr. begründete Ionische als auch die von Pythagoras etwa 50 Jahre später ins Leben gerufene Pythagoräische Schule entwickelten ausführliche Theorien der Geometrie und der Arithmetik; letztere war besonders eine Domäne der Pythagoräer. Sie erkannten als erste, daß die *natürlichen Zahlen* 1, 2, 3, ... eine unendliche Menge von Zahlen bilden, in der die grundlegenden arithmetischen Operationen Addition und Multiplikation durchgeführt werden können. Obwohl sie die *negativen Zahlen* als solche nicht anerkannten, wußten sie doch mit Ausdrücken wie

$$(7-2) \times (6-3) = (7 \times 6) - (7 \times 3) - (2 \times 6) + (2 \times 3)$$

umzugehen. Für die Ablehnung der Griechen, Größen wie –5 als Zahl anzuerkennen, gab es übrigens einen guten Grund. Für sie waren Zahlen eng mit der Tätigkeit des *Messens* verknüpft, mit dem Messen von Entfernung, Fläche und Volumen. Ihre algebraischen Regeln beruhten also im allgemeinen auf geometrischen Vorstellungen, zum Beispiel der Addition verschiedener Flächen (vgl. Abb. 4).

Wenn die Griechen auch keine Verwendung für negative Zahlen hatten, so benötigten sie doch zweifellos Brüche oder, wie die Mathematiker sagen, *rationale Zahlen.* Eine (positive) *rationale* Zahl hat die Form a/b, wobei a und b natürliche Zahlen sind. Da b auch 1 sein kann, umfassen die rationalen Zahlen die natürlichen Zahlen. In der Ausdrucksweise der Mengenlehre heißt dies, die natürlichen Zahlen bilden eine *Teilmenge* der rationalen Zahlen. Bis ins sechste Jahrhundert glaubten die Griechen, daß ihr Zahlensystem der (positiven) rationalen Zahlen ihren geometrischen Zwecken völlig genüge. Eines Tages entdeckten sie jedoch zu ihrem Entsetzen, daß dies keineswegs der Fall war. Genauer gesagt, sie fanden heraus, daß die Quadratwurzel aus 2 keine rationale Zahl ist, was bedeutet, daß die rationalen Zahlen nicht ausreichen, um beispielsweise die Hypotenuse eines rechtwinkligen Dreiecks der Seitenlängen 1 zu messen (vgl. Abb. 5). Denn um alle geometrischen Längen messen zu können, benötigt man die *reellen*

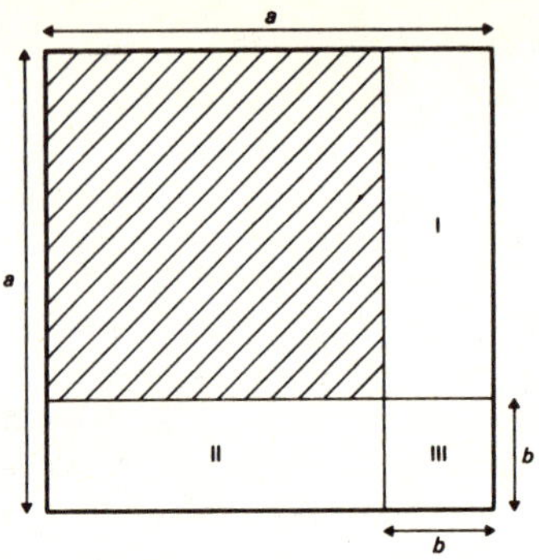

Abb. 4
Die griechische Algebra. Die Griechen betrachteten so bekannte algebraische Identitäten wie

$$(a - b)^2 = a^2 - 2ab + b^2$$

unter rein geometrischem Blickwinkel. Um die schraffierte Fläche bzw. $(a - b)^2$ zu erhalten, zieht man von dem großen Quadrat (a^2) die Rechtecke I und III (ab) sowie die Rechtecke II und III (ebenfalls ab) ab; zu dieser Fläche addiert man b^2 dazu, um die zweimalige Subtraktion des kleinen Quadrats III, das ja in beiden Rechtecken enthalten ist, auszugleichen. Dies führt uns zu der obigen Identität.

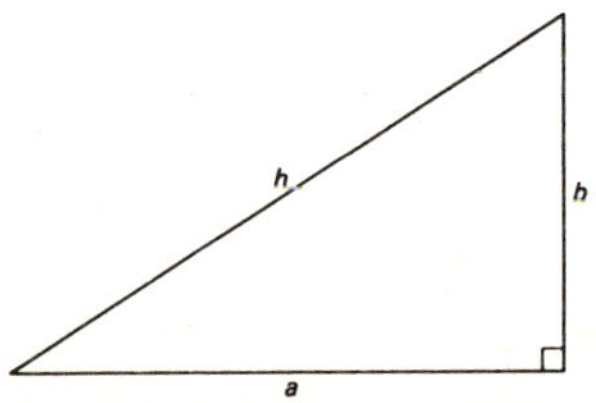

Abb. 5
Der Satz des Pythagoras. In jedem rechtwinkligen Dreieck mit den Katheten a und b und der Hypotenuse h ist die Summe der Flächeninhalte der Kathetenquadrate gleich dem Flächeninhalt des Hypotenusenquadrates:

$$h^2 = a^2 + b^2 .$$

Wenn $a = b = 1$ ist, dann ergibt sich daraus: $h = \sqrt{2}$; h ist also in diesem Fall eine irrationale Zahl, die sich nicht als Quotient zweier ganzer Zahlen schreiben läßt.

Zahlen, denen wir uns in Kürze zuwenden werden. Diese Entdeckung hatte zur Folge, daß die Griechen sich fortan in ihrer Mathematik auf geometrische Konstruktionen beschränkten und praktisch keine Fortschritte mehr in der Arithmetik erzielten.

Die negativen Zahlen

Indische Mathematiker waren die ersten, die im siebten Jahrhundert die Null und die negativen Zahlen in eine systematische Theorie der Algebra einführten. Sie benutzten positive und negative Zahlen, um damit Guthaben und Schuldposten bei finanziellen Transaktionen auszudrücken. Neben der erstmaligen Verwendung von Null in einem Stellenwertsystem heutiger Prägung arbeiteten sie auch erstmals mit Gleichungen, in denen negative Zahlen, gekennzeichnet durch einen Punkt über der Zahl (ein früher Vorläufer unseres heutigen Minuszeichens), vorkamen. Sie formulierten explizite Regeln für das Rechnen mit Vorzeichen (plus mal plus ergibt plus, plus mal minus ergibt minus, minus mal minus ergibt plus) und erkannten als erste, daß jede positive Zahl zwei Quadratwurzeln besitzt, eine positive und eine negative.

Auf die europäischen Mathematiker der Renaissance (14. bis 16. Jahrhundert) hatten diese frühen Entwicklungen in Indien jedoch keinen Einfluß. Ganz der griechischen Tradition verhaftet, gingen sie zwar durchaus mit negativen Zahlen um, erkannten diese jedoch als solche nicht an. Die negativen Wurzeln von Gleichungen bezeichnete man als «fiktive Wurzeln».

Zu Beginn des siebzehnten Jahrhunderts fingen einige Mathematiker allmählich an, explizit «negative Zahlen» zu verwenden. Sie stießen dabei jedoch auf entschiedenen Widerstand von zum Teil berühmten Mathematikern. René Descartes etwa prangerte negative Wurzeln als «falsche Wurzeln» an, und auch Blaise Pascal war der Überzeugung, es könne keine Zahl kleiner als Null geben. Gottfried Leibniz, der zwar zugab, daß negative Zahlen zu absurden Schlußfolgerungen führen könnten, verteidigte sie gleichwohl als ein nützliches Hilfsmittel für die Durchführung von Rechnungen. Auch Leonhard Euler erkannte die negativen Zahlen an, vertrat jedoch die Auffassung, daß sie größer als unendlich (∞) seien. Seine Argumentation stützte sich dabei auf folgende Annahme: $a/0 = \infty$. Daraus folgt, daß das Resultat der Division von a durch eine Zahl kleiner als Null größer als unendlich sein muß.

Während des 18. Jahrhunderts schließlich setzte sich die algebraische Verwendung von negativen Zahlen (symbolisiert durch das Minuszeichen) weitgehend durch, obwohl es immer noch Mathematiker gab, die sich dabei nicht sehr wohl fühlten und oft große Anstrengungen unternahmen, um ihre Verwendung nach Möglichkeit zu vermeiden. Tatsächlich ergeben die negativen Zahlen erst dann wirklich einen «Sinn», wenn man sich den axiomatischen Ansatz der Zahlentheorie zu eigen macht (vgl. Kapitel 2). Dies gilt auch für die komplexen Zahlen, doch bevor wir uns ihnen zuwenden, werden wir noch kurz die reellen Zahlen erläutern.

Die reellen Zahlen

Obwohl die vorliegende Einführung in das Zahlensystem nach den verschiedenen Arten von Zahlen untergliedert ist, gab es historisch gesehen keine solche Unterteilung. Die Theorien der negativen, der reellen und der komplexen Zahlen entstanden alle etwa um die gleiche Zeit. Die korrekte Behandlung der reellen Zahlen stellt dabei die weitaus herausragendste und schwierigste Leistung dar. Obgleich in der Theorie der komplexen Zahlen die Existenz der reellen Zahlen vorausgesetzt wird, war es doch die Theorie der reellen Zahlen, die als letzte ausgearbeitet wurde.

Für alle *praktischen* Belange genügen die rationalen Zahlen vollauf. In der realen Welt (im Gegensatz zur Welt der Mathematik) benutzen wir sogar ausschließlich die rationalen Zahlen, da die Lösungen beliebiger Probleme meist nur bis auf wenige Dezimalstellen genau angegeben werden. Natürlich besitzen die rationalen Zahlen auch mathematisch interessante Eigenschaften. Wenn man zwei beliebige rationale Zahlen addiert, subtrahiert, multipliziert oder dividiert (ausgenommen durch Null), dann ist das Ergebnis wiederum eine rationale Zahl. Darüber hinaus erfüllen die rationalen Zahlen alle in Kapitel 2 (S.45) aufgezählten Axiome eines Integritätsrings. Der Mathematiker faßt diese Eigenschaften in der Aussage zusammen, daß die rationalen Zahlen einen *Körper* bilden. Was aber ist ein Körper? Ein *Körper* ist ein Integritätsring, in dem die Division definiert ist; das heißt, es handelt sich um eine Struktur, die neben den sieben auf S.45 beschriebenen Axiomen auch das folgende zusätzliche Axiom erfüllt:

(8) Für jede beliebige Zahl x ungleich 0 gibt es eine Zahl y, für die gilt: $xy = 1$ (Existenz des multiplikativen Inversen).

Es ist nicht schwierig zu beweisen, daß das durch Axiom 8 eingeführte y für jedes beliebige x eindeutig festgelegt ist (versuchen Sie es ruhig einmal). Die übliche Schreibweise für dieses eindeutig bestimmte

y ist x^{-1} oder $1/x$. Axiom 8 definiert also die Division, da a/b natürlich das gleiche ist wie ab^{-1}.

Kurzum, ein *Körper* ist eine Struktur, in der die üblichen arithmetischen Operationen mit ihren gewohnten Eigenschaften definiert sind. Wie jedoch die Pythagoräer entdeckten, versagt der Körper der rationalen Zahlen, wenn es darum geht, die Gleichung

$$x^2 = 2$$

zu lösen. Im Bereich der rationalen Zahlen ist es zwar möglich, die Lösung der Gleichung mit beliebiger Genauigkeit zu approximieren:

$$1^2 = 1 \; ; \; (1{,}4)^2 = 1{,}96 \; ; \; (1{,}41)^2 = 1{,}9981 \; ; \; (1{,}414)^2 = 1{,}999396 \text{ usw.},$$

doch gibt es keine rationale Zahl, deren Quadrat *exakt* 2 ist. Die *reellen* Zahlen bilden dagegen einen Körper, der die rationalen Zahlen einschließt und der reich genug ist, um auch Gleichungen wie die obige zu lösen. Eine präzise Formulierung dieser Lösung beruht dabei auf dem Verfahren der schrittweisen Näherung. Die Zahlen 1; 1,4; 1,41; 1,414 usw. stellen zunehmend bessere Annäherungen an die «Zahl» dar, deren Quadrat 2 ist. Wenn wir unendlich viele Dezimalstellen verwenden könnten, wären wir in der Lage, die Zahl, deren Quadrat exakt 2 beträgt, niederzuschreiben; es wäre:

1,414213 ... (*ad infinitum*).

Da es uns jedoch offensichtlich nicht möglich ist, eine unendliche Folge von Dezimalstellen niederzuschreiben, stellt sich die Frage, wie wir in der Praxis vorgehen? Nun, wir überlassen es der Mathematik, das notwendige Handwerkszeug für den Umgang mit dem Unendlichen bereitzustellen, was bedeutet, daß die reellen Zahlen axiomatisch entwickelt werden müssen. Dies erweist sich als ein äußerst schwieriges Unterfangen, dessen Beschreibung den Rahmen dieses Buches bei weitem übersteigen würde. In der Tat zählt die in den siebziger Jahren des vorigen Jahrhunderts vollendete Formulierung eines adäquaten Axiomensystems der reellen Zahlen zu den größten Errungenschaften der Mathematik.

Ebenso wie die rationalen Zahlen die ganzen Zahlen als Teilmenge enthalten, umfassen die reellen Zahlen die rationalen Zahlen. Daneben enthalten sie aber auch noch viele andere Zahlen. Eine reelle Zahl, die nicht rational ist, heißt *irrational*. Beispiele irrationaler Zahlen sind π, e und $\sqrt{k}$ für beliebige natürliche Zahlen k, die nicht Quadratzahlen sind.

Die komplexen Zahlen

Im 16. Jahrhundert erkannten einige europäische Mathematiker – insbesondere der Italiener Rafaello Bombelli –, daß für die Lösung algebraischer Probleme die Annahme zweckmäßig sein kann, daß negative Zahlen Quadratwurzeln besitzen. Angesichts des geistigen Klimas jener Zeit ist es vielleicht verständlich, daß solche «Zahlen» als *imaginäre Zahlen* bezeichnet wurden, auch wenn der Mathematiker heute *alle* Zahlen gleichermaßen als «imaginäre» Begriffe betrachtet, die Quadratwurzeln negativer Größen ebenso wie die anderen Zahlen. Zwar ist es immer noch üblich, die Quadratwurzel einer negativen reellen Zahl als *imaginär* zu bezeichnen, doch geschieht dies heute in einer ganz bestimmten, technischen Bedeutung.

Um die Quadratwurzeln beliebiger negativer reeller Zahlen berechnen zu können, ist es nur erforderlich, die Existenz der Lösung einer einzigen Gleichung zu postulieren, nämlich

$$x^2 + 1 = 0.$$

Wenn i die Lösung dieser Gleichung bezeichnet (bzw. wenn $i^2 = -1$ ist), dann gilt für jede beliebige positive reelle Zahl a, daß $(\sqrt{a})i$ die Quadratwurzel der negativen Zahl $-a$ ist. Tatsächlich gibt es sogar zwei Quadratwurzeln: $(\sqrt{a})i$ und $-(\sqrt{a})i$. Ebenso besitzt auch die Gleichung $x^2 + 1 = 0$ zwei Lösungen, nämlich i und $-i$. Zahlen der Form ai, wobei a eine reelle Zahl ist, stellen die sogenannten *imaginären Zahlen* dar. Der erste, der den Buchstaben i in dieser Bedeutung verwendete, war Leonhard Euler.

Eine *komplexe Zahl* ist eine Zahl der Form $a + bi$, wobei a und b reelle Zahlen sind. Das Pluszeichen in diesem Zusammenhang bezeichnet keine gewöhnliche Addition (wie könnte es auch?), sondern dient lediglich dazu, den *Realteil* a der komplexen Zahl von ihrem *Imaginärteil* bi zu trennen. Wenn $b = 0$ ist, dann gilt $a + bi = a$, die reellen Zahlen also bilden eine Teilmenge der komplexen Zahlen. Ebenso gilt: Wenn $a = 0$ ist, dann ist $a + bi = bi$; folglich sind auch die imaginären Zahlen eine Teilmenge der komplexen Zahlen.

Selbst wenn Sie zunächst durchaus bereit sind, $i = \sqrt{-1}$ als Zahl anzuerkennen, werden Sie an diesem Punkt vielleicht einwenden, daß es keine Rechtfertigung gibt, ein Gebilde der Form $a + bi$ als Zahl anzusehen. Vergessen Sie jedoch bitte nicht, daß es keine Rolle spielt, *was* Zahlen sind; entscheidend ist vielmehr, wie sie sich *verhalten.* Sofern die komplexen Zahlen also eine brauchbare und nützliche Arithmetik besitzen (entweder in der Mathematik oder möglicherweise in einem weiteren Zusammenhang) und sofern sie vielleicht sogar einen Körper bilden, haben sie genauso Anspruch darauf, als «Zahlen» bezeichnet zu werden, wie die anderen Zahlen auch. Wie sieht jedoch die Arithmetik der komplexen Zahlen aus? Die Regeln werden im folgenden erläutert. Für die meisten Menschen stellen die komplexen Zahlen das erste Zahlensystem dar, welches sie über den rein axiomatischen Ansatz *kennenlernen.* Bis die ganzen Zahlen, die rationalen oder die reellen Zahlen axiomatisch entwickelt werden, sind sie den meisten bereits längst vertraut.

Die Regel für die Addition zweier komplexer Zahlen ist ganz einfach: Man addiert erst die jeweiligen Realteile und dann die jeweiligen Imaginärteile

$$(a + bi) + (c + di) = (a + c) + (b + d)i.$$

Hier ein Zahlenbeispiel:

$$\begin{aligned}(2 + 3i) + (7 + 1i) &= 9 + 4i,\\ (-3 + 4i) + (4 - 2i) &= 1 + 2i.\end{aligned}$$

Die Multiplikation zweier komplexer Zahlen ist ein wenig komplizierter. Das Prinzip besteht darin, die gewöhnlichen algebraischen Regeln für die Multiplikation zweier in Klammern stehender Summen zu verwenden und anschließend -1 für i^2 einzusetzen:

$$\begin{aligned}(a + bi)\,(c + di) &= ac + adi + bci + bdi^2\\ &= ac + adi + bci - bd\\ &= (ac - bd) + (ad + bc)i.\end{aligned}$$

Auch hier zur Veranschaulichung ein Zahlenbeispiel:

$$\begin{aligned}(2 + 3i)\,(5 + 7i) &= 10 + 14i + 15i + 21i^2\\ &= 10 + 14i + 15i - 21\\ &= -11 + 29i.\end{aligned}$$

Es überrascht vielleicht, daß komplexe Zahlen dividiert werden können. Die Regel ist folgende:

$$\frac{a+bi}{c+di}=\frac{ac+bd}{c^2+d^2}+\frac{bc-ad}{c^2+d^2}\,i.$$

So ist also zum Beispiel:

$$\begin{aligned}\frac{3+5i}{1+2i}&=\frac{3\times 1+5\times 2}{1+4}+\frac{5\times 1-3\times 2}{1+4}\,i\\&=\frac{3+10}{5}+\frac{5-6}{5}\,i\\&=\frac{13}{5}-\frac{1}{5}\,i.\end{aligned}$$

Die komplexen Zahlen bilden somit tatsächlich einen Körper. Vielleicht möchten Sie zur Übung die oben gegebenen Definitionen der Addition und Multiplikation daraufhin überprüfen, ob sie wirklich zu einer Arithmetik führen, die alle Bedingungen der Körperaxiome erfüllt. So merkwürdig Ihnen der Begriff der komplexen Zahlen also zunächst erscheinen mag, so stellt sich doch heraus, daß sie eine durchaus «normale» Form der Arithmetik ergeben. Gegenüber den anderen Zahlensystemen besitzen sie sogar den entscheidenden Vorteil, daß im Körper der komplexen Zahlen *jede* Polynomgleichung gelöst werden kann! Wenn also $a_0, a_1, \ldots, a_{n-1}, a_n$ komplexe Zahlen sind, gibt es stets eine komplexe Zahl x, die die Lösung der Gleichung

$$a_n x^n + a_{n-1}x^{n-1} + \ldots + a_1 x + a_0 = 0$$

ist. Das gleiche läßt sich von den reellen Zahlen natürlich nicht sagen, wie die Gleichung $x^2 + 1 = 0$ belegt.

Das eben erwähnte Ergebnis ist als *Fundamentalsatz der Algebra* bekannt. Er wurde erstmals von Girard im Jahre 1629 postuliert und dann – noch unvollkommen – von d'Alembert 1746 und von Euler 1749 bewiesen. Den ersten völlig korrekten Beweis lieferte Gauß 1799 in seiner Doktorarbeit. Er war so beeindruckt von diesem Ergebnis, daß er später noch drei weitere, völlig andersartige Beweise erbrachte.

Der Fundamentalsatz der Algebra ist nur einer von verschiedenen Gründen, warum das System der komplexen Zahlen so außerordentlich vorteilhaft ist. Ein weiterer wichtiger Grund liegt darin, daß der Körper der komplexen Zahlen die Entwicklung einer leistungsfähigen Diffe-

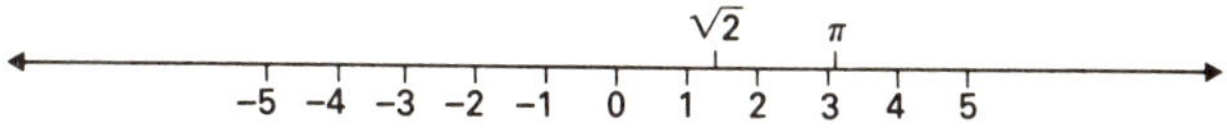

Abb. 6
Die reelle Zahlengerade. Die Axiome der reellen Zahlen gewährleisten, daß diese Gerade «stetig» ist. Im Gegensatz zur «rationalen Zahlengeraden», wo sich zum Beispiel bei $\sqrt{2}$ ein «Loch» befindet, weist die reelle Zahlengerade also nicht eine einzige Lücke auf.

rentialrechnung ermöglicht und so die fruchtbare Funktionentheorie mit einer komplexen Veränderlichen hervorgebracht hat. Mit dieser Theorie beschäftigt sich das Kapitel 9.

Die Theorie der komplexen Zahlen ist jedoch nicht nur vom rein mathematischen Gesichtspunkt aus sehr interessant; sie erweist sich auch als äußerst nützlich. Die erste bedeutende Anwendung komplexer Zahlen in den Naturwissenschaften geht auf Charles Steinmetz zurück, der entdeckte, daß sie für die effiziente Berechnung von Wechselstrom unentbehrlich sind. Tatsächlich ist die Elektrotechnik heute ohne die komplexen Zahlen ebensowenig denkbar wie die Aerodynamik oder die Hydrodynamik. Einstein verwendete in seiner Relativitätstheorie die komplexen Zahlen (die drei Dimensionen des Raumes werden als Realteil, die Zeitdimension als Imaginärteil betrachtet), und auch in der Quantenmechanik arbeiten die Physiker mit ihnen.

Und trotzdem! *Obwohl* die komplexen Zahlen einen Körper bilden, *obwohl* sie sich als äußerst nützlich erweisen und *obwohl* alle Zahlen rein abstrakte, «imaginäre» Gebilde darstellen, gibt es immer noch viele Menschen, die den komplexen Zahlen skeptisch gegenüberstehen. Dies ist wohl hauptsächlich auf die mangelnde Vertrautheit mit ihnen zurückzuführen. Die reellen Zahlen etwa mögen sich bei genauer Betrachtung als höchst komplizierte mathematische Objekte entpuppen; es ist jedoch stets möglich, zur Verdeutlichung auf das tröstlich einfache Bild der reellen Zahlengeraden zurückzugreifen, einer in beide Richtungen unendlichen Geraden, deren Mittelpunkt 0 ist (vgl. Abb. 6).

Glücklicherweise gibt es auch für die komplexen Zahlen eine sehr anschauliche Art der Darstellung. So wie man sich die reellen Zahlen als Punkte auf der reellen Zahlengeraden vorstellen kann, lassen sich die komplexen Zahlen als Punkte in der zweidimensionalen Ebene verdeutlichen (vgl. Abb. 7). Der norwegische Landvermesser Caspar

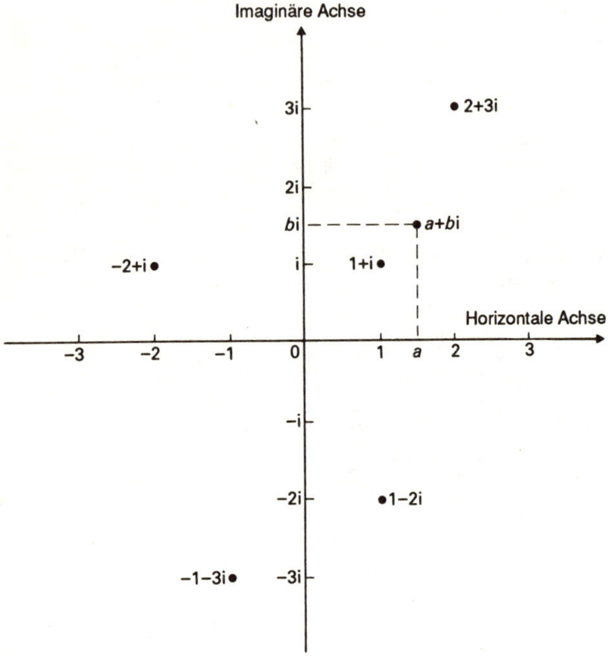

Abb. 7
Die komplexe Zahlenebene. Die komplexe Zahl $a + bi$ entspricht dem Punkt mit dem Koordinaten (a, b). Die reellen Zahlen liegen dabei auf der horizontalen Achse, während sich die imaginären Zahlen auf der vertikalen Achse befinden.

Wessel, ein Autodidakt, hat sich als erster die komplexen Zahlen auf diese Weise veranschaulicht und seine Idee im Jahre 1797 einem größeren Publikum vorgestellt. Diese Idee wurde später von dem Schweizer Buchhalter Jean-Robert Argand, der 1806 ein Buch über diese Thematik veröffentlichte, und von Karl Friedrich Gauß wiederentdeckt. Den größeren Einfluß übte anfänglich das Buch von Argand aus. Auch heute noch bezeichnet man die *komplexe Zahlenebene*, wie die zweidimensionale Ebene in ihrer Funktion als Darstellung der komplexen

Zahlen korrekt heißt, gelegentlich als *Argand-Diagramm*, obwohl meist durch den Begriff *Gaußsche Zahlen* diese Problematik beschrieben wird.

Die Quaternionen

Angeregt durch den Gedanken, die komplexen Zahlen als Punkte in einer Ebene darzustellen, entwickelte der irische Mathematiker William Rowan Hamilton (1805–1865) eine algebraische (das heißt im wesentlichen axiomatische) Interpretation der komplexen Zahlen als Paare reeller Zahlen. Weiter beschäftigte er sich mit der Frage, ob die komplexe Zahlenebene möglicherweise eine Entsprechung im dreidimensionalen Raum besitzt. Dies erwies sich jedoch als unmöglich. Dagegen entdeckte Hamilton, daß es in vier Dimensionen durchaus möglich ist, ein System von sogenannten «hyperkomplexen» Zahlen zu entwickeln.

Die *Quaternionen*, wie Hamilton seine neuen Zahlen nannte, waren keine einfache Entdeckung gewesen; erst nach langen Jahren des Grübelns gelang ihm der entscheidende Durchbruch. Wie dies so oft in der Mathematik geschehen ist, kam Hamilton der zündende Einfall nicht am Schreibtisch. Vielmehr ging er eines Abends im Jahre 1843 mit seiner Frau am Royal Canal in Dublin spazieren, als er plötzlich erkannte, daß er nur auf das Kommutativgesetz der Multiplikation zu verzichten brauchte, um ein funktionierendes, akzeptables Zahlensystem zu erhalten. Hocherfreut über diesen Gedankenblitz blieb er auf der Brougham-Brücke stehen und kritzelte die grundlegenden Gleichungen auf einen Stein. Die ursprüngliche Inschrift ist zwar längst verwittert, doch erinnert heute eine Gedenktafel an das bedeutsame Ereignis.

Kurz gesagt ist eine Quaternione eine Zahl der Form

$$a + bi + cj + dk,$$

wobei a, b, c, d reelle und i, j, k «imaginäre» Zahlen sind, die die folgende Gleichung erfüllen: $i^2 = j^2 = k^2 = -1$. Die grundlegenden Gleichungen, die Hamilton auf der Brücke niedergeschrieben hatte, waren:

$$ij = k\,; \quad jk = i\,; \quad ki = j\,;$$
$$ji = -k\,; \quad kj = -i\,; \quad ik = -j.$$

Unter Beachtung dieser Vorschriften lassen sich zwei beliebige Quaternionen mit Hilfe der gewöhnlichen Regeln der Algebra miteinander multiplizieren, wobei das Resultat eine dritte Quaternione ist. Addiert werden die Quaternionen einfach gliedweise wie die komplexen Zahlen. Das daraus resultierende Zahlensystem erfüllt mit Ausnahme des Kommutativgesetzes der Multiplikation alle Bedingungen eines Integritätsrings (vgl. S.45).

Noch merkwürdigere Gebilde als die Quaternionen stellen die *Oktonionen* dar, ein achtdimensionales Zahlensystem, in dem nicht nur das Kommutativgesetz, sondern auch das Assoziativgesetz der Multiplikation aufgegeben werden muß. Sowohl die Quaternionen als auch die Oktonionen finden heute in der modernen Physik in beträchtlichem Umfang Anwendung. Doch kehren wir nun zu den natürlichen Zahlen, insbesondere zu den Gaußschen Arbeiten zur Zahlentheorie zurück.

Die Gaußschen Zahlen

Im Jahre 1796 bewies Gauß das sogenannte *quadratische Reziprozitätsgesetz*, einen grundlegenden Satz der Zahlentheorie, der die Lösung bestimmter Gleichungen wie

$$x^2 \bmod 7 = 3$$

betrifft. Die allgemeine Form solcher Gleichungen ist:

$$x^2 \bmod p = q,$$

wobei p und q Primzahlen sind. In seinem – schließlich erfolgreichen – Bemühen, diesen Satz für Gleichungen höherer Ordnung zu verallgemeinern ($x^3 \bmod p = q$ etc.), entdeckte Gauß, daß die Rechnungen vereinfacht werden können, wenn man, anstatt ausschließlich mit ganzen Zahlen zu arbeiten, Zahlen der Form $a + bi$ verwendet, wobei a und b ganze Zahlen sind und i definitionsgemäß $\sqrt{-1}$ ist. Heute sind solche «komplexe ganze Zahlen» als *Gaußsche Zahlen* bekannt. Sie erweisen sich besonders im Zusammenhang mit der Faktorzerlegung als sehr hilfreich. So wie innerhalb der ganzen Zahlen die folgende Faktorzerlegung möglich ist:

$$a^2 - b^2 = (a + b)\,(a - b),$$

ergibt sich bei den Gaußschen Zahlen:

$$a^2 + b^2 = (a + bi)\ (a - bi).$$

Intuitiv würde man annehmen, daß die Gaußschen ganzen Zahlen innerhalb des Körpers der komplexen Zahlen die gleiche Stellung einnehmen wie die gewöhnlichen ganzen Zahlen im Körper der reellen Zahlen. Inwieweit lassen sich die Gaußschen Zahlen jedoch mit den ganzen Zahlen vergleichen?

Wie bereits im ersten Kapitel erwähnt, beschreibt der *Fundamentalsatz der Arithmetik* die bedeutsamste Eigenschaft der ganzen Zahlen, die nämlich darin besteht, daß jede ganze Zahl auf eindeutige Weise als ein Produkt von Primfaktoren dargestellt werden kann. Gauß zeigte nun, daß sich auch unter den Gaußschen Zahlen Primzahlen befinden, Zahlen, die nicht weiter zerlegbar sind. Analog zum Fundamentalsatz der Arithmetik gilt also ein *Satz der eindeutigen Primfaktorzerlegung* für dieses Zahlensystem. Die Primzahlen sind hier keine Zahlen der Form $a + bi$, wobei a und b prim sind. Es handelt sich vielmehr um jene Gaußschen Zahlen, die nicht weiter in ein Produkt anderer Gaußscher Zahlen zerlegbar sind. Aus diesem Grund heißen sie in der Mathematik oft *irreduzible Elemente*.

Das Klassenzahl-Problem

Die Gaußschen Zahlen haben sich in vielerlei Hinsicht als sehr nützlich erwiesen – nicht nur im Zusammenhang mit den Reziprozitätsgesetzen, sondern auch aufgrund ihrer Beziehung zur Fermatschen Vermutung (vgl. Kapitel 8). Sie sind in der Tat so nützlich, daß es sinnvoll schien, ähnliche Zahlensysteme zu untersuchen. Genau dies nahm Gauß in Angriff. Unter den verschiedenen möglichen Ansätzen hat sich besonders jener als sehr fruchtbar erwiesen, der auf Systemen der Form $a + b\sqrt{-d}$ beruht, wobei d eine beliebige positive Zahl außer 1 ist.

An diesem Punkt muß sich der Leser auf eine kleine Überraschung gefaßt machen. Um für den Fall d mod 4 = 3 ein brauchbares Zahlensystem zu erhalten, das noch gewisse Ähnlichkeit mit dem der ganzen Zahlen aufweist, ist es notwendig, für a und b neben ganzen Zahlen auch halbzahlige Werte zuzulassen. So sind zum Beispiel

$$\frac{1}{2} + 2\sqrt{-3}, \quad \frac{3}{2} + \frac{5}{2}\sqrt{-3}$$

zwei Zahlen, die in dem durch $d = 3$ gegebenen System enthalten sind. (Wenn $d \bmod 4 \neq 3$, dann sind a und b wie bei den Gaußschen Zahlen gewöhnliche ganze Zahlen.)

Nachdem wir die obige kleine Zusatzbedingung eingeführt haben, stellt sich die Frage, für welche Werte von d wir eine vernünftige «Zahlentheorie» erhalten bzw. für welche Werte von d der Satz der eindeutigen Faktorzerlegung zutrifft? Für $d = 1$ (die Gaußschen Zahlen) ist dies der Fall, ebenso für $d = 2$ und $d = 3$. Für $d = 5$ hingegen gilt dies nicht. In diesem System besitzt zum Beispiel die Zahl 6 die folgenden zwei Zerlegungen in irreduzible Elemente:

$$6 = 2 \times 3 \; ; \; 6 = (1 + \sqrt{-5}) \times (1 - \sqrt{-5}).$$

Zu Gauß' Zeiten kannte man neun Werte von d, für die das Zahlensystem $a + b\sqrt{-d}$ eine eindeutige Faktorzerlegung besitzt (a und b werden wie oben angegeben variiert). Diese sind:

$$d = 1, 2, 3, 7, 11, 19, 43, 67, 163.$$

Gibt es noch weitere Werte? Trotz intensiver Bemühungen gelang es weder Gauß noch einem anderen Mathematiker in den folgenden Jahrzehnten, einen weiteren Wert aufzuspüren. Den nächsten Fortschritt in dieser Angelegenheit erzielten Heilbronn und Linfoot 1934: Sie entdeckten, daß es *höchstens* noch einen weiteren Wert geben konnte. Sollte dieser Wert überhaupt existieren, müßte er astronomisch hoch sein. Gab es jedoch diesen zehnten Wert tatsächlich?

Im Jahre 1952 wußte nur eine Person, daß es ihn nicht gab. In jenem Jahr veröffentlichte der Schweizer Kurt Heegner, ein pensionierter Wissenschaftler, dessen Hobby die Mathematik war, einen Beweis dafür, daß es keinen zehnten Wert von d gab. Niemand schenkte ihm jedoch Glauben. Weitere 15 Jahre vergingen, bevor die übrige Welt die Wahrheit erfuhr. 1967 bewiesen Harold Stark vom Massachusetts Institute of Technology und Alan Baker von der Universität von Cambridge unabhängig voneinander (und mit Hilfe verschiedener Methoden), daß es kein zehntes d gab. Diesmal waren die Mathematiker überzeugt. Angespornt durch ihre Entdeckung begannen Stark und Baker, Heegners Arbeit eingehend zu studieren, und zu ihrem Erstaunen stellten sie fest, daß sie im wesentlichen korrekt war. Der verkannte Schweizer hatte also doch recht gehabt!

Damit haben wir nun herausgefunden, warum die Zahl 163 so besonders ist und jene eingangs erwähnten merkwürdigen Ergebnisse hervorbringt. Sie ist der größte Wert von d, für den das Zahlensystem $a + b\sqrt{-d}$ eine eindeutige Zerlegung in irreduzible Elemente erlaubt. Leider ist es im Rahmen dieser Darstellung unmöglich, den Zusammenhang zwischen der eindeutigen Faktorzerlegung und den merkwürdigen Eigenschaften der Zahl 163 zu erläutern. Dieses würde beim Leser die Kenntnisse eines ausgebildeten Mathematikers voraussetzen!

Nachdem wir nun jene Zahlensysteme $a + b\sqrt{-d}$ behandelt haben, die eine eindeutige Primfaktorzerlegung erlauben, wenden wir uns jenen zu, die dies nicht tun. Was läßt sich über sie feststellen? Auch in dieser Frage war Gauß der Wegbereiter. Er ordnete jedem aus einem Wert von d abgeleiteten Zahlensystem eine bestimmte natürliche Zahl $h(d)$ zu, die sogenannte *Klassenzahl* dieses Systems. Die Klassenzahl gibt an, wie sehr die eindeutige Primfaktorzerlegung versagt. Beträgt die Klassenzahl 1 (dies trifft für jeden Wert von d in der Gaußschen Liste zu), so ist die eindeutige Faktorzerlegung gültig. Ist $h(d) = 2$ (wie im Fall $d = 5, 6, 10, 13$), so scheitert die eindeutige Zerlegung nur knapp. Für die Klassenzahl 3 (für $d = 23, 31, 59$) scheitert sie schon weniger knapp, für die Klassenzahl 4 (bei d = 14, 17, 21) ist die Zerlegung bereits sehr mehrdeutig usw. Je größer also die Klassenzahl ist, um so mehr Möglichkeiten gibt es, die Zahlen eines bestimmten Systems in Primelemente zu zerlegen.

In Artikel 303 seines bereits erwähnten, monumentalen Werkes *Disquisitiones Arithmeticae* beschreibt Gauß einige umfangreiche Berechnungen von Klassenzahlen und vermerkt dazu, daß es anscheinend für jede Klassenzahl k einen größten Wert d gibt, für den gilt: $h(d) = k$. Der größte Wert von d für $h(d) = 1$ war seines Wissens $d = 163$. Für $h(d) = 2$ schien $d = 427$ der größte Wert zu sein, für $h(d) = 3$ war dies anscheinend $d = 907$. Gauß konnte jedoch nicht zeigen, daß diese Zahlen tatsächlich die größtmöglichen Werte von d waren, noch konnte er beweisen, daß es stets einen größten Wert d gibt, obwohl er dies vermutete.

Das *Klassenzahl-Problem* ergibt nur dann einen Sinn, wenn man von der Richtigkeit der Gaußschen Vermutung ausgeht, daß für jede Klassenzahl k der größte Wert d zu bestimmen ist, für den $h(d) = k$. Der im Jahre 1952 veröffentlichte Heegnersche Beweis löste also das Klassenzahl-Problem nur für den Fall $h = 1$.

Obwohl dieses Problem auf das vorige Jahrhundert zurückgeht, kam man einer Lösung praktisch erst in diesem Jahrhundert näher. 1916 bewies Hecke, daß die Gaußsche Vermutung, derzufolge jeder Klassenzahl k nur endlich viele Werte von d entsprechen, zwangsläufig folgt, wenn eine unter dem Namen *Verallgemeinerte Riemannsche Vermutung* bekannte und sehr komplizierte Aussage wahr ist. Da jedoch bis heute nicht bekannt ist, ob die Verallgemeinerte Riemannsche Vermutung wahr ist oder nicht, sagte Heckes Ergebnis nicht sehr viel aus, jedenfalls nicht für sich allein genommen. Auf der Grundlage der Arbeiten von Deuring und Mordell gelang es Heilbronn jedoch im Jahre 1934, die Gaußsche Vermutung unter der Voraussetzung zu beweisen, daß die Verallgemeinerte Riemannsche Vermutung *falsch* ist. Da die betreffende Hypothese in jedem Fall entweder wahr oder falsch sein muß – auch wenn wir noch nicht entscheiden können, welche Aussage zutrifft –, *beweisen* die Ergebnisse von Hecke und Heilbronn zusammengenommen schließlich unbestreitbar die Wahrheit der Gaußschen Vermutung.

Nachdem die Gaußsche Vermutung als gesichert gelten konnte, stand dem Versuch, das Klassenzahl-Problem zu lösen, grundsätzlich nichts mehr im Wege. Fortschritte stellten sich jedoch nur sehr langsam ein. Als erstes fand Heegner 1952 die Lösung für den Fall $h = 1$. 1967 konnten Baker und Stark neben der nochmaligen Lösung des Falls $h = 1$ auch den Fall $h = 2$ abschließen. Keine der bis dahin entwickelten Methoden war jedoch geeignet, auch die anderen Fälle zu lösen.

Der große Durchbruch erfolgte 1975, als Dorian Goldfeld von der University of Texas in Austin einen Teil der Lösung fand. In einer langwierigen und komplizierten Beweisführung, die auf der analytischen (komplexen) Zahlentheorie beruhte, gelang es Goldfeld zu zeigen, daß die vollständige Lösung des Klassenzahl-Problems zwangsläufig folgt, wenn ein bestimmtes mathematisches Gebilde zur Verfügung steht. Dieses Objekt, eine geometrische Kurve, muß die Gleichung der Form

$$y^2 = ax^3 + bx^2 + cx + d$$

erfüllen und einige recht ungewöhnliche Eigenschaften besitzen. Solche Kurven heißen elliptische Kurven. Sie spielen nicht nur in dem hier erwähnten Beispiel eine Rolle, sondern gelangen in einer ganzen Reihe von Zusammenhängen zur Anwendung. Kurven zu finden, die die gewünschte Gestalt besitzen, war nicht sehr schwierig. Die erforderlichen besonderen Eigenschaften schien jedoch keine zu erfüllen. Goldfeld und viele andere bemühten sich lange Zeit vergeblich um ein Resultat.

Erst 1983 führte die Suche zu einem Erfolg. Zagier und Gross fanden den Schlüssel zur Lösung, indem sie nach bestimmten Punkten auf der Kurve suchten. Zur Erinnerung an den lange Zeit verkannten Heegner nannten sie diese besonderen Punkte *Heegner-Punkte*. Der Beweis bestand nun nur noch darin, eine einzige gewaltige Gleichung zu lösen. Allein um die beiden Terme auf beiden Seiten der Gleichung auszurechnen, waren mehr als 100 Seiten erforderlich. Anschließend mußten noch die Glieder auf beiden Seiten verglichen werden, um zu zeigen, daß die Rechnung korrekt war. Trotz der gewaltigen Länge dieser Rechnung bezeichnen Mathematiker diesen Teil des Beweises als «einfach». Bemerkenswert ist dagegen die Tatsache, daß eine einzige Kurve das Verhalten einer unendlichen Familie von Zahlensystemen bestimmt.

Nach 183 Jahren konnte das Gaußsche Klassenzahl-Problem damit endlich als gelöst betrachtet werden.

4 Schönheit aus dem Chaos

Schönheit in der Mathematik

Es war Bertrand Russell, der in seinem 1918 veröffentlichten Werk *Mysticism and Logic** folgende Überzeugung zum Ausdruck brachte:

> *Die Mathematik, richtig verstanden, besitzt nicht allein Wahrheit, sondern auch höchste Schönheit – eine Schönheit, so kühl und streng wie die einer Plastik.*

Und ein anderer berühmter britischer Mathematiker, G.H. Hardy, schrieb in seinem Buch *A Mathematician's Apology* (1940):

> *Die Strukturen des Mathematikers müssen wie jene des Malers oder des Dichters schön sein; die Gedanken müssen sich wie die Farben oder die Worte harmonisch zusammenfügen. Schönheit ist der erste Prüfstein; eine häßliche Mathematik kann in der Welt nicht bestehen ... Es mag sehr schwierig sein, mathematische Schönheit zu definieren, doch trifft dies für Schönheit jeder Art zu – wir wissen vielleicht nicht genau, was wir unter einem schönen Gedicht verstehen, doch hindert uns dies nicht, es als solches zu erkennen, wenn wir es lesen.*

Beide Autoren hatten hier eine höchst abstrakte Art der Schönheit im Sinn, eine innere Schönheit, die zwar allen Mathematikern vertraut ist, die jedoch den meisten von uns für immer verborgen bleibt, ja unsere Vorstellungskraft bei weitem übersteigt. Es handelt sich um eine Schönheit der logischen Form und Struktur, der eleganten Beweisführung, eine Schönheit, die sich dem Betrachter erst nach einer langen und mühseligen Lehrzeit offenbart.

---

* Mystik und Logik, Humboldt-Verlag, 1952.

Abb. 8
Fraktale Kunst – ein Blick in Mandelbrots Welt.

Dies galt zumindest bis Anfang der achtziger Jahre. Dann setzte jedoch mit der stetigen Verbesserung der Computer- und insbesondere der Graphiktechnologie eine neue Entwicklung in der Mathematik ein, die die Situation grundlegend veränderte. *Chaotische Dynamik* ist eine der Bezeichnungen für diesen neuen Teilbereich der Mathematik, der durch den Computer erschlossen wurde. Obwohl die ihr zugrundeliegende Mathematik ebenso schwierig und abstrakt ist wie die jedes anderen Beispiels mathematischer Kunstfertigkeit, kann die ihr eigene Schönheit in Form von computererzeugten Mustern auf einem Bildschirm dargestellt und so Fachleuten und Laien gleichermaßen zugänglich gemacht werden. Auf Papier gedruckte Versionen der Bildschirmgraphiken stellten den Kern einer 1985 vom Goethe-Institut organisierten Wanderausstellung rund um die Welt dar, einer Ausstellung, die sich ihren Weg sowohl in Mathematik-Institute als auch in Kunstgalerien bahnte. Auch die Filmindustrie hat sehr schnell das in der neuen Mathematik schlummernde Potential erkannt und setzt in der Produktion von Science-Fiction-Filmen zunehmend Ideen aus diesem Bereich der Mathematik zur Erzeugung von Graphiken ein.

In Abb. 8 sehen Sie eine der zahlreichen graphischen Darstellungen von Strukturen, die für diesen neuen Bereich so charakteristisch sind. Viele dieser Graphiken können zur Betonung jener Muster, die in Schwarzweißabbildungen nicht sichtbar sind, auch farbig erzeugt werden. Die Komplexität des in Abb. 8 dargestellten Musters beruht – so bemerkenswert dies scheinen mag – auf einer recht einfachen Mathematik, obwohl eine ausführliche *Analyse* durchaus sehr anspruchsvolle Methoden erforderlich machen kann. Diese Mathematik wollen wir im nachfolgenden Kapitel untersuchen.

Wie lang ist die Küste Britanniens?

Diese Frage war der Gegenstand eines epochemachenden Artikels, der 1967 unter gleichem Titel in der Zeitschrift *Science* erschien. Der Verfasser war Benoit Mandelbrot, ein brillanter französischer Mathematiker, der am IBM-Thomas-J.-Watson-Forschungszentrum in Yorktown Heights, New York, beschäftigt war. Auf den ersten Blick scheint die Frage durchaus harmlos zu sein. Man würde erwarten, daß sich eine einigermaßen genaue Antwort mit Hilfe einer Straßenkarte oder durch die Anfertigung von Luftaufnahmen leicht ermitteln läßt. Doch weit gefehlt! Denn die Antwort, die wir erhalten, kann – auch wenn wir noch so sorgfältig zu Werke gehen – nie korrekt sein. Und das aus gutem Grund: *Es gibt nämlich keine richtige Antwort!* Zu dieser aufsehenerregenden Schlußfolgerung gelangte Mandelbrot aufgrund folgender Argumentation: Angenommen, wir vermessen die britische Küste, indem wir mit einem Düsenflugzeug in 10000 Meter Höhe über sie hinwegfliegen und genaue Luftaufnahmen von ihr machen. Eine maßstabsgetreue Auswertung der zahlreichen Aufnahmen ermöglicht dann die Berechnung der Gesamtlänge der Küste. Wie genau ist diese Antwort jedoch? Nun, sie ist nicht sehr genau. Aus 10000 Meter Höhe läßt sich eine Vielzahl kleinerer Buchten und

Vorsprünge gar nicht erkennen. Wenn wir die gleiche Messung noch einmal mit einem kleinen Flugzeug aus etwa 500 Meter Höhe durchführen, werden so viele zusätzliche Details sichtbar, daß das Meßergebnis signifikant besser ausfällt als das erste. Was auf der ersten Luftaufnahme als ein gerades Stück Küstenlinie erscheint, stellt sich bei der zweiten als ein aus vielen Einschnitten, Buchten und Vorsprüngen bestehendes Gebilde heraus.

Stellen wir uns nun vor, wir machen uns zu Fuß auf den Weg, um die Küste mit einem Stechzirkel abzumessen, der auf eine Weite von 1 Meter eingestellt ist. Unregelmäßigkeiten der Küstenlinie, die aus der Luft gar nicht wahrnehmbar sind, führen zu einem noch weitaus besseren Ergebnis als die ersten beiden Messungen. Wiederholen wir die Messung mit einem Stechzirkel von nur 10 Zentimeter Durchmesser, so verbessert sich das Resultat wiederum. Dies läßt sich weiter fortführen. Je feiner wir den Maßstab wählen, desto mehr Details der Küstenlinie werden sichtbar und desto besser fällt das Ergebnis aus. Schnell ist man bei dem Maßstab eines Kieselsteins, eines Sandkorns und schließlich eines Moleküls angelangt, während das Meßergebnis ins Unendliche wächst.

Natürlich läßt sich der Maßstab in der realen Welt nicht beliebig verkleinern. Den menschlichen und technischen Gegebenheiten entsprechend stoßen wir wahrscheinlich bei einer Größenordnung von 1 Meter an die Grenze des Machbaren, auch wenn der Physiker die *theoretische* Grenze dieses Prozesses vielleicht erst bei der Größe eines Atoms ansetzt. Vom *idealisierten* Standpunkt des Mathematikers hingegen läßt sich die Verkleinerung des Maßstabs durchaus bis ins Unendliche fortsetzen. Da dies bedeutet, daß die entsprechende Folge der einzelnen Messungen ins Unendliche wächst, ergibt sich daraus, daß die Länge der Küstenlinie kein mathematisch präziser Begriff ist, sondern stets nur als eine willkürlich gewählte Größe aufgefaßt werden muß – eine Größe, die überdies noch nicht einmal als eine Annäherung an die «wahre» Antwort gelten kann.

Eine idealisierte, mathematische Entsprechung findet die schwer faßbare Mandelbrotsche Küstenlinie in Gestalt eines geometrischen Objekts, der sogenannten *Koch'schen Insel*, die zuerst von H. von Koch im Jahre 1904 untersucht wurde. Abb. 9a) zeigt die Koch'sche Insel, wie sie einem Betrachter aus dem Weltraum erscheinen würde. Aus dieser Entfernung sieht die Figur wie ein gleichseitiges Dreieck aus. Kommt man der Erde jedoch näher, wird deutlich, daß jede der drei scheinbar geraden Seiten genau über dem mittleren Drittel einen dreieckigen Vorsprung aufweist, der wiederum ein gleichseitiges Dreieck bildet

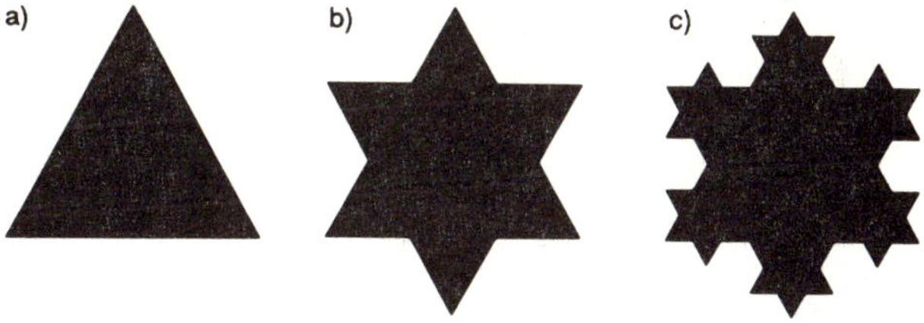

Abb. 9
Die Konstruktion der Koch-Insel.

Abb. 10
Die Koch-Insel nimmt Gestalt an.

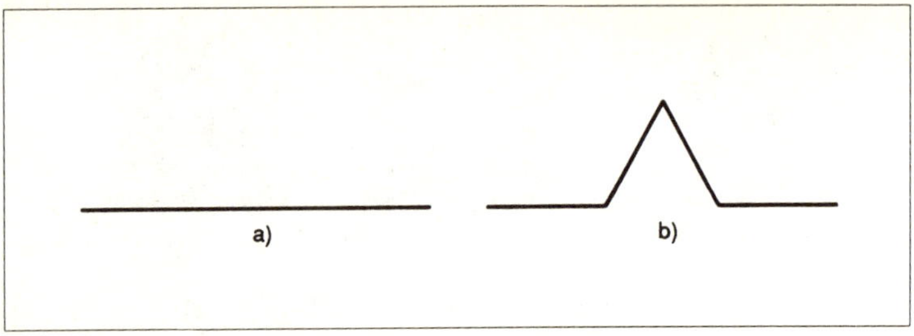

Abb. 11
Die Konstruktion der Koch'schen Küstenlinie.

(Abb. 9b)). Während der Umfang der Figur in Abb. 9a) genau 3 Einheiten beträgt, erhöht er sich in Abb. 9b) bereits auf 3 × (4/3) Einheiten. Verringert sich der Abstand zur Erde weiterhin, kann man erkennen, daß jede der 12 scheinbar geraden Seiten in ihrer Mitte wiederum einen Vorsprung in Form eines gleichseitigen Dreiecks aufweist (Abb. 9c)). Der Umfang erhöht sich damit auf 3 × (4/3) × (4/3) Einheiten. Abb. 10 zeigt die «Insel» aus einer noch geringeren Entfernung; zahlreiche weitere Verschachtelungen werden sichtbar und lassen so die wirkliche (?) Gestalt der Koch'schen Insel erahnen.

Was der Mathematiker an dieser Figur besonders schätzt, ist die Regelmäßigkeit der zunehmend komplexeren Verschachtelungen. In jedem beliebigen Stadium der Verzweigung wird jeweils das mittlere Drittel eines geraden Teilstücks der «Küstenlinie» durch zwei Geradensegmente ersetzt, die jeweils so lang sind wie das ersetzte Stück (vgl. Abb. 11).

Wie man aus den Abb. 9 und 10 vermuten kann, besitzt die Koch-Insel eine mathematisch genau definierte Form, die in Abb. 10 in recht guter Näherung – zumindest was das menschliche Wahrnehmungsvermögen betrifft – wiedergegeben ist. Die mathematisch präzise *Küstenlinie* der Koch'schen Insel ist jene «Kurve», die die Grenze einer unendlichen Folge von Approximationen an sie bildet, von denen die ersten drei in Abb. 9 dargestellt sind. An diesem Punkt löst nun die Mathematik die Kartographie ab. *Mathematisch* gesehen ist diese Grenzkurve präzise bestimmt; wie jede andere Kurve besteht auch sie aus unendlich vielen Punkten, die aneinandergereiht eine «Linie» bilden. Der Prozeß, der schließlich zu der Grenzkurve führt, ist analog zu jenem, der die Zahl 1/3 als Grenzwert einer unendlichen Folge von Dezimalzahlen definiert:

0,3; 0,33; 0,333; 0,3333; ...

Da die Koch'sche Insel ein mathematisch genau definiertes Gebiet der Ebene darstellt, besitzt sie eine genau bestimmte Fläche. Der Zahlenwert dieser Fläche hängt natürlich von dem gewählten Maßstab ab; er ist jedoch mit Sicherheit *endlich.* Die Fläche läßt sich, analog zu dem oben erwähnten Beispiel von 1/3, als Grenzwert einer Zahlenfolge berechnen; sie beträgt übrigens genau das 1,6fache der Fläche des in Abb. 9a) dargestellten Dreiecks. Wie lang ist jedoch die Küstenlinie, die diese endliche Fläche begrenzt? Mit jedem Konstruktionsschritt vergrößert sich die «Küstenlinie» der Koch'schen Insel um den Faktor 4/3. Zu dem Zeitpunkt, da die *Koch'sche Kurve* (so die Bezeichnung der begrenzenden Küstenlinie) schließlich erreicht ist, hat sich die Länge der Küstenlinie unendlich oft um den Faktor 4/3 vergrößert; die Koch'sche Kurve ist somit unendlich lang.

Wie kann jedoch eine endliche Fläche eine unendliche Begrenzung besitzen? Die Abb. 9 und 10 geben selbst die Antwort darauf. Die begrenzende Kurve windet sich über ihre gesamte Länge zackenförmig hin und her. Jede einzelne der endlichen Approximationen an die Grenzkurve kann – vorausgesetzt der Maßstab ist genügend groß gewählt – mit all ihren Zacken vollständig gezeichnet werden, nicht so dagegen die Koch-Kurve, die unendlich viele Windungen aufweist. Und hier geschieht nun etwas sehr Merkwürdiges: Die Kurve geht in eine neue Dimension über.

Neue Dimensionen

Die Kurven, mit denen wir gewöhnlich in der Geometrie zu tun haben, sind allesamt *eindimensional;* ein Wesen, dessen Lebensraum, sagen wir, auf eine Gerade oder einen Kreis beschränkt wäre, könnte sich nur in eine Richtung fortbewegen (die Rückwärtsbewegung zählt dabei als Vorwärtsbewegung mit negativem Vorzeichen). Die üblichen geometrischen Flächen wie die Ebene oder die Kugel sind *zweidimensional;* es gibt zwei voneinander unabhängige Bewegungsrichtungen, die im allgemeinen mit vorwärts/rückwärts und links/rechts bezeichnet werden. Körper sind *dreidimensional*, denn sie lassen drei unabhängige Bewegungsrichtungen zu. Die Eisenbahn ist ein Beispiel für die auf eine Dimension beschränkte Bewegung, Schiffe bewegen sich in zwei und Flugzeuge schließlich in drei Dimensionen.

Was die menschliche Erfahrung anbelangt, so gibt es in unserem

Universum nur drei Dimensionen. Allerdings wird die Zeit in der Relativitätstheorie als «vierte Dimension» betrachtet, und manche moderne Theorien der Physik ordnen dem Universum sogar 11 Dimensionen zu – jene drei Raumdimensionen, die wir physisch wahrnehmen können, sowie acht weitere, die sich in Form der grundlegenden Naturkräfe wie Schwerkraft, Magnetismus usw. manifestieren. Für den Mathematiker hingegen sind drei «Dimensionen» durch nichts ausgezeichnet. «Räume» von vier oder mehr Dimensionen werden ohne viel Aufhebens untersucht. Obwohl sie in der klassischen Geometrie nicht dargestellt werden können, sind solche höherdimensionalen Räume oft von großem praktischem Nutzen. Eine wichtige Anwendung finden sie in der Theorie der sogenannten linearen Programme oder linearen Optimierung, von der in Kapitel 11 zu sprechen sein wird. Man beachte jedoch, daß solche «höherdimensionalen Räume» stets ganzzahlig sind.

Was hat nun die Koch'sche Küstenlinie mit all dem zu tun? Da sie im mathematischen Sinn eine Kurve darstellt (auch wenn es aufgrund der unendlich vielen Windungen völlig unmöglich ist, sie zu zeichnen), könnte man annehmen, daß sie eindimensional ist. Dies stimmt jedoch nicht. Obwohl jede einzelne der nach dem oben beschriebenen Verfahren erzeugten Approximationen an die Koch-Kurve eindimensional ist, gilt dies für die Grenzkurve selbst nicht. Angesichts der unendlich oft wechselnden Richtung der Koch-Kurve ist es nicht länger gerechtfertigt, überhaupt noch von «Richtung» zu sprechen – wir haben mit dieser Kurve die uns bekannte Welt verlassen. Die Frage nach der Dimensionalität der Koch-Kurve kann folglich nicht mehr durch den Rückgriff auf die Vorstellung der «Bewegungsrichtung» beantwortet werden, sondern muß durch die Entwicklung eines neuen Ansatzes, der unabhängig vom Begriff der Richtung ist, gelöst werden.

Dieser Ansatz muß sinnvollerweise dem Wesen der Koch-Kurve angepaßt sein. Von zentraler Bedeutung ist hier das Merkmal der *Selbstähnlichkeit;* dies bedeutet, daß jeder Teil des Ganzen aussieht wie das Ganze selbst in kleinerem Maßstab.

Angenommen, wir betrachten eine D-dimensionale Figur und teilen sie in N völlig gleiche Stücke. Das *Selbstähnlichkeitsverhältnis* r zwischen der ganzen Figur und einem Teil von ihr (das heißt, der Streck-Faktor, um den das Ganze größer als der Teil ist) wird durch folgende Formel angegeben:

$$r = \sqrt[D]{N}.$$

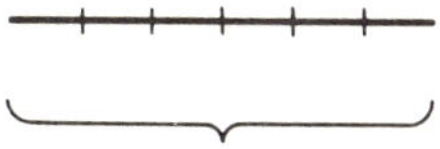

Abb. 12
Selbstähnlichkeit einer Geraden.

Da die Figur D-dimensional ist und r «entlang einer Dimension» bestimmt wird, ist es erforderlich, die D-te Wurzel aus N zu ziehen.

Untersuchen wir beispielsweise eine Gerade, die wir in N gleiche Abschnitte aufgeteilt haben (vgl. Abb. 12). Jeder Abschnitt ist genau $1/N$ der Länge des Ganzen; folglich entspricht der Selbstähnlichkeitsfaktor dem Wert von N. Dies ist auch das Ergebnis, das wir erhalten, wenn wir in die obige Gleichung $D = 1$ einsetzen.

Betrachten wir etwa ein Rechteck (hier ist $D = 2$) und teilen es in N Teile, indem wir es horizontal und vertikal in k Segmente zerlegen (vgl. Abb. 13). Das Rechteck besteht dann aus genau $N = k^2$ identischen, kleineren Nachbildungen des Ganzen, wobei der lineare Faktor r, der das Verhältnis zwischen dem Ganzen und dem Teil bestimmt, durch die Gleichung

$$r = \sqrt[D]{N} = \sqrt[2]{N} = \sqrt[2]{k^2} = k$$

gegeben ist. Dies ist genau das Ergebnis, das man erwarten würde.

In beiden Fällen scheinen wir uns im Kreis zu bewegen, doch liegt dies nur daran, daß wir bisher Fälle betrachtet haben, die uns vertraut sind und keinerlei Probleme aufweisen. Übertragen wir das Verfahren auf die Koch-Kurve, so erhalten wir ein überraschendes Ergebnis. In diesem Fall ist die Dimension der Kurve D unbekannt, während sich die Werte N und r leicht aus dem besonderen Konstruktionsverfahren der Kurve ableiten lassen. Betrachten wir zunächst einen beliebigen Abschnitt der Küstenlinie (vgl. Abb. 11a)). Da alle Abschnitte exakt gleich sind, ist es unerheblich, welchen wir auswählen. Die Konstruktion der Koch-Insel beruht nun darauf, jede einzelne der geraden Linien durch 4 kleinere Linien zu ersetzen (es gilt also $N = 4$), von denen jede genau 1/3 so lang ist wie die ursprüngliche Strecke ($r = 3$). Da dies für jedes beliebige Teilstück der Küstenlinie zutrifft, gilt dies

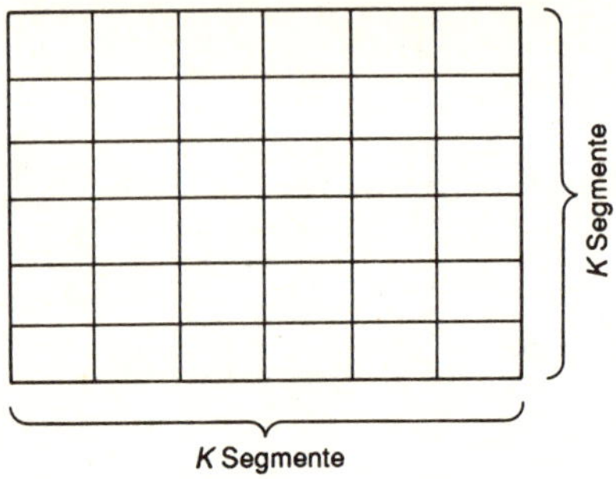

Abb. 13
Selbstähnlichkeit eines Rechtecks.

auch für die Koch-Kurve als Ganzes. Gemäß unserer oben formulierten Gleichung erhalten wir also:

$$3 = \sqrt[D]{4}.$$

Wie groß ist nun D? Sicherlich ist es kein ganzzahliger Wert. Um D bestimmen zu können, benötigen wir Logarithmen. Wenn wir auf beiden Seiten der Gleichung den Logarithmus bilden, erhalten wir:

$$\log 3 = \frac{1}{D} \log 4.$$

Durch Nachschlagen in einer Logarithmentafel (oder mit Hilfe eines Taschenrechners, der Logarithmieren kann) läßt sich D ausrechnen. Auf vier Dezimalstellen genau erhalten wir

$$D = 1{,}2618.$$

Die Koch-Kurve ist also ein mathematisches Gebilde, dessen Dimension nicht ganzzahlig, sondern *gebrochen* ist.

Nicht nur «Kurven» können gebrochene Dimensionen aufweisen. Durch das Verfahren der selbstähnlichen Konstruktion lassen sich auch «Flächen» oder «Körper» erzeugen, die wie die Koch-Kurve höchst bizarr sind. Betrachten wir beispielsweise einen Würfel, dem jeweils die mittleren Teilstücke entnommen werden. Auf diese Weise entste-

Abb. 14
Der Menger-Schwamm (aus *Studies in Geometry* von Leonard M. Blumenthal und Karl Menger. Copyright © 1970 by W.H. Freeman and Company. Mit freundlicher Genehmigung des Verlages).

hen kleinere Würfel, bei denen man wiederum genauso verfährt. Wiederholt man diesen Vorgang unendlich oft, entsteht schließlich ein Gebilde, das als *Menger-Schwamm* bekannt ist. Seine Dimension beträgt $D = 2{,}7268$ (vgl. Abb. 14). Das Volumen dieses unglaublich anmutenden Gebildes ist Null, während der Inhalt der umschließenden «Fläche» unendlich ist. Jede der Außenflächen dieses Schwamms ist ein sogenannter *Sierpinski-Teppich*, dessen verschwindende Fläche einen unendlich großen Umfang besitzt. Die Dimension des Sierpinski-Teppichs ist $D = 1{,}8928$. Mit Hilfe der Formel

$$r = \sqrt[D]{N}$$

bzw. durch Berechnung des Logarithmus

$$D = \log N / \log r$$

können Sie die beiden genannten Werte nachrechnen.

Gebilde, die eine gebrochene Dimension aufweisen, wurden 1977 von Mandelbrot als *Fraktale* bezeichnet. Die Wissenschaft, die sich mit Objekten dieser Art befaßt, ist die *fraktale Geometrie.*

Im verbleibenden Teil dieses Kapitels beschäftigen wir uns weiterhin mit Fraktalen, jedoch von einer anderen Art als die Koch-Kurve oder der Menger-Schwamm, die höchst regelmäßige Fraktale sind. Der Prozeß der selbstähnlichen Konstruktion verläuft bei den bisher betrachteten Fraktalen zu jedem Zeitpunkt völlig gleich, und auch die Nahaufnahme eines beliebigen Teils der Figur bringt keinerlei Überraschungen, sondern *ad infinitum* stets nur das gleiche Muster zum Vorschein. Seit 1980 werden Computer zur Untersuchung von Fraktalen eingesetzt, deren selbstähnliche Reproduktion einem ständigen Wandel unterworfen ist (trotzdem spricht man auch hier noch häufig von «selbstähnlicher Reproduktion» – zu Recht, wie sich noch zeigen wird). Bei Figuren dieser Art kann die Vergrößerung eines Ausschnitts völlig unerwartete Resultate liefern (vgl. Abb. 8). Die Untersuchung solcher Fraktale stellt zum Teil ein Arbeitsgebiet der Mathematik dar, beruht aber auch auf Experimenten, die mit Hilfe des Computers ausgeführt werden. Sie erschließt dem Wissenschaftler eine faszinierende und oftmals wunderschöne neue Welt. Wie dies im Lauf der Geschichte bereits mehrmals geschah, wurde auch die Entdeckung dieser neuen Welt teilweise vom Zufall gelenkt.

Die Entdeckung einer neuen Welt

Im Jahre 1978 war Benoit Mandelbrots Arbeit über die Fraktale bereits sehr weit entwickelt. 1977 erschien sein Buch *Fractals: Form, Chance, and Dimension*, in welchem er zeigte, wie zahlreiche ganz alltägliche Phänomene der Physik, Biologie und Mathematik Fraktale erzeugen. Alle in diesem Buch untersuchten Fraktale waren wie die Koch-Kurve selbstähnlich. Neben der Erzeugung von attraktiven und höchst symmetrischen Figuren (viele davon sind in seinem Buch abgebildet) ermöglichten diese Fraktale die Entstehung eines interessanten Teilbereichs der Mathematik sowie einige überraschende Einsichten. Allen Beispielen war jedoch ein solch hohes Maß an Voraussagbarkeit eigen, wie es die in der realen Welt vorkommenden Fraktale, deren mathematische Entsprechungen die von Mandelbrot untersuchten Kurven darstellen, niemals aufweisen. Die britische Küste beispielsweise zeigt ein weitaus weniger geordnetes fraktales Verhalten als die Koch'sche Küstenlinie. Dieses überaus hohe Maß an Ordnung und Voraussagbarkeit ist darauf zurückzuführen, daß die untersuchten Fraktale bei Maßstabsänderungen oder Verschiebungen (Translationen) selbstähnlich sind (mathematisch ausgedrückt: *invariant gegenüber linearen Transformationen*). In

Zusammenarbeit mit Mark Laff, der ebenfalls bei IBM beschäftigt war, begann Mandelbrot 1978/79 Fraktale zu untersuchen, die invariant gegenüber *nichtlinearen Transformationen* sind. Hierbei handelt es sich nicht um einfache Maßstabsänderungen, sondern um kompliziertere Operationen, die zum Beispiel auf der Bildung von zweiten oder dritten Potenzen etc. beruhen. Um sich eine Vorstellung von dem entsprechenden Fraktal machen zu können, ist man auf die computergestützte Erzeugung eines solchen Fraktals angewiesen. Tatsächlich geriet die Arbeit der beiden französischen Mathematiker Gaston Julia und Pierre Fatou, die Anfang dieses Jahrhunderts ähnliche Untersuchungen durchgeführt hatten, nicht zuletzt deshalb ins Stocken, weil es keine Möglichkeit gab, die untersuchten Objekte graphisch darzustellen. Mandelbrot lernte diese Arbeiten bereits während seines Studiums an der Ecole Polytechnique in Paris kennen, wo Julia einer seiner Lehrer war.

Ende 1979 war Mandelbrot zu der Überzeugung gelangt, daß es sich lohnen könnte, das Verhalten der besonderen Funktion $f(x) = x^2 + c$ mit Hilfe des Computers zu untersuchen (sowohl die Variable x als auch der konstante Parameter c sind komplexe Zahlen). Also muß es mit Hilfe von Computern möglich sein, Diagramme zu erzeugen, die das Verhalten der Funktion zu verschiedenen Werten von c in Beziehung setzen.

Es war eine Ironie des Schicksals, daß Mandelbrot in jenem so entscheidenden Jahr 1979/80 als Gast an der Universität von Harvard tätig war. Folglich konnte er zu einem Zeitpunkt, da seine Arbeit am meisten davon abhing, die sprichwörtlich «unbegrenzte Rechenkapazität» von IBM gar nicht täglich in Anspruch nehmen. Im Keller des Wissenschaftszentrums von Harvard entdeckte er jedoch einen neu angeschafften VAX-Supermini-Computer, an den ein bereits etwas älterer Tektronix-Graphik-Bildschirm und ein Versatex-Drucker zur Erzeugung von Papierkopien angeschlossen waren. Ein wissenschaftlicher Assistent namens Peter Moldave erbot sich, als Programmierer an dem Projekt mitzuarbeiten, und so konnte die Arbeit beginnen.

Die erste Graphik, die sie erzeugten, war eine grobe Fassung des an einen Käfer erinnernden, knolligen Gebildes, welches in Abb. 20 wiedergegeben ist. Diese Figur entsprach genau den Erwartungen der Theorie. Verblüffend war jedoch eine Vielzahl kleinerer Kleckse abseits des Hauptgebildes. Eine genauere Untersuchung dieser Gebilde brachte zum Vorschein, daß es sich um kleinere Versionen der zentralen Figur handelte! Das bereits bekannte fraktale Reproduktionsverhalten schien sich hier erneut zu offenbaren. Durch immer genauere Rechnungen wurde es möglich, immer schärfere, detailliertere Bilder zu erzeugen, bis plötzlich die Darstellungen wieder zunehmend wirr zu werden begannen. Vielleicht war der alte Graphik-Bildschirm fehlerhaft? Um derartige Fehlerquellen auszuschließen, ließ Mandelbrot das Programm auf dem IBM-Zentralrechner in Yorktown Heights laufen. Die Bilder blieben weiterhin wirr, aber qualitativ bessere Graphiken machten deutlich, daß der Unordnung ein Muster zugrunde lag. In ihrem Bemühen, der Sache durch immer genauere Aufnahmen näherzukommen, fanden Mandelbrot und Moldave heraus, daß einige der kleinen, staubähnlichen Kleckse entgegen ihrer Annahme nicht kleinere Nachbildungen des knolligen Gebildes darstellten, sondern wunderschöne, verschlungene Muster bildeten, wie Spiralen, Figuren, die an Seepferdchen erinnerten usw. (vgl. Abb. 8 und 23). Mandelbrot hatte einen ersten Blick auf seine neue Welt geworfen.

Ordnung und Chaos

Seit Anbeginn der Geschichte kämpfen Ordnung und Chaos um die Vorherrschaft in der Welt. Oft trennt sie nur Haaresbreite: Eine kleine Änderung des Drucks kann den aus einem Wasserhahn strömenden geordneten Wasserfluß in ein komplexes Chaos strudelnder Wirbel verwandeln; geordnete Populationen von Tieren oder Menschen lassen sich mit erschreckender Leichtigkeit in unkontrollierbare Anarchien verwandeln. Umgekehrt kann auch Ordnung aus dem Chaos entstehen, wie die Evolution aller Lebensformen aus dem gestaltlosen Chaos des Universums beweist. Wie wir noch sehen werden, zeigt sich der Übergang von Ordnung zu Chaos und die anschließende Entstehung von Ordnung aus dem Chaos auf beeindruckende Weise bei der Untersuchung einfacher *rückgekoppelter Schleifen.*

Wesentlich für den Rückkopplungsprozeß ist das folgende Merkmal: Es gibt eine Größe x, die sich entweder bezüglich der Zeit oder bezüglich einer gegebenen anderen Variablen ändert, so daß der Wert von x in jedem beliebigen Moment von dem jeweils vorangegangenen Wert von x in völlig regelmäßiger Weise abhängt (vgl. Abb. 15). Prozesse dieser Art kommen in allen exakten und in den meisten nicht-exakten Wissenschaften vor. Ein Großteil der modernen Mathematik entwickelte sich aufgrund von Bemühungen, solche Prozesse zu beherrschen. So entstanden zum Beispiel die zahlreichen Methoden zur Lösung von Differentialgleichungen infolge von Bemühungen, den Fall zu verstehen, wenn der infinitesimale Zuwachs zwischen altem x und neuem x vom alten x gesteuert wird.

Abb. 15
Der Rückkopplungsprozeß.

Um einen Rückkopplungsprozeß mathematisch untersuchen zu können, nimmt man als Gesetz, nach dem jeder neue Wert von x aus dem vorangegangenen Wert zu erzeugen ist, eine mathematische Funktion an. Ausgehend von einem *Anfangswert* für x, nämlich x_0, werden die fortlaufenden Werte x_1, x_2, x_3, ... gemäß dem in Abb. 16 dargestellten Gesetz erzeugt. Die Wahl der Funktion $f(x)$ unterliegt dabei zwar keinerlei Beschränkungen, doch ist der resultierende Rückkopplungsprozeß erst dann von Interesse, wenn die gewählte Funktion $f(x)$ keine *lineare* Funktion der Form

$$f(x) = ax + b$$

für beliebige Konstanten a und b ist. Insbesondere werden wir uns mit solchen Funktionen befassen, die einen Parameter besitzen. Die Wahl dieses Parameters kann entscheidende Auswirkungen auf das Verhalten des resultierenden Rückkopplungsprozesses haben.

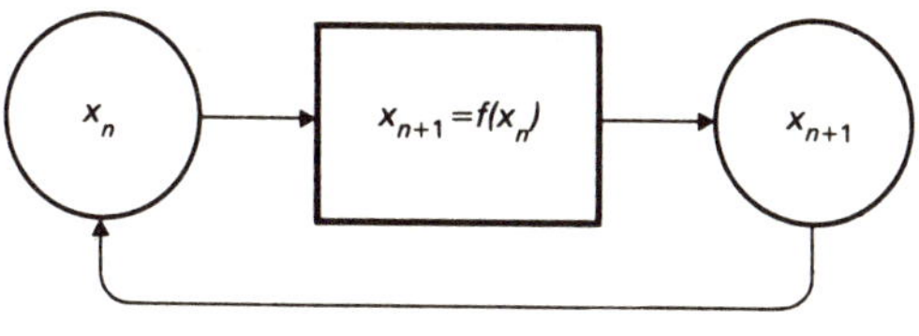

Abb. 16
Die Erzeugung fortlaufender Werte von x durch Rückkopplung.

Gewöhnlich versteht man unter dem Mechanismus einer rückgekoppelten Schleife ein *dynamisches System*, in dem ein Anfangspunkt x_0 nacheinander in die Punkte x_1, x_2, x_3, ... übergeht. Die Folge der Punkte, in die x_0 übergeht, wird der *Pfad* oder der *Orbit* von x_0 genannt. Wenn dieser Pfad geordnet verläuft, spricht man von einer *geordneten Dynamik*, andernfalls von einer *chaotischen Dynamik*. Bereits diese Bezeichnungen sollten den Zusammenhang zwischen dieser Untersuchung und vielen alltäglichen Phänomenen erkennen lassen.

Betrachten wir zum Beispiel das Bevölkerungswachstum in einem bestimmten Zeitraum. Wir beginnen bei einem Bevölkerungsstand x_0; die Bevölkerungszahl nach n Jahren sei x_n. Die Wachstumsrate im $n + 1$-ten Jahr beträgt dann

$$r = \frac{x_{n+1} - x_n}{x_n}.$$

Ist die Wachstumsrate von Jahr zu Jahr konstant, so gilt diese Gleichung für jeden Wert von n. In diesem Fall können wir die Gleichung umformen und erhalten das (lineare) *dynamische Gesetz*

$$x_{n+1} = f(x_n) = (1 + r)x_n.$$

Nach n Jahren ist die Bevölkerung auf

$$x_n = (1 + r)^n x_0$$

angewachsen. Diesen Ausdruck erhalten wir, indem wir die Rechnung von hinten beginnen: $x_n = (1 + r)x_{n-1}$; $x_{n-1} = (1 + r)x_{n-2}$ usw., bis wir schließlich bei $x_1 = (1 + r)x_0$ angelangt sind. Dies ist ein Beispiel für das sogenannte *exponentielle Wachstum*, welches neben der Bevölkerungsentwicklung noch viele andere Phänomene des täglichen Lebens annähernd beschreibt. Wie wir bereits aus dem ersten Kapitel schließen können, führt ein solcher Wachstumsmechanismus, wenn er einige Jahre ungebrochen anhält, zu einer wahren Bevölkerungsexplosion. In der Praxis wird ein solches Wachstum jedoch nur eine gewisse Zeit andauern, bis nämlich eine bestimmte Grenze erreicht ist. 1845 formulierte P.F. Verhulst ein Wachstumsgesetz, welches die Existenz einer oberen Grenze der Bevölkerungsgröße X berücksichtigt. Verhulsts Gesetz besagt, daß die Wachstumsrate r gegen 0 strebt, wenn sich die Bevölkerungszahl dem Wert X nähert. Dies läßt sich auf einfache Weise mathematisch ausdrücken, indem man die konstante Wachstumsrate r

durch die variable Wachstumsrate $r - cx_n$ ersetzt, wobei c eine beliebige Konstante ist. Da für $x_n = X$ das Bevölkerungswachstum Null betragen soll, folgt daraus, daß die Konstante c den Wert r/X haben muß. Setzt man diesen Wert in das dynamische Gesetz ein, sieht der Verhulst-Prozeß folgendermaßen aus:

$$x_{n+1} = f(x_n) = (1 + r - cx_n)x_n = (1 + r)x_n - cx_n^2.$$

Ist der Wert X einmal erreicht, bleibt die Bevölkerungszahl konstant:

$$f(X) = X.$$

Liegt die Bevölkerungszahl darunter, steigt das Wachstum, liegt sie darüber, nimmt es ab. Wenn Sie dies einmal nachrechnen, werden Sie feststellen, daß der Verhulst-Prozeß stets dazu führt, daß sich die Bevölkerungszahl, ungeachtet des Anfangswertes, auf einen stabilen Wert X einpendelt. Zumindest ist dies das Ergebnis, wenn die Wachstumsrate r kleiner als 2 (das heißt 200%) ist – eine Bedingung, die das Wachstum der menschlichen Bevölkerung sicherlich erfüllt. Wie der Meteorologe E.N. Lorenz jedoch im Jahre 1963 feststellte, beschreibt die Verhulst-Dynamik für Werte von r größer als 2 bestimmte Aspekte der turbulenten Strömung. Weitere Anwendungen findet sie auch in der Laserphysik, der Hydrodynamik sowie in der Theorie chemischer Reaktionen, so daß das Verhalten der Verhulst-Dynamik für größere Werte von r durchaus von Interesse ist. Es stellt sich sogar heraus, daß die wirklich faszinierenden Ergebnisse gerade in dem Bereich von r größer als 2 entdeckt werden.

Ersetzen wir die Konstante c in der Gleichung durch r/X, so erhalten wir

$$x_{n+1} = (1 + r)x_n - \left(\frac{r}{X}\right)x_n^2.$$

Durch Wahl einer entsprechenden Maßeinheit können wir X gleich 1 annehmen, was zu einer weiteren Vereinfachung der Gleichung führt:

$$x_{n+1} = (1 + r)x_n - rx_n^2 = x_n + rx_n(1 - x_n).$$

Wenn Sie einen Computer zur Verfügung haben, können Sie leicht einige Experimente durchführen, und Sie werden sehen, wie sich der Verhulst-Prozeß für verschiedene Werte von r bei einem gegebenen

Anfangswert von, sagen wir, $x_0 = 0{,}1$ entwickelt. Das Programm sollte dabei den gewählten Wert von r einlesen, $x = 0{,}1$ setzen und die Operation

$$x = x + r * x * (1 - x)$$

etwa 500mal durchführen (bzw. iterieren), um dem Prozeß Gelegenheit zu geben, sich einzuspielen. Dann berechnet man die nächsten 20 Werte von x und läßt sie ausdrucken. Für Werte von r kleiner als 2 erreicht der Prozeß rasch einen Gleichgewichtswert von $x = 1$. Für Werte von r, die knapp über 2 liegen, erreicht der Prozeß ein Stadium, in dem er regelmäßig zwischen zwei Werten hin und her pendelt. Für $r = 2{,}1$ sind dies die Werte 0,82 und 1,13. Dieses Verhalten wiederholt sich für alle Werte von r kleiner als 2,5. Für $r = 2{,}5$ oszilliert der Wert zwischen 4 Punkten: 0,54; 1,16; 0,70; 1,23. Dies setzt sich für alle Werte von r kleiner als 2,55 fort. Ab diesem Punkt durchläuft x einen Zyklus von 8 Werten. Bei $r = 2{,}565$ verdoppelt sich diese Zahl auf 16 Werte, die x in einem unendlichen Zyklus durchläuft. Dieser Prozeß der Verdoppelung wiederholt sich in immer kürzeren Abständen, bis er schließlich bei $r = 2{,}57$ unendlich oft stattgefunden hat. An diesem Punkt wird das Verhalten des dynamischen Systems chaotisch; es bewegt sich wild hin und her; eine Ordnungsstruktur ist nicht erkennbar.

Die verschiedenen Zyklen, gegen die der Prozeß für Werte von r kleiner als 2,57 konvergiert, heißen *Attraktoren*. Für r kleiner als 2 besteht der Attraktor aus einem einzigen Punkt, dem Fixpunkt $x = 1$; für r größer als 2 und kleiner als 2,5 ist der Attraktor ein oszillierendes Punktepaar, für r größer als 2,5 und kleiner als 2,55 ist er ein Zyklus aus 4 Punkten etc.

Um eine klarere Vorstellung von dem zu erhalten, was hier geschieht, zeichnen wir ein Diagramm, welches das Verhalten des Verhulst-Mechanismus (nach einer gewissen Vorlaufzeit) zu den entsprechenden Werten von r in Beziehung setzt. Der Hauptausschnitt von Abb. 17 zeigt das Ergebnis des Verhulst-Prozesses, wenn man für r Werte zwischen 1,9 und 3,0 einsetzt. Diese sind auf der horizontalen Achse aufgetragen. Nach einer Vorlaufzeit von etwa 5000 Iterationen sind 120 sukzessive Werte von x eingezeichnet.

Eine sorgfältige Analyse des chaotischen Bereiches oberhalb von $r = 2{,}57$ bringt zum Vorschein, daß dem scheinbaren Chaos ein beträchtliches Maß an Ordnung zugrunde liegt. In der Nähe von $r = 3{,}0$ befindet sich beispielsweise nur ein einziges chaotisches Band, welches sich bei 2,679 in zwei aufteilt. Bei $r = 2{,}593$ findet eine weitere Aufspal-

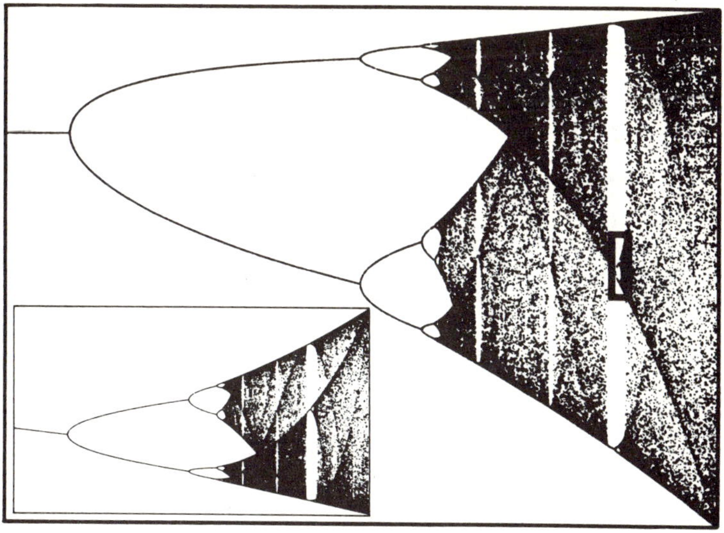

Abb. 17
Der Verhulst-Prozeß (1,9 < r < 3,0). Werte von r zwischen 1,9 und 3,0 sind entlang der horizontalen Achse aufgetragen. Für jeden Wert von r sind nach einer Vorlaufzeit von 5000 Iterationen 120 sukzessive Werte von x vertikal aufgetragen. Für Werte von r kleiner als 2 entsteht nur ein einziger x-Wert. Für r zwischen 2 und 2,5 erhält man zwei, für r zwischen 2,5 und 2,55 vier, für Werte bis 2,565 acht X-Werte etc. Diese Verdoppelung tritt in immer kürzeren Abständen ein, bis sie bei $r = 2{,}57$ in Chaos übergeht. Innerhalb dieses Chaos erkennen wir jedoch wiederum eine Ordnung. Siehe dazu die Ausschnittvergrößerung des markierten Teils der Abbildung, in der sich die Selbstähnlichkeit des Prozesses manifestiert.

tung in vier, später in acht, schließlich in sechzehn chaotische Bänder statt. Bis zum Punkt $r = 2{,}57$ hat dieser Verdoppelungsprozeß unendlich oft stattgefunden. Er spiegelt damit das Verhalten des dynamischen Systems insgesamt wider. Es gibt übrigens eine *universelle Konstante*, die nicht nur mit den beiden bisher behandelten Verdoppelungsprozessen (oder Bifurkationen), sondern mit allen Erscheinungsformen dieses Phänomens verknüpft ist. Dies ist die sogenannte *Feigenbaum-Konstante*, deren Wert auf 10 Dezimalstellen

4,6692016609

beträgt. Weitaus augenfälliger ist natürlich das Auftreten von Bändern innerhalb des chaotischen Regimes, in denen (in einem kleinen Bereich) wieder Ordnung zu herrschen scheint. In der Nähe von $r = 2{,}83$ beispielsweise weicht das Chaos plötzlich einem dreigliedrigen zyklischen Attraktor. Und in dem Gebiet um seinen Mittelpunkt entdeckt man wiederum eine winzige Nachbildung des gesamten Verhulst-Diagramms, die sogar die gleichen geordneten Bänder innerhalb des Chaos aufweist wie das Ganze. In dem markierten Kasten in Abb. 17 sehen Sie eine in waagerechter Richtung «gestreckte» Vergrößerung dieses Bereichs. Wieder begegnet uns hier fraktales Verhalten! Doch stehen wir hier erst am Anfang.

Julia-Mengen

Die oben erwähnte Untersuchung, die Mandelbrot im Jahre 1980 durchführte, ist eine Fortführung früherer Arbeiten zum Verhulst-Prozeß (hauptsächlich jener von P.J. Myrberg aus den 60er Jahren). Mandelbrots Ansatz unterscheidet sich jedoch von früheren Arbeiten, da er sowohl für die Variable als auch den konstanten Parameter nicht nur reelle Zahlen, sondern auch komplexe Zahlen zuließ. Anstelle eines Prozesses, der Zahlen in Zahlen überführt, untersuchte Mandelbrot einen Prozeß, der Punkte in Punkte verwandelt. Ersterer findet auf der reellen Zahlengeraden, letzterer in der zweidimensionalen komplexen Zahlenebene statt.

Um das Problem etwas zu vereinfachen, betrachtete Mandelbrot nicht die Funktion

$$f(x) = x + rx(1 - x) = -rx^2 + (1 + r)x,$$

sondern die etwas simplere Gleichung

$$f(x) = x^2 + c,$$

mit der wir uns im folgenden befassen werden.

Angenommen, wir beginnen mit einem beliebigen Anfangswert x_0 (der eine komplexe Zahl ist). Was geschieht, wenn wir die Funktion f iterieren, um gemäß der Regel

$$x_{n+1} = f(x_n)$$

eine Folge von Punkten $x_0, x_1, x_2, \ldots$ zu erzeugen? Die für den Verhulst-Prozeß erzielten Ergebnisse lassen vermuten, daß die Wahl des konstanten Parameters c signifikante Auswirkungen auf das Verhalten der Folge hat. Betrachten wir also zunächst den einfachsten Fall: $c = 0$. Das dynamische Gesetz ist dann:

$$x_{n+1} = x_n^2.$$

Je nachdem, welcher Wert für x_0 gewählt wird, sind drei verschiedene Resultate möglich. Wenn x_0 zwischen dem Ursprung 0 und der gewählten Einheit 1 liegt, werden die Zahlen der Folge immer kleiner; das bedeutet, sie nähern sich immer mehr 0 an. 0 ist also ein Attraktor dieses Systems. Wenn x_0 weiter als 1 Einheit von 0 entfernt ist, werden die Zahlen der Folge immer größer, folglich ist «unendlich» ein Attraktor dieses Systems. Da «unendlich» kein *Punkt* der Gaußschen Zahlenebene ist, verwendet man den Begriff «Attraktor» hier in einem rein formalen Sinn. Die dritte Möglichkeit besteht darin, daß x_0 genau 1 Einheit vom Ursprung entfernt ist, also auf dem Einheitskreis um den Mittelpunkt 0 liegt. In diesem Fall verläßt die Folge den Einheitskreis nie. Der Einheitskreis bildet somit genau die *Grenzlinie* zwischen den zwei verschiedenen Attraktorfeldern, jenem, das von 0, und jenem anderen, das von unendlich beherrscht wird.

Dieses Beispiel ist für alle von Mandelbrot und anderen Wissenschaftlern untersuchten Fälle typisch, da die komplexe Zahlenebene durch eine Grenzlinie in zwei verschiedene Anziehungsbereiche unterteilt wird. Für den Fall, daß der Parameter c nicht gleich Null ist, fand Mandelbrot jedoch außerdem heraus, daß der nicht-unendliche Attraktor aus mehr als nur einem Punkt bestehen und die Grenzkurve zwischen den beiden Attraktorfeldern unglaublich komplex und wunderschön geformt sein kann.

Für $c = 0{,}31 + 0{,}04i$ ist der nicht-unendliche Attraktor zum Beispiel ein einziger Punkt. Die Grenzlinie zwischen dem von diesem Punkt und dem von dem unendlichen Attraktor beherrschten Bereich ist dagegen kein vollkommener Kreis, sondern das in Abb. 18a) gezeigte, anmutig geformte Gebilde. Bei genauerer Betrachtung (unter Zuhilfenahme des Computers als einer Art Mikroskop) stellt sich heraus, daß dieses Gebilde fraktal ist: Jedes beliebige Teilstück der Grenzlinie weist die wohlbekannte Eigenschaft der unendlich wiederholten Selbstähnlichkeit auf, die kennzeichnend für fraktale Kurven ist.

Obwohl es erst durch die Entwicklung von Computern möglich wurde, solche Figuren zu untersuchen, hatten schon Julia und Fatou

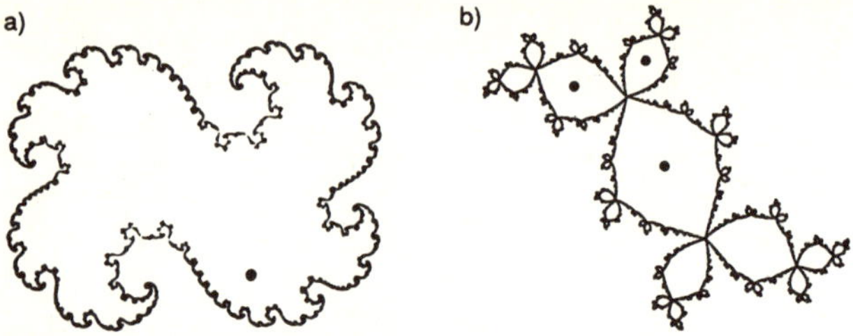

Abb. 18
Julia-Mengen mit Attraktoren.

bewiesen, daß jedes noch so kleine Teilstück der Grenzlinie alle nötigen Informationen enthält, um die gesamte Kurve zu bestimmen. Die ganze Kurve läßt sich einfach dadurch erzeugen, daß das Teilstück wiederholt jener das System bestimmenden Transformation, in unserem Fall der Funktion $f(x) = x^2 + c$ unterworfen wird. Zu Ehren des französischen Mathematikers Julia heißen solche Randmengen heute *Julia-Mengen.*

Abb. 18b) zeigt eine Julia-Menge, deren zugehöriges dynamisches System einen nicht-unendlichen Attraktor in Form eines Dreierzyklus besitzt. Das dynamische Gesetz ist in diesem Fall: $f(x) = x^2 + c$, wobei $c = -0{,}12 + 0{,}74i$. Die Abb. 19 zeigt andere, aus der Funktion $f(x) = x^2 + c$ hervorgehende Beispiele für Julia-Mengen, einschließlich einiger Sonderfälle, bei denen die umschlossenen Gebiete zu «Staubteilchen» oder «Dendriten» degenerieren.

Die Strukturenvielfalt der Julia-Mengen für verschiedene Werte von c macht deutlich, wie kritisch die Wahl des Parameters ist. Es stellt sich nun natürlich die Frage, ob es ein erkennbares Muster gibt, nach dem ein dynamisches System und seine Julia-Mengen für bestimmte Werte von c besondere Formen annehmen. Die Untersuchung dieser Frage führte Mandelbrot 1980 zur Entdeckung der heute nach ihm benannten Mandelbrot-Menge, die ein bestimmtes Gebiet (bzw. eine Teilmenge) der komplexen Zahlenebene ist.

Die Mandelbrot-Menge

Die in Abb. 20 dargestellte schwarze, knollige Figur ist als *Mandelbrot-Menge* oder «Apfelmännchen» bekannt. Sie hängt nicht nur mit dem hier

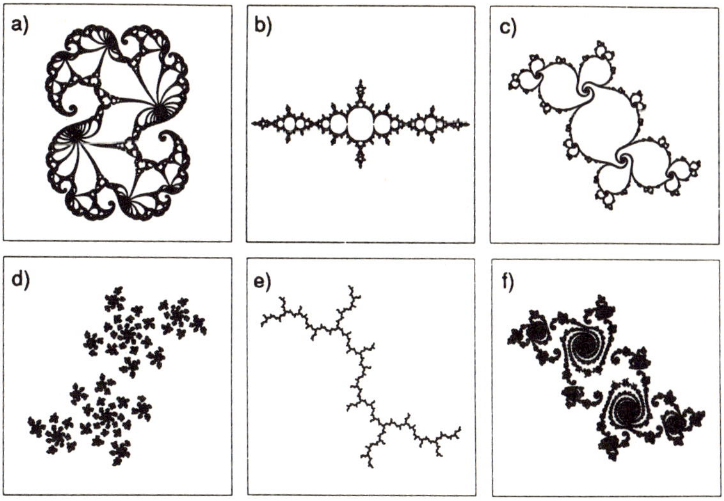

Abb. 19
Julia-Mengen vom Rand der Mandelbrot-Menge.

betrachteten Beispiel zusammen, sondern ist eng mit dem Verhalten aller dynamischen Prozesse verknüpft. Gemeinsam mit anderen elementaren Figuren wie dem Kreis und den regelmäßigen Polygonen kommt ihr deshalb in der Mathematik eine ganz besondere Bedeutung zu.

Wie ein Blick auf die Abbildungen 18 und 19 zeigt, unterteilt ein komplexer dynamischer Prozeß die komplexe Zahlenebene dergestalt, daß dabei eine der beiden folgenden Möglichkeiten eintritt. Entweder bilden sich eine oder mehrere innere Regionen heraus, die einer äußeren, sich ins Unendliche erstreckenden Region gegenüberstehen (vgl. Abb. 18a), b); Abb. 19a), b), c)), oder aber die Julia-Menge degeneriert zu einer Menge, die keine innere Region mehr umschließt (vgl. Abb. 19d), e), f)). Das genaue Verhalten hängt dabei von der Position des Parameters c bezüglich der Mandelbrot-Menge ab. Wenden wir uns noch einmal dem Beispiel des Prozesses $f(x) = x^2 + c$ zu und betrachten zunächst jene Fälle, in denen die Julia-Menge nicht entartet ist. In diesem Fall gibt es noch einen anderen Attraktor außer unendlich.

Wenn c ein Wert aus der Hauptfigur der Mandelbrot-Menge ist, dann besitzt das damit verknüpfte dynamische System einen nicht-unendlichen Attraktor, der aus einem einzigen Punkt besteht (einem Fixpunkt, der die Gleichung $f(x) = x$ erfüllt). Die Julia-Menge entspricht

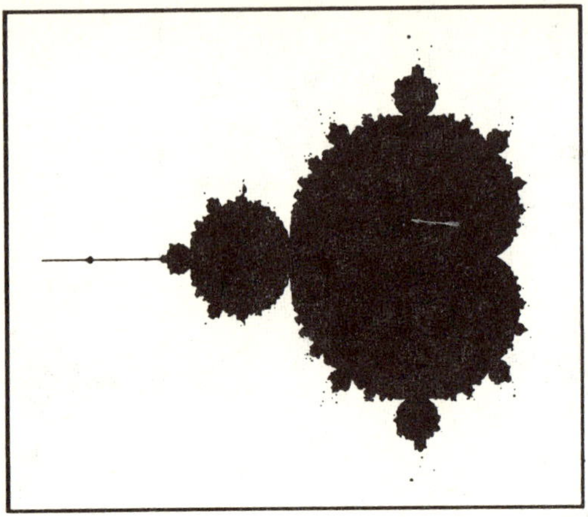

Abb. 20
Die Mandelbrot-Menge (–2,25 < Re *c* < 0,75; –1,5 < Im *c* < 1,5).

in diesem Fall einem fraktal deformierten Kreis wie in Abb. 18a). Der konstante Parameter *c* befindet sich hier in der Nähe des rechten Rands der herzförmigen Hauptfigur der Mandelbrot-Menge.

Wenn *c* dagegen aus einer der an der Hauptfigur der Mandelbrot-Menge befindlichen Knospen stammt, dann besteht die Julia-Menge aus unendlich vielen fraktal deformierten Kreisen, die die Punkte eines zyklischen Attraktors umgeben, sowie aus den Punkten, die ihnen zustreben. Um Abb. 18b) zu erzeugen, wurde *c* aus der Mitte des großen, knolligen Gebildes oben auf der Mandelbrot-Menge gewählt. Die drei eingezeichneten Punkte bilden den Dreierzyklus des nicht-unendlichen Attraktors dieses Systems. Greift man einen beliebigen Punkt aus dem Inneren der drei die Attraktoren umgebenden Regionen heraus, so bewegt er sich direkt auf den Dreierzyklus zu bzw. in ihn hinein. Punkte aus anderen Regionen werden von einem lokalen «Attraktor» angezogen, der seinerseits dem dreigliedrigen Zyklus zustrebt.

Wenn *c* genau der Keimpunkt einer Knospe auf der Mandelbrot-Menge ist, stellen wir fest, daß die Julia-Menge Verästelungen aufweist, die wie in Abb. 19a) gegen einen marginal stabilen Attraktor streben, der schließlich in einen zwanziggliedrigen Zyklus mündet (*c* = 0,27334

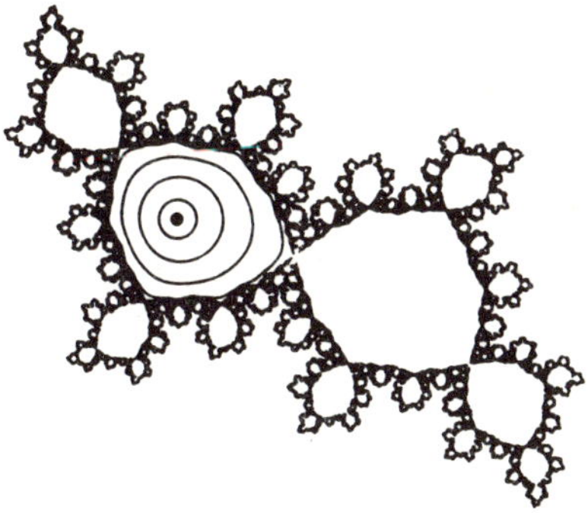

Abb. 21
Siegel-Scheibe.

+ 0,000742*i*) oder der wie in Abb. 19b) einen Viererzyklus besitzt (c = 1,25).

Wenn c schließlich irgendein anderer Randpunkt der Mandelbrot-Menge ist, nimmt die Julia-Menge eine Form an, die unter der Bezeichnung *Siegel-Scheibe* bekannt ist; Abb. 21 zeigt ein solches Beispiel (c = –0,39054 – 0,58679*i*). Wir sehen hier einen Fixpunkt, der von *invarianten Kreisen* umgeben ist. Die Entwicklung verläuft in diesem Fall folgendermaßen: Ein Punkt, der sich innerhalb der von der Julia-Menge umgrenzten Region befindet, bewegt sich allmählich gegen die den Fixpunkt enthaltende Scheibe; hat er diese erreicht, bleibt er für immer auf dem invarianten Kreis und rotiert um den Fixpunkt.

Die vier oben beschriebenen Typen von Julia-Mengen sind die einzigen, die sich bei dem Prozeß $f(x) = x^2 + c$ ergeben können. Allerdings zeigte Dennis Sullivan im Jahre 1983, daß es im Zusammenhang mit anderen dynamischen Systemen noch einen weiteren Typus nicht-entarteter Julia-Mengen geben kann – den Herman-Ring.

So viel zu den nicht-entarteten Julia-Mengen. Was läßt sich zu den anderen, in Abb. 19d), e), f) dargestellten Typen sagen? Stark vergrößerte Bilder der Mandelbrot-Menge zeigen, daß sie von haarfeinen, verzweigten Filamenten umgeben ist. Wenn c auf einem dieser Fühler liegt, erhalten wir eine Julia-Menge, die ähnlich geformt ist. Abb. 19e) zeigt das Resultat für $c = i$. Der einzige Attraktor hier ist unendlich. Alle Punkte mit Ausnahme jener, die sich auf der haarfeinen, verzweigten Julia-Menge befinden, streben dorthin.

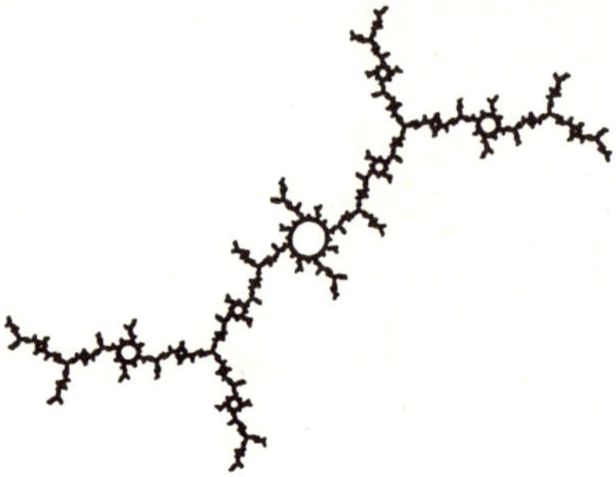

Abb. 22
Julia-Menge von einem der feinen Ausläufer der Mandelbrot-Menge.

Abb. 20 ist nicht detailliert genug, um die Filamente selbst darzustellen. Die Positionen einiger Ausläufer lassen sich jedoch erahnen, wenn man sich die isolierten Kleckse außerhalb der Mandelbrot-Menge verbunden denkt. Kleckse? Eine genauere Betrachtung bzw. Vergrößerung mit Hilfe des Computers würde zum Vorschein bringen, daß es sich bei diesen Klecksen um nichts anderes als winzige Nachbildungen der Mandelbrot-Menge selbst handelt! Auch sie weisen winzige Filamente auf, in deren Umgebung wiederum winzige Kleckse sichtbar sind. Dieser Prozeß erstreckt sich *ad infinitum.* Die Lücken im chaotischen Regime des Verhulst-Prozesses (vgl. Abb. 17) entsprechen den Positionen dieser «Triebe» relativ zur reellen Achse. Wählt man c aus einem dieser Triebe, so ist die entsprechende Julia-Menge eine Kombination aus einem Dendrit und unendlich vielen Nachbildungen jener Julia-Menge, die dem Wert von c in der großen Mandelbrot-Figur entspricht (vgl. Abb. 22).

Die letzte uns verbleibende Möglichkeit besteht darin, c ganz außerhalb der Mandelbrot-Menge zu wählen, also auch außerhalb ihrer Ausbuchtungen und Verästelungen. In diesem Fall ist «unendlich» der einzige Attraktor, und die Julia-Mengen lösen sich in isolierte Punkte auf, die als *Fatou-Staub* bezeichnet werden. Dieser Staub wird immer feiner, je weiter c von der Mandelbrot-Menge entfernt liegt. Wählt man für c jedoch einen Punkt nahe der Grenze der Mandelbrot-Menge, so ist der Staub genügend dicht, um faszinierende Muster wie in Abb. 19d) und f) zu erzeugen. Der für Abb. 19f) gewählte Wert von c

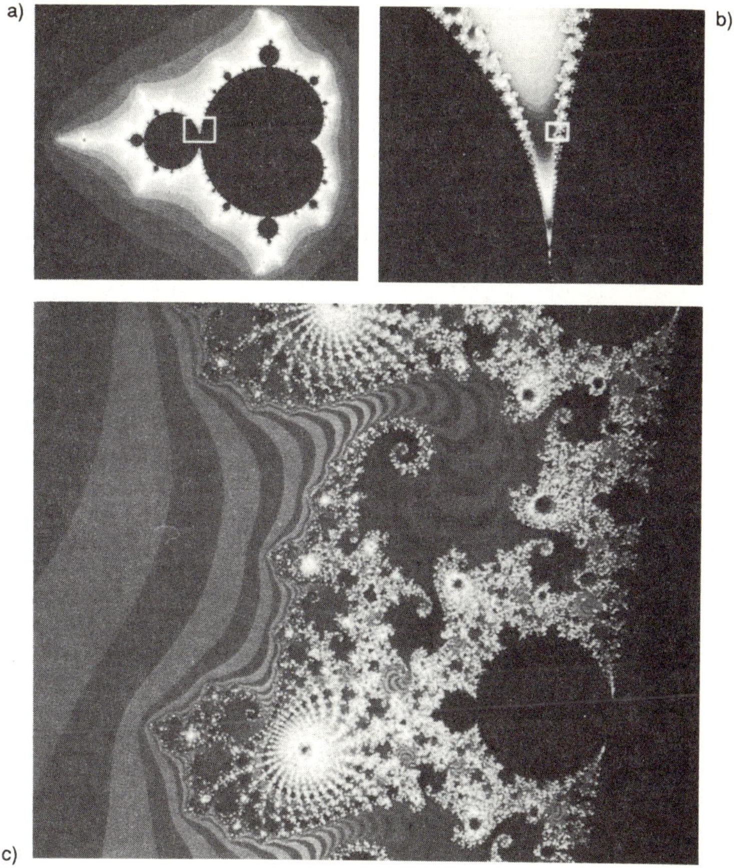

Abb. 23
Eine Reise in das Randgebiet der Mandelbrot-Menge.

liegt sehr nahe bei jenem Wert von *c*, der Abb. 19c) hervorbringt; die beiden Julia-Mengen weisen folglich eine große Ähnlichkeit auf. Die so erzeugten Muster im Staub sind stets fraktal (selbstähnlich) und gehorchen einer chaotischen Dynamik.

Angesichts der entscheidenden Rolle, die die Grenzlinie der Mandelbrot-Menge für die Dynamik der mit ihr verbundenen Systeme spielt, ist es nicht verwunderlich, daß die Grenze selbst von großem Interesse ist. Wie Sie wahrscheinlich bereits vermuten, besitzt die Grenzregion selbst eine komplizierte, fraktale Form. Abb. 23 gibt einen kleinen Einblick in diese unglaubliche Welt, in der jeder einzelne Punkt umstritten ist, eine Welt, die nur mit Hilfe des Computers überhaupt zugänglich ist – wobei der Grad der Genauigkeit, mit der sie wahrgenommen werden kann, von der Leistungsfähigkeit des Computers abhängt. Wenn je ein Zweig der Mathematik wirklich als Produkt unseres Computer-Zeitalters gelten kann, dann ist es dieser.

5 Einfache Gruppen

Ein beeindruckendes Theorem

Im Sommer 1980 fand der Mathematiker Ronald Solomon von der Ohio State University die Lösung eines technischen Problems der Algebra und beendete damit eine Suche, die in den vierziger Jahren dieses Jahrhunderts begonnen hatte und an der mehr als 100 Mathematiker aus den Vereinigten Staaten, Großbritannien, Deutschland, Australien, Kanada und Japan beteiligt waren. Solomons Ergebnis lieferte das letzte Teilstück eines höchst komplexen, riesigen Puzzles: der Klassifikation der endlichen einfachen Gruppen.

Bis heute ist das *Klassifikationstheorem* der bei weitem umfangreichste Satz in der gesamten Mathematik. Sein Beweis beläuft sich auf insgesamt ca. 15000 Seiten, die verteilt auf über 500 Artikel in verschiedenen mathematischen Fachzeitschriften erschienen sind; mehr als 100 Mathematiker leisteten einen Beitrag zu diesem Beweis. Daneben führte die Beschäftigung mit dieser Problematik zu Fortschritten in der Theorie der Computer-Algorithmen, der mathematischen Logik, der Geometrie und der Zahlentheorie. Es wird sogar darüber spekuliert, ob der Satz vielleicht Anwendung in der Physik bei der Entwicklung einer vereinheitlichten Feldtheorie findet.

Dabei ist der Ausgangspunkt der Geschichte wie bei so vielen tiefgründigen Ergebnissen in der Mathematik eher bescheidener Natur; in diesem Fall ging es um die bekannte Formel

$$x = \frac{-b \pm \sqrt{b^2 - 4ac}}{2a}$$

zur Berechnung der Wurzeln der quadratischen Gleichung

$$ax^2 + bx + c = 0$$

und um Versuche, eine ähnliche Lösung für Gleichungen höheren Grades zu finden (für Gleichungen, in denen der Exponent von x größer als 2 ist. Das Adjektiv «ähnlich» drückt hier aus, daß man eine Lösung sucht, die wie die obige Formel nur auf den den vier Grundrechenarten Addition, Subtraktion, Multiplikation und Division und der algebraischen Rechenoperation des Wurzelziehens beruht. Solche Lösungen heißen auch Lösungen durch Radikale.

Évariste Galois

Die Untersuchung alter Tontafeln macht deutlich, daß die babylonischen Mathematiker um 1600 v. Chr. bereits in der Lage waren, quadratische Gleichungen zu lösen, obwohl sie noch keine algebraische Schreibweise besaßen, um ihre Gleichungen und Lösungen so auszudrücken, wie wir dies heute gewohnt sind. Eine kubische Gleichung der Form:

$$ax^3 + bx^2 + cx + d = 0$$

wurde durch Radikale erstmals im 16. Jahrhundert gelöst, als die beiden italienischen Mathematiker Scipio de Ferro und Nicola Fontana unabhängig voneinander die Methode dazu entdeckten. 1545 veröffentlichte Girolamo Cardano die Lösung Fontanas in seinem Buch *Ars Magna*. Dieses Werk enthält außerdem die von Ludovico Ferrari entwickelte Methode zur Lösung von Gleichungen 4. Grades, die darauf beruht, sie auf Gleichungen 3. Grades zurückzuführen. Damit schien die Angelegenheit jedoch zu einem Stillstand gekommen zu sein. Obwohl sich zahlreiche Mathematiker – darunter der große Schweizer Mathematiker Leonhard Euler in der Mitte des 18. Jahrhunderts – um eine Lösung bemühten, gelang es niemandem, die Wurzeln der Gleichung 5. Grades

$$ax^5 + bx^4 + cx^3 + dx^2 + ex + f = 0$$

durch Radikale zu finden. 1770 stellte Joseph Louis Lagrange die Vermutung auf, daß eine solche Lösung durch Radikale vielleicht gar nicht möglich sei. 1824 bewies der norwegische Mathematiker Niels Hendrik Abel, daß dies tatsächlich der Fall war.

Wenn es auch keine *allgemeine* Methode (bzw. Formel) gibt, um eine Gleichung 5. Grades zu lösen, so kann man sich doch natürlich fragen, ob es nicht für eine *gegebene* Gleichung 5. Grades möglich ist zu entscheiden, ob sie durch Radikale gelöst werden kann. Abel selbst beschäftigte sich intensiv mit diesem Problem, bevor er 1829 im Alter von 26 Jahren starb. Der Zufall wollte es, daß zu dieser Zeit bereits jener junge Mann hart an dem Problem arbeitete, der es schließlich lösen sollte. Allerdings sollten die bemerkenswerten Ergebnisse, zu denen der junge Évariste Galois gelangte, erst 11 Jahre nach seinem Tod in einem Duell Anerkennung in der Mathematik finden. Damit ist eine Geschichte verknüpft, aus der einzig der junge Mann selbst ehrenhaft hervorgeht.

Galois wurde im Oktober 1811 in der Nähe von Paris geboren. Sein Interesse an der Mathematik wurde geweckt, als er im Alter von 14 Jahren gezwungen war, die dritte Klasse des Lycée zu wiederholen, weil er bei den Prüfungen durchgefallen war. Die Mathematik, so stellte er fest, half ihm dabei, die Langeweile, die er bei den restlichen Fächern empfand, zu vertreiben. Leider wirkte sich seine zunehmende Leidenschaft für die Mathematik sehr negativ auf seine Leistungen in den übrigen Fächern aus. So kam es, daß er im Alter von 15 Jahren die Aufnahmeprüfung für die angesehene École Polytechnique nicht bestand und auf die gewöhnlichere École Normale gehen mußte. Dort verfertigte er seine erste mathematische Arbeit, eine sachkundige, aber wenig bemerkenswerte Abhandlung über Kettenbrüche. Dies war zwar ein vielversprechender Anfang, doch kam es in den folgenden Jahren zu einer Verkettung unglücklicher Begebenheiten, die schließlich dazu führten, daß Galois seine über alles geliebte Mathematik völlig aufgab.

Seine nächsten zwei Artikel über Polynomgleichungen wurden von der Französischen Akademie der Wissenschaften abgelehnt. Schlimmer noch, beide Manuskripte gingen auf unerklärliche Weise verloren. Im Juli 1829 fiel er dann ein zweites Mal durch die Aufnahmeprüfung für die École Polytechnique, was wahrscheinlich eng mit der Antwort zusammenhing, die er einem der Prüfer auf dessen Frage erteilte. Als er nämlich gebeten wurde, einen Überblick über die Theorie der «arithmetischen Logarithmen» zu geben, antwortete Galois (zwar völlig korrekt, jedoch mit einem erstaunlichen Mangel an Feingefühl), daß es keine *arithmetischen* Logarithmen gebe. Nach dieser zweiten Enttäuschung reichte Galois Anfang 1830 erneut eine Arbeit bei der Akademie ein, diesmal als Beitrag für einen Wettbewerb um den Großen Preis der Mathematik. Der Sekretär, Fourier, nahm das Manuskript mit nach Hause, um es zu lesen, verstarb jedoch, bevor er ein Gutachten verfassen konnte. Das Manuskript wurde nie wieder gefunden. Dieser dritte Verlust einer von ihm eingereichten Arbeit, verbunden mit seinem wiederholten Scheitern an der Aufnahmeprüfung für die Polytechnique, trieben Galois dazu, der gesamten akademischen Gesellschaft den Rücken zu kehren und unter die heute wohl als Radikale bezeichneten studentischen Aufrührer zu gehen. Im gleichen Jahr wurde er von seiner Schule gewiesen und sah sich gezwungen, seinen Lebensunterhalt durch das Erteilen von Privatunterricht zu verdienen. Obwohl er darin nicht besonders erfolgreich war, gediehen seine mathematischen Forschungen weiter. In dieser Zeit schrieb er auch sein später berühmtestes Werk *Über die Bedingungen der Auflösbarkeit von Gleichungen durch Radikale*, welches er im Januar 1831 der Akademie einreichte.

Dies stellte seinen letzten Versuch dar, Anerkennung für seine Arbeiten zu gewinnen. Nachdem er bis März nichts von der Akademie gehört hatte, wandte er sich in einem Schreiben an den Präsidenten, um sich zu erkundigen, was mit seinem Manuskript geschehen sei. Als er auch daraufhin keine Antwort erhielt, gab er schließlich auf. Er würde sich nie mehr mit Mathematik beschäftigen. Statt dessen trat er der Nationalgarde bei. Doch auch hier hatte er nicht mehr Glück als in der Mathematik. Kurz nach seinem Eintritt in die Nationalgarde wurde diese wegen Verdachts auf Verschwörung aufgelöst. Als Protest gegen diese Maßnahme fand am 9. Mai ein Festbankett statt, in dessen Verlauf Galois mit dem offenen Messer in der Hand einen Trinkspruch auf den König ausbrachte – eine Geste, die seine Kameraden nicht ganz unbegründet als eine gegen das Leben des Königs gerichtete Drohung auffaßten. Am folgenden Tag wurde Galois verhaftet. Bei seiner Verhandlung berief er sich darauf, daß er eigentlich gesagt habe: «Auf Louis Philippe, wenn er zum Verräter wird», daß jedoch die letzten Worte im entstehenden Tumult untergegangen seien. Ob dies nun stimmte oder nicht, er wurde freigesprochen und am 15. Juni entlassen.

Am 4. Juli erhielt er schließlich Nachricht von der Akademie über sein im Januar eingereichtes Manuskript. Der Gutachter, Poisson, lehnte es als «unverständlich» ab und beendete sein Gutachten mit der folgenden Bemerkung:

> *Wir haben jede Anstrengung unternommen, um Galois' Beweis zu verstehen. Seine Beweisführung ist jedoch nicht ausreichend klar, nicht ausreichend entwickelt, um uns ein Urteil über die Richtigkeit seiner Ausführungen zu erlauben. Es ist daher völlig unmöglich, in diesem Bericht Stellung dazu zu nehmen. Der Verfasser teilt mit, daß der in der vorliegenden Abhandlung vertretene Satz Teil einer Theorie ist, die zahlreiche Anwendungen erlaube. Vielleicht erhellen sich die verschiedenen Teile der Theorie gegenseitig und sind daher leichter im Zusammenhang zu verstehen. Wir schlagen deshalb vor,*

daß der Verfasser seine Arbeit als Ganzes einreiche, um eine endgültige Beurteilung zu ermöglichen. In der Form, in der die Abhandlung der Akademie vorliegt, können wir sie nicht akzeptieren.

Wer Erfahrung mit herablassenden Ablehnungen hat, wird dieses Gutachten vielleicht als ein klassisches Beispiel empfinden. Es läßt sich heute nicht mehr sagen, ob der Erhalt dieses Schreibens Galois' nächste Schritte beeinflußte. Am 14. Juli wurde er jedenfalls erneut verhaftet und zu sechs Monaten Gefängnis verurteilt, weil er öffentlich in der Uniform der mittlerweise aufgelösten Nationalgarde erschienen war.

Kurz nach seiner Entlassung auf Bewährung verliebte sich Galois in eine gewisse Mlle Stephanie D., deren Nachname uns nicht bekannt ist. Galois hatte ihn, vielleicht weil sie ihn später abgewiesen hatte, aus seinen Aufzeichnungen ausradiert. Die Begegnung sollte jedenfalls zu seinem frühen Tod führen, denn aufgrund dieser Affaire wurde er zu einem Duell gefordert. Alexandre Dumas äußerte die Vermutung, daß es sich bei dem Duell um ein getarntes Mordkomplott aus politischen Motiven gehandelt habe. Am 29. Mai, dem Vorabend des Duells, schrieb Galois einen langen Brief an seinen Freund Auguste Chevalier, in dem er seine mathematischen Theorien kurz umriß. Anhand dieses Briefes können wir ermessen, welchen Verlust die Mathematik durch seinen frühen Tod erlitten hat. Bei dem Duell am folgenden Tag (Pistolen auf 25 Schritte) erlitt Galois einen Bauchschuß und starb 24 Stunden später.

Und was geschah mit seinem abgelehnten Manuskript? Am 4. Juli 1843 wandte sich Joseph Liouville mit den folgenden Worten an die Französische Akademie:

Ich hoffe, die Akademie interessiert sich für meine Mitteilung: Unter den Papieren von Évariste Galois habe ich eine ebenso präzise wie tiefgründige Lösung des schönen Problems der Auflösbarkeit von Gleichungen durch Radikale gefunden ...

Galois hinterließ der Nachwelt einen Begriff, der sich als einer der bedeutungsvollsten in der ganzen Geschichte der Mathematik erweisen sollte. Er findet nicht nur Anwendung in zahlreichen Zweigen der Mathematik, sondern auch in der Physik, der Chemie und verschiedenen Bereichen der Technik. Es handelt sich um den Begriff der *Gruppe*.

Als rein abstrakter Begriff liegt seine überragende Stärke in der großen Vielzahl von Beispielen, die oft völlig unterschiedlicher Natur sind. Dank der Vielseitigkeit des Gruppenbegriffs gibt es verschiedene Möglichkeiten, ihn einzuführen. Der Weg, den wir hier beschreiten wollen, macht sich die Symmetrieeigenschaften ebener geometrischer Figuren zunutze. Ich habe ihn gewählt, weil sich die Beispiele sehr einfach veranschaulichen lassen. Später werden wir noch andere Arten von Gruppen kennenlernen, die jedoch alle ebenso authentisch sind wie die Symmetriegruppen, denen wir uns nun zuwenden.

Symmetrie

Betrachten wir das gleichschenklige Dreieck in Abb. 24. Man sagt gewöhnlich, daß diese geometrische Figur bezüglich der gestrichelten, vertikalen Linie symmetrisch ist. Was verstehen wir jedoch unter dieser Aussage? Das Dreieck *ABC* ist symmetrisch, wenn das links von der gestrichelten Linie gelegene kleinere Dreieck *ABD* das genaue Spiegelbild des rechts von dieser Linie gelegenen Dreiecks *ACD* bezüglich eines imaginären, auf der vertikalen Achse *AD* senkrecht zur Ebene plazierten Spiegels ist. Wenn wir die zwei Hälften der Figur umklappen (bzw. spiegeln), bleibt das Dreieck insgesamt unverändert, einzig die Linien *AB* und *AC* sind vertauscht, und die Strecke *BC* ist umgedreht.

Allgemein ausgedrückt gilt für jede beliebige geometrische Figur *S* und jede beliebige Gerade *l* in der Ebene, daß die *Spiegelung* von *S* *an der Achse l* jeden einzelnen Punkt von *S* in seinen Bildpunkt jenseits der Spiegelachse überführt; der Punkt und sein Bildpunkt liegen dabei auf einer Geraden, die senkrecht auf der Achse steht; ihr jeweiliger Abstand von *l* ist gleich groß. Man beachte, daß die Spiegelung hier als Vorgang und nicht als Ergebnis einer Symmetrieoperation definiert wird. Die Figur, die wir durch Spiegelung einer beliebigen Figur *S* erhalten, heißt das *Bild* von *S* bei Spiegelung. Abb. 25 zeigt einige Beispiele für die Ergebnisse von Spiegelungen.

Eine Figur *S* in der Ebene ist spiegelsymmetrisch bezüglich einer gegebenen Symmetrieachse *l*, wenn die Spiegelung von *S* an *l* ein Bild erzeugt, das die gleiche Position in der Ebene einnimmt wie *S*. (Abb. 25d) zeigt ein Beispiel für Spiegelsymmetrie.) Die Spiegelsymmetrie wird auch häufig als *Achsensymmetrie* oder *bilaterale Symmetrie* bezeichnet.

Was wir im landläufigen Sinn unter «Symmetrie» verstehen, sind meistens Beispiele von Achsensymmetrien ebener Figuren. Für den Mathematiker gibt es jedoch auch noch andere Arten von Symmetrie. Betrachten wir dazu Abb. 26. Wenn wir die abgebildete Figur in beliebiger Richtung um 120 Grad um den Mittelpunkt drehen, geht die Figur wieder in sich selbst über. Dies ist ein Beispiel für die sogenannte

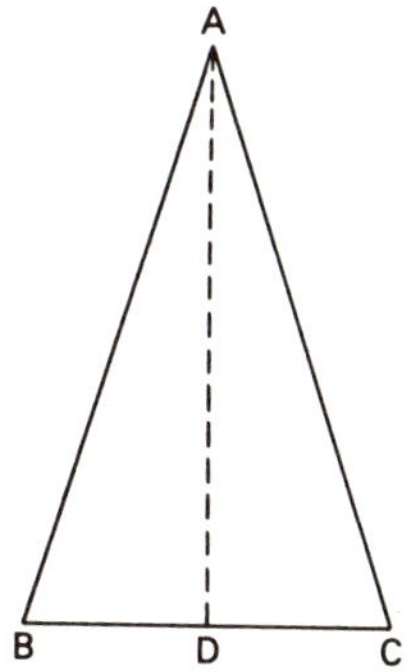

Abb. 24
Symmetrie eines gleichschenkligen Dreiecks.

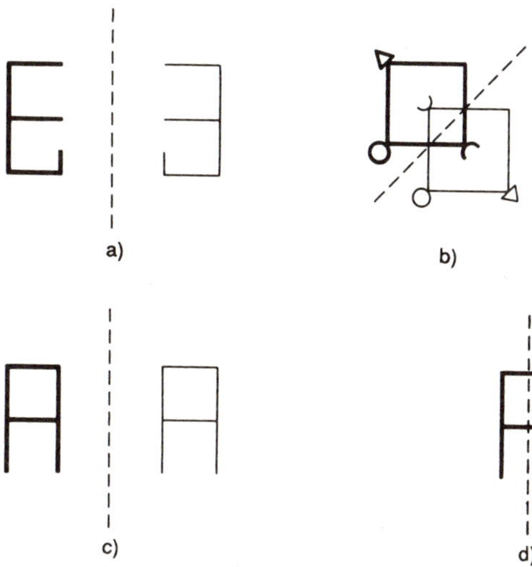

Abb. 25
Spiegelsymmetrie. Jede der vier fettgedruckten Figuren wird an der gestrichelt gezeichneten Achse gespiegelt und erzeugt dabei ihr dünngedrucktes Spiegelbild. In Abb. d) fällt das Spiegelbild mit der ursprünglichen Figur zusammen.

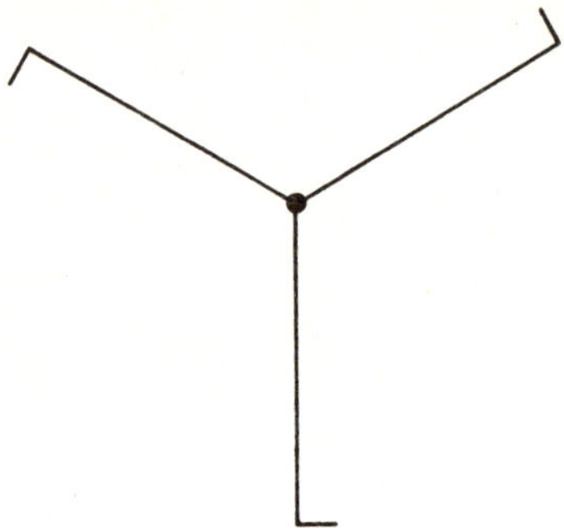

Abb. 26
Drehsymmetrie.

Rotations- oder *Drehsymmetrie.* Bitte beachten Sie, daß wir hier die Drehung *um einen Punkt* betrachten. Drehen wir das Dreieck in Abb. 24 um 180 Grad um die Achse *AD*, so bleibt die Figur insgesamt ebenfalls unverändert, das Ergebnis ist jedoch das gleiche wie bei der Spiegelung an der Achse *AD*.

Gruppen

Betrachten wir erneut das gleichschenklige Dreieck in Abb. 24. Wie viele Symmetrien besitzt es? Welche Spiegelungen (an Achsen) und Rotationen (um Punkte) lassen sich durchführen, die das Dreieck wieder auf sich selbst abbilden? Zunächst gibt es die Spiegelung an der Achse *AD*. Wir wollen diese Spiegelung mit dem Buchstaben *r* bezeichnen. Gibt es noch weitere Symmetrien? Spiegelsymmetrien offensichtlich nicht. Wie sieht es jedoch mit Drehungen aus? Eine Rotation um 360 Grad um einen beliebigen Punkt führt zwar die Figur wieder in sich selbst über, doch zählt diese Transformation nicht wirklich, da sich durch sie nichts verändert. Im Fall der Spiegelung dagegen haben die Punkte *B* und *C* ihre Position vertauscht. Können wir also dieses Beispiel als trivial abtun? Nicht ganz. So wie es nützlich ist, die Zahlen 0 und 1 in das Zahlensystem aufzunehmen (0 ist bei Addition und 1 bei Multiplikation das sogenannte neutrale Element, welches in der Verknüpfung mit einer anderen Zahl diese unverändert läßt), erweist es

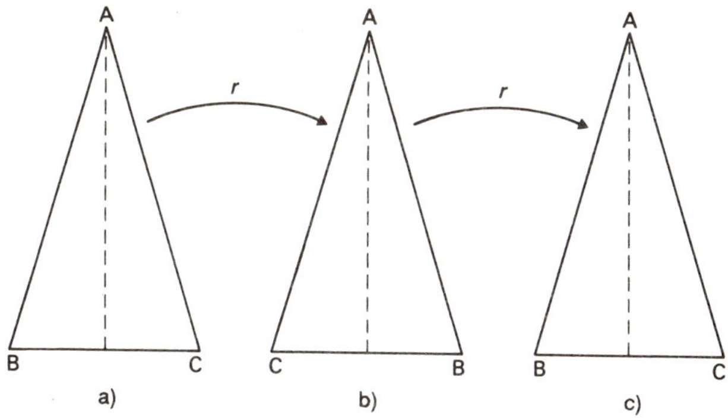

Abb. 27
Die zweifache Spiegelung des Dreiecks *ABC*.

sich als sinnvoll, die *Identitätstransformation I*, die jeden Punkt der Ebene unverändert läßt, als eine Symmetrie zu definieren. *I* kann als Rotation um 0 Grad betrachtet werden.

Angenommen, wir nehmen das Dreieck *ABC* (vgl. Abb. 27a)) und führen an ihm die Spiegelung *r* aus, um das Dreieck *ACB* (vgl. Abb. 27b)) zu erzeugen. Was geschieht, wenn wir die Spiegelung *r* nochmals, diesmal an *ACB* durchführen? Offensichtlich erhalten wir wieder die ursprüngliche Konfiguration *ABC* (vgl. Abb. 17c)). Die zweimal nacheinander ausgeführte Spiegelung stellt also den ursprünglichen Zustand wieder her, als hätte gar keine Spiegelung stattgefunden. Ebenso könnte man sagen, wir haben die Identitätstransformation *I* ausgeführt. Die mathematische Schreibweise dafür ist:

$$r * r = I,$$

wobei der Stern $*$ die sukzessive Durchführung von Operationen symbolisiert. Wenn also a und b zwei Symmetrien sind, stellt der Ausdruck $a * b$ eine aus zwei Schritten bestehende Operation dar, in der zunächst die Symmetrieoperation a ausgeführt und dann auf das Ergebnis die Operation b angewendet wird. Mit Hilfe dieser Schreibweise können wir die in diesem Fall trivialen Ergebnisse der übrigen Symmetrieoperationen ausdrücken:

$$r * I = r,$$
$$I * r = r,$$
$$I * I = I.$$

Diese vier Identitäten lassen sich auch in einer Tabelle zusammenfassen:

Gleichschenkliges Dreieck:

*	I	r
I	I	r
r	r	I

Um das Ergebnis zweier nacheinander ausgeführter Symmetrieoperationen x und y zu erhalten, ist es nur erforderlich, in der Zeile für x solange waagerecht entlang zu gehen, bis die Spalte für y erreicht ist. Der Eintrag an dieser Stelle ist das Ergebnis der beiden miteinander verknüpften Symmetrien $x * y$.

Es muß an dieser Stelle darauf hingewiesen werden, daß wir bisher in unserer Diskussion stillschweigend davon ausgegangen sind, daß das Ergebnis zweier Symmetrieoperationen wieder eine Symmetrie ergibt. Dies ist tatsächlich der Fall.

Was geschieht, wenn wir unsere Analyse auf das dreiarmige Gebilde in Abb. 26 übertragen? In diesem Fall gibt es drei verschiedene Symmetrien: eine Drehung um 120 Grad entgegen dem Uhrzeigersinn (sie sei v genannt); eine Drehung um 240 Grad entgegen dem Uhrzeigersinn (sie sei w genannt) und die Identitätstransformation I, bei der alles unverändert bleibt. Wie steht es mit den Drehungen im Uhrzeigersinn? Drehungen um 120 bzw. 240 Grad im Uhrzeigersinn entsprechen den schon genannten Operationen w bzw. v, so daß wir tatsächlich alle Möglichkeiten erfaßt haben. Da zwei aufeinanderfolgende Rotationen um 120 Grad zu dem gleichen Ergebnis führen wie eine Drehung um 240 Grad, gilt offensichtlich:

$$v * v = w.$$

Ebenso gilt, daß zwei Rotationen um 240 Grad einer Drehung um 120 Grad entsprechen, folglich ist:

$w * w = v.$

Die vollständige Tabelle aller möglichen Kombinationen von Symmetrieoperationen ist:

Dreifuß:

*	I	v	w
I	I	v	w
v	v	w	I
w	w	I	v

Betrachten wir als weiteres Beispiel das gleichseitige Dreieck (vgl. Abb. 28), welches sechs Symmetrien besitzt: die identische Abbildung I, die Drehungen um 120 und 240 Grad entgegen dem Uhrzeigersinn, v und w sowie die Spiegelungen x, y, z. (Die Achsen X, Y, Z seien festgehalten, wenn sich das Dreieck bewegt.) Diese Symmetrien lassen sich wie folgt miteinander kombinieren:

Gleichseitiges Dreieck:

*	I	v	w	x	y	z
I	I	v	w	x	y	z
v	v	w	I	z	x	y
w	w	I	v	y	z	x
x	x	y	z	I	v	w
y	y	z	x	w	I	v
z	z	x	y	v	w	I

Wenn Sie diese Ergebnisse nachprüfen möchten, basteln Sie sich am besten ein gleichseitiges Dreieck aus Pappe, markieren die Eckpunkte A, B, C und legen es auf ein Blatt Papier, auf das die Achsen X, Y, Z gezeichnet sind. Sie können dann die verschiedenen Drehungen und Spiegelungen unmittelbar durchführen. Es ist jedoch notwendig, die

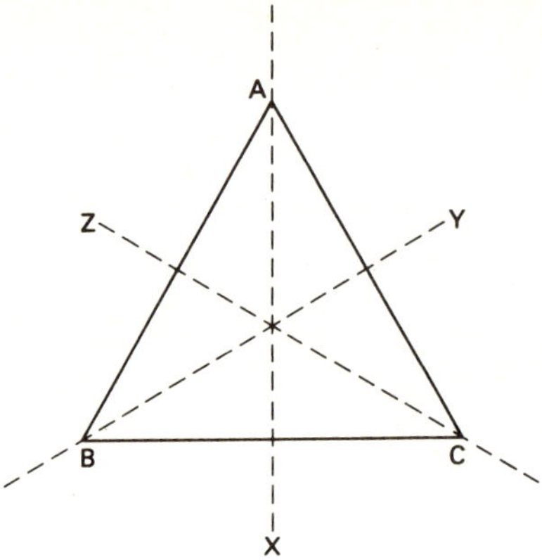

Abb. 28
Die Symmetrien eines gleichseitigen Dreiecks.

beiden Seiten des Dreiecks zu beschriften, um die Spiegelungen berücksichtigen zu können.

Wie verfahren wir übrigens mit Kombinationen von mehr als zwei Symmetrien? Nun, sie brauchen wir nicht gesondert zu betrachten, da die Durchführung einer beliebigen Anzahl von Symmetrieoperationen nichts anderes ist als die aufeinanderfolgende Durchführung jeweils zweier Symmetrieoperationen. Bei dem gerade untersuchten gleichseitigen Dreieck ist zum Beispiel $(x * y) * v$ das gleiche wie $v * v$, was wiederum gleichbedeutend mit w ist: Wir müssen nur zweimal unsere Tabelle konsultieren. Die Klammern sind notwendig, um die Reihenfolge zu kennzeichnen, in der die Symmetrieoperationen miteinander verknüpft werden sollen. Man führt also zunächst x, gefolgt von y aus und wendet dann v auf das Ergebnis an. Die alternative Anordnung $x * (y * v)$ würde bedeuten, daß man zunächst x ausführt und anschließend das Ergebnis der Operation $y * v$ mit x kombiniert. Welches Resultat erhalten wir, wenn wir die Verknüpfung in der zweiten Reihenfolge vornehmen? Nun, $y * v$ ergibt z, folglich ist der Ausdruck $x * (y * v)$ das gleiche wie $x * z$, was wiederum w ergibt. Das Ergebnis ist also unabhängig von der Reihenfolge, in der wir die Verknüpfung durchführen. Wenn man darüber nachdenkt, erkennt man, daß dies kein Zufall ist. Es ist vielmehr eine Aussage, die für die Verknüpfung aller Symmetrieoperationen zutrifft; wenn a, b, c die Symmetrien einer gegebenen Figur sind, dann gilt stets:

$$(a * b) * c = a * (b * c).$$

Dies ist das sogenannte *Assoziativgesetz* der Verknüpfung $*$.

Bevor wir den Begriff der «Gruppe» definieren können, müssen wir noch eine abschließende Beobachtung berücksichtigen. Jede Symmetrieoperation kann selbstverständlich auch «rückwärts» ausgeführt werden und ergibt dann wiederum eine Symmetrie. Bei der Spiegelung besteht natürlich kein Unterschied, ob man sie «vorwärts» oder «rückwärts» durchführt. Bei einer Rotation kehrt man einfach den Drehsinn um. Die rückwärts ausgeführte Symmetrieoperation x heißt das Inverse von x und wird mit dem Symbol x^{-1} bezeichnet (gesprochen «x hoch minus 1» oder «Inverses von x»). Für das gleichschenklige Dreieck gilt dabei die Beziehung: $r^{-1} = r$ (dies trifft für jede beliebige Achsenspiegelung zu). Beim Dreifuß erhalten wir: $v^{-1} = w$ und $w^{-1} = v$, beim gleichseitigen Dreieck gilt: $v^{-1} = w$, $w^{-1} = v$, $x^{-1} = x$, $y^{-1} = y$ und $z^{-1} = z$. In allen Beispielen gilt $I^{-1} = I$. Fällt Ihnen an diesen Ergebnissen etwas auf? Wenn Sie die Verknüpfungstabellen einmal für alle Beispiele überprüfen, werden Sie feststellen, daß die Aussage $a^{-1} * a = a * a^{-1} = I$ in allen Fällen zutrifft. Auch dies ist kein Zufall. Wenn man darüber nachdenkt, was das neutrale Element und das Inverse einer Symmetrie bedeuten, versteht man, warum dies so ist.

Selbst wenn Sie sich bisher nie mit Symmetrie befaßt haben, werden Ihnen die oben beschriebenen Sachverhalte vielleicht irgendwie bekannt vorkommen. Erinnert das alles nicht frappant an die gewöhnliche Multiplikation rationaler Zahlen, besonders wenn wir die Zahl Null ausschließen, die kein Inverses besitzt? Das Produkt zweier beliebiger rationaler Zahlen ergibt wieder eine rationale Zahl. Die Reihenfolge der Faktoren ist dabei für das Ergebnis der Multiplikation unerheblich; also gilt: $(ab)c = a(bc)$ für beliebige Zahlen a, b, c. Jede von Null verschiedene rationale Zahl hat darüber hinaus ein Inverses, nämlich die rationale Zahl x^{-1} ($= 1/x$), so daß gilt: $xx^{-1} = x^{-1}x = 1$. Die Zahl 1 ist das neutrale Element, welches bei Multiplikation mit einer beliebigen Zahl diese unverändert läßt. Möglicherweise hatten Sie aber auch ein anderes Beispiel im Sinn. Vielleicht dachten Sie an die ganzen Zahlen mit der Verknüpfung der Addition: Die Summe zweier beliebiger ganzer Zahlen ergibt wieder eine ganze Zahl; das Assoziativgesetz $(a + b) + c = a + (b + c)$ ist stets gültig; es gibt ein neutrales Element 0, welches, zu einer anderen Zahl addiert, diese unverändert läßt; und es gibt zu jeder Zahl x ein Inverses, nämlich $(-x)$, so daß gilt: $x + (-x) = (-x) + x = 0$. Vielleicht dachten Sie aber auch an ein ganz anderes Beispiel. Es gibt in der Tat zahlreiche Möglichkeiten. Galois selbst ging es um die Lösung von Gleichungen 5. Grades. Alle diese Beispiele stellen Sonderfälle des von Galois eingeführten allgemeinen Begriffs einer «Gruppe» dar.

Der Mathematiker definiert eine *Gruppe* wie folgt:

(1) es gibt eine Menge G;

(2) in der Menge G ist eine Verknüpfung $*$ erklärt, durch die jedem Paar von Elementen x und y aus G ein Element $x * y$ zugeordnet wird, welches ebenfalls in G enthalten ist.

Die Verknüpfung $*$ muß folgende drei Bedingungen (die sog. «Gruppenaxiome») erfüllen:

(3) die Verknüpfung ist assoziativ; das heißt, für beliebige Elemente x, y, z aus G gilt:

$$(x * y) * z = x * (y * z);$$

(4) es gibt ein neutrales Element I aus G, so daß für jedes Element x aus G gilt:

$$I * x = x * I = x;$$

(5) zu jedem Element x aus G gibt es ein inverses Element y aus G, für das gilt:

$$x * y = y * x = I.$$

Wir haben bereits verschiedene Beispiele von Gruppen kennengelernt. Wenn G die Menge aller Symmetrien einer gegebenen Figur in der Ebene und $*$ die Verknüpfung durch aufeinanderfolgende Anwendung zweier Symmetrieoperationen ist, dann erhalten wir als Resultat eine Gruppe. Dies gilt ebenso für den Fall, daß G die Menge der rationalen Zahlen außer Null und die Verknüpfung $*$ die gewöhnliche Multiplikation ist; des weiteren für die Menge G der ganzen Zahlen mit der gewöhnlichen Addition als Verknüpfung $*$. In den beiden letztgenannten Beispielen von Zahlengruppen ist die Verknüpfung auch *kommutativ*, das heißt, es gilt

$$x * y = y * x$$

für alle Elemente x, y der Gruppe. Dieses Merkmal trifft jedoch nicht notwendigerweise auf alle Gruppen zu. Die Symmetriegruppe des gleichseitigen Dreiecks beispielsweise ist nicht kommutativ. Aus der Verknüpfungstafel dieser Gruppe geht hervor, daß $x * v = y$ nicht identisch ist mit $v * x = z$. Gruppen, in denen die Verknüpfung kommutativ ist, werden oft auch als *abelsche Gruppen* bezeichnet (nach dem oben erwähnten norwegischen Mathematiker Abel).

Wenn die Verknüpfung $*$ der Gruppe eine bekannte Operation wie etwa eine arithmetische Operation ist (was jedoch keineswegs der Fall sein muß), dann bezeichnet man sie gewöhnlich mit ihrem eigentlichen Namen: Multiplikation, Addition etc. Ist die Verknüpfung hingegen unbekannt oder besitzt sie keinen gebräuchlichen Namen, so nennt man die Gruppenoperation $*$ gewöhnlich die *Multiplikation* der Gruppe und $a * b$ das *Produkt* von a und b in der Gruppe. Dies ist eine Konvention; keinesfalls sollten daraus irgendwelche Schlußfolgerungen bezüglich der Art der Verknüpfung abgeleitet werden.

Da es zahlreiche verschiedene Beispiele von Gruppen gibt, erweist sich der Begriff als ungeheuer leistungsfähig – und dies nicht nur in der Mathematik, wo uns Gruppen überall begegnen, sondern auch in anderen Bereichen. Die Regelmäßigkeit eines Kristalls, die Symmetrien eines Atoms oder die Wechselwirkungen zwischen den Elementarteilchen – all dies sind Beispiele für Anwendungen des Gruppenbegriffs. Alles, was über die Gruppen im allgemeinen gesagt werden kann, gilt auch für jede einzelne Gruppe. Wie geht ein Mathematiker jedoch an die Aufgabe heran, die Eigenschaften einer *willkürlichen abstrakten* Gruppe zu ermitteln? Die Antwort lautet: Mit Hilfe streng mathematischer Beweise, die auf der Definition des Begriffs der Gruppe aufbauen.

Um ein Beispiel zu geben, werden wir im folgenden beweisen, daß jedes beliebige Element einer Gruppe *genau ein* Inverses besitzt. Dies muß bewiesen werden, bevor die Schreibweise x^{-1} für das inverse Element von x verwendet werden darf. Die Bedingung (5) in der Definition einer Gruppe gewährleistet, daß jedes Element einer Gruppe *mindestens* ein Inverses besitzt; die Existenz mehrerer inverser Elemente wird dadurch aber nicht ausgeschlossen. Natürlich ist es für jedes der oben beschriebenen Beispiele von Gruppen ganz offensichtlich, daß keines ihrer Elemente mehr als ein Inverses besitzt; dies hilft uns jedoch nicht weiter. Wir benötigen einen allgemeingültigen Beweis, der auch solche Beispiele von Gruppen einschließt, die bisher vielleicht noch nicht in Erwägung gezogen wurden.

Hier folgt nun der Beweis: Es sei G eine beliebige Gruppe und x ein beliebiges Element aus G; ferner seien y und z zwei inverse Elemente von x. Da sowohl y als auch z Inverse von x sind, erfüllen beide die Bedingung 5 unserer Definition einer Gruppe:

$$x * y = y * x = I, \tag{3}$$
$$x * z = z * x = I. \tag{4}$$

Wenden wir die Bedingung 4 auf y an, so erhalten wir:

$$y = I * y.$$

Setzen wir dann in diesen Ausdruck Gleichung (4) ein, so gilt:

$$y = (z * x) * y.$$

Aufgrund des in Bedingung 3 formulierten Assoziativgesetzes können wir auch schreiben:

$$y = z * (x * y).$$

Wenn wir hier nun Gleichung (3) einsetzen, erhalten wir:

$$y = z * I.$$

Nach Bedingung 4 folgt daraus:

$$y = z,$$

was zu beweisen war. Man beachte, daß alle strukturellen Bedingungen, die die Gruppe definitionsgemäß erfüllen muß, herangezogen wurden, um den Beweis durchzuführen.

Wie Sie sich vorstellen können, sind die meisten Beweise in der *Gruppentheorie* wesentlich komplizierter als das hier vorgestellte, ziemlich einfache Beispiel. Sie werden daher im allgemeinen nicht in solcher Ausführlichkeit niedergeschrieben. Häufig beziehen sie auch noch andere Begriffe mit ein, jedoch ist allen Beweisen gemeinsam, daß sie aus streng logischen Schlüssen bestehen, die ausschließlich auf den oben gegebenen Axiomen beruhen.

Weitere Beispiele von Gruppen

Die oben betrachteten Symmetriegruppen beziehen sich zwar auf ebene Figuren, doch lassen sich dieselben Vorstellungen auch auf dreidimensionale Körper übertragen. Der Würfel beispielsweise besitzt 24 Drehsymmetrien, wobei die Rotation um eine *Achse* erfolgt und nicht mehr um einen Punkt wie bei der ebenen Figur. Jede beliebige Ecke eines Würfels kann in jede beliebige andere überführt werden, und für jede zu einer Ecke führenden Kante gibt es drei Drehoperationen. Berücksichtigt man dazu noch die Spiegelungen (an einer *Ebene* und nicht mehr an einer Geraden), so ergeben sich für den Würfel insgesamt 48 Symmetrien.

Das Dodekaeder, das aus 12 völlig gleichen, regelmäßigen Fünfecken besteht, die zusammen einen ballähnlichen Körper bilden (Abb. 29), besitzt allein 60 Drehsymmetrien (120 Symmetrien, wenn man die Spiegelungen mitzählt). Sowohl im Würfel als auch im Dodekaeder bilden die Rotationssymmetrien eine eigene kleine Gruppe innerhalb der großen Gruppe *aller* Symmetrien der Figur. Mathematisch ausgedrückt heißt das, sie bilden eine *Untergruppe* der jeweiligen gesamten Symmetriegruppe.

Die Rotationssymmetrien des Dodekaeders stellen die kleinste nicht-kommutative *einfache* Gruppe dar, die es gibt. Gerade die Einfachheit dieser Gruppe, verbunden mit der Tatsache, daß die Zahl ihrer Elemente nicht prim ist, nutzte Galois für seinen Beweis, daß die allgemeine Polynomgleichung 5. Grades nicht durch Radikale lösbar ist.

Bisher haben wir sowohl unendliche Gruppen (zum Beispiel die Menge der ganzen Zahlen mit der Verknüpfung der Addition) als auch endliche Gruppen (zum Beispiel die Symmetriegruppen verschiedener Figuren) betrachtet. Im folgenden werden wir uns nun hauptsächlich mit endlichen Gruppen befassen. Ein gutes Beispiel für endliche wie unendliche Gruppen bieten die Matrizen.

Eine *Matrix* ist eine gewöhnlich in Klammern geschriebene rechteckige Anordnung von Zahlen, die, was unsere Beispiele anbelangt, sowohl rational als auch reell sein können:

$$\begin{bmatrix} 1 & 3 & \frac{3}{4} \\ 2 & \frac{1}{4} & -5 \end{bmatrix}.$$

Matrizen können beliebig groß sein, doch beschäftigen wir uns hier ausschließlich mit *quadratischen Matrizen*, bei denen die Anzahl der

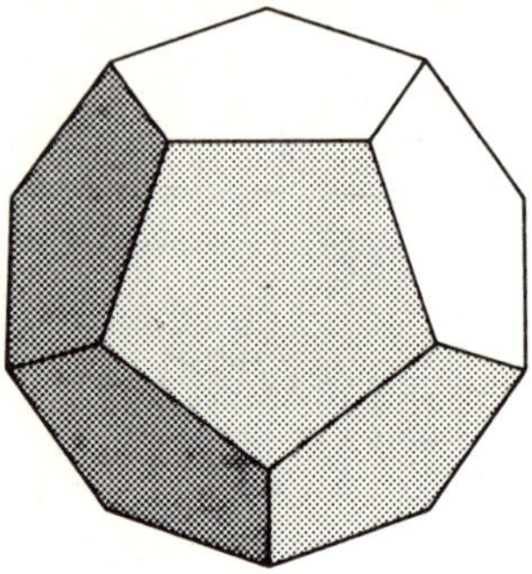

Abb. 29
Das Dodekaeder.

Zeilen und die der Spalten genau gleich groß ist. Diese Zahl bezeichnen wir als die *Ordnung* der Matrix. Ein Beispiel einer quadratischen Matrix der Ordnung 2 ist das folgende:

$$\begin{bmatrix} 21 & -5 \\ 3{,}8 & 20 \end{bmatrix}.$$

Für Matrizen wurde eine eigene Arithmetik entwickelt. Die Vorschrift für die Addition zweier Matrizen der gleichen Ordnung ist ganz simpel: Man addiert einfach die entsprechenden Matrixelemente:

$$\begin{bmatrix} 1 & 3 \\ -2 & 6 \end{bmatrix} + \begin{bmatrix} 2 & 5 \\ 3 & 1 \end{bmatrix} = \begin{bmatrix} 3 & 8 \\ 1 & 7 \end{bmatrix}.$$

Die Multiplikation erweist sich dagegen als etwas schwieriger. Sie wird folgendermaßen durchgeführt: Man multipliziert die Zeilen der ersten Matrix gliedweise mit den Spalten der zweiten und addiert jeweils das Ergebnis. Für Matrizen der Ordnung 2 läßt sich dies am besten an Hand eines algebraischen Beispiels, gefolgt von einem Zahlenbeispiel verdeutlichen:

$$\begin{bmatrix} a & b \\ c & d \end{bmatrix} \times \begin{bmatrix} v & w \\ x & y \end{bmatrix} = \begin{bmatrix} (av + bx) & (aw + by) \\ (cv + dx) & (cw + dy) \end{bmatrix},$$

$$\begin{bmatrix} 1 & 3 \\ -2 & 5 \end{bmatrix} \times \begin{bmatrix} 2 & 4 \\ 3 & 1 \end{bmatrix} = \begin{bmatrix} (2+9) & (4+3) \\ (-4+15) & (-8+5) \end{bmatrix}$$

$$= \begin{bmatrix} 11 & 7 \\ 11 & -3 \end{bmatrix}.$$

Ein zweites Beispiel zeigt, daß die Multiplikation von Matrizen, im Gegensatz zu ihrer Addition, nicht kommutativ ist:

$$\begin{bmatrix} 2 & 4 \\ 3 & 1 \end{bmatrix} \times \begin{bmatrix} 1 & 3 \\ -2 & 5 \end{bmatrix} = \begin{bmatrix} (2-8) & (6+20) \\ (3-2) & (9+5) \end{bmatrix}$$

$$= \begin{bmatrix} -6 & 26 \\ 1 & 14 \end{bmatrix}.$$

Mancher Leser fragt sich vielleicht, warum die Definition der Multiplikation so kompliziert ist. «Warum kann man nicht einfach, ähnlich wie bei der Addition, die entsprechenden Matrixelemente miteinander multiplizieren?» Da die Matrizen jedoch für ganz bestimmte Anwendungen entwickelt und untersucht wurden (insbesondere für die Lösung großer linearer Gleichungssysteme), mußten sie bestimmten Anforderungen gerecht werden, die eben zu der erwähnten Definition führten. Die Rechnung mit Matrizen ist heute von so großer Bedeutung, daß jedes auf wissenschaftliche oder kommerzielle Nutzung gerichtete Computersystem ganz selbstverständlich mit einer Software ausgestattet ist, die diese Rechnungen ausführen kann. Wahrscheinlich ist die Matrizenarithmetik mittlerweile sogar die häufigste numerische Aufgabe, die Computer zu bewältigen haben.

Die Definitionen für die Addition und Multiplikation von Matrizen der Ordnung 3 oder größer lauten ähnlich wie jene für Matrizen der Ordnung 2. Alles, was im folgenden der Einfachheit halber für Matrizen der Ordnung 2 gesagt wird, kann mit nur geringfügigen Änderungen auch auf Matrizen beliebiger Größe übertragen werden.

Die Matrizen der Ordnung 2 bilden eine Gruppe bezüglich der Addition. Die Summe zweier Matrizen der Ordnung 2 ergibt wieder eine Matrix der Ordnung 2; die Addition ist assoziativ; es gibt ein neutrales Element, die sogenannte Nullmatrix

$$\begin{bmatrix} 0 & 0 \\ 0 & 0 \end{bmatrix}.$$

Zu jeder Matrix läßt sich ihr Inverses erzeugen, indem man vor jedes Matrixelement ein Minuszeichen setzt. Diese Gruppe ist kommutativ.

Wie steht es jedoch mit der Multiplikation – bilden die Matrizen auch bezüglich dieser Art der Verknüpfung eine Gruppe? Das Produkt zweier Matrizen der Ordnung 2 ergibt wieder eine Matrix der Ordnung 2; die Multiplikation von Matrizen ist assoziativ. Dies liegt zwar nicht unmittelbar auf der Hand, doch wenn Sie die Frage algebraisch angehen, stellen Sie fest, daß es stimmt. Es gibt ein neutrales Element, die sogenannte *Einheitsmatrix*

$$\begin{bmatrix} 1 & 0 \\ 0 & 1 \end{bmatrix}.$$

Multipliziert man sie mit einer beliebigen anderen Matrix, so ändert sich diese nicht. Wenden wir uns nun der Frage zu, ob es ein Inverses gibt. Mit Hilfe einer einfachen Rechnung kann man zeigen, daß gilt:

$$\begin{bmatrix} a & b \\ c & d \end{bmatrix} \times \begin{bmatrix} d/H & -b/H \\ -c/H & a/H \end{bmatrix} = \begin{bmatrix} 1 - 0 \\ 0 - 1 \end{bmatrix},$$

wobei $H = ad - bc$. Dies trifft auch zu, wenn wir die zwei Matrizen auf der linken Seite der Gleichung vertauschen. Die Matrix

$$\begin{bmatrix} a & b \\ c & d \end{bmatrix}$$

besitzt also ein Inverses in Form der Matrix

$$\begin{bmatrix} d/H & -b/H \\ -c/H & a/H \end{bmatrix},$$

vorausgesetzt diese Matrix existiert! Sie existiert nicht, wenn die Größe H den Wert Null annimmt. Die Division durch Null ist – wie Sie sich erinnern – nicht erlaubt. Matrizen, für die die Zahl H verschieden von Null ist, besitzen ein Inverses und heißen *regulär;* Matrizen, für die die Zahl H gleich Null ist, besitzen kein Inverses und heißen *singulär.*

Aufgrund der Existenz singulärer Matrizen bilden die Matrizen bezüglich der Multiplikation keine Gruppe. Betrachtet man hingegen nur die regulären Matrizen, so erhält man doch eine Gruppe. Ist das einleuchtend? Nicht ganz. Gehen wir also die Merkmale einer Gruppe für die regulären Matrizen durch. Das Assoziativgesetz stellt überhaupt kein Problem dar, da es für alle Matrizen – seien sie nun singulär oder regulär – gilt. Da die Einheitsmatrix regulär und folglich ein Element der untersuchten Menge ist, besitzt diese ein neutrales Element. Wie sieht es mit dem Inversen aus? Natürlich besitzen alle Elemente der regulären Matrizen ein Inverses; es muß jedoch geprüft werden, ob diese Inversen *selbst regulär* sind. Dies ist eine einfache, aber notwendige Untersuchung. Schließlich muß noch eine letzte Eigenschaft überprüft werden: Die Multiplikation zweier regulärer Matrizen muß wiederum eine reguläre Matrix ergeben. Das bedeutet, sie muß in der betrachteten Menge enthalten sein. Auch dies läuft nur auf eine einfache Überprüfung der algebraischen Regeln hinaus.

Die regulären Matrizen bilden eine Gruppe, die offensichtlich unendlich ist. Einige sehr wichtige Gruppen, die wir später in diesem Kapitel noch behandeln werden, bestehen aus endlichen Untergruppen der regulären Matrizen.

Eine weitere bedeutende Klasse von Gruppen sind die sogenannten *zyklischen Gruppen*. Ein Beispiel für eine zyklische Gruppe, das jedem vertraut ist, liefert das Ziffernblatt einer Uhr. Betrachten wir also die Menge der ganzen Zahlen von 1 bis 12 mit der Verknüpfung der Addition. Die 12 zählt hierbei als «Null»; gerät man beim Addieren über sie hinaus, fängt man wieder bei Null an und zählt von dort weiter. 5 plus 5 ergibt also 10; 7 plus 8 ergibt 3; 7 plus 12 ergibt 7. Wir erhalten so eine Gruppe, in der 12 das neutrale Element oder Einselement ist. Das Inverse zu jedem Element der Gruppe wird erzeugt, indem man die Differenz zwischen der jeweiligen Zahl und 12 bildet. 7 ist folglich das Inverse zu 5; 9 zu 3 usw.

Die Zahl 12 ist übrigens durch nichts ausgezeichnet. Jede Zahl kann die gleiche Rolle übernehmen. Die zyklische Gruppe der Ordnung 10 stellt jene Struktur dar, die unserem Dezimalzahlensystem zugrunde liegt. Die zyklische Gruppe der Ordnung 24 entspricht der Einteilung des Tages in 24 Stunden; die zyklische Gruppe der Ordnung 60 ist mit dem Messen von Minuten und Sekunden verknüpft; die zyklische Gruppe der Ordnung 360 schließlich bestimmt die Messung von Winkeln.

Auch für die zyklischen Gruppen lassen sich Verknüpfungstafeln aufstellen. Für die zyklische Gruppe der Ordnung 3 sieht sie folgendermaßen aus:

+	1	2	3
1	2	3	1
2	3	1	2
3	1	2	3

Einfache Gruppen

Eines der vorrangigsten Ziele jeder wissenschaftlichen Forschung besteht darin, die «grundlegenden Objekte» zu bestimmen und zu untersuchen, aus denen alle anderen Objekte gebildet sind. In der Biologie sind dies die Zellen (oder vielleicht die Moleküle), in der Chemie die Atome, in der Physik die Elementarteilchen (nach jetzigem Wissensstand die Quarks). Ebenso verhält es sich in vielen Zweigen der Mathematik. Das klassische Beispiel ist die Zahlentheorie mit den Primzahlen als den grundlegenden Bausteinen aller Zahlen (dies folgt aus dem im ersten Kapitel beschriebenen Fundamentalsatz der Arithmetik). In jedem der genannten Beispiele sind die elementaren Objekte der Theorie *strukturell einfach*, insofern sie im Rahmen der Theorie nicht weiter in kleinere Einheiten der gleichen Art aufgelöst werden können. Die Atome können mit chemischen Mitteln nicht weiter gespalten werden; die Primzahlen lassen sich durch Division nicht weiter zerlegen usw.

Die fundamentalen Bausteine der Gruppentheorie sind die *einfachen Gruppen*. Um zu erklären, was man darunter versteht, und um zu zeigen, wie eine beliebige (endliche) Gruppe in ihre Bestandteile zerlegt werden kann, machen wir uns die Vorstellung einer *teleskopischen Abbildung* einer Gruppe zunutze. Dies ist grob gesprochen eine Art «verkleinerte» Version der Gruppe G, wobei die Gruppenoperation $*$ im teleskopischen Abbild erhalten bleibt, wenn auch in reduzierter Form. Diese Art der Abbildung erinnert ein wenig an das Bild, das man erhält, wenn man ein Objekt durch das verkehrte Ende eines Fernrohrs betrachtet: Die wesentlichen Kennzeichen des Objekts bleiben zwar gewahrt, es erscheint jedoch insgesamt kleiner, und einige Merkmale lassen sich nicht mehr deutlich unterscheiden.

Um ein teleskopisches Abbild G' von der Gruppe G zu erzeugen, ordnet man jedem Element a aus G ein Element a' aus G' zu, welches das Bild von a genannt wird. Dabei muß für jedes beliebige Paar von

Elementen *a*, *b* aus *G* und den entsprechenden Bildern *a'*, *b'* aus *G'* gelten: das Produkt von $a' * b'$ in *G'* muß das Bild des Produkts $a * b$ in *G* sein. Auf diese Weise bewahrt *G'* die Struktur von *G*. Es gibt keinen Grund, warum nicht verschiedene Elemente aus *G* dasselbe Bild in *G'* besitzen sollen, und in der Tat ist es genau das «Zusammenfallen» bzw. die «Übereinstimmung» von Elementen in *G'*, welche die Verkleinerung von *G* in dem Bild *G'* bewirkt. Mathematiker nennen diese Art der teleskopischen Abbildung *homomorphe Abbildung*.

Jede Gruppe *G* besitzt mindestens zwei homomorphe Bilder. Eines ist *G* selbst, in welchem Fall jedes Element von *G* gleichzeitig sein eigenes Bild ist. Dieser Fall erfüllt auf triviale Weise alle Bedingungen einer homomorphen Abbildung, doch handelt es sich offensichtlich um einen Sonderfall. Das zweite homomorphe Bild, das jede Gruppe *G* besitzt, ist ebenfalls ein Sonderfall, der allerdings am entgegengesetzten Extrem liegt; es ist die triviale Gruppe von *G*, jene Gruppe nämlich, die nur aus einem Element, dem neutralen Element *e* besteht. Bitte beachten Sie, daß es nach der Definition der Gruppe durchaus möglich ist, das neutrale Element als eine eigene, wenngleich triviale Gruppe mit der «Verknüpfungstafel»

$$e * e = e$$

zu betrachten. Bei der trivialen Abbildung wird also jedes Element von *G* auf das neutrale Element *e* abgebildet, so daß auch hier die Bedingungen der homomorphen Abbildung erfüllt sind.

Die zyklischen Gruppen besitzen neben den zwei erwähnten homomorphen Bildern noch weitere. Gegeben sei zum Beispiel die zyklische Gruppe *G* der Ordnung 24 und die zyklische Gruppe *G'* der Ordnung 12. Für jede Zahl *n* aus *G*, die zwischen 1 und 12 (einschließlich) liegt, sei ihr Bild *n'* jeweils *n* selbst. Für *n* zwischen 13 und 24 (einschließlich) sei *n'* gleich $n - 12$. *G'* ist dann ein homomorphes Bild von *G*. Betrachten wir zum Beispiel die Elemente 7 und 18 in *G*. Ihnen entsprechen die Bilder 7 und 6 in *G'*. Die Summe von 7 und 6 in *G'* ist 1. Gemäß unserer Definition einer homomorphen Abbildung muß diese Summe mit dem Bild übereinstimmen, welches die in *G* gebildete Summe von 7 und 18 in *G'* besitzt. Die Summe von 7 und 18 in *G* ergibt 1. Und das Bild von 1 in *G'* ist tatsächlich 1. In unserem Beispiel führen wir übrigens nichts anderes durch als die uns vollkommen geläufige Abbildung eines 24-Stunden-Tages auf das 12-Stunden-Ziffernblatt einer Uhr.

Man beachte, daß es für unser obiges Beispiel von wesentlicher Bedeutung war, daß die Ordnung von *G'* 12, die Ordnung von *G* 24 teilt.

Eine zyklische Gruppe von Primzahlordnung besitzt außer sich selbst und dem Punktabbild keine homomorphen Bilder. Damit haben wir nun den zentralen Begriff dieses Kapitels definiert und gleichzeitig eine ganze Familie von Beispielen gewonnen:

Eine einfache Gruppe ist eine Gruppe, die keine anderen homomorphen Bilder als sich selbst und die triviale Gruppe besitzt.

Ebenso wie sich die zusammengesetzten Zahlen auf eindeutige Weise in ihre Primfaktoren zerlegen lassen, können die endlichen Gruppen mit Hilfe der homomorphen Abbildung auf eindeutige Weise in einfache Gruppen zerlegt werden. Die Analogie geht sogar noch weiter: Die Zahl der Elemente in jeder einfachen Untergruppe von G teilt die Zahl der Elemente der ursprünglichen Gruppe. Hier hört die Analogie jedoch auf. Die einfachen Gruppen können durchaus eine zusammengesetzte Anzahl von Elementen besitzen. Man denke nur an die bereits erwähnte Gruppe der Rotationssymmetrien des regelmäßigen Dodekaeders, die von der Ordnung 60 ist. Darüber hinaus läßt sich eine gegebene Menge einfacher Gruppen auf verschiedene Weise miteinander kombinieren, so daß ganz unterschiedliche Gruppen entstehen können, während das Produkt aller Primzahlen einer gegebenen Menge eine eindeutig bestimmte Zahl ist.

Das Klassifikationstheorem

Nachdem die Mathematiker die einfachen Gruppen als die «fundamentalen Teilchen» der endlichen Gruppentheorie identifiziert hatten, begannen sie, nach einem Klassifikationsschema zu suchen, welches es ihnen erlauben würde, die einfachen Gruppen von jenen zu unterscheiden, die nicht einfach sind. Natürlich liefert bereits die Definition der einfachen Gruppe eine erste Antwort darauf: Einfache Gruppen sind solche, die genau zwei homomorphe Bilder besitzen. Dies war jedoch nicht die Art von Antwort, die hier weiterhalf. Gesucht wurde vielmehr eine Beschreibung jener Strukturen, die sich, wenn man sie als Gruppen betrachtete, als einfach herausstellten. Dies konnte entweder die Beschreibung eines allgemeinen Musters sein, welches dann eine ganze Familie von Gruppen charakterisieren würde, oder die Beschreibung einzelner «einmaliger» Gruppen.

Ein einfaches Ergebnis haben wir ja bereits kennengelernt: Alle zyklischen Gruppen von Primzahlordnung sind einfache Gruppen, während solche mit einer zusammengesetzten Ordnungszahl dies nicht sind. Es handelt sich bei diesen Gruppen in der Tat um die einzigen Beispiele für kommutative einfache Gruppen. Damit besitzen wir bereits eine vollständige Klassifikation aller *kommutativen* einfachen Gruppen in Form einer «regulären» Familie. Als außerordentlich schwierig und zeitraubend erwies sich dagegen die Klassifikation der nicht-kommutativen Gruppen. Erste Vorarbeiten dazu begannen in den vierziger Jahren (auch wenn dies manchmal noch unbeabsichtigt geschah) und führten zur Entdeckung verschiedener unendlicher «regulärer» Familien einfacher Gruppen. Im Laufe der Jahre fand man schließlich insgesamt 18 solcher Familien – darunter jene oben erwähnte Familie aller zyklischen Gruppen von Primzahlordnung sowie eine andere leicht zu beschreibende Familie von Gruppen, auf die wir später noch eingehen werden. Daneben entdeckte man eine Anzahl höchst unregelmäßiger «einmaliger» Gruppen, die sich in kein bekanntes Muster einfügen ließen. Die ersten fünf dieser seltsamen *sporadischen* einfachen Gruppen – wie sie später genannt wurden – fand Émile Mathieu in den sechziger Jahren des vergangenen Jahrhunderts. Die kleinste der Mathieuschen Gruppen besitzt genau 7920 Elemente, die größte 244 823 040. Erst ein Jahrhundert später entdeckte Zvonimir Janko eine sechste sporadische Gruppe, die genau 175 560 Elemente zählt. Sie besteht aus einer bestimmten Menge von Matrizen der Ordnung 7, wobei die Gruppenoperation die Matrizenmultiplikation ist. Der Weg, der zur Entdeckung dieser Gruppe führte, ist bezeichnend für jene Art von Arbeit, die schließlich die Entdeckung von weiteren, insgesamt 26 sporadischen Gruppen ermöglichte. Gemeint ist die Untersuchung der siebzehnten regulären Familie einfacher Gruppen, die 1960 von Rimhak Ree gefunden wurde und die heute unter dem Namen Ree-Familie bekannt ist.

Wie im folgenden erklärt wird, sind mit jeder einfachen Gruppe bestimmte kleinere Gruppen verknüpft, die Informationen zur Struktur der jeweiligen einfachen Gruppe enthalten. Eine genaue Definition dieser sogenannten *Zentralisatoren der Involution* folgt später. Für die Ree-Gruppen bestehen sie jedoch aus Matrizen der Ordnung 2. Die Matrixelemente stammen dabei aus einer endlichen Menge von Zahlen, deren Größe durch eine ungerade Potenz von 3 bestimmt ist. (Wenn $3^1 = 3$ die ungerade Potenz von 3 ist, erhalten wir zum Beispiel die endliche Menge der Zahlen 1, 2, 3.) Um eine frühe, noch sehr unvollständige Form des Klassifikationstheorems zu beweisen, mußte gezeigt werden, daß die Ree-Gruppen die einzigen einfachen Gruppen sind, deren zugehörige Zentralisatoren der Involution aus Matrizen der Ordnung 2 bestehen. Die Matrixelemente sollten dabei aus einer endlichen Menge von Zahlen stammen, deren Größe durch eine ungerade Potenz einer gegebenen Primzahl p bestimmt war. Von der Primzahl p nahm man an, daß sie gleich 3 sein müsse. Die Wahrheit dieser Vermutung konnte schließlich auch mit Ausnahme eines einzigen Falls bewiesen werden. In diesem Fall war $p = 5$, mit der ungeraden Potenz 1. Janko begann, genau diesen Fall zu erforschen. Sein Ziel war es, dieses einzige verbleibende Hindernis aus dem Weg zu räumen und zu beweisen, daß es keine einfachen Gruppen des betreffenden Typs gab, für die die zugehörige Menge von Zahlen die Größe 5^1 (das heißt also 5) besaß. Dieses Ziel erreichte er zwar nicht, dafür machte er eine andere recht merkwürdige Entdeckung. Er bewies nämlich, daß eine solche einfache Gruppe, sollte sie existieren, genau 175560 Elemente besitzen müsse. Ein derart präzises Ergebnis ließ ihn vermuten, daß es tatsächlich eine solche Gruppe gab, und nach langem und mühsam per Hand durchgeführtem Rechnen fand er sie schließlich. Die sechste sporadische Gruppe war entdeckt worden. Zu Ehren Jankos wurde sie J_1 genannt.

Indem er ähnliche Methoden auf andere Familien einfacher Gruppen anwendete, wies Janko nach, daß es zwei weitere sporadische einfache Gruppen geben müsse, eine mit 604800, die andere mit 50232960 Elementen. Er war jedoch nicht in der Lage, die Gruppen zu finden. Die kleinere der beiden, J_2, wurde schließlich von Marshall Hall Jr. und David Wales, die größere, J_3, von Graham Higman und John McKay mit Hilfe eines Computers entdeckt.

Auf mehr oder weniger ähnliche Weise wurden noch weitere sporadische Gruppen entdeckt, bis schließlich Robert Griess 1980 die sechsundzwanzigste und letzte solcher «einmaliger» Gruppen konstruierte, deren Existenz bereits seit 1973 vermutet worden war. Sie ist mit Abstand die größte der sporadischen Gruppen, weshalb ihr der Name «Monster» gegeben wurde. Zur Information, dieses Monster besitzt

$$808\,017\,424\,794\,512\,875\,886\,459\,904\,961\,710\,757\,005\,754\,368\,000\,000\,000$$

Elemente und besteht aus einer 8, gefolgt von 53 Nullen. Die Gruppe besteht aus einer bestimmten Menge von Matrizen der Ordnung 196883, wobei die Matrixelemente komplexe Zahlen sind. Bemerkenswert ist, daß Griess alle erforderlichen Rechnungen zur Bestimmung des Monsters per Hand ausführte. Dieser doch sehr entgegenkommende Zug der Gruppe veranlaßte ihn dazu, sie in «der freundliche Riese» umzubenennen.

Die Entdeckung des Monsters stellte einen der letzten Schritte auf dem Weg zu einem vollständigen Beweis des Klassifikationstheorems dar. Heute weiß man, daß sich die endlichen einfachen Gruppen aus jenen Gruppen zusammensetzen, die die 18 regulären unendlichen Familien von Gruppen bilden (deren erste die bereits besprochene Familie der zyklischen Gruppen von Primzahlordnung ist), sowie aus 26 sporadischen Gruppen. *Es gibt keine weiteren einfachen Gruppen!* Dies ist das Ergebnis, welches in 500 Artikeln und auf nahezu 15000 Seiten in mathematischen Fachzeitschriften bewiesen wurde.

Die 18 Familien ohne die Ungeraden

In der Mathematik werden Fortschritte oft dadurch erzielt, daß man einen Lehrsatz formuliert und versucht, diesen zu beweisen. Ganz anders verhielt es sich dagegen beim Klassifikationstheorem. Bevor der Satz bewiesen wurde, hatte es keine Möglichkeit gegeben, auch nur den Umfang des Problems abzuschätzen. So hätte es zum Beispiel mehr als 26 sporadische Gruppen, möglicherweise sogar unendlich viele geben können, was bedeutet hätte, daß das angestrebte Ziel nie hätte erreicht werden können. Der größte Teil der Arbeit ging daher auch eher auf den allgemeinen Wunsch zurück, mehr über die einfachen Gruppen zu erfahren, als auf das gezielte Bemühen, ein vermutetes Theorem zu beweisen. Dies macht es schwierig, einen genauen Zeitpunkt für den Beginn der Arbeiten festzulegen, die schließlich zu einer endgültigen Klassifizierung der endlichen einfachen Gruppen führten. In seiner Rede auf dem Internationalen Mathematikerkongreß in Amsterdam schlug Richard Brauer 1954 eine Methode zur Klassifikation der einfachen Gruppen gerader Ordnung vor (obwohl sich diese Einschränkung letztlich als überflüssig erwies). Dies könnte als ein Anfang betrachtet werden. Ein anderer, wahrscheinlich weniger umstrittener Zeitpunkt ist das Jahr 1972, in dem Daniel Gorenstein eine Vorlesungsreihe an der Universität von Chicago hielt, in welcher er ein aus 16 Schritten bestehendes Programm skizzierte, das zu einer Lösung des Klassifikationstheorems führen sollte. In mancher Hinsicht ist der entscheidende Durchbruch jedoch einem wichtigen Ergebnis zu verdanken, das Walter Feit und John Thompson 1962 erzielten. Und so kann man auch von diesem Jahr mit einigem Recht sagen, daß es den Anfang vom Ende darstelle. Bevor wir jedoch tiefer in die Materie eindringen, ist es unbedingt erforderlich, das Wesen jener Gruppen zu erläutern, um die es in der vollständigen Lösung des Problems geht.

Die erste der 18 regulären Familien wurde bereits erwähnt: die Familie aller zyklischen Gruppen von Primzahlordnung. Die zweite Familie läßt sich ebenfalls sehr einfach beschreiben. Für jede ganze Zahl n größer als 4 ist die Gruppe aller *geraden Permutationen* von n Symbolen eine einfache Gruppe. Die Gesamtheit dieser Gruppen stellt die zweite reguläre Familie dar. Was aber ist eine *gerade Permutation* von *n Symbolen*? Betrachten wir zunächst den Fall $n = 4$ (der erste interessante Fall). Die vier Symbole seien etwa die Buchstaben *A, B, C, D*. In alphabetischer Reihenfolge bilden diese Buchstaben eine Anordnung *ABCD*. Durch wiederholtes Vertauschen von Buchstabenpaaren ist es möglich, $4 \times 3 \times 2 \times 1 = 24$ verschiedene Anordnungen zu erzeugen. Jede dieser Anordnungen ist eine *Permutation* von *ABCD*. Man spricht von einer *geraden* Permutation, wenn sie durch eine gerade Anzahl von Vertauschungen erzeugt wird, und von einer *ungeraden* Permutation, wenn die Zahl der Vertauschungen ungerade ist. *CBDA* ist also beispielsweise eine gerade Permutation, da sie aus der ursprünglichen Anordnung *ABCD* durch Vertauschen von *A* und *C* und anschließender Vertauschung von *A* und *D* hervorgeht. *BACD* dagegen ist eine ungerade Permutation, da sie durch Vertauschen nur des einen Paares *A, B* erzeugt wird.

Wie bei den Symmetrien werden wir die *Permutationen* im folgenden jedoch nicht als Anordnungen von Buchstaben betrachten, sondern als Folgen von Vertauschungen, die zu bestimmten Anordnungen führen. Dies bedeutet, daß wir durch die *Kombination* zweier Permutationen eine neue Permutation erzeugen können: Wenn a und b Permutationen (das heißt, Folgen von Vertauschungen) von *ABCD* sind, dann ist $a * b$ die Permutation, die daraus besteht, daß zunächst die Vertauschung a und dann die Vertauschung b vorgenommen werden. Wenn zum Beispiel a die Vertauschung der Buchstabenpaare *A* und *B* sowie *C* und *D* symbolisiert, und b die Buchstaben *A* und *B* vertauscht, dann sieht unsere Transformation, ausgehend von *ABCD*, folgendermaßen aus:

a verwandelt *ABCD* in *DBAC*,
b verwandelt *DBAC* in *DABC*,
$a * b$ verwandelt *ABCD* in *DABC*.

Offensichtlich ist die Operation $*$ assoziativ. Die Identitätspermutation e, die die Anordnung unverändert läßt, erfüllt die Rolle des neutralen Elements:

$a * e = e * a = a$ für beliebige a.

Das Inverse einer beliebigen Permutation erhält man offensichtlich dadurch, daß die Vertauschungen in umgekehrter Reihenfolge ausgeführt werden. Wenn also a die jeweiligen Paare A, C und C, D vertauscht, dann vertauscht a^{-1} zunächst C, D und dann A, C. (Überprüfen Sie selbst die Aussage $a * a^{-1} = a^{-1} * a = e$.) Die Permutationen der vier Buchstaben A, B, C, D bilden folglich eine Gruppe. Die geraden Permutationen stellen ihrerseits ebenfalls eine Gruppe dar, eine Untergruppe der Gruppe aller Permutationen, wobei diese genau halb so viele Elemente besitzt wie die ganze Gruppe. Dies folgt ganz einfach aus der Tatsache, daß die Summe zweier gerader Zahlen ebenfalls eine gerade Zahl ist. Die Verknüpfung $*$ zweier gerader Permutationen ergibt also wieder eine gerade Permutation. Diese Untergruppe heißt die *alternierende Gruppe* 4. Grades. Es stellt sich heraus, daß sie eine exakte Kopie der Gruppe aller Rotationssymmetrien des regulären Tetraeders ist (bzw. dieselbe Verknüpfungstafel wie diese besitzt). Die beiden Gruppen können folglich als identisch angesehen werden.

So viel zum Fall $n = 4$. Die gleichen Überlegungen führen zu alternierenden Gruppen n-ten Grades für beliebige n größer als 2. Wenn die Menge nur zwei Symbole enthält, gibt es nur eine einzige nicht-triviale Permutation, die dann natürlich ungerade ist, so daß die entsprechende alternierende Gruppe die triviale Gruppe wäre. Für $n = 3$ besitzt die Permutationsgruppe $3 \times 2 \times 1 = 6$ Elemente; die entsprechende alternierende Gruppe ist dann ein exaktes Spiegelbild der zyklischen Gruppe 3. Ordnung. Wenn a jene gerade Permutation von ABC ist, die A, B und anschließend A, C vertauscht, dann überführt a ABC in BCA und $a * a$ ABC in CAB. Neben der identischen Permutation sind dies die einzigen geraden Permutationen. $(a * a) * a$ schließlich überführt ABC in ABC, womit der Kreis geschlossen ist.

Für jedes beliebige n größer als 4 ist die alternierende Gruppe n-ten Grades eine einfache Gruppe. Dies ist nun der Grund, warum Polynomgleichungen n-ten Grades für n größer als 4 nicht durch Radikale gelöst werden können. Doch halt! Hatten wir nicht vorhin gehört, daß gerade die Einfachheit der Gruppe der Drehsymmetrien des Dodekaeders Galois zu seiner Schlußfolgerung bezüglich der Gleichungen 5. Grades geführt hatte? Das stimmt genau. Die Gruppe der Drehsymmetrien des Dodekaeders ist eine identische Kopie der alternierenden Gruppe 5. Grades.

Die verbleibenden 16 regulären Familien einfacher Gruppen sind im Rahmen einer allgemeinen Darstellung wie der vorliegenden nicht so einfach zu beschreiben wie die zyklischen Gruppen von Primzahlordnung oder die alternierenden Gruppen n-ten Grades für n größer als 4. Es handelt sich bei ihnen ausnahmslos um Gruppen von Matrizen entsprechender Größe. In einigen Fällen wurden die Familien sofort als Matrizen beschrieben, in anderen definierte man sie zunächst anders, und hier gelang es oft erst nach beträchtlichen Mühen, die entsprechenden Matrizen zu finden.

Wie also wurde das Klassifikationsproblem gelöst? Viele der regulären Familien waren wie Mathieus fünf sporadische Gruppen bereits um die Jahrhundertwende bekannt. Aus der Beobachtung, daß alle bekannten nicht-kommutativen einfachen Gruppen eine gerade Anzahl von Elementen aufwiesen, leitete Burnside die Vermutung ab, daß dies für alle nicht-kommutativen einfachen Gruppen gelte, unabhängig davon, wie viele es von ihnen noch geben sollte und welche anderen Eigenschaften diese besäßen. 1962 bewiesen Walter Feit und John Thompson von der Universität von Chicago die Richtigkeit dieser Vermutung, eine Leistung, für die ihnen 1965 der Cole-Preis für Algebra verliehen wurde. Der Beweis des Feit-Thompson-Satzes füllte allein eine ganze 255seitige Ausgabe des *Pacific Journal of Mathematics* und gab damit bereits einen kleinen Vorgeschmack von dem gewaltigen Umfang, den der Beweis des vollständigen Klassifikationstheorems einmal annehmen würde. Üblicherweise enthalten solche mathematischen Zeitschriften nämlich zwischen 20 und 30 Artikel zu einer breiten Vielfalt von Themen.

Der Beweis des Feit-Thompson-Satzes bahnte überraschend den Weg für einen Lösungsansatz, der bereits 1954 von Brauer in seiner oben erwähnten Rede vor dem Internationalen Mathematikerkongreß vorgezeichnet worden war. Dazu muß gesagt werden, daß es zwei Aspekte des Problems gibt, die zu berücksichtigen sind. Der eine besteht darin, jene einfachen Gruppen (oder Familien von Gruppen) zu identifizieren, die für eine Klassifikation erforderlich sind. Dieser Teil der Lösung war mit Ausnahme einer einzigen regulären Familie und einigen wenigen sporadischen Gruppen, die erst später entdeckt wurden, bereits um 1960 abgeschlossen, obwohl dies zu jener Zeit noch nicht so erschien. Der zweite Schritt besteht in dem Beweis dafür, daß jede einfache Gruppe tatsächlich in eine der gegebenen Kategorien fällt. Und genau an dieser Stelle wird der Beweis komplex, denn es ist außerordentlich schwierig zu zeigen, daß eine willkürlich ausgewählte einfache Gruppe (das heißt, eine Gruppe, von der man nur weiß, daß sie einfach ist) entweder ein Mitglied (bzw. die exakte Kopie eines Mitglieds) einer regulären Familie oder andernfalls eine der 26 sporadischen Gruppen ist. Brauers Vorschlag zielte auf eine Lösung eben dieser Schwierigkeit ab.

Seine Idee dabei war, sich auf jene Elemente a der Gruppe zu konzentrieren, für die gilt $a * a = e$ (wobei a nicht das neutrale Element e ist). Solche Gruppenelemente heißen *Involutionen*. Es läßt sich leicht zeigen, daß jede beliebige Gruppe mit einer geraden Anzahl von Elementen mindestens eine Involution besitzen muß. (Versuchen Sie es doch einmal selbst. Sie benötigen dazu keine anderen Kenntnisse als die oben gegebene Definition der Gruppe. Die Lösung ist so schön und prägnant, daß ihre Entdeckung eine kleine Anstrengung durchaus lohnt.) Aus dem Feit-Thompson-Theorem folgt, daß jede nicht-kommutative einfache Gruppe Involutionen enthält.

Brauers Leistung bestand nun darin, die Zentralisatoren der Involutionen für verschiedene der bekannten regulären Familien zu berechnen. Bemerkenswert ist, daß dies geschah, bevor der Feit-Thompson-Satz bewiesen war, allerdings nachdem Burnside seine Vermutung aufgestellt hatte. Was aber sind Zentralisatoren? Der *Zentralisator* eines Elements g einer Gruppe G ist die Menge aller Elemente a der Gruppe, für die gilt: $a * g = g * a$. Wenn G kommutativ ist, dann ist der Zentralisator jedes beliebigen Elements natürlich G selbst. In anderen Fällen ist dies nicht unbedingt zutreffend. Wahr ist dagegen stets – und dies läßt sich ganz leicht beweisen –, daß der Zentralisator jedes beliebigen Elements von G eine Untergruppe von G ist. Brauers Beobachtungen waren ermutigend. Die Gruppen der Zentralisatoren der Involutionen hatten alle dieselbe allgemeine Struktur wie die ursprüngliche einfache Gruppe – allerdings in sehr reduzierter Form. Dies ließ ihn vermuten, daß man aus der Kenntnis dieser Zentralisatorengruppen die gesamte Gruppe rekonstruieren könne. Für bestimmte Sonderfälle gelang es ihm, diese Vermutung zu beweisen.

Brauers Arbeit hat nicht nur zur Entdeckung von einigen sporadischen Gruppen geführt (die drei Janko-Gruppen wurden bereits erwähnt), sie lieferte auch den ersten Ansatz für eine Methode, mit der beliebige einfache Gruppen auf bestimmte bekannte Gruppen in dem vermuteten Klassifikationsschema eingeengt werden konnten. Der erste Schritt dabei war zu zeigen, daß der Zentralisator einer Involution der gegebenen Gruppe demjenigen einer bekannten einfachen Gruppe aus dem Klassifikationsschema glich. War dies gelungen, konnte man als nächstes versuchen, von dieser sehr begrenzten lokalen «Übereinstimmung» zu einer vollständigen Äquivalenz zu gelangen. Dieser letzte Schritt ist keineswegs einfach: Der Zentralisator einer Involution ist nur ein winziges Teilstück der ganzen Gruppe. Aus ihm die ganze

Gruppe rekonstruieren zu wollen, ist fast so, als versuche man, das Motiv eines ganzen Puzzles aus einem einzigen Teilstück zu erraten.

Ein Teil des aus 16 Punkten bestehenden Programms, welches Gorenstein 1972 in seiner Vorlesungsreihe in Chicago skizziert hatte, folgt diesem von Brauer entwickelten Ansatz. Gorenstein selbst war davon überzeugt, daß das Klassifikationsproblem bis zum Ende dieses Jahrhunderts gelöst werden würde. Die meisten seiner Zuhörer hielten dies jedoch für eine hoffnungslos optimistische Annahme. Sie alle hatten ihre Rechnung ohne Michael Aschbacher gemacht, einen jungen Mathematiker, der gerade sein Studium beendet hatte und der sich unter den Zuhörern befand. Ausgehend von einem zentralen Ergebnis, das als *Komponententheorem* bekannt ist, stürzte sich Michael Aschbacher vom California Institute of Technology in die Arbeit und bewies dabei ein erstaunliches Ergebnis nach dem anderen. Das Resultat seines Eifers: Nur acht Jahre nach Gorensteins Vorlesung war Solomon in der Lage, jenen kleinen Schritt für die Mathematik zu leisten, der den Beweis vervollständigte. 1980 wurde Michael Aschbacher in Anerkennung seiner Arbeit der Cole-Preis für Algebra verliehen.

Im Laufe dieser abschließenden Arbeiten entdeckte man auch die letzten noch fehlenden sporadischen Gruppen. Wie die regulären Familien bestehen auch sie mit Ausnahme der ersten beiden aus bestimmten Mengen von Matrizen, die zum Teil nur mit Hilfe von Computern berechnet werden konnten. Angesichts der unendlichen Vielzahl einfacher Gruppen scheinen diese 26 sporadischen Gruppen offenkundig etwas Besonderes darzustellen. Es kann daher auch nicht überraschen, daß sie mit einer ganzen Reihe von anderen Zweigen der Mathematik verknüpft sind. Die Entdeckung von drei sporadischen Gruppen im Jahre 1968 durch John Conway, die heute nach ihm benannt sind, beruht zum Beispiel auf dem Leech-Gitter, einer mathematischen Struktur, die aus Arbeiten zur Entwicklung von Fehlerkorrektur-Codes hervorging. (Dies sind Methoden der Kodierung, die es dem Empfänger ermöglichen, Verzerrungen und gelegentliche Verluste zu kompensieren.) Zwei der Mathieuschen sporadischen Gruppen stehen in Zusammenhang mit dem von Golay entwickelten Fehlerkorrektur-Code, der häufig im militärischen Bereich eingesetzt wird. Verbindungen wie diese tragen sicherlich zu dem Interesse bei, welches das Klassifikationstheorem weckt. Sein «Anspruch auf Berühmtheit» auch außerhalb der Gruppentheorie gründet sich jedoch zweifellos auf die unglaubliche Länge seines Beweises. Das letzte Wort in dieser Angelegenheit möchte ich jenem Mann überlassen, der mit seinen Arbeiten so entscheidend zur endgültigen Lösung des Klassifikationsproblems beigetragen hat. Kurz nach der Vollendung des Beweises im Jahre 1980 sagte Michael Aschbacher rückblickend:

> *Ein großer Teil der zur Lösung verwendeten Mathematik wurde erst jüngst entwickelt und wird zweifellos noch verbessert werden, sobald sich die Methoden etwas gefestigt haben. Trotzdem ist ein kurzer Beweis des Theorems schwer vorstellbar. Ich persönlich bezweifele, daß es je einen, wie auch immer gearteten, kurzen Beweis geben wird.*
>
> *Lange Beweise beunruhigen viele Mathematiker. Je länger ein Beweis ist, desto größer ist die Wahrscheinlichkeit, daß Fehler auftreten. Die Wahrscheinlichkeit eines Fehlers im Beweis des Klassifikationstheorems ist also praktisch 1. Andererseits ist die Wahrscheinlichkeit, daß ein beliebiger Fehler nicht mit Leichtigkeit zu korrigieren ist, praktisch Null. Da der Beweis von endlicher Länge ist, nähert sich die Wahrscheinlichkeit, daß das Theorem nicht korrekt ist, Null. Je mehr Zeit verstreicht und je länger wir Gelegenheit haben, den Beweis in uns aufzunehmen, desto mehr können wir seiner Richtigkeit vertrauen.*
>
> *Es ist vielleicht auch an der Zeit, daß wir uns mit dem Gedanken vertraut machen, daß es möglicherweise einige natürliche und fundamentale Lehrsätze gibt, die zwar kurz und prägnant formuliert werden können, die jedoch keinen kurzen, einfachen Beweis zulassen. Ich vermute, daß das Klassifikationstheorem ein solches Ergebnis ist. Je höher entwickelt unsere Mathematik ist, desto häufiger stoßen wir vielleicht auf solche Theoreme.*

6 Das zehnte Hilbertsche Problem

Eine historische Zusammenkunft

Im August 1900 versammelten sich die besten Mathematiker der Welt zum Zweiten Internationalen Mathematikerkongreß in Paris. Dieser Kongreß hat seitdem außer zu Kriegszeiten alle vier Jahre an wechselnden Orten rund um die Welt stattgefunden. Unter den Teilnehmern damals befand sich der 38jährige Professor David Hilbert von der Universität Göttingen. Als einer der führenden Mathematiker seiner Zeit sollte er eine der programmatischen Ansprachen auf dem Kongreß halten. Der Tag seiner Rede war auf den 8. August festgesetzt worden.

Da die Konferenz im allerersten Jahr des zwanzigsten Jahrhunderts stattfand und für diesen Termin sogar um ein Jahr vorverlegt worden war, beschloß Hilbert, in seiner Ansprache nicht rückblickend vergangene Arbeiten zu würdigen. Vielmehr war es sein Ziel, den Weg in die Zukunft zu weisen.

«Wir hören in uns den steten Zuruf: Das ist das Problem, suche die Lösung! Du kannst sie durch reines Denken finden, denn in der Mathematik gibt es kein *Ignorabimus*.» Um seinen Aufruf zu unterstreichen, präsentierte er der anwesenden Versammlung nicht nur ein Problem, sondern eine ganze Liste von 23 wichtigen ungelösten Problemen, Probleme, deren Lösungen – sollten sie gefunden werden – bedeutsame Fortschritte in der Mathematik darstellen würden. Die meisten dieser offenen Fragen waren oder wurden unter besonderen Bezeichnungen bekannt, wie zum Beispiel das *Kontinuumproblem* (das erste auf Hilberts Liste – vgl. Kapitel 1) oder die *Riemannsche Vermutung* (vgl. Kapitel 9); eines jedoch wurde weltweit nach seiner Position in Hilberts Liste benannt: das zehnte Problem.

Seinen Ursprung hat das *zehnte Hilbertsche Problem* in einem Algebralehrbuch mit dem Titel *Arithmetica* (vgl. Kapitel 8), welches um 250 n. Chr. von Diophantos von Alexandria geschrieben wurde. Im Einklang mit der Art von Problemen, die in dieser Abhandlung untersucht werden, nennt man heute in der Mathematik alle Gleichungen in einer oder mehreren Variablen mit ganzzahligen Koeffizienten, für die *nur ganzzahlige Lösungen* gesucht werden, *diophantische Gleichungen*. Genau diese Bedingung unterscheidet die Mathematik diophantischer Gleichungen radikal von der Lösung von Gleichungen in reellen oder komplexen Zahlen. Dabei ist die Bezeichnung eigentlich irreführend. Das Adjektiv «diophantisch» bezieht sich hier nämlich nicht auf die Gleichung, sondern auf die Art der gesuchten Lösung. Der Ausdruck

$$3x^2 - 5y^2 + 2xy = 0$$

wird einfach eine «Gleichung» ohne jeden Zusatz genannt, wenn als Lösungen reelle Zahlen zugelassen sind. Sucht man dagegen nur die ganzzahligen Lösungen, so spricht man von einer «diophantischen Gleichung».

Die Lösung diophantischer Gleichungen unterscheidet sich völlig von der Lösung derselben Gleichungen in den reellen Zahlen. Untersuchen wir dazu die folgende Gleichung:

$$x^2 + y^2 = 2. \qquad (5)$$

Als eine gewöhnliche Gleichung für reelle Zahlen besitzt sie unendlich viele Lösungen. Betrachten wir zum Beispiel beliebige reelle Zahlen r zwischen $-\sqrt{2}$ und $+\sqrt{2}$. Wenn gilt:

$$s = + \sqrt{2 - r^2},$$

dann ist $x = r$ und $y = s$ eine Lösung für die Gleichung (5). Betrachtet man sie dagegen als eine diophantische Gleichung, so gibt es nur genau vier Lösungen:

$$x = +1\ , y = +1\ ; x = +1\ , y = -1;$$
$$x = -1\ , y = +1\ ; x = -1\ , y = -1.$$

Wenn wir die Gleichung in

$$x^2 + y^2 = 3 \qquad (6)$$

abwandeln, gibt es zwar immer noch unendlich viele reelle Lösungen, jedoch keine einzige ganzzahlige mehr. Als diophantische Gleichung besitzt die Gleichung (6) folglich keine Lösung. Worin besteht aber nun der Unterschied zwischen den Gleichungen (5) und (6)? Oder allgemein formuliert, gibt es eine Möglichkeit zu entscheiden, ob eine gegebene diophantische Gleichung eine Lösung besitzt? Könnte man beispielsweise ein Computerprogramm schreiben, welches für eine gegebene diophantische Gleichung feststellt, ob diese gelöst werden kann? Dieser Problemkreis um die Lösung diophantischer Gleichungen war es, den Hilbert als zehnten in die Liste seiner ungelösten Probleme aufnahm. Gelöst wurde das Problem schließlich 1970 von dem 22-jährigen sowjetischen Mathematiker Jurij Matijasevič. Die umfangreichen Vorarbeiten, die zur Lösung erforderlich waren, begannen bereits in den dreißiger Jahren und umfassen Ergebnisse in der mathematischen Logik, Numerik und Algebra.

Diophantische Gleichungen und der Euklidische Algorithmus

Die einfachsten diophantischen Gleichungen sind lineare Gleichungen mit einer Unbekannten. Informationen über das Leben von Diophant selbst sind uns nur in der Form einer solchen Gleichung überliefert. Ein mathematisches Problem aus dem 4. Jahrhundert formuliert seine Lebensdaten folgendermaßen: Seine Kindheit dauerte ein Sechstel seines Lebens; sein Bartwuchs begann nach einem weiteren Zwölftel; nach einem weiteren Siebtel heiratete er; 5 Jahre später wurde sein Sohn geboren, der 4 Jahre vor seinem Vater starb, halb so alt wie dieser. Es sei x das Alter, in dem Diophant starb. Aus den gegebenen Informationen können wir dann die Gleichung

$$\frac{1}{6}x + \frac{1}{12}x + \frac{1}{7}x + 5 + \frac{1}{2}x + 4 = x$$

aufstellen, welche die Lösung $x = 84$ ergibt. Strenggenommen ist dies zwar keine diophantische Gleichung, da die Koeffizienten keine ganzen Zahlen sind, doch läßt sich dies ändern, indem wir die Nenner aller Koeffizienten mit dem kleinsten gemeinsamen Vielfachen multiplizieren. Auf diese Weise erhalten wir eine Gleichung mit ganzzahligen Koeffizienten. Unabhängig davon, ob Diophant tatsächlich 84 Jahre alt wurde, läßt sich feststellen, daß die Lösung einer linearen diophantischen Gleichung mit einer Unbekannten eine triviale Angelegenheit ist. Die Gleichung

$$ax = b$$

besitzt genau dann eine ganzzahlige Lösung, wenn b durch a ohne Rest teilbar ist, in welchem Fall die Lösung durch die ganze Zahl b/a gegeben ist. Diese Bedingung ist so einfach, daß es überhaupt keine Mühe bereitet, ein Computerprogramm zu schreiben, welches sofort bestimmen kann, ob eine gegebene lineare diophantische Gleichung mit einer Unbekannten eine Lösung besitzt.

Wie steht es mit linearen diophantischen Gleichungen mit zwei Unbekannten? Auch hier ist die Antwort nicht schwierig. Um herauszufinden, ob die Gleichung

$$ax + by = c$$

eine ganzzahlige Lösung besitzt, berechnet man zunächst den größten gemeinsamen Teiler d von a und b. Wenn c durch d teilbar ist, gibt es eine Lösung, wenn c nicht durch d teilbar ist, gibt es keine.

Hat zum Beispiel die Gleichung

$$6x + 15y = 12$$

eine ganzzahlige Lösung? Nun, der größte gemeinsame Teiler von 6 und 15 ist 3; 12 ist durch 3 teilbar, folglich gibt es eine Lösung ($x = -3$, $y = 2$ ist beispielsweise eine Lösung der Gleichung).

Bitte beachten Sie, daß die Antwort auf die Frage, ob eine gegebene diophantische Gleichung eine Lösung besitzt, keineswegs gleichbedeutend damit ist, diese Lösung auch zu *finden*. Es ist durchaus möglich, daß die Existenz einer Lösung sehr einfach zu beweisen ist, während das Auffinden einer Lösung große Schwierigkeiten bereitet. Umgekehrt gilt aber, daß die Kenntnis des Lösungswegs auch die Existenz einer Lösung impliziert! Dinge, die gefunden werden können, existieren selbstverständlich, während Dinge, die zwar existieren, nicht unbedingt auch gefunden werden müssen. Für lineare diophantische Gleichungen mit zwei Unbekannten gibt es nicht nur eine einfache Methode, um zu bestimmen, ob eine Lösung existiert, es gibt sogar ein mechanisches Verfahren, welches es ermöglicht, eine Lösung, sofern sie existiert, zu berechnen. Eine ausführliche Beschreibung können Sie in den meisten Lehrbüchern der Zahlentheorie nachlesen.* Der Schlüssel zur Lösung ist dabei der *Euklidische Algorithmus* zur Bestimmung

---

* Zum Beispiel: *Elementary Number Theory* von David Burton (Allyn and Bacon, 1980).

des größten gemeinsamen Teilers, den wir im folgenden betrachten wollen.

Gegeben seien zwei Zahlen x und y; x mod y bezeichne den verbleibenden Rest, wenn x durch y geteilt wird (vgl. Kapitel 1). Um den größten gemeinsamen Teiler zweier gegebener Zahlen a und b zu bestimmen, wobei a größer als b ist, geht man wie folgt vor: Man teilt a durch b und erhält: $a \bmod b = r_1$; dann teilt man b durch den Rest r_1 und erhält: $b \bmod r_1 = r_2$, anschließend teilt man wiederum r_1 durch r_2 und erhält: $r_1 \bmod r_2 = r_3$. Auf diese Weise fährt man fort, bis irgendwann der Rest gleich Null ist: $r_{n-1} \bmod r_n = 0$. r_n ist dann der größte gemeinsame Teiler von a und b.

Betrachten wir dazu das Zahlenbeispiel 133 und 56:

$$\begin{aligned} 133 \bmod 56 &= 21, \\ 56 \bmod 21 &= 14, \\ 21 \bmod 14 &= 7, \\ 14 \bmod 7 &= 0. \end{aligned}$$

Der größte gemeinsame Teiler von 133 und 56 ist also 7, der letzte Rest, den wir erhalten, bevor die Division aufgeht. (Vielleicht möchten Sie an dieser Stelle einmal selbst beweisen, daß 1 der größte gemeinsame Teiler von 81 und 25 ist.)

Da das gerade erläuterte Verfahren bereits von Euklid (350–300 v. Chr.) im VII. Buch seiner *Elemente* beschrieben wurde, bezeichnet man es heute als Euklidischen Algorithmus. Was ist jedoch ein «Algorithmus»? Diese Frage ist für das zehnte Hilbertsche Problem von entscheidender Bedeutung. Bevor wir versuchen, sie zu beantworten, wollen wir kurz betrachten, was sonst noch um die Jahrhundertwende bezüglich der Lösung diophantischer Gleichungen bekannt war.

Dies war und ist auch heute noch nicht viel. Lineare Gleichungen mit mehr als zwei Variablen können durch eine Erweiterung des Euklidischen Algorithmus für zwei Variable gelöst werden. Für Gleichungen zweiten Grades mit einer oder zwei Unbekannten, wie etwa

$$x^2 + 3x + 4 = 0$$

oder

$$3x^2 - 5xy + y^2 = 7,$$

sind wir dank einer beeindruckenden Theorie von Gauß im Besitz eines

Verfahrens, welches uns angibt, ob eine gegebene Gleichung eine Lösung besitzt. Es handelt sich um die berühmte, bereits auf S. 84 erwähnte Theorie der quadratischen Reziprozität. Mit Ausnahme einiger Sonderfälle, die durch die Anwendung bestimmter Tricks gelöst werden können, stellt dies mehr oder weniger das gesamte Wissen jener Zeit bezüglich der Lösung diophantischer Gleichungen dar. Ein besonders wichtiger «Sonderfall» betrifft die diophantischen Gleichungen

$$x^n + y^n = z^n,$$

wobei n größer oder gleich 2 ist. Besitzen diese Gleichungen Lösungen für n größer als 2? Mit dieser Frage befaßt sich die sogenannte Fermatsche Vermutung, die wir in Kapitel 8 ausführlich besprechen werden.

Doch kehren wir nun zum Begriff des «Algorithmus» zurück.

Algorithmen und Turing-Maschinen

Etwa um 825 n. Chr. schrieb ein persischer Mathematiker namens Al Chwarismi ein Buch, in dem er die Regeln für die Durchführung von grundlegenden arithmetischen Operationen niederlegte. Dabei benutzte er jenes indische Dezimalzahlensystem, welches heute mit Spalten für Einer, Zehner, Hunderter usw. und dem Dezimalkomma allgemein verwendet wird, um gebrochene Größen auszudrücken. Aus seinem Namen leitet sich das moderne Wort «Algorithmus» ab.

Ein *Algorithmus* ist ein Verfahren zur schrittweisen Durchführung von Rechnungen beliebiger Art. In welcher Weise die Instruktionen festgelegt werden, spielt keine Rolle. Wichtig ist nur, daß die Anweisungen vollständig und eindeutig sind, um Zufall und Willkür auszuschließen, und daß sie für beliebige Anfangsdaten und nicht nur für bestimmte Werte gelten. Der oben beschriebene Euklidische Algorithmus liefert dafür ein gutes Beispiel: Die Instruktionen sagen uns genau, was bei jedem Schritt zu tun ist; das Verfahren ist für beliebige Zahlen a und b gültig, wobei nur a größer als b sein muß – um *alle* Fälle zu erfassen, können wir die Anweisung einfach um die Vorschrift erweitern, daß die Zahlen der Größe nach geordnet werden sollen. Andere Beispiele für Algorithmen sind die Rechenregeln für die Addition, Subtraktion, Multiplikation und Division von Zahlen in der Dezimalschreibweise, die Al Chwarismi in seinen Buch aufstellte.

Das berühmte zehnte Problem befaßt sich mit der Frage nach der Existenz eines Algorithmus, der für eine gegebene diophantische Gleichung feststellt, ob sie eine Lösung besitzt. Für einige sehr einfache diophantische Gleichungen existiert ein solcher Algorithmus – es gibt, wie bereits erwähnt, Algorithmen für lineare und quadratische Gleichungen mit maximal zwei Unbekannten. Gibt es jedoch einen Algorithmus, der das Problem für alle diophantischen Gleichungen löst? Träfe dies zu, wäre die schriftliche Fixierung des entsprechenden Algorithmus auch der Beweis. Nehmen wir jedoch an, die Antwort sei nein. Wie kann man dies beweisen? Der Begriff eines «auf genauen Anweisungen beruhenden Verfahrens zur schrittweisen Lösung einer Aufgabe» ist zwar durchaus ausreichend, um einen bestimmten Algorithmus als solchen zu erkennen; für den Beweis, daß es keinen Algorithmus zur Durchführung einer bestimmten Aufgabe gibt, ist diese Definition jedoch viel zu vage. Zu diesem Zweck benötigen wir eine streng mathematische Definition.

Man könnte einen «Algorithmus» zum Beispiel als ein Computerprogramm definieren, welches in einer bestimmten Programmiersprache für einen bestimmten Computer geschrieben ist. Dies wäre sicherlich präzise genug. Es ergeben sich dabei jedoch offensichtlich einige Probleme. Zum einen, für welche Maschine und in welcher Programmiersprache programmieren wir? Welche Beschränkungen gelten hinsichtlich der Größe der Zahlen, die der Computer noch bewältigen kann, und welche Speichergröße steht dem Computer zur Verfügung? Es stellt sich heraus, daß die Wahl der Programmiersprache und der Maschine für die sich ergebende Definition von «Algorithmus» völlig unerheblich ist, wenn wir bereit sind, alle Beschränkungen hinsichtlich der Größe der Daten fallen zu lassen, wenn wir also eine idealisierte Situation schaffen. Alle Definitionen erzeugen exakt die gleiche Menge berechenbarer Funktionen: Eine Funktion ist auf einer Maschine mit einer bestimmten Programmiersprache genau dann berechenbar, wenn sie auf jeder beliebigen anderen Maschine mit einer beliebigen anderen Sprache auch berechenbar ist. Dies ist einleuchtend, wenn man sich klarmacht, daß alle Computer im Grunde nur mit den Symbolen 0 und 1 operieren.

Aber es ist gar nicht nötig, auf die moderne Computertechnologie zurückzugreifen, um eine brauchbare Definition von «Algorithmus» zu erhalten. Verschiedene Definitionen wurden in den dreißiger Jahren, also lange vor Beginn des Computer-Zeitalters, von Mathematikern erarbeitet, die im Bereich der mathematischen Logik forschten. Unter ihnen sind besonders Emil Post, Alonzo Church, Stephen Kleene, Kurt

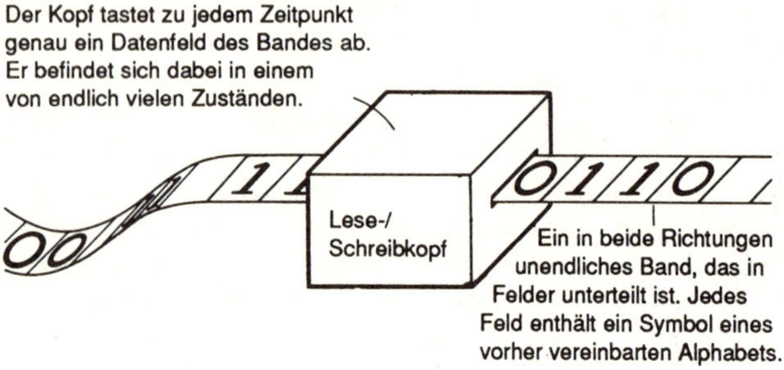

Abb. 30
Eine Turing-Maschine. Diese hypothetische Rechenmaschine wurde in den dreißiger Jahren von dem englischen Mathematiker Alan Turing erfunden, um einen abstrakten Rahmen für die Erforschung der Programmierbarkeit von Problemen zu schaffen. Trotz ihrer großen Einfachheit läßt sich zeigen, daß auf einer Turing-Maschine jede Rechnung ausgeführt werden kann, und sei sie noch so kompliziert. Durch den Begriff der Turing-Maschine ist es möglich, einen «Algorithmus» präzise zu definieren, nämlich als Programm einer Turing-Maschine.
Der Lese-/Schreibkopf befindet sich zu jedem Zeitpunkt in einem von endlich vielen Zuständen. Die Prozesse in der Turing-Maschine laufen nicht kontinuierlich, sondern schrittweise ab. Jeder einzelne Schritt hängt dabei von dem jeweiligen Zustand des Kopfes und dem Inhalt des gerade von dem Kopf eingelesenen Datenfeldes ab. Die Maschine wird von einem Programm gesteuert, welches aus einer Tabelle besteht, die jeder möglichen Kombination eines Zustands des Lese-/Schreibkopfes mit einem Bandsymbol eine bestimmte Handlung zuordnet (vgl. Kasten B).

Gödel und Alan Turing hervorzuheben. Die Ansätze, die von den verschiedenen Wissenschaftlern verfolgt wurden, sind sehr unterschiedlich: Sie reichen von einem «Gleichungskalkül» über den Begriff der «rekursiven Funktionen» bis zu verschiedenen abstrakten «Maschinen». Alle führen jedoch zu dem gleichen Begriff der «Durchführbarkeit einer Rechnung». Was also die Definition des Begriffs «Algorithmus» angeht, sind alle Ansätze gleichwertig, und wir können einen beliebigen auswählen. Warum also nicht den einfachsten Ansatz verfolgen, der von dem englischen Logiker Alan Mathison Turing entwickelt wurde?

Turing postulierte die Existenz einer abstrakten «Rechenmaschine», die heute unter der Bezeichnung *Turing-Maschine* bekannt ist. Sie besteht aus einem Lese-/Schreibkopf, unter dem ein in beide Richtungen unendliches *Band* geführt wird, welches in Felder unterteilt ist (vgl. Abb. 30). Die Felder auf dem Band können entweder leer sein oder ein Symbol eines zuvor vereinbarten Alphabets enthalten (0 und 1 sind völlig ausrei-

Kasten B: Ein einfaches Turing-Maschinen-Programm

In unserem Beispiel besteht das Alphabet der Bandsymbole nur aus 0 und 1. Positive ganze Zahlen werden durch ununterbrochene Folgen von Einsen dargestellt, wobei die *n*-fache Wiederholung der 1 die Zahl *n* bezeichnet (die positiven ganzen Zahlen sind also in dieser Schreibweise: 1, 11, 111, 1111, ...). Es gibt fünf Zustände, die mit den Zahlen 1, 2, 3, 4 und dem Buchstaben H für den Halte-Zustand bezeichnet werden. Das Ziel des Programms ist zu entscheiden, ob eine gegebene ganze Zahl auf dem Eingabeband gerade oder ungerade ist. Wenn sie gerade ist, soll die Maschine eine 0 ausgeben und stoppen. Dieser Ausgabewert erscheint auf dem Band hinter der betreffenden ganzen Zahl mit einem leeren Feld dazwischen. Es wird angenommen, daß der Kopf auf der Eingabezahl steht und zuerst deren erste Ziffer und dann die folgenden Ziffern nach rechts abtastet.

In der unten aufgestellten Programmtafel bezeichnet b das Leerzeichen auf dem Band. R bedeutet, daß das nächste Feld zur Rechten abgetastet wird. In komplizierteren Programmen könnte der Kopf auch Bewegungen nach links ausführen.

Bedingung		*Handlung*		
Zustand	*Eingabewert*	*Ausgabewert*	*Zustand*	*Bewegung*
1	1	1	2	R
1	b	b	3	R
2	1	1	1	R
2	b	b	4	R
3	–	1	H	–
4	–	0	H	–

Fortsetzung auf der nächsten Seite

Die Arbeitsweise des Programms für die Eingabezahl 3 (bzw. 111 auf dem Band) ist unten Schritt für Schritt aufgezeichnet, wobei der Pfeil anzeigt, welches Feld gerade abgetastet wird. Der Zustand, in dem sich der Kopf in jedem einzelnen Moment befindet, wird ebenfalls vermerkt.

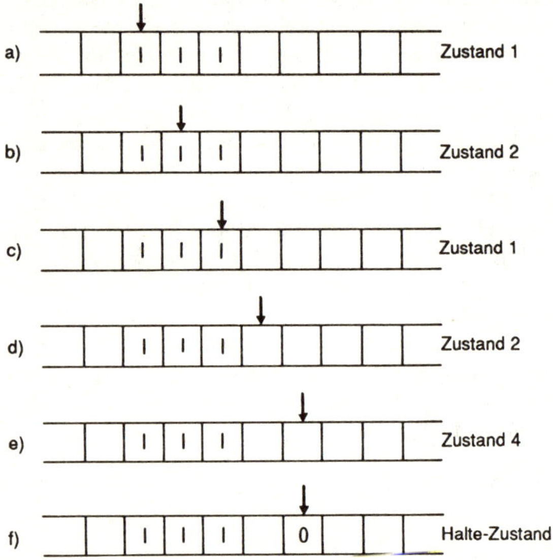

Vielleicht möchten Sie selbst einmal die Arbeitsweise des Programms für ein oder zwei andere Eingabedaten untersuchen oder in Anlehnung an die obige Darstellung ein eigenes Programm für die Durchführung anderer einfacher Aufgaben, wie beispielsweise die Addition zweier positiver ganzer Zahlen, entwickeln.

chend, doch erweist sich die Wahl des Alphabets letztlich als bedeutungslos). Zu jedem beliebigen Zeitpunkt befindet sich der Kopf in einem von endlich vielen *Zuständen*. Zwei Zustände sind ausreichend, aber auch hier ist die genaue Anzahl ohne Bedeutung. Die Maschine arbeitet schrittweise, wobei jeder Schritt aus drei verschiedenen Handlungen besteht. Zu jedem beliebigen Zeitpunkt tastet der Kopf ein Feld des Bandes ab. Was dann geschieht, hängt von dem Inhalt des Datenfeldes und dem jeweiligen Zustand der Maschine ab. In Abhängigkeit dieser beiden Faktoren löscht die Maschine das auf dem Band befindliche Zeichen und läßt dieses Feld entweder frei oder beschreibt es mit einem neuen Zeichen (möglicherweise wieder mit dem gleichen). Dann wird das Band um ein Feld in eine der beiden Richtungen weiterbewegt und die Maschine geht in einen anderen (oder möglicherweise wieder den gleichen) Zustand über. Die Arbeitsweise der Maschine wird durch einen *Satz von Instruktionen* bestimmt, der für jeden Zustand und jedes der definierten Symbole genau festlegt, welche drei Handlungen vorgenommen werden sollen. Die Ausgangsdaten werden (sofern vorhanden) mit Hilfe eines Kodierungssystems, dessen Wahl unwichtig ist, auf das Band geschrieben. Danach wird die Maschine in Bewegung gesetzt, wobei der Kopf das erste Datenfeld abtastet. In dem Moment, da die Rechnung beendet wird (falls sie beendet wird), geht die Maschine in einen besonderen *Halte*-Zustand über und stellt ihre Arbeit ein. Jede Antwort, die bis dahin erzielt wurde, befindet sich dann auf dem Band, angefangen bei dem zuletzt abgetasteten Feld.

Definiert man einen *Algorithmus* also über eine Turing-Maschine, so besteht er aus einer Folge von Instruktionen, die das Verhalten der Maschine auf die oben beschriebene Weise bestimmt. Es liegt auf der Hand, daß die Durchführung selbst der elementarsten Rechnung auf einer solch einfachen Maschine einen äußerst detaillierten «Algorithmus» erfordern würde (vgl. Kasten B). Der Sinn dieses Modells besteht jedoch in der Bereitstellung einer präzisen Definition eines «Algorithmus» (bzw. einer *Rechnung*); eine Definition, die einfach genug ist, um mathematisch umgesetzt werden zu können, und die es doch erlaubt, jede beliebige «algorithmische Rechnung» durchzuführen. Keineswegs ist hier beabsichtigt, die Konstruktion einer solchen Maschine vorzuschlagen – obwohl zahlreiche Enthusiasten genau dies getan haben!

Entscheidbare Mengen

Ein entscheidender Begriff im Zusammenhang mit der Lösung des zehnten Problems ist der einer *entscheidbaren Menge* von ganzen Zahlen. Dies ist eine Menge S von ganzen Zahlen, für die es eine mechanische (oder algorithmische) Methode gibt, um zu bestimmen, welche Zahlen zu *S* gehören und welche nicht. Anders ausgedrückt, eine Menge *S* von ganzen Zahlen heißt *entscheidbar*, wenn es ein Programm für eine Turing-Maschine gibt, das für eine beliebige Eingabezahl mit dem Ausgabewert 0 zum Stillstand kommt, falls die Zahl kein Element von *S* ist, und mit dem Ausgabewert 1 zum Stillstand kommt, falls die Zahl in *S* enthalten ist. Die Menge der geraden ganzen Zahlen ist zum Beispiel entscheidbar. Das in Kasten B skizzierte Programm führt die notwendigen Rechnungen durch. Das Programm kann allerdings nur positive ganze Zahlen untersuchen. Um auch negative Zahlen betrachten zu können, benötigt man eine zusätzliche Vorschrift zur Kodierung von positiven und negativen Zahlen, dergestalt, daß etwa das erste Symbol zur Kennzeichnung des Vorzeichens dient.

Man beachte, daß das Programm der Turing-Maschine im Rahmen der oben gegebenen Definition einer entscheidbaren Menge eine Antwort für jede einzelne Eingabezahl erzeugt. Es ist im Gegensatz zu echten Programmen, die auf realen Computern laufen, nicht in der Lage, unendlich rekursive Schleifen zu beschreiben bzw. eine nicht endende Suche nach einem nicht existierenden Datenwort durchzuführen. Ein weniger strenger Begriff, der solche «nie endenden Rechnungen» zuläßt, ist der einer *aufzählbaren Menge* von ganzen Zahlen. In der Mathematik ist er auch als *rekursiv aufzählbare Menge* bekannt. Eine Menge *S* von ganzen Zahlen heißt aufzählbar, wenn es ein Programm für eine Turing-Maschine gibt, das für eine beliebige Eingabezahl genau dann mit dem Ausgabewert 1 stoppt, wenn die Zahl zu *S* gehört. Wenn die Eingabezahl kein Element von *S* ist, kann das Programm entweder mit dem Ausgabewert 0 zum Stillstand kommen oder aber es läuft immer weiter. Läßt man also das Programm für eine beliebige ganze Zahl *N* laufen, so gibt es zwei Möglichkeiten: *N* gehört zu *S*, das Programm stoppt und zeigt dies eindeutig an, oder aber das Programm läuft weiter. In diesem Fall können wir vermuten, daß *N* nicht zu *S* gehört, aber wir wissen nie sicher, ob das Programm nicht doch irgendwann anhalten würde. Dies ist also eine sehr einseitige Situation.

Wie Sie vielleicht vermuten, besteht zwischen dem Begriff einer entscheidbaren Menge und dem einer aufzählbaren Menge ein enger Zusammenhang. Eine Menge *S* von ganzen Zahlen ist dann und nur dann entscheidbar, wenn sowohl *S* als auch $\overline{S}$ aufzählbar sind, wobei $\overline{S}$ das *Komplement* von *S* ist, das heißt die Menge all jener Elemente, die nicht in *S* enthalten sind. Es ist leicht zu verstehen, warum sich dies so verhält. Wenn *S* entscheidbar ist, dann wird jedes Programm *P*, das die Entscheidbarkeit von *S* feststellen kann, auch die Aufzählbarkeit von *S* festhalten. Um nun ein Programm zu erhalten, das zeigt, daß $\bar{S}$ aufzählbar ist, nehmen wir das Programm *P* und fügen eine letzte Vorschrift hinzu, die besagt, daß der Ausgabewert 0 stets durch das Symbol 1 und der Ausgabewert 1 stets durch das Symbol 0 zu ersetzen ist. Umgekehrt, wenn sowohl *S* als auch $\bar{S}$ aufzählbar sind, dann erhalten wir auf folgende Weise ein Programm, welches die Entscheidbarkeit von *S* zeigt: Es seien *P* und *Q* zwei Programme, die die Aufzählbarkeit von *S* bzw. $\bar{S}$ ermitteln. Betrachten wir nun zwei Turing-Maschinen: Auf der einen läuft das Programm *P*, auf der anderen *Q*. Beiden wird zur gleichen Zeit eine ganze Zahl *N* eingegeben. Wenn *N* ein Element von *S* ist, dann hält irgendwann das Programm *P* an und zeigt als Ausgabewert 1 an; wenn dagegen *N* ein Element von $\bar{S}$ ist, hält irgendwann das Programm *Q* an und zeigt den Ausgabewert 1 an. Zusammengenommen stellen also die beiden Turing-Maschinen eine mechanische Methode dar, um zu bestimmen, ob eine gegebene ganze Zahl in *S* enthalten ist oder nicht. Dies sagt uns intuitiv, daß *S* entscheidbar ist. Für eine präzise Definition ist es jedoch erforderlich, ein Programm für eine Turing-Maschine zu entwerfen, welches die beiden Programme *P* und *Q* in sich vereinigt. Dazu schreibt man ein Programm *R*, das nach Eingabe einer beliebigen ganzen Zahl abwechselnd das Programm *P* und das Programm *Q* laufen läßt (z.B. jedes für 100 Schritte), bis schließlich eines zum Stillstand kommt und den Wert 1 ausgibt. Wenn dies während der Laufzeit des *P*-Programms geschieht, dann gibt *R* 1 aus und hält an. Geschieht dies während der Laufzeit des *Q*-Programms, kommt *R* mit dem Ausgabewert 0 zum Stillstand. Offensichtlich macht das Programm eine Aussage über die Entscheidbarkeit von *S*.

Das obige Resultat ist das bestmögliche, um die Beziehung zwischen den Begriffen Entscheidbarkeit und Aufzählbarkeit aufzuzeigen. Sie sind offensichtlich nicht identisch. Jede entscheidbare Menge ist natürlich aufzählbar, aber es gibt aufzählbare Mengen, die nicht entscheidbar sind. Um ein Beispiel einer solchen Menge zu konstruieren, benötigen wir den von Turing entwickelten Begriff einer «universellen» Turing-Maschine; dies ist ein Programm für eine Turing-Maschine, welches in der Lage ist, die Operationen *aller* Programme für Turing-Maschinen zu simulieren. Turing zeigte, daß ein solches Programm entworfen werden kann. Obwohl die genauen Einzelheiten einer solchen Konstruktion sehr technisch sind, läßt sich der Grundgedanke leicht darstellen. Beginnen wir mit einer Auflistung aller Programme für Turing-Maschinen: $P_1, P_2, P_3, \ldots$ Das universelle Programm funktioniert dann folgendermaßen: Auf das Eingabeband wird zunächst eine natürliche Zahl *N* geschrieben. Wenn das universelle Programm diese

Zahl N liest, läßt es das Programm P_N laufen, wobei sich alle erforderlichen Daten auf dem Band hinter N befinden.

Um nun eine Menge S zu konstruieren, die aufzählbar, aber nicht entscheidbar ist, sei S die Menge all jener natürlichen Zahlen N, für die das Programm P_N bei Eingabe von N mit dem Ausgabewert 1 stoppt (P_1, P_2, P_3, ... ist die Auflistung aller Programme von Turing-Maschinen, die zur Erzeugung des oben erwähnten universellen Turing-Maschinen-Programms benötigt werden). Verwenden wir nun das universelle Turing-Maschinen-Programm, so ist es ein leichtes zu zeigen, daß S aufzählbar ist: Man fügt dem Beginn des universellen Programms einfach ein kleines Programm hinzu, welches jede beliebige Eingabezahl auf dem Band durch zwei identische Kopien ersetzt, wobei der Kopf zunächst die erste liest.

Um zu zeigen, daß die Menge S nicht entscheidbar ist, nehmen wir vorübergehend an, sie sei entscheidbar. In diesem Fall wäre $\overline{S}$, wie oben beschrieben, aufzählbar und es gäbe ein Programm, welches dieses beweisen würde. Dieses Programm müßte natürlich in der Liste aller Programme P_1, P_2, P_3, ... enthalten sein, etwa als P_k. k wird nun also entweder ein Element von S sein oder nicht. Wenn k ein Element von S ist, dann ist k nicht in $\overline{S}$ enthalten; wenn also P_k $\overline{S}$ «aufzählt», kann es nicht mit dem Ausgabewert 1 für k zum Stillstand kommen. k erfüllt folglich nicht die S definierende Bedingung und kann daher nicht in S enthalten sein. Wenn also k ein Element von S ist, dann ist es dies gleichzeitig nicht! Was geschieht andererseits, wenn k nicht in S enthalten ist? k wäre dann ein Element von $\overline{S}$ und P_k würde mit dem Ausgabewert 1 bei k anhalten. k erfüllt also die Bedingung von S und muß folglich ein Element von S sein. Das heißt, genau dann, wenn k kein Element von S ist, dann ist es ein Element von S. (Kommt Ihnen dies bekannt vor? Siehe Kapitel 2, insbesondere das Russellsche Paradoxon und der Beweis des Cantorschen Satzes.) Nachdem wir also auf diese Weise zu einem Widerspruch gelangt sind, drängt sich die unvermeidliche Schlußfolgerung auf, daß S entgegen unserer ursprünglichen Annahme nicht entscheidbar sein kann.

Mit Hilfe dieses letzten Ergebnisses können wir nun die Lösung des zehnten Hilbertschen Problems beschreiben.

Das zehnte Hilbertsche Problem

In seiner berühmten Ansprache fragte Hilbert nicht, *ob* es einen Algorithmus gebe, mit dessen Hilfe die Frage nach der Lösbarkeit einer gegebenen diophantischen Gleichung beantwortet werden könne. Er forderte vielmehr dazu auf, einen solchen Algorithmus zu entwickeln. Um ihn zu zitieren:

Eine diophantische Gleichung mit irgendwelchen Unbekannten und mit ganzen rationalen Zahlenkoeffizienten sei vorgelegt: Man soll ein Verfahren angeben, nach welchem sich mittels einer endlichen Anzahl von Operationen entscheiden läßt, ob die Gleichung in ganzen rationalen Zahlen lösbar ist.

Andererseits bemerkt er an anderer Stelle seines Vortrags über Probleme im allgemeinen:

Mitunter kommt es vor, daß wir die Beantwortung unter ungenügenden Voraussetzungen oder in unrichtigem Sinne erstreben und infolgedessen nicht zum Ziel gelangen. Es entsteht dann die Aufgabe, die Unmöglichkeit der Lösung des Problems unter den Voraussetzungen und in dem verlangten Sinne nachzuweisen.

Im Fall des zehnten Problems geschah genau dies. 1970 bewies Matijasevič, daß ein solcher Algorithmus nicht existiert.

Der erste ernsthafte Versuch, ein solches Ergebnis zu beweisen, wurde 1950 von Martin Davis unternommen. Seine Strategie war dabei folgende (bitte betrachten Sie das Beispiel, wenn Sie die Argumentation verwirrend finden): Man beweise, daß jeder aufzählbaren Menge S ein Polynom $P_S(x, y_1, y_2, \ldots, y_n)$ mit ganzzahligen Koeffizienten entspricht, dergestalt, daß eine positive ganze Zahl k dann und nur dann zu S gehört, wenn die diophantische Gleichung

$$P_S(k, y_1, y_2, \ldots, y_n) = 0$$

eine Lösung besitzt. Weder der Grad von P_S noch die Anzahl der Variablen sind hier von Bedeutung. Als das Problem schließlich auf dem von Davis vorgeschlagenen Weg gelöst wurde, stellte sich heraus, daß der Grad von P_S nicht größer als 4 und n nicht größer als 14 sein mußten.

Es sei zum Beispiel S die Menge aller positiven ganzen Zahlen, die nicht die Form $4k + 2$ für beliebige k besitzen:

$$S = \{1, 3, 4, 5, 7, 8, 9, 11, \ldots\}.$$

S ist dann genau die Menge aller Zahlen, die sich als die Differenz zweier Quadratzahlen ausdrücken lassen (das sind Zahlen der Form $a^2 - b^2$ für beliebige Zahlen a und b), etwa:

$$1 = 1^2 - 0^2 \; ; \; 3 = 2^2 - 1^2 \; ; \; 4 = 2^2 - 0^2 \; ; \; 5 = 3^2 - 2^2.$$

Es gibt dagegen keine Zahlen a und b, für die gilt:

$$6 = a^2 - b^2.$$

Der allgemeine Beweis beruht nun auf folgender Argumentation. Wenn die Zahl n ein Element von S ist, dann muß sie eine der Formen $4k$, $4k + 1$ oder $4k + 3$ erfüllen. Im ersten Fall gilt

$$n = \left(\frac{n}{4} + 1\right)^2 - \left(\frac{n}{4} - 1\right)^2.$$

In den beiden anderen Fällen gilt:

$$n = \left(\frac{n+1}{2}\right)^2 - \left(\frac{n-1}{2}\right)^2.$$

Andererseits gilt, daß jede Quadratzahl entweder ein Vielfaches von 4 oder ein Vielfaches von 4 plus 1 ist, je nachdem, ob es sich um das Quadrat einer geraden oder einer ungeraden Zahl handelt. Die Differenz zweier Quadrate kann also folglich nie genau ein Vielfaches von 4 plus 2 betragen, und so können Zahlen, die nicht in S enthalten sind, nie die Differenz zweier Quadratzahlen sein.

Nehmen wir nun an, daß der Menge S, dic offensichtlich aufzählbar ist, das Polynom

$$P_S(x, y_1, y_2) = y_1^2 - y_2^2 - x$$

zugeordnet ist. Wie Sie selbst überprüfen können, ist die positive ganze Zahl k genau dann ein Element von S, wenn die diophantische Gleichung

$$P_S(k, y_1, y_2) = 0$$

eine Lösung besitzt; das heißt, genau dann, wenn es eine ganzzahlige Lösung der Gleichung

$$y_1^2 - y_2^2 - k = 0$$

gibt. Das obige Beispiel funktioniert natürlich nur aufgrund der erwähnten besonderen Eigenschaft von S. Das Ziel von Davis bestand nun darin, *jeder* aufzählbaren Menge S ein entsprechendes Polynom P_S zuzuordnen. Um zu zeigen, warum daraus die Nichtexistenz eines Algorithmus' folgen würde, wie ihn Hilbert forderte, nehmen wir vorübergehend an, daß ein solcher Algorithmus existiert. Es sei S eine aufzählbare, aber nicht entscheidbare Menge von ganzen Zahlen, wie sie im vorigen Unterkapitel konstruiert wurde. Entsprechend unserer Annahme, daß es einen Algorithmus gibt, mit dessen Hilfe die Frage nach der Lösbarkeit diophantischer Gleichungen beantwortet werden kann, gibt es eine Turing-Maschine mit einem Programm H, welches bei der Eingabe von k mit dem Ausgabewert 1 anhält, wenn die diophantische Gleichung

$$P_S(k, y_1, y_2, \dots y_n) = 0$$

eine Lösung besitzt. Besitzt sie dagegen keine Lösung, kommt das Programm bei Eingabe von k mit dem Ausgabewert 0 zum Stillstand. Aufgrund der Beziehung zwischen S und P_S zeigt H jedoch nun, daß S entscheidbar ist, was im Widerspruch zu der ursprünglichen Definition von S steht. Folglich kann ein solches Programm H nicht existieren. Mit anderen Worten, einen Algorithmus von der Art, wie Hilbert ihn forderte, kann es nicht geben.

Obwohl seine Strategie im Prinzip funktioniert, konnte Davis leider nicht zeigen, daß ein solches Polynom existiert. Man fand schließlich den Schlüssel zur Lösung dieses Problems in einer Arbeit, die Julia Robinson begonnen hatte. Sie erforschte jene Arten von Mengen, die durch diophantische Gleichungen definiert werden können, und es gelang ihr, verschiedene Verfahren zur Behandlung von Gleichungen zu entwickeln, deren Lösungen exponentiell wachsen. 1960 konnte sie in Zusammenarbeit mit Martin Davis und Hilary Putnam zeigen, daß jede aufzählbare Menge in der von Davis beschriebenen Weise durch eine diophantische Gleichung ausgedrückt und damit das zehnte Hilbertsche Problem gelöst werden könne, wenn es gelänge, *eine einzige* diophantische Gleichung zu finden, deren Lösungen sich exponentiell verhielten. Doch auch ihnen blieb es versagt, das Problem zu lösen, da es ihnen nicht gelang, eine solche Gleichung zu finden. Erst zehn Jahre später war Jurij Matijasevič dort Erfolg beschieden, wo die drei Amerikaner gescheitert waren. Sein Erfolg beruht auf der Verwendung einer berühmten Zahlenfolge, die im 12. Jahrhundert zur Beschreibung der sogenannten Kaninchenaufgabe entwickelt worden war.

Fibonaccis Kaninchen und die Lösung von Matijasevič

Im Jahre 1202 veröffentlichte der italienische Mathematiker Leonardo von Pisa unter dem Namen Fibonacci (aus dem Lateinischen «Filius Bonacci», was bedeutet «Sohn des Bonacci») sein Buch *Liber Abaci*, ein einflußreiches Werk, welches das indisch-arabische Dezimalzahlensystem in Europa einführte. Unter den darin behandelten Problemen befindet sich auch das folgende:

> *Ein Kaninchenpaar befindet sich in einem geschlossenen Gehege. Wie viele Kaninchenpaare gehen aus diesem Paar in einem Jahr hervor, wenn jedes Paar jeden Monat zwei Junge erzeugt, welche sich ihrerseits vom zweiten Monat an vermehren.*

Wenn man annimmt, daß ein Monat vergeht, bevor das ursprüngliche Paar die ersten Jungen bekommt, und wenn man weiter annimmt, daß kein Tier in der Kaninchenkolonie stirbt und jedes Paar regelmäßig zwei Junge pro Monat erzeugt, dann läßt sich sehr schnell zeigen, daß die Zahl der erwachsenen Kaninchenpaare in jedem Monat durch die Zahlen der Folge

$$1, 1, 2, 3, 5, 8, 13, 21, 34, \ldots$$

gegeben ist. Diese Folge gehorcht einer sehr einfachen Regel, die besagt, daß jede Zahl nach den ersten beiden Einsen die Summe der zwei vorangehenden Zahlen ist. Zum Beispiel, $2 = 1 + 1$; $3 = 1 + 2$; $5 = 2 + 3$; $8 = 3 + 5$ usw.

Es stellt sich heraus, daß diese einfache Folge eine Fülle interessanter Eigenschaften sowie einige überraschende Anwendungen besitzt. Sie spielt in der Theorie von Computer-Datenbanken ebenso eine Rolle wie bei der Untersuchung der Effizienz des Euklidischen Algorithmus. Was das zehnte Hilbertsche Problem anbelangt, so liegt die Bedeutung der Fibonacci-Folge darin, daß sie ein exponentielles Wachstum aufweist. Die n-te Zahl der Folge ist ungefähr gleich

$$\frac{1}{\sqrt{5}}\left[\frac{1}{2}(1+\sqrt{5})\right]^n.$$

Die Annäherung wird immer besser, je größer n ist. Aufgrund des oben erwähnten Ergebnisses von Davis, Robinson und Putnam bedeutete dies nun also, daß die Lösung des zehnten Problems nur noch davon abhing, eine einzige diophantische Gleichung zu finden, deren Lösungen in angemessener Weise mit den Fibonaccischen Zahlen verknüpft waren. Matijasevič fand genau eine solche Gleichung. Dabei ging er von den folgenden zehn Polynomgleichungen aus:

$$\begin{aligned}
u + w - v - 2 &= 0\;;\\
l - 2v - 2a - 1 &= 0\;;\\
l^2 - lz - z^2 - 1 &= 0\;;\\
g - bl^2 &= 0\;;\\
g^2 - gh - h^2 - 1 &= 0\;;\\
m - c(2h + g) - 3 &= 0\;;\\
m - fl - 2 &= 0\;;\\
x^2 - mxy + y^2 - 1 &= 0\;;\\
(d - 1)l + u - x - 1 &= 0\;;\\
x - v - (2h + g)(l - 1) &= 0\;.
\end{aligned}$$

In diesen Gleichungen sind u und v dadurch miteinander verknüpft, daß v die $2u$-te Fibonaccische Zahl ist. Dies ist bereits ausreichend, um die Bedingungen des von Davis, Robinson und Putnam aufgestellten Satzes zu erfüllen. Wenn man nun einfach jede dieser Gleichungen quadriert und sie alle in einer einzigen großen Gleichung zusammenfaßt, erhält man die gewünschte einzelne Gleichung, die das Hilbertsche Problem löst. Und man erhält noch viel mehr.

Betrachtet man die von Davis, Robinson, Putnam und Matijasevič erzielte Lösung unter dem Blickwinkel der Hilbertschen Frage, so ist es ein negatives Resultat: Es zeigt, daß es keinen geeigneten Algorithmus gibt, der das Problem löst. In Wirklichkeit handelt es sich jedoch um ein äußerst positives Ergebnis der Mathematik. Es besagt, daß jede aufzählbare Menge ganzer Zahlen durch eine diophantische Gleichung beschrieben werden kann: Wenn S eine aufzählbare Menge ist, dann gibt es ein Polynom $P(x, y_1, y_2, \ldots, y_n)$ mit ganzzahligen Koeffizienten, dergestalt, daß eine Zahl k genau dann ein Element von S ist, wenn die diophantische Gleichung

$$P(k, y_1, y_2, \ldots, y_n) = 0$$

eine Lösung besitzt.

Die Menge der Primzahlen ist beispielsweise eine aufzählbare Menge. Sie ist sogar eine entscheidbare Menge. Die Entwicklung eines Computerprogramms, das prüft, ob eine gegebene Zahl prim ist oder nicht, stellt eine reine Routinearbeit dar. Allerdings ist es, wie wir in Kapitel 1 gesehen haben, nicht so leicht, ein Programm zu entwerfen, welches dies auch effizient erledigt. Die Menge der Primzahlen kann also durch eine diophantische Gleichung beschrieben werden. Aus der Durchführung einiger algebraischer Umformungen folgt, daß es ein Polynom $P(x_1, ..., x_n)$ gibt, dessen positive Werte genau die Primzahlen ergeben, wobei die Variablen $x_1, ..., x_n$ alle ganzen Zahlen durchlaufen. Dies löst eine Frage, die die Mathematik lange Zeit beschäftigt hat, die Frage nämlich, ob die Primzahlen als Werte einer Polynomfunktion angegeben werden können. Bitte beachten Sie jedoch, daß nicht alle Werte der Funktion Primzahlen sind – die Funktion erzeugt auch negative Werte, die negative Primzahlen sein können, aber dies nicht zwangsläufig sein müssen. Die positiven Werte erstrecken sich dagegen ausschließlich über Primzahlen, und zwar über alle Primzahlen.

Unglücklicherweise impliziert das von Matijasevič erzielte Ergebnis nur die Existenz eines solchen primzahlerzeugenden Polynoms. Es gibt keinerlei Hinweis darauf, wie es zu konstruieren sei. Und so waren beträchtliche Anstrengungen erforderlich, bevor es James Jones, Daihachiro Sato, Hideo Wada und Douglas Wiens schließlich 1977 gelang, dieses Polynom zu finden. Es besitzt 26 Variablen und ist vom Grad 25:

$$
\begin{aligned}
&(k + 2)\,\{1 - [wz + h + j - q]^2\\
&\quad - [(gk + 2g + k + 1)(h + j) + h - z]^2\\
&\quad - [2n + p + q + z - e]^2\\
&\quad - [16\,(k + 1)^3(k + 2)(n + 1)^2 + 1 - f^2]^2\\
&\quad - [e^3\,(e + 2)(a + 1)^2 + 1 - o^2]^2\\
&\quad - [(a^2 - 1)y^2 + 1 - x^2]^2 - [16r^2\,y^4\,(a^2 - 1) + 1 - u^2]^2\\
&\quad - [((a - u^2(u^2 - a))^2 - 1)(n + 4dy)^2 + 1 - (x + cu)^2]^2\\
&\quad - [n + l + v - y]^2 - [(a^2 - 1)l^2 + 1 - m^2]^2\\
&\quad - [ai + k + 1 - l - i]^2\\
&\quad - [p + l\,(a - n - 1) + b\,(2an + 2a - n^2 - 2n - 2) - m]^2\\
&\quad - [q + y\,(a - p - 1) + s\,(2ap + 2a - p^2 - 2p - 2) - x]^2\\
&\quad - [z + pl\,(a - p) + t\,(2ap - p^2 - 1) - pm]^2\}.
\end{aligned}
$$

Bitte beachten Sie das scheinbare Paradoxon, daß die Formel in zwei sehr ungleiche Faktoren zerfällt. Dies erfüllt jedoch einen Zweck: Die Formel erzeugt ausschließlich positive Werte, wenn der Faktor $k + 2$ eine Primzahl und der zweite Faktor gleich 1 ist.

Ein wahrlich positives Ergebnis, mit dem wir dieses Kapitel auf angemessene Weise beschließen können!

7 Das Vierfarbenproblem

Die allmähliche Anerkennung der Computer-Mathematik

Im Jahre 1976 verkündeten Kenneth Appel und Wolfgang Haken, zwei Mathematiker an der Universität von Illinois, daß sie ein hundert Jahre altes Problem, das mit der Färbung von Landkarten zusammenhing, gelöst hätten. Es sei ihnen gelungen, so sagten sie, die *Vierfarbenvermutung* zu beweisen. Dies war an sich bereits eine sensationelle Nachricht, denn das Vierfarbenproblem war nach der Fermatschen Vermutung (vgl. Kapitel 8) wahrscheinlich das berühmteste ungelöste Problem der gesamten Mathematik. Für die Mathematiker bestand der wahrlich dramatische Aspekt dieser Nachricht jedoch in der Art und Weise, wie der Beweis erzielt worden war. Umfangreiche und entscheidende Teile der Beweisführung wurden nämlich von einem Computer ausgeführt, wobei die für das Programm maßgeblichen Überlegungen ihrerseits ebenfalls auf computer-erzeugten Daten beruhten. Der erforderliche Rechenaufwand war so groß, daß kein Mathematiker je hoffen konnte, alle Schritte per Hand zu überprüfen. Damit hatte sich der Begriff eines «mathematischen Beweises» plötzlich von Grund auf gewandelt. Eine Befürchtung, die seit dem Aufkommen der ersten elektronischen Computer in den fünfziger Jahren bestanden hatte, war schließlich Wirklichkeit geworden: Der Computer hatte den Mathematiker bei einem Teil der Konstruktion eines echten mathematischen Beweises abgelöst.

Bis dahin war ein *Beweis* eine logisch einwandfreie Kette von Argumenten gewesen, durch die ein Mathematiker andere von der Wahrheit einer Annahme überzeugen konnte. Indem ein Mathematiker den Beweis las, konnte er sich von der Wahrheit der betreffenden Aussage überzeugen und auch die Gründe für die Wahrheit verstehen. Ein Beweis galt sogar nur deshalb als Beweis, weil er die Gründe darlegte!

Sehr lange Beweise wie etwa der des Klassifikationstheorems für einfache Gruppen (beschrieben in Kapitel 5) legen diese simple Auffassung von einem Beweis bereits sehr weit aus, da der durchschnittliche

Mathematiker angesichts eines Beweises, der zwei 500seitige Bände füllt, dazu neigen wird, einen großen Teil der Einzelheiten zu überspringen. Hierbei handelt es sich jedoch im wesentlichen nur um eine Frage des effizienten Einsatzes der verfügbaren Kräfte. In dem sicheren Bewußtsein, daß die verschiedenen Teile der Beweisführung bereits anderweitig überprüft wurden, braucht der vielbeschäftigte Mathematiker nicht nochmals jeden einzelnen Schritt im Detail zu verifizieren. Solche Beweise sind aber immer noch ausschließlich das Ergebnis menschlicher Bemühungen. Obwohl Computer auch im Rahmen des Klassifikationstheorems für den Beweis einiger Teilergebnisse eingesetzt wurden, konnten diese doch alle per Hand nachgeprüft werden. Der Computer spielte hier keineswegs eine «wesentliche» Rolle.

Ganz anders verhält es sich dagegen beim Beweis der Vierfarbenvermutung – hier hängt der Beweis sogar direkt vom Einsatz eines Computers ab. Um den Beweis anzuerkennen, muß man glauben, daß das Computerprogramm genau die Rechnungen ausführt, die seine Schöpfer von ihm erwarten. Als Appel und Haken ihren Beweis zur Veröffentlichung in der Zeitschrift *Illinois Journal of Mathematics* einreichten, veranlaßten die Herausgeber der Zeitschrift eine Überprüfung des mit Hilfe des Computers durchgeführten Teils des Beweises, indem sie auf *einem anderen Computer* ein *unabhängig erzeugtes Computerprogramm* laufen ließen! Ein wesentlicher Teil des Beweises entzieht sich also der unmittelbaren Überprüfung durch den Menschen.

Zunächst wurde das verwendete Verfahren von sehr vielen Mathematikern äußerst skeptisch bewertet. «Ein solches Verfahren, welches wesentlich von computer-erzeugten Ergebnissen abhängt und somit nicht von Hand nachprüfbar ist, kann nicht als Beweis im mathematischen Sinne angesehen werden», so argumentierten viele der Kritiker. Für sie blieb das Vierfarbenproblem weiterhin ungelöst. Die Frage, ob es nicht vielleicht doch möglich sei, einen «normalen» Beweis zu liefern, stellt sich in der Tat bis heute. Angesichts der enormen Komplexität der nötigen Rechnungen müssen sogar Befürworter eines computergestützten Beweises zugeben, daß einige der Gegenargumente nicht von der Hand zu weisen sind. Sogar noch heute, mehr als zehn Jahre, nachdem der Beweis erstmals veröffentlicht wurde, gibt es immer wieder Gerüchte, daß man in dem Computerprogramm einen Fehler gefunden habe, der den ganzen Beweis hinfällig mache. Je mehr Zeit jedoch vergeht und je stärkere Verbreitung die Computer in unserer Gesellschaft finden, desto geringer wird die Zahl der Mathematiker, die den Beweis des Vierfarbensatzes ablehnen. Die Mehrheit ist heute bereit anzuerkennen, daß sich durch das Aufkommen von Computern nicht nur die Arbeitsweise in vielen Bereichen mathematischer Forschung verändert hat, sondern daß gerade auch die Vorstellung von dem, was als Beweis angesehen wird, einen tiefgreifenden Wandel erfahren hat. Die Überprüfung eines Programms, welches einen «Beweis» erzeugt, muß heute als gültiges mathematisches Verfahren akzeptiert werden.

Womit beschäftigt sich denn nun dieses Problem, dessen Lösung solch tiefgreifende Auswirkungen auf das Wesen der Mathematik haben sollte? Die Geschichte beginnt rund hundert Jahre vor der ersten serienmäßigen Herstellung von Computern.

Guthries Problem

Eines Tages im Oktober 1852, kurz nach Beendigung seines Studiums am University College in London, war der junge Mathematiker Francis Guthrie, der später Professor für Mathematik an der Universität von Kapstadt in Südafrika werden sollte, damit beschäftigt, eine Landkarte der englischen Grafschaften zu kolorieren. Bei dieser Tätigkeit kam ihm plötzlich der Gedanke, daß die Anzahl von Farben, die maximal nötig ist, um eine *beliebige* Landkarte zu kolorieren, mit hoher Wahrscheinlichkeit vier betragen muß; Bedingung dabei ist, daß zwei aneinandergrenzende Grafschaften nicht mit der gleichen Farbe koloriert werden dürfen (vgl. Abb. 31). Da es ihm nicht gelang, diese Vermutung zu beweisen, schrieb er an seinen Bruder Frederick, der Physik am University College studierte, und setzte ihm sein Problem auseinander. Frederick leitete es an seinen Mathematikprofessor, den großen englischen Mathematiker Augustus de Morgan, weiter.

Es bereitete de Morgan ebenso wie auch schon Francis Guthrie nicht die geringsten Schwierigkeiten zu beweisen, daß mindestens vier Farben notwendig sind, um eine beliebige Landkarte einzufärben (es gibt also Landkarten, für die drei Farben nicht ausreichen, vgl. Abb. 32). Weiter konnte de Morgan beweisen, daß fünf Länder unmöglich eine solche Position in der Karte einnehmen können, daß jedes Land mit jedem der vier anderen eine gemeinsame Grenze besitzt. Dies könnte auf den ersten Blick bereits als Beweis dafür gelten, daß vier Farben stets ausreichend sind, doch ist dies keineswegs ein gültiger Schluß (vgl. Abb. 33), wie de Morgan selbst erkannt zu haben scheint. Viele der zahlreichen falschen «Beweise» der Vierfarbenvermutung, die zwischen 1852, dem Jahr der erstmaligen Formulierung des Problems, und 1976, der schließlichen Lösung, veröffentlicht wurden, beruhen auf

Abb. 31
Die Landkarte der USA. Mit vier Farben ist es möglich, die Karte so einzufärben, daß keine zwei Bundesstaaten mit einer gemeinsamen Grenze die gleiche Farbe aufweisen. Colorado und New Mexico müssen also zum Beispiel in verschiedenen Farben angemalt werden, während für Colorado und Arizona die gleiche Farbe verwendet werden darf, da sie sich nur in einem Punkt berühren. In einer mathematischen Untersuchung muß ein Bundesstaat wie etwa Michigan, der aus zwei geographisch getrennten Gebieten besteht, wie zwei Staaten behandelt werden. Es ist nicht sehr schwierig zu zeigen, daß drei Farben nicht ausreichen, um die Karte in der beschriebenen Weise einzufärben (aus Kenneth Appel, Wolfgang Haken: Der Beweis des Vierfarbensatzes, *Spektrum der Wissenschaft,* Erstedition 1978).

genau diesem Fehlschluß. Tatsächlich scheint auch Francis Guthrie selbst zeitweise diesem Irrtum erlegen zu sein.

Da de Morgan selbst nicht in der Lage war, dieses Problem zu lösen, leitete er es, unter Hinweis auf Guthrie als den eigentlichen Entdecker, an seine Studenten und andere Mathematiker weiter (u.a. auch an Sir William Hamilton vom Trinity College, Dublin, dem Erfinder der Quaternionen – vgl. Kapitel 3). Im großen und ganzen schien das Problem jedoch nicht viel Interesse geweckt zu haben. Erst als der englische Mathematiker Arthur Cayley am 13. Juni 1878 die versammelten Mitglieder der London Mathematical Society fragte, ob sie einen Beweis dieser Vermutung wüßten, löste dies eine intensive Suche aus. Cayleys Frage wurde in den Sitzungsberichten der Gesellschaft veröffentlicht, womit das Problem erstmals gedruckt Erwähnung fand.

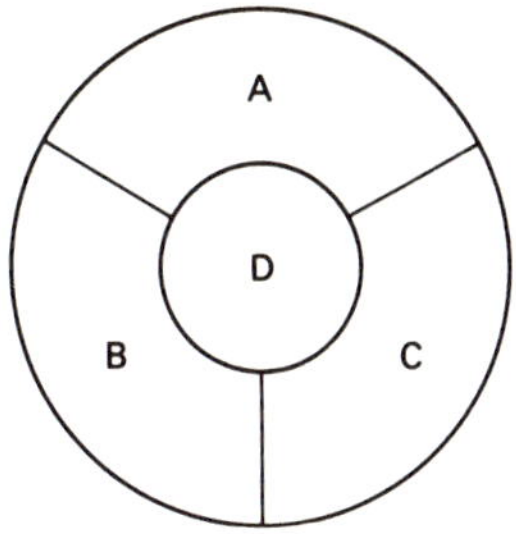

Abb. 32
Drei Farben reichen nicht aus. Um die abgebildete Karte so zu kolorieren, daß keine zwei benachbarten Gebiete dieselbe Farbe erhalten, benötigen wir vier Farben.

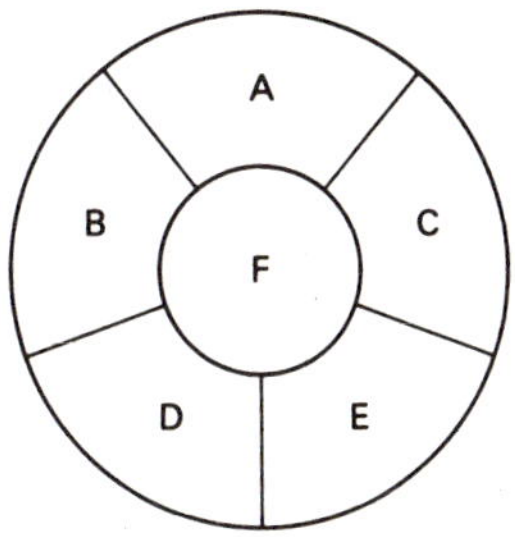

Abb. 33
Widerlegung eines falschen Beweises. Aus der Tatsache, daß es keine Karte geben kann, in der jedes von fünf Ländern mit jedem der vier anderen eine gemeinsame Grenze besitzt, wurde oftmals geschlossen, daß vier Farben ausreichen, um eine Karte zu bemalen. Diese Annahme ist jedoch falsch. In der abgebildeten Karte gibt es keine Konfiguration, in der jedes von vier Ländern eine gemeinsame Grenze mit jedem der drei anderen besitzt. Trotzdem kann die Karte insgesamt nicht mit drei Farben koloriert werden, so daß die Anzahl der erforderlichen Farben *nicht* der höchsten Zahl der aneinandergrenzenden Länder entspricht.

Landkarten, Netzwerke und Topologie

Der Versuch, die Vierfarbenvermutung zu beweisen, gestaltet sich vor allem deshalb so überaus schwierig, weil sie *alle* Landkarten betrifft – also nicht nur sämtliche Landkarten in sämtlichen Atlanten der Welt, sondern alle nur erdenklichen Landkarten; Landkarten mit Millionen

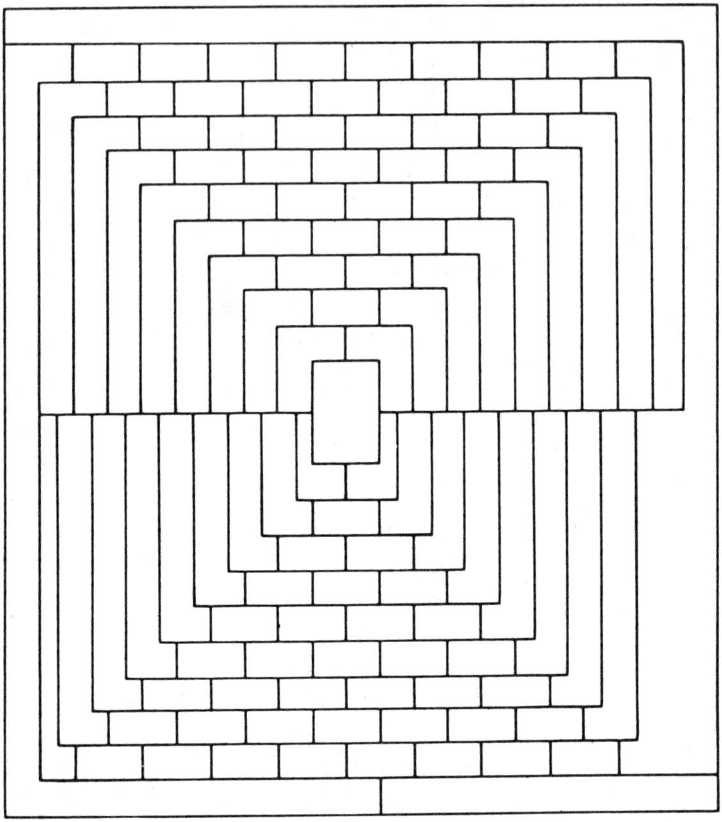

Abb. 34
Eine komplizierte Karte, die (wenn auch nur unter Mühe) mit vier Farben koloriert werden kann. Diese Graphik ist in *Mathematical Games* von Martin Gardner enthalten (*Scientific American*, April 1975, Vol. 232, Nr. 4). Gardner, der namhafte Mathematik-Kolumnist behauptete im Scherz, daß dies ein Beispiel sei, welches die berühmte Vierfarbenvermutung widerlegen würde.

von Ländern von jeder beliebigen Größe und Gestalt. Zu wissen, daß man eine bestimmte Landkarte mit vier Farben kolorieren kann, nützt hier nicht das geringste. Gefordert ist vielmehr eine Beweisführung, die alle Fälle abdeckt. Und dies bedeutet, daß wir nicht sehr viel in der Hand haben. Worauf können wir uns überhaupt stützen? An diesem

Punkt scheint es ratsam, erst einmal klarzustellen, worum es bei dem Problem eigentlich geht.

Entsprechend den Erfordernissen des Vierfarbenproblems definiert man eine *Landkarte* wie folgt: Sie besteht aus einer willkürlichen Anzahl von Regionen der Ebene (Ländern, wenn Sie so wollen), die durch Linien (oder Grenzen) voneinander getrennt sind. Diese allgemeine Definition schließt sowohl Landkarten der realen Welt ein, wie in Abb. 31, als auch künstliche, «mathematische» Landkarten, wie in Abb. 32, 33 und 34. Die Landkarte der USA in Abb. 31 birgt dabei ein potentielles Problem, da sich einige Bundesstaaten über zwei nicht zusammenhängende Regionen erstrecken. Michigan zum Beispiel besteht aus zwei getrennten Regionen auf der Karte, zwischen denen der Lake Michigan liegt. Da es sich um geographisch getrennte Regionen handelt, müssen sie beim Kolorieren der Landkarte als solche behandelt werden. Dies gilt auch für Long Island, New York, welches vom Staat New York getrennt ist. Was also die mathematische Betrachtung von Landkarten angeht, so spielt die Geometrie und nicht die Politik die entscheidende Rolle.

Keine zwei geographischen Regionen einer beliebigen Landkarte, die eine gemeinsame Grenze besitzen, dürfen also dieselbe Farbe bekommen. Dagegen gelten Regionen, die sich nur in einem Punkt berühren, wie beispielsweise Arizona und Colorado in Abb. 31, nicht als zusammenhängend und können durchaus in der gleichen Farbe ausgemalt werden. Das Ziel besteht darin, die kleinste Anzahl von Farben zu ermitteln, die nötig ist, um alle Regionen der Landkarte in dieser Weise auszumalen. Und hier liegt nun eine weitere bedeutende Schwierigkeit des Beweises. Sogar für eine bestimmte Landkarte gibt es zahlreiche verschiedene Möglichkeiten, sie zu kolorieren. Gesucht ist jedoch nicht die Anzahl der Farben, die für eine ganz bestimmte Kolorierung benötigt wird; vielmehr geht es um die kleinste Anzahl von Farben, mit denen eine *beliebige* Kolorierung möglich ist.

Wenn Sie einmal darüber nachdenken, werden Sie feststellen, daß die Formen und Größen der einzelnen Länder für das Vierfarbenproblem ohne Bedeutung sind – wichtig ist nur ihre Lage relativ zueinander. Die in Abb. 35 dargestellten Landkarten sind also, was das Problem ihrer Kolorierung betrifft, völlig äquivalent. In der mathematischen Ausdrucksweise würde man auch sagen, es geht um die topologische Struktur der Landkarte.

Die *Topologie* ist ein Teilbereich der Mathematik wie die Geometrie. In der Geometrie untersucht man die Eigenschaften von Objekten (oder Figuren) in zwei, drei oder mehr Dimensionen, wobei der Begriff

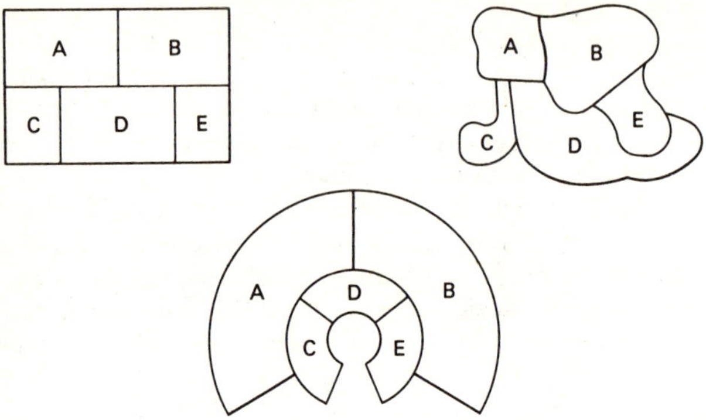

Abb. 35
Topologische Äquivalenz. Jede der Karten ist, was das Vierfarbenproblem betrifft, äquivalent. Topologisch gesehen besteht zwischen ihnen kein Unterschied.

«Objekt» in vier oder mehr Dimensionen natürlich eine höchst abstrakte Bedeutung annimmt. Das gleiche gilt auch für die Topologie, mit dem einzigen Unterschied, daß die untersuchten Eigenschaften völlig anderer Natur sind. In der Topologie spielen Begriffe wie Entfernung, Größe oder Winkel ebensowenig eine Rolle wie die Eigenschaften «gerade» oder «kreisförmig». In der Tat ignoriert die Topologie praktisch alle Eigenschaften, die das Wesen der Geometrie ausmachen. Statt dessen untersucht sie die Eigenschaften von Objekten (Figuren), die bei stetigen Deformationen invariant bleiben. Solche Deformationen sind zum Beispiel Biegungen, Dehnungen, Quetschungen oder Verdrehungen. Die zweidimensionale Topologie wird manchmal auch als «Gummiflächen-Geometrie» bezeichnet, da sie sich mit jenen Eigenschaften von Figuren befaßt, die sich nicht ändern würden, wenn die Figur auf einer «völlig elastischen» Gummifläche gezeichnet wäre, welche dann gedehnt oder verdreht würde (vgl. Abb. 36).

Jene Leser, die hier zum ersten Mal von Topologie hören, könnten annehmen, daß diese wohl kaum genügend Material biete, um ernsthafte mathematische Studien zu betreiben. Doch nichts läge der Wahrheit ferner. Die Topologie stellt ein weites Gebiet der Mathematik dar, das mit zahlreichen wichtigen und tiefgründigen Ergebnissen aufwarten kann (vgl. Kapitel 10). Auch das Vierfarbenproblem ist an sich ein topologisches Problem, wenngleich es zu seiner Lösung nicht erforder-

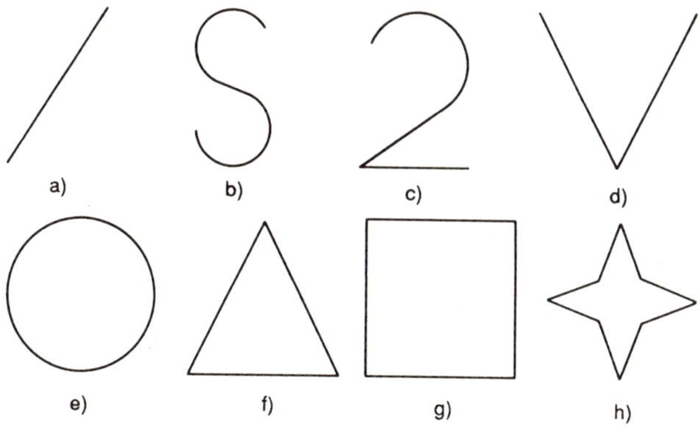

Abb. 36
Topologische Eigenschaften in zwei Dimensionen. Die Objekte a) bis d) sind ebenso wie die Objekte e) bis h) untereinander topologisch identisch. Keines der Gebilde von a) bis d) läßt sich jedoch in eines der Gebilde von e) bis h) topologisch abbilden.

lich ist, in die tieferen Gefilde dieses Forschungszweigs einzudringen. Abb. 35 verdeutlicht die topologische Natur des Problems: Gestalt und Größe der einzelnen Länder einer Landkarte sind ohne Bedeutung, wichtig ist nur ihre Konfiguration. Um das Folgende zu verstehen, sollte man sich stets vor Augen halten, daß nicht die äußere «Gestalt» einer Landkarte, sondern ihre *topologischen* Eigenschaften maßgeblich sind.

Nachdem dieser Punkt geklärt ist, scheint der Begriff des *Netzwerks* einer Landkarte eine vernünftige Alternative zu bieten, um das Vierfarbenproblem zu betrachten. Das Netzwerk einer gegebenen Landkarte erhält man auf folgende Weise (vgl. auch Abb. 37): In jeder Region der Karte markiert man einen Punkt, der einen *Knoten* innerhalb des Netzwerks darstellt. Man könnte sich diese Punkte als die Hauptstädte der jeweiligen Länder vorstellen. Dann verbindet man die Knoten so, daß sie ein Netzwerk bilden, so wie ein Eisenbahnnetz die Hauptstädte miteinander verbinden würde. Dabei ist zu beachten, daß zwei Knoten genau dann miteinander verbunden werden, wenn ihre entsprechenden Regionen auf der Landkarte eine gemeinsame Grenze besitzen. Die Verbindungslinie darf in diesem Fall nur innerhalb der beiden betreffenden Regionen liegen und muß über die gemeinsame Grenze verlaufen. Um in dem Bild unseres Eisenbahnnetzes zu bleiben, heißt das, die Schienen dürfen nicht über das Gebiet eines dritten Staates verlaufen.

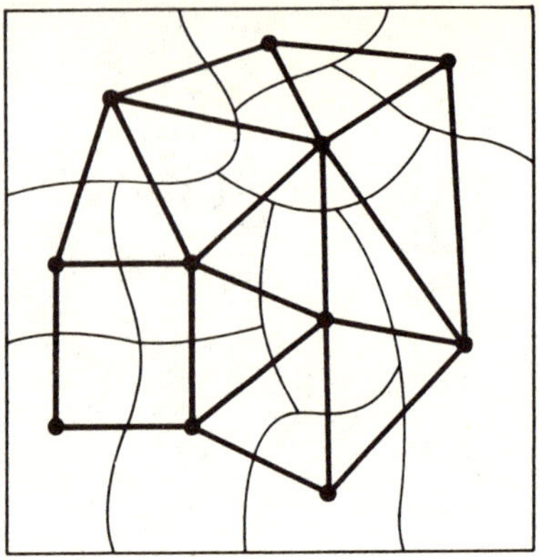

Abb. 37
Netzwerke. Um das Netzwerk für eine gegebene Karte zu erzeugen, zeichnet man in jede Region der Karte einen Punkt und verbindet dann diese «Knoten» durch Linien, die ausschließlich durch die zwei betreffenden Gebiete verlaufen dürfen. Dies ist nur dann möglich, wenn die zwei Knoten in Regionen liegen, die eine gemeinsame Grenze besitzen. In diesem Fall schneidet die Verbindungslinie diese Grenze. Die Verbindungslinien spiegeln folglich die Existenz gemeinsamer Grenzen wider. Das Problem, eine Landkarte so zu kolorieren, daß keine zwei Länder mit einer gemeinsamen Grenze die gleiche Farbe haben, ist also äquivalent zu dem Problem, die Knoten des Netzwerkes so zu kolorieren, daß keine zwei Knoten, die durch eine Linie verbunden sind, die gleiche Farbe haben. In dem abgebildeten Beispiel ist es möglich, die Knoten durch gerade Linien zu verbinden, doch ist dies nicht zwangsläufig der Fall. Gekrümmte Verbindungslinien sind ebenfalls zulässig. «Gerade» und «gekrümmt» sind keine topologischen Eigenschaften.

Das Netzwerk verdeutlicht auf einen Blick die topologische Struktur der Landkarte, die es repräsentiert. Wir können das Problem, eine Landkarte in der von Guthrie beschriebenen Weise auszumalen, auch für das Netzwerk umformulieren: Die Knoten des Netzwerks sollen so koloriert werden, daß zwei beliebige, miteinander verbundene Knoten verschiedenfarbig sind. Wenn alle Netzwerke auf diese Weise mit genau vier Farben angemalt werden können, dann gilt dies auch für alle Landkarten und umgekehrt. Die beiden Formulierungen des Vierfarbenproblems stellen also vollkommen äquivalente Sichtweisen des Problems dar, wobei es sich als einfacher erweist, die Netzwerke von Landkarten zu untersuchen.

Dies führt uns in ein Gebiet der Mathematik, welches unter der Bezeichnung *Graphentheorie* bekannt ist. Bitte beachten Sie, daß sich infolge der Definition des Netzwerks keine zwei Linien kreuzen oder schneiden dürfen. Ein *Graph* ähnelt einem Netzwerk in allen wichtigen Eigenschaften, außer daß sich die Linien im Graphen schneiden dürfen. (Der Begriff «Graph» bedeutet hier übrigens nicht «Kurve» in dem uns bekannten Sinne einer graphisch dargestellten Gleichung.) Der ursprüngliche Anstoß zur Entwicklung dieses Forschungszweigs ging zu einem großen Teil vom Vierfarbenproblem aus (Hamilton, dem de Morgan das Problem geschildert hatte, leistete einige wichtige Beiträge), doch bildet das Studium beliebiger «Graphen» heute ein eigenes, sehr umfangreiches und produktives Teilgebiet der Mathematik.

Die Eulersche Formel

Eine Beobachtung, die sich für die Erforschung von Netzwerken als besonders nützlich erwies, geht auf Leonhard Euler zurück, wenngleich dieser sie in einem anderen Zusammenhang machte. Bevor wir darauf eingehen, möchte ich kurz die erforderlichen Begriffe erläutern und ihren Ursprung erklären. Zunächst vereinbaren wir, nur solche Netzwerke zu betrachten, in denen alle Knoten durch Linien verbunden sind. Auf diese Weise sind «pathologische» Beispiele von «Netzwerken», wie etwa eine Menge von Knoten ohne Verbindungslinien, ausgeschlossen, während all jene Netzwerke erfaßt sind, die wir zur Untersuchung des Vierfarbenproblems benötigen. Jedes dieser Netzwerke unterteilt den Bereich der Ebene, über den es sich erstreckt, in verschiedene Regionen, die *Flächen* heißen. Die Knoten des Netzwerks werden mitunter (besonders im Zusammenhang mit der Eulerschen Formel) als *Ecken*, die Verbindungen zwischen den Ecken als *Kanten* bezeichnet.

An diesem Punkt empfehle ich dem Leser, selbst einige Netzwerke zu zeichnen und jeweils die Anzahl (E) der Ecken, die Anzahl (K) der Kanten sowie die Anzahl (F) der Flächen wie in Abb. 38 aufzulisten. Wenn Sie anschließend für jeden Fall die Größe $E - K + F$ berechnen, werden Sie feststellen, daß das Ergebnis stets 1 beträgt. Die Tatsache, daß die Gleichung

$$E - K + F = 1$$

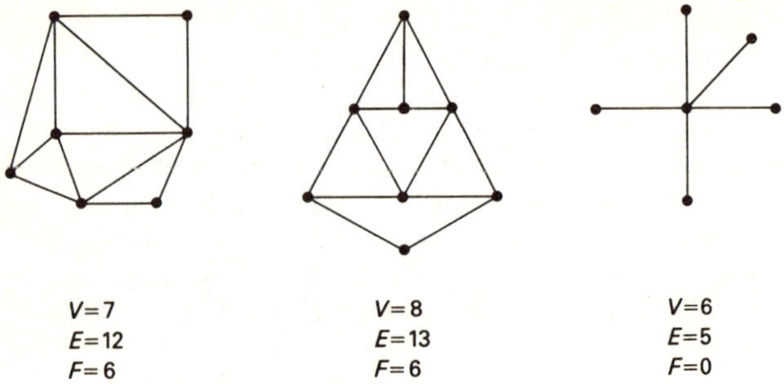

Abb. 38
Die Eulersche Formel. Für ein beliebiges Netzwerk erfüllt die Anzahl (E) der Ecken, die Anzahl (K) der Kanten und die Anzahl (F) der Flächen stets folgende Formel: $E - K + F = 1$.

für jedes beliebige Netzwerk zutrifft, wurde erstmals von Euler bewiesen.

Euler ging es jedoch bei seinen Untersuchungen nicht um Netzwerke, sondern um Polyeder; dies erklärt auch die Begriffe «Ecke», «Kante» und «Fläche». Für jedes beliebige Polyeder gilt die folgende Gleichung

$$E - K + F = 2,$$

wobei die Bedeutung von E, K und F im Polyeder auf der Hand liegt. Diese Formel ist im wesentlichen mit dem vorher genannten Ergebnis für Netzwerke identisch, was leicht nachprüfbar ist, wenn Sie sich folgendes vorstellen: Man entfernt aus einem beliebigen Polyeder eine Fläche und «breitet» das entstehende Gebilde flach in der Ebene aus. Die ehemaligen Kanten des Polyeders bilden nun ein Netzwerk, das die ehemaligen Ecken des Polyeders (nunmehr die Knoten des Netzwerks) verbindet. Umgekehrt kann man sich vorstellen, ein Netzwerk so «zusammenzubiegen», daß es die Gestalt eines Polyeders annimmt, dem eine Fläche fehlt. Der Unterschied zwischen der Netzwerk- und der Polyeder-Formel ergibt sich nun natürlich genau aus jener fehlenden bzw. entfernten Fläche.

Der Beweis der Eulerschen Netzwerk-Formel ist ein ausgezeich-

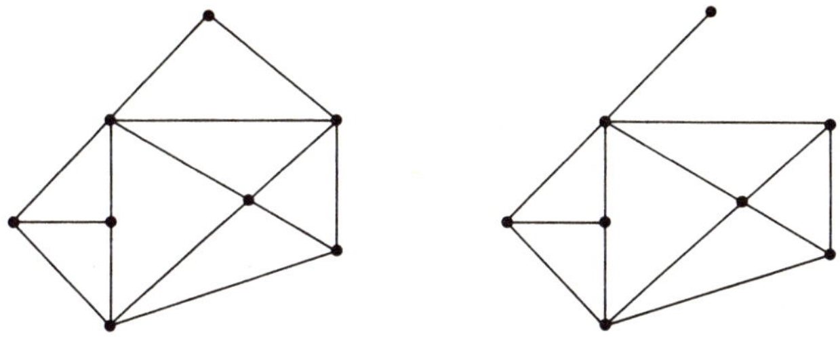

Abb. 39
Entfernt man eine äußere Kante des Netzwerks, so verringert sich sowohl K als auch F um 1, während E unverändert bleibt. Der Wert der Größe $E - K + F$ ändert sich dadurch insgesamt nicht.

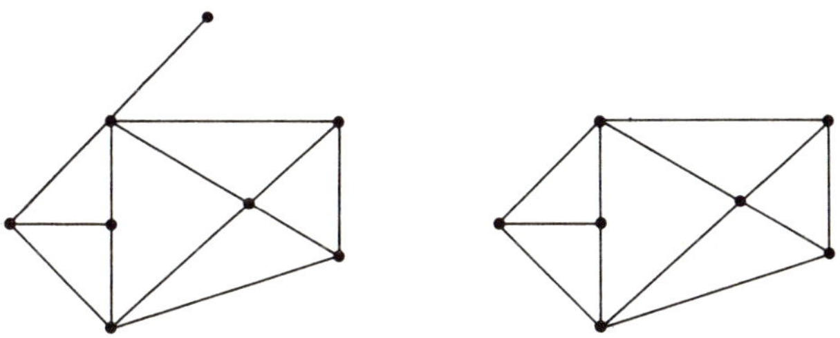

Abb. 40
Die Entfernung einer «herausstehenden» Ecke vom Netzwerk verringert sowohl E als auch K um 1, während F unverändert bleibt. Wiederum ändert sich dadurch der Wert der Größe $E - K + F$ insgesamt nicht.

netes Beispiel für die Art der Beweisführung, wie sie sowohl in der Graphentheorie als auch im Rahmen der Untersuchung des Vierfarbenproblems Anwendung findet. Angenommen, wir wollen für ein beliebiges Netzwerk beweisen, daß $E - K + F = 1$ ist. Was geschieht, wenn wir eine äußere Kante des Netzwerks entfernen (vorausgesetzt, es gibt überhaupt eine)? In diesem Fall verkleinern sich K und F um 1, während E unverändert bleibt (vgl. Abb. 39). Die Größe $E - K + F$ ändert sich also insgesamt nicht. Was geschieht, wenn das Netzwerk eine «herausstehende» Ecke besitzt (vgl. Abb. 40) und wir diese mitsamt ihrer Verbindungskante wegnehmen? E verringert sich dabei ebenso wie K um 1, während F unverändert bleibt. Erneut beeinträchtigt dies die Größe $E - K + F$ nicht. Wenn wir nun beginnen, unser Netzwerk durch die Entfernung von äußeren Kanten und herausstehenden Ecken immer weiter zu reduzieren (wie eine Insel, die durch das Meer abgetragen wird), so erhalten wir schließlich ein triviales Netzwerk, das aus einer einzigen Ecke besteht. In diesem Fall ist $E = 1$, $K = 0$ und $F = 0$; die Gleichung $E - K + F = 1$ ist also für diese letzte Minimalversion unseres «Netzwerks» erfüllt. Da keine der Operationen zur Reduzierung des Netzwerks die Größe $E - K + F$ verändert, muß der Wert dieser Gleichung auch für unser *ursprüngliches Netzwerk* 1 betragen haben. Damit ist unsere Annahme bewiesen. Sie können dies ganz einfach selbst überprüfen, indem Sie mit einem beliebigen Netzwerk beginnen und dann fortlaufend die äußeren Kanten und herausstehenden Ecken entfernen, während Sie gleichzeitig die Werte von E, K und F vermerken.

Der Satz von de Morgan

Das einzige positive Ergebnis, das de Morgan im Zusammenhang mit dem Vierfarbenproblem erzielte, war der Beweis, daß es keine Landkarte geben kann, in der fünf Länder so angeordnet sind, daß jedes Land mit jedem der vier anderen eine gemeinsame Grenze besitzt. Dies läßt sich mit Hilfe des Netzwerks und der Eulerschen Formel leicht zeigen. Auf Netzwerke bezogen, lautet die Aussage des de Morganschen Satzes so: Es ist nicht möglich, ein Netzwerk, bestehend aus fünf Ecken, so zu konstruieren, daß jede Ecke mit jeder der vier anderen verbunden ist. Wenn Sie dies einmal ausprobieren (vgl. Abb. 41), werden Sie feststellen, daß stets zwei Ecken übrigbleiben, die nicht mit den anderen verbunden werden können, ohne eine bereits gezogene Verbindungslinie zu schneiden. Als Beweis kann dies jedoch nicht angesehen werden, da Sie ja vielleicht die ersten Verbindungslinien nicht geschickt genug gezogen haben. Im folgenden entwickeln wir nun einen streng mathematischen Beweis, der unabhängig von Zeichnungen ist.

Wir setzen die Möglichkeit voraus, ein Netzwerk, bestehend aus fünf Ecken, so zu zeichnen, daß jede Ecke mit allen anderen verbunden ist. Wenn man die gesamte Umgebung des Netzwerks in der Ebene als

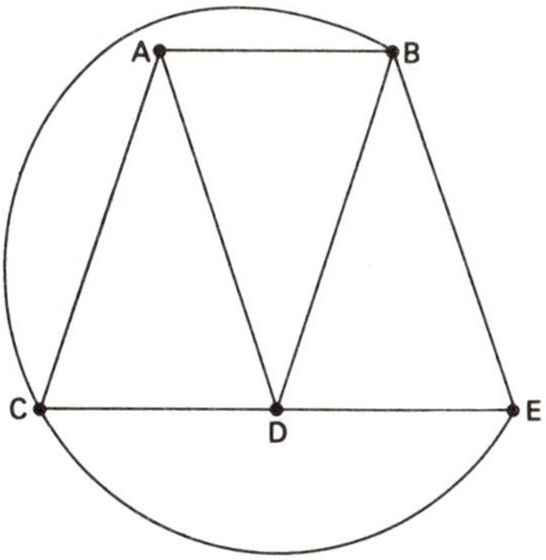

Abb. 41
Es ist nicht möglich, ein Netzwerk mit fünf Ecken so zu zeichnen, daß jede Ecke mit jeder der anderen vier verbunden ist. Gleichgültig, wie wir die Verbindungslinien ziehen, es bleiben stets zwei Ecken übrig, die nicht verbunden werden können, ohne bereits gezogene Linien zu schneiden. In dem hier gezeigten Netzwerk sind dies die Ecken *A* und *E*.

eine zusätzliche «Fläche» betrachtet, dann trennt jede Kante des Netzwerks stets genau zwei Flächen. Aufgrund der Einführung dieser zusätzlichen Fläche gilt für unsere Betrachtung nunmehr die Eulersche Polyederformel

$$E - K + F = 2.$$

Von E ist der Wert bekannt, er beträgt 5. Da jede Ecke außerdem durch eine Kante mit jeder anderen verbunden ist, wissen wir, daß $K = 10$ ist. F muß also 7 betragen, damit die Eulersche Formel wahr ist.

So weit, so gut. Führen wir nun jedoch eine andere Rechnung durch. Jede Fläche ist von mindestens drei Kanten umgeben (auch jene «Fläche», die gerade eben erst eingeführt wurde, obwohl der Begriff «umgeben» hier in einem topologischen Sinn zu verstehen ist). Wenn wir also die Kanten in Abhängigkeit von den Flächen ausrechnen, erhalten wir mindestens $3 \times 7 = 21$ Kanten. Berechnen wir die Kanten allerdings auf diese Weise nach den Flächen, so müssen wir berücksichtigen, daß jede Kante zweimal in die Rechnung eingeht, da sie ja stets zwei Flächen trennt. Die korrekte Antwort müßte also lauten, es gibt mindestens $1/2 \times 21 = 10\ 1/2$ Kanten. Offensichtlich kann es jedoch keine halbe Kante geben, und so bedeutet dies, daß es mindestens 11 Kanten geben muß. Wie dagegen oben festgestellt wurde, ist $K = 10$. Unsere ursprüngliche Annahme führt also zu einem Widerspruch und muß – so die übliche Schlußfolgerung bei einer solchen Beweisführung – falsch sein. Folglich ist es nicht möglich, ein Netzwerk mit fünf Ecken so zu konstruieren, daß jede Ecke mit jeder der anderen vier verbunden ist. Damit ist der de Morgansche Satz bewiesen.

Der Fünffarbensatz

Nicht lange nachdem Cayley das Vierfarbenproblem der London Mathematical Society vorgetragen hatte, veröffentlichte im Jahre 1879 eines ihrer Mitglieder, der Rechtsanwalt Alfred Bray Kempe, einen Artikel, in dem er behauptete, die Vierfarbenvermutung bewiesen zu haben. Er irrte sich jedoch, und elf Jahre später deckte Percy John Heawood einen entscheidenden Fehler in der Beweisführung auf. Heawood konnte indessen genug von dem ursprünglichen Beweis retten, um zu zeigen, daß fünf Farben stets ausreichen, eine beliebige Landkarte zu kolorieren. Da dieser Beweis des «Fünffarbensatzes» nicht übermäßig kompliziert ist, möchte ich ihn hier vorstellen.

Es sei zunächst darauf hingewiesen, daß es für das Vier- bzw. Fünffarbenproblem ohne Bedeutung ist, ob sich unsere Landkarte in der Ebene oder auf der Oberfläche einer Kugel befindet. Dies läßt sich mit Hilfe einer ähnlichen Argumentation wie der obigen zur Verdeutlichung des Zusammenhangs zwischen der Eulerschen Netzwerk-Formel und der Eulerschen Polyeder-Formel beweisen: Wenn wir mit einer Karte auf der Kugeloberfläche beginnen, können wir diese in eine äquivalente Landkarte in der Ebene umformen, indem wir in die Mitte einer der Regionen ein Loch bohren und dann die ganze Karte flach auseinanderziehen. Die durchbohrte Region verwandelt sich in diesem Fall in eine Fläche, die die gesamte Landkarte umgibt. Wenn wir umgekehrt eine Landkarte in der Ebene betrachten, können wir uns jene die Landkarte umgebende Fläche als ein zusätzliches Land vorstellen und die Karte so zusammenbiegen, daß sie die Form einer Kugel annimmt. Die zusätzliche Fläche fügt sich in diesem Fall zu einer «abgeschlossenen» Region wie die anderen zusammen. Als logische Schlußfolgerung ergibt sich daraus: Wenn es möglich ist, jede Karte in der Ebene mit N Farben zu kolorieren, so gilt dies auch für jede Karte auf der Kugeloberfläche und umgekehrt.

In der Tat werden wir den «Fünffarbensatz» für Landkarten auf der Kugeloberfläche beweisen und uns dabei der Eulerschen Formel bedienen, die für Landkarten auf der Kugeloberfläche lautet:

$$E - K + F = 2.$$

Anders als beim Beweis des de Morganschen Satzes greifen wir für den Beweis des Fünffarbensatzes nicht auf die äquivalente Vorstellung des Netzwerks zurück, sondern verwenden die Formel direkt im Zusammenhang mit Landkarten. Unter einer *Fläche* versteht man hier also eine Region der Landkarte, unter einer *Kante* eine Grenze, und eine *Ecke* stellt den Schnittpunkt dar, in dem mehrere Grenzen zusammentreffen.

Unser Beweis beruht nun darauf, eine völlig willkürlich gegebene Landkarte auf der Kugeloberfläche durch fortlaufende Verschmelzung zweier oder mehrerer benachbarter Länder allmählich so zu vereinfachen, daß sie schließlich nur noch aus höchstens fünf Ländern besteht. In diesem Fall kann die Karte natürlich offensichtlich mit fünf oder weniger Farben koloriert werden. Vorausgesetzt, daß die zur Reduzierung der Landkarte durchgeführten Schritte nicht die Anzahl der zur Ausmalung der Karte benötigten Farben verringern, beweist dies, daß fünf Farben ausreichen, um die ursprüngliche Landkarte zu färben. Die wesentliche Aufgabe des Beweises besteht also darin, die einzelnen Schritte zu beschreiben, die eine gegebene Landkarte *reduzieren*, ohne die Anzahl der zur Kolorierung benötigten Farben zu verringern. Es gibt sechs verschiedene *Reduktionsprozesse*, die abhängig von den jeweiligen Länderkonfigurationen in der Landkarte in verschiedenen Fällen Anwendung finden:

Eine Region, die vollkommen von einer anderen umschlossen ist (vgl. Abb. 42a)), kann erstens mit dieser zu einem Ganzen zusammengefügt werden. Wenn es möglich ist, die so entstandene neue Landkarte mit nur zwei Farben zu färben, so gilt dies auch für die ursprüngliche Karte: Die innere Region wird einfach mit einer anderen Farbe bemalt als die sie umschließende.

Die nächste Reduktionsoperation findet Anwendung, wenn mehr als drei Regionen in einem Eckpunkt zusammentreffen. Berühren sich nämlich mindestens vier Regionen in einer Ecke, so folgt zwangsläufig, daß zwei davon keine gemeinsame Grenze besitzen und zu einer gemeinsamen Fläche verschmolzen werden können (zur Erläuterung dieses Falls vgl. Abb. 42b). Ergibt sich nun für die Kolorierung der so geänderten Karte eine bestimmte Anzahl von Farben, so kann diese auf

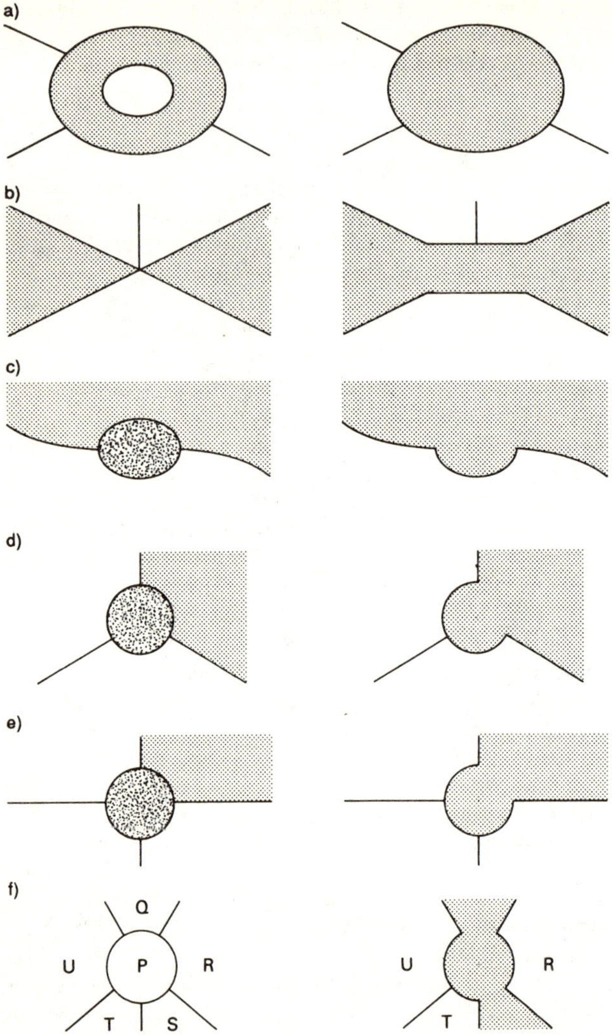
a)
b)
c)
d)
e)
f)
Q
U
P
R
T
S
U
R
T

die ursprüngliche Karte übertragen werden, indem man die zwei zusammengefaßten Gebiete in der gleichen Farbe koloriert und die übrigen Länder so beläßt wie in der anderen Karte. Durch wiederholte Anwendung dieser Reduktion kann man jede beliebige Landkarte so vereinfachen, daß nie mehr als drei Länder in einer Ecke zusammenstoßen. Dies wird für alle weiteren Reduktionen vorausgesetzt.

Wenn es eine Region gibt, die genau zwei Nachbarn besitzt (Abb. 42c)), so kann sie durch Verschmelzung mit einem der beiden «entfernt» werden. Wenn die neu entstandene Karte mit mindestens drei Farben angemalt werden kann, so gilt dies auch für die ursprüngliche Landkarte; die zwischen den zwei anderen Flächen gelegene Region wird einfach anders als diese eingefärbt.

Jede Region mit drei angrenzenden Gebieten kann durch Verschmelzung mit einem Nachbarn «entfernt» werden (vgl. Abb. 42d)). Analog zum vorherigen Fall kann die ursprüngliche Karte genau dann mit mindestens vier Farben koloriert werden, wenn dies für die neu entstandene Karte zutrifft.

Auf die gleiche Weise kann auch jede an vier Gebiete grenzende Region mit einem ihrer Nachbarn verschmolzen werden (Abb. 42e)), wobei diese Reduzierung für die Kolorierung der ursprünglichen Karte ohne Einfluß bleibt, wenn fünf Farben zur Verfügung stehen.

Durch konsequente Anwendung der oben genannten Reduktionen erhalten wir schließlich eine Landkarte, in der kein Land völlig von einem anderen umschlossen ist, in der in jeder Ecke genau drei Kanten zusammenstoßen und in der jede Region mindestens fünf Ecken besitzt. Mindestens eine Region besitzt außerdem genau fünf Ecken, was wir im folgenden beweisen wollen.

Gegeben seien E Ecken, K Kanten und F Flächen. a sei die durchschnittliche Anzahl der Kanten, die eine Fläche umgeben. a kann also durchaus ein Bruch sein. Da jede Kante zwischen zwei Regionen liegt, gilt

$$2K = aF.$$

Außerdem wird jede Ecke von drei Kanten gebildet und jede Kante verbindet zwei Ecken, folglich ist

Abb. 42
Die dem Beweis des Fünffarbensatzes zugrundeliegenden Reduktionen.

$$3E = 2K.$$

Daraus ergibt sich

$$3E = 2K = aF.$$

Setzt man $E = 1/3\ aF$ und $K = 1/2\ aF$ in die Eulersche Formel $E - K + F = 2$ ein, so erhält man

$$\frac{1}{3}aF - \frac{1}{2}aF + F = 2$$

bzw.

$$a = 6 - \frac{12}{F}.$$

Folglich ist a kleiner als 6. Da die durchschnittliche Anzahl von Kanten einer Fläche kleiner als 6 ist, muß es einige Regionen geben, die weniger als 6 Kanten besitzen. Alle Regionen sind jedoch mindestens von 5 Kanten umschlossen. Daraus folgt, daß einige Regionen genau 5 Kanten besitzen, wie wir dies beweisen wollten.

Betrachten wir nun eine solche durch fünf Kanten begrenzte Region P mit den Nachbarn Q, R, S, T, U (vgl. Abb. 42f)). Zwei Nachbarn von P berühren sich nicht, etwa Q und S; sie werden mit P zu einem Ganzen verschmolzen. Wenn die so entstandene neue Landkarte mit fünf Farben ausgemalt werden kann, gilt dies auch für die ursprüngliche Karte. In der Karte, in der P, Q und S verschmolzen sind, haben Q und S die gleiche Farbe, so daß P von nur vier Farben umgeben ist. Für P bleibt also genau eine Farbe übrig.

Damit ist der Reduktionsprozeß abgeschlossen. Da sich die Anzahl der Regionen auf der Landkarte mit jedem Schritt verringert, gelangen wir durch wiederholte Anwendung dieser Operationen schließlich zu einer Karte mit fünf oder weniger Regionen. Diese Karte kann offensichtlich mit fünf Farben koloriert werden, woraus folgt, daß dies auch für die ursprüngliche Landkarte gilt. Indem man die Reduktionen schrittweise zurückverfolgt, läßt sich die Kolorierung der Landkarte mit fünf Farben sogar auf völlig mechanische Weise erzeugen. Versuchen Sie es doch selbst einmal mit einer nicht allzu schwierigen Karte!

Der Gedanke der schrittweisen Reduktion der Landkarte liegt praktisch allen ernsthaften Bemühungen, die Vierfarbenvermutung zu beweisen, zugrunde (auch dem schließlich erfolgreichen Ansatz). Eingeführt wurde er von Kempe, wobei sein Beweis allerdings fehlerhaft war. Da die schließlich erfolgreiche Lösung im wesentlichen eine wenn auch sehr beträchtliche Erweiterung des von Kempe gewählten Ansatzes darstellt, ist es angebracht, seine Beweisführung einer genaueren Betrachtung zu unterziehen.

Kempes Methode

Obwohl Heawood den oben gegebenen Beweis des Fünffarbensatzes aus Kempes falscher Beweisführung ableitete, ist sein Beweis doch wesentlich einfacher als der, den Kempe für den Vierfarbensatz in Angriff nahm. Die Argumentation, die im Zusammenhang mit den in Abb. 42e) und 42f) dargestellten Reduktionen entwickelt wurde, versagt nämlich offensichtlich für den Fall mit nur vier Farben. Kempe hatte nun also den folgenden Weg eingeschlagen:

Man nimmt vorübergehend an, daß es eine Landkarte gibt, die erwiesenermaßen nicht mit vier Farben koloriert werden kann, für die also fünf Farben erforderlich sind. Dann versucht man, aus dieser Annahme einen Widerspruch abzuleiten. Der erste Schritt besteht dabei darin, den Begriff einer *normalen Landkarte* zu definieren. Dies ist eine Karte, in der kein Land völlig von einem anderen umschlossen ist und in der sich nie mehr als drei Länder in einem Punkt treffen. Durch Anwendung der beiden ersten der oben beschriebenen Reduktionsprozesse können wir, ausgehend von einer beliebigen Karte, die fünf Farben benötigt, eine normale Karte für fünf Farben erzeugen. Natürlich gibt es nicht nur eine, sondern viele solcher Karten, wobei diese aus unterschiedlich vielen Ländern bestehen können. Mindestens eine davon wird jedoch die für eine solche Landkarte kleinste Anzahl von Ländern aufweisen. Mit Hilfe einer solchen *minimalen normalen Karte* versuchte Kempe, den gewünschten Widerspruch herzuleiten.

Der Gedanke war dabei folgender: Jede normale Karte, die weniger Länder aufweist als die minimale, kann natürlich mit vier Farben koloriert werden. Wenn es also gelingt, eine Reduktionsoperation zu finden, die unsere Landkarte auch nur um ein einziges Land verringert, ohne die Bedingung für fünf Farben zu ändern, so erhalten wir sofort den gewünschten Widerspruch, denn es kann nicht einerseits möglich sein, die reduzierte Karte mit vier Farben zu kolorieren, wenn andererseits gilt, daß dazu mindestens fünf Farben erforderlich sind.

Kempe bewies völlig korrekt, daß es in jeder beliebigen normalen Landkarte ein Land geben muß, das höchstens fünf Nachbarn besitzt.

Mindestens eine der in Abb. 42c), d), e) oder f) gezeigten Konfigurationen muß also in der Landkarte auftreten. Kempes weitere Argumentation, die jedoch falsch war, stützte sich auf folgende Annahme: Wenn in einer minimalen normalen Landkarte, die zu ihrer Ausmalung genau fünf Farben benötigt, ein Land mit höchstens fünf Nachbarn vorkommt, dann ist es möglich, die Landkarte zu reduzieren, so daß eine normale Karte mit weniger Ländern entsteht, für die jedoch dennoch die Bedingung der fünf Farben gilt. Damit wäre nach Kempe der gewünschte Widerspruch herbeigeführt. Sofern Länder mit zwei, drei oder vier Nachbarn betroffen sind, ist Kempes Beweisführung durchaus korrekt. Die Argumentation für die Fälle mit zwei und drei Nachbarn ist im obigen Beweis des Fünffarbensatzes beschrieben worden. Für den Fall mit vier Nachbarn müssen wir allerdings einen anderen, subtileren Weg beschreiten. Es erweist sich als unumgänglich, jene die Konfiguration umgebende Fläche der Landkarte in die Betrachtung einzubeziehen und nach Möglichkeit einige der Farben der angrenzenden Länder zu verändern. Diese Aufgabe ist nicht übermäßig schwierig, doch erfordert sie gründliches Nachdenken und einen gewissen Einfallsreichtum. Für Länder mit fünf Nachbarn (vgl. Abb. 42f)) weist die Beweisführung von Kempe jedoch einen schwerwiegenden Fehler auf, wie Heawood feststellte.

Trotzdem enthält Kempes Beweis bereits zwei der Schlüsselgedanken, die in der endgültigen Lösung des Problems Anwendung finden sollten. Der eine ist der Begriff einer *unvermeidbaren Menge* von Konfigurationen – dies ist eine Sammlung von Länderkonfigurationen, von denen mindestens eine in jeder beliebigen minimalen normalen Karte für fünf Farben enthalten sein muß. Kempes unvermeidbare Menge bestand aus den in Abb. 42c), d), e) und f) gezeigten Konfigurationen. Der andere Gedanke beruht auf dem Begriff der *Reduzibilität*: Wenn eine bestimmte Konfiguration in einer mit fünf Farben färbbaren minimalen normalen Karte vorkommt, dann ist es möglich, die Anzahl der Länder in der Karte zu reduzieren und so einen Widerspruch zu schaffen, der darin besteht, daß eine normale Karte, die fünf Farben benötigt, weniger Länder besitzt als die minimale Karte. Wenn man also zeigen kann, daß jede Konfiguration einer unvermeidbaren Menge reduzibel ist, dann kann man auch den Vierfarbensatz beweisen. Kempe scheiterte, weil sein Reduzibilitätsbeweis für eine der vier Konfigurationen seiner unvermeidbaren Menge falsch war. Der Beweis von Appel und Haken war schließlich erfolgreich, weil sie diesen fehlerhaften letzten Fall einer gründlichen Analyse unterzogen. Dazu bedurfte es der Entdeckung einer anderen unvermeidbaren Menge, die fast 1500 Konfigurationen besaß. An dieser Zahl können Sie bereits ermessen, welche Schwierigkeiten Appel und Haken bei ihrem Beweis bewältigen mußten. Zunächst beschäftigen wir uns jedoch mit der Frage, welche Fortschritte in der Zeit zwischen Kempes falschem Beweis und der schließlich richtigen Lösung von Appel und Haken erzielt wurden?

Heawoods Formel

Die Arbeit von Heawood wurde bereits erwähnt. Nachdem er 1890 den Fehler in Kempes Beweis aufgespürt hatte, widmete er sich die nächsten 60 Jahre seines Lebens der Erforschung dieser Thematik. Obwohl er das Vierfarbenproblem selbst nicht lösen konnte, gelang es ihm, die entsprechende Frage für Landkarten auf anderen Flächen als der Ebene oder der Kugeloberfläche zu beantworten. Seine Lösungen beruhen dabei auf der sogenannten *Eulerschen Charakteristik* einer Fläche. Wenn man eine beliebige Fläche betrachtet, etwa die Oberfläche einer Kugel, eines Torus oder eines Doppeltorus (vgl. Abb. 43), und diese Fläche vollständig mit einer Landkarte bedeckt, so ist $E - K + F$ stets gleich groß, unabhängig davon, wie wir die Landkarte zeichnen. Diese Eigenschaft kennen wir bereits von der Landkarte auf der Kugeloberfläche, wo die Antwort stets 2 beträgt. Die Größe $E - K + F$, die also nicht von der jeweiligen Landkarte abhängt (eine Karte ist in diesem Zusammenhang so gut wie jede andere), sondern vielmehr von der jeweiligen Fläche (unterschiedliche Flächen ergeben unterschiedliche Werte), heißt die *Eulersche Charakteristik* einer Fläche. Sie ist eine *topologische Invariante* der Fläche, oder anders ausgedrückt, sie verändert sich nicht, gleichgültig, welchen topologischen Transformationen die Fläche unterworfen wird. Für den Torus beträgt die Eulersche Charakteristik 0, für den Doppeltorus ist sie –2; für die Kleinsche Flasche, eine merkwürdige Fläche, die keinen Rand und nur eine Seite besitzt, und die im dreidimensionalen Raum nur dargestellt werden kann, wenn sie *sich selbst durchdringen* darf (vgl. Abb. 44), ist sie 0, das ist der gleiche Wert wie für den Torus. Obwohl sie dieselbe Eulersche Charakteristik besitzen, sind der Torus und die Kleinsche Flasche topologisch *nicht* äquivalent, da sie nicht durch stetige Deformation ineinander überführt werden können. Während also topologisch äquivalente Flächen stets dieselbe Eulersche Charakteristik besitzen, kann dies für topologisch unterschiedliche Flächen zufällig der Fall sein.

Mit Hilfe einer im wesentlichen gleichen Argumentation wie beim Beweis des Fünffarbensatzes für Landkarten auf der Kugeloberfläche

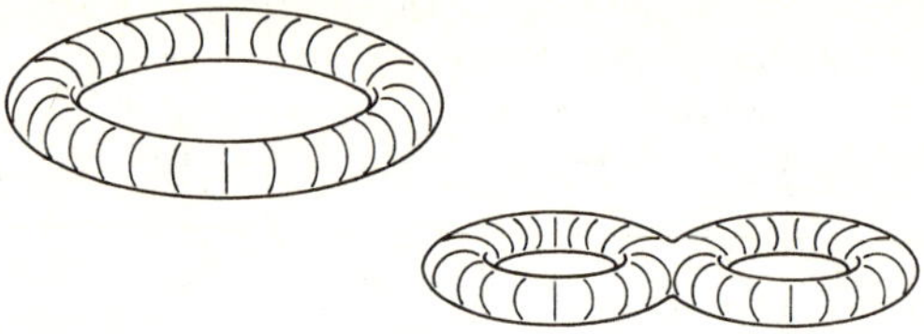

Abb. 43
Ein Torus und ein Doppeltorus.

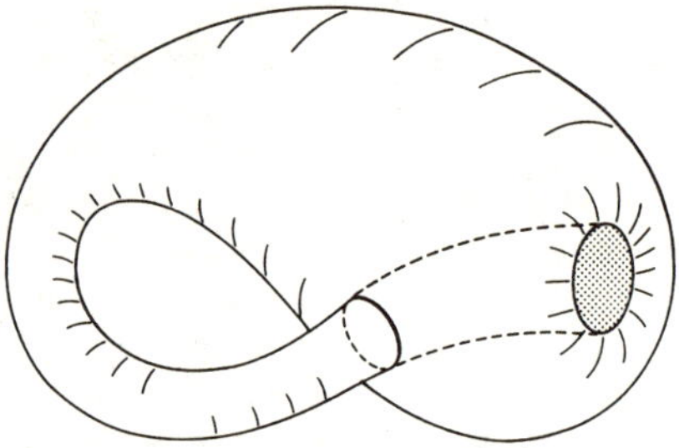

Abb. 44
Die Kleinsche Flasche – eine geschlossene topologische Fläche, die keinen Rand und nur eine Seite besitzt. Im dreidimensionalen Raum läßt sich dies nur erreichen, wenn man der Fläche erlaubt, sich selbst zu «durchdringen». In vier Dimensionen wäre eine solche Selbstdurchdringung nicht erforderlich.

konnte Heawood zeigen, daß für eine Fläche der Eulerschen Charakteristik n stets

$$\frac{1}{2}\,(7 + \sqrt{49 - 24n})$$

Farben ausreichen, um jede beliebige Landkarte auf ihrer Oberfläche zu kolorieren, vorausgesetzt, n ist höchstens gleich 1. Leider ist die einzige Fläche, für die n größer als 1 ist, die Kugeloberfläche (hier ist n = 2), so daß Heawoods beeindruckendes Ergebnis ausgerechnet in dem Fall versagte, der das größte Interesse weckte. Setzt man $n = 2$ in Heawoods Formel ein, so erhält man natürlich 4!

Für den Torus, für den $n = 0$ ist, reichen folglich sieben Farben aus. Da es außerdem nicht schwierig ist, eine Landkarte auf dem Torus zu zeichnen, die nicht mit sechs Farben koloriert werden kann, beweist dies den «Siebenfarbensatz» für Landkarten auf dem Torus in dem Sinne, daß sieben Farben ausreichen, weniger jedoch nicht. In der Tat bewiesen Ringel und Youngs im Jahre 1968, daß Heawoods Formel mit Ausnahme von zwei Fällen stets genau die Mindestanzahl der erforderlichen Farben angab. Die zwei Ausnahmen waren die Kugel, für die die Antwort damals noch nicht bekannt war, und die Kleinsche Flasche ($n = 0$), für die die Formel 7 ergibt, obwohl in einem anderen Beweisverfahren gezeigt werden kann, daß sechs Farben ausreichen. Nachdem der Vierfarbensatz mittlerweile bewiesen ist, stellt die Kleinsche Flasche die *einzige* Fläche dar, für die Heawoods Formel nicht genau die Mindestanzahl der erforderlichen Farben angibt.

Eine Lösung der Vierfarbenvermutung rückt näher

Zahlreiche Mathematiker (und noch viel mehr Amateure) untersuchten im Anschluß an Heawoods Arbeiten das Vierfarbenproblem. Dabei wurden zahlreiche mathematische Methoden entwickelt, die sich schließlich in anderen Bereichen der Mathematik als sehr nützlich erweisen sollten. Nur von einem Teil dieser Bemühungen läßt sich rückblickend sagen, daß sie zur Lösung des Problems beigetragen haben. Es folgt ein kurzer Überblick über die Entwicklung.

Im Jahre 1913 verbesserte George Birkhoff die von Kempe entwickelte Reduktionsmethode und konnte so zeigen, daß gewisse Konfigurationen, die größer waren als die von Kempe untersuchten, reduzibel waren. 1922 verwendete Franklin einige der Birkhoffschen Ergebnisse, um zu beweisen, daß jede aus 25 oder weniger Ländern bestehende Landkarte mit vier Farben koloriert werden kann. 1926 weitete Reynolds diesen Beweis auf 27 Länder aus, und 1938 gelang es Franklin, einen neuen «Rekord» von 31 Ländern aufzustellen. 1940 bewies Winn die Vierfarbenvermutung für 35 Länder. Hier ruhte die Angelegenheit zunächst einmal, bis es Ore und Stemple 1970 gelang, sie für alle Landkarten mit weniger als 40 Ländern zu beweisen. Die Zahl erhöhte sich auf 96, bevor der von Appel und Haken erbrachte Beweis all solche Ergebnisse überflüssig machte.

Doch obwohl all diese Arbeiten zeigten, daß viele Konfigurationen reduzibel waren, bildete die Menge aller Konfigurationen, für die bis 1970 der Beweis ihrer Reduzibilität erbracht war, keineswegs eine unvermeidbare Menge (wie dies für den Beweis der Vierfarbenvermutung erforderlich wäre). Zwar hatte man verschiedene unvermeidbare Mengen konstruiert, doch schien keine davon zu einer unvermeidbaren Menge reduzibler Konfigurationen zu führen. Es war entweder die Bedingung der Reduzibilität oder das Kriterium einer unvermeidbaren Menge erfüllt, niemals jedoch beides gleichzeitig. 1950 schätzte der deutsche Mathematiker Heinrich Heesch, der sich seit 1936 mit dem Vierfarbenproblem beschäftigt hatte, daß eine unvermeidbare Menge von reduziblen Konfigurationen ungefähr 10000 verschiedene Länderanordnungen enthalten müsse. Obwohl sich herausstellen sollte, daß diese Schätzung viel zu hoch gegriffen war, zeigte sie doch ganz richtig, daß das Problem nur mit Hilfe sehr leistungsfähiger Rechenanlagen gelöst werden konnte. Nachdem Heesch erkannt hatte, daß der Schlüssel zur Lösung des Problems darin lag, sehr große Mengen von Konfigurationen untersuchen zu können, war er auch der erste, der einen computergestützten Lösungsansatz befürwortete und in Angriff nahm.

Er begann damit, die verschiedenen bekannten Beweisverfahren für die Reduzibilität von Konfigurationen zu formalisieren, und stellte dabei fest, daß mindestens ein Verfahren (eine einfache Verallgemeinerung der von Kempe entwickelten Methode) ausreichend mechanisch war, um von einem Computer durchgeführt zu werden. Karl Dürre, ein Student von Heesch, schrieb daraufhin ein Programm, mit welchem die Eigenschaft der Reduzibilität bewiesen werden konnte. All diese Arbeiten beruhten übrigens auf dem Gedanken des Netzwerks, das sich bei der computergestützten Behandlung des Problems als leichter handhabbar erwies als die ursprüngliche Formulierung des Problems für Landkarten.

Eine Schwierigkeit, die in diesem Zusammenhang überwunden werden mußte, war die folgende: Wenn es mit Hilfe einer Methode nicht gelang, die Reduzibilität einer bestimmten Konfiguration zu beweisen, so bedeutete dies nicht notwendigerweise, daß die Konfiguration irreduzibel war – eine andere Methode konnte dort erfolgreich sein, wo die erste scheiterte. Um diese Schwierigkeit zu beseitigen, war es erforderlich, so etwas wie ein kleines «Arsenal» von verschiedenen Methoden für den Beweis der Reduzibilität zu entwickeln. Gegen Ende der sechziger Jahre hatte Heesch schließlich ein so großes Instrumentarium geschaffen, daß Appel und Haken 1976 in der Lage waren, die endgültige Lösung des Problems in Angriff zu nehmen.

Ein vergleichbarer Fortschritt in dem Bemühen, eine unvermeidbare Menge von Konfigurationen zu konstruieren, blieb hingegen aus. Heesch bediente sich zwar kurzzeitig einmal einer Methode, die analog dazu war, eine Ladung in einem elektrischen Netzwerk zu bewegen, doch verfolgte er diesen Weg nicht sehr weit. Vielleicht hätte er dies tun sollen, denn dies war der Schlüssel zur Lösung des Vierfarbenproblems.

Heeschs Methode der Ladungsverschiebung

Eine minimale normale Landkarte, die zu ihrer Kolorierung fünf Farben benötigt, besitzt ein Netzwerk, das in Übereinstimmung mit der Kempeschen Arbeit die folgenden Bedingungen erfüllt: Jede seiner Flächen ist ein Dreieck und in jeder Ecke stoßen mindestens fünf Kanten zusammen. (Die Anzahl der Kanten, die in einer Ecke zusammentreffen, nennt man den *Grad* der Ecke.) Man ordnet nun jeder Ecke des Netzwerks eine elektrische Ladung zu. Wenn eine Ecke vom Grad k ist, so besitzt sie die Ladung $6 - k$. Ecken vom Grad 5 haben also die positive Ladung +1, Ecken vom Grad 6 besitzen keine Ladung, Ecken vom Grad 7 haben die Ladung –1 usw. Aus Kempes Arbeit folgt, daß die Summe aller Ladungen in jedem beliebigen Netzwerk stets 12 beträgt. Bedeutsam ist in diesem Zusammenhang nicht die Zahl 12, sondern die Tatsache, daß die Summe der Ladungen stets positiv ist.

Nehmen wir nun an, wir verschieben positive Ladungen oder auch nur Bruchteile von Ladungen im Netzwerk. Natürlich ändert sich darüber die Gesamtladung des Netzwerks nicht, doch können einige Ecken vom Grad 5 plötzlich ihre Ladung verlieren (sie *entladen* sich), während andere Ecken vom Grad 6 oder größer vielleicht eine positive Ladung erhalten (sie *laden sich auf*). Die endgültige Ladungsverteilung hängt dabei offensichtlich von dem jeweils verwendeten *Umverteilungs-* bzw. *Entladungsverfahren* ab. Da es möglich ist, die Anordnung kleiner Teile einer Landkarte zu ermitteln, ohne die gesamte Karte zu kennen (hierin liegt genau der Schlüssel zur Lösung des Problems), kann man mit Hilfe eines bestimmten Entladungsverfahrens, das auf jede Landkarte anwendbar ist, eine endliche Liste aller Konfigurationen erzeugen, die schließlich eine positive Ladung besitzen.

Aus der Tatsache, daß die Gesamtladung des Netzwerks positiv ist, folgt, daß es immer einige Ecken gibt, die positiv geladen sind. Da nun alle möglichen Empfänger positiver Ladungen in jener endlichen Liste von Konfigurationen enthalten sind, die mit Hilfe des Entladungsverfahrens erzeugt werden kann, muß jedes Netzwerk der hier betrachteten Art mindestens eine dieser Konfigurationen enthalten. Mit anderen Worten, die Liste der erzeugten Konfigurationen bildet eine unvermeidbare Menge, und genau dies haben wir gesucht. Kempes ursprüngliche unvermeidbare Menge entspricht dann dem trivialen Fall, der sich ergibt, wenn wir überhaupt keine Ladung verschieben. Das Entladungsverfahren stellt somit eine Verallgemeinerung der Kempeschen Methode dar und sollte insofern eine größere Aussicht auf Erfolg haben!

Ein einfaches Beispiel soll das Gesagte verdeutlichen: Angenommen, unser Entladungsverfahren besteht darin, $1/5$ einer Ladungseinheit von jeder Ecke vom Grad 5 an jede Nachbarecke vom Grad 7 oder mehr zu übertragen. Die resultierende unvermeidbare Menge besteht dann genau aus den beiden in Abb. 45 dargestellten Konfigurationen. Um zu sehen, wie diese zustande kommen, beachten Sie bitte, daß eine Ecke vom Grad 5 nur dann mit einer positiven Ladung aus dem Verfahren hervorgehen kann, wenn sie mindestens eine benachbarte Ecke vom Grad 5 (Abb. 45a)) oder eine vom Grad 6 besitzt (Abb. 45b)). Eine Ecke vom Grad 6 besitzt zunächst überhaupt keine Ladung und erhält bei diesem Verfahren auch keine hinzu. Eine Ecke vom Grad 7 kann nur dann positiv werden, wenn sie mindestens sechs Nachbarn besitzt, die vom Grad 5 sind. Weil jede Fläche ein Dreieck ist, sind in diesem Fall zwei dieser Nachbarn ihrerseits durch eine Kante verbunden (Abb. 45a)) bezieht sich also auf dieses Paar von Nachbarn). Eine Ecke vom Grad 8 kann auch dann nicht positiv werden, wenn all ihre Nachbarn vom Grad 5 sind. Die Übertragung von $1/5$ der Ladung reicht dazu einfach nicht aus. Eine Ecke vom Grad 8 besitzt die ursprüngliche Ladung -2; selbst wenn alle Nachbarn vom Grad 5 sind und jeweils $1/5$ ihrer Ladung abgeben, erhalten wir dadurch nur $8 \times 1/5 = 1\,3/5$ Einheiten, was bedeutet, daß die endgültige Ladung immer noch $-2/5$ ist.

Die zwei abgebildeten Konfigurationen bilden somit eine unvermeidbare Menge. Das heißt: Da die obige Beweisführung für jedes beliebige Netzwerk der hier betrachteten Art gilt, finden wir mindestens eine der beiden Konfigurationen stets vor.

Mit Hilfe der Ladungsverschiebung hoffte man nun also, ein Entladungsverfahren zu finden, das eine unvermeidbare Menge von ausschließlich reduziblen Konfigurationen erzeugen würde. Wenn dies gelänge, so würde dies sofort auch die Wahrheit des Vierfarbensatzes beweisen. Keine der beiden oben erzeugten Konfigurationen ist übrigens reduzibel.

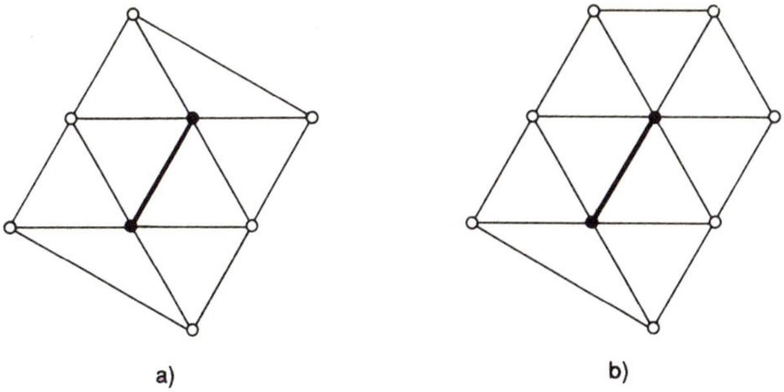

Abb. 45
Eine unvermeidbare Menge, die mit Hilfe des im Text beschriebenen, einfachen Entladungsverfahrens erzeugt wird. Die unvermeidbare Menge besteht aus den Konfigurationen a) und b). In a) wird die Konfiguration aus zwei verbundenen Ecken vom Grad 5 gebildet; in b) wird eine Ecke vom Grad 5 mit einer Ecke vom Grad 6 verbunden. Diese beiden Eckenpaare sind als schwarze Kreise eingezeichnet, die durch eine fettgedruckte Linie verbunden sind. Der verbleibende Teil jeder Konfiguration wird durch den jeweiligen Grad der Ecken in dem erzeugenden Paar und durch die Tatsache bestimmt, daß das Netzwerk triangulär ist. Der Grad jeder der als weißer Kreis gezeichneten äußeren Ecken unterliegt keinerlei Beschränkungen. Der Begriff der Unvermeidbarkeit bedeutet, daß mindestens eines der beiden Netzwerke a) und b) stets auftreten muß.

Der Beweis des Vierfarbensatzes

1970 stieß Wolfgang Haken auf einige neue Methoden zur Verbesserung der bisherigen Entladungsverfahren. Obwohl die Aufgabe noch immer gewaltig war und ein immenses Maß an Rechenzeit erfordern würde, weckte dies in ihm die Hoffnung, daß damit der Beweis des Vierfarbensatzes in greifbare Nähe gerückt sei. 1972 machten er und Kenneth Appel sich ernsthaft daran, diese Hoffnung in die Tat umzusetzen.

Ihr Ziel war es, ein Entladungsverfahren zu entwickeln, welches eine unvermeidbare Menge von reduziblen Konfigurationen erzeugen würde. Dies beinhaltete zweierlei: Man mußte ein geeignetes Entladungsverfahren finden und dann beweisen, daß alle entstehenden unvermeidbaren Konfigurationen reduzibel waren. Zunächst arbeiteten Haken und Appel mit sehr beschränkten Arten von Netzwerken, von denen sich in früheren Arbeiten Heeschs und anderer gezeigt hatte, daß man leichter mit ihnen umgehen konnte. Die allgemeine Strategie war dabei klar: Man beginnt mit einer vielversprechend erscheinenden Entladungsprozedur und versucht zu beweisen, daß jede der entstehenden unvermeidbaren Konfigurationen reduzibel ist. Wenn dies für eine oder mehrere der Konfigurationen auf der Liste nicht gelingt, so bemüht man sich, das Entladungsverfahren so abzuändern, daß die problematischen Konfigurationen nicht mehr auftreten. Obwohl sich die Strategie leicht beschreiben läßt, war ihre Durchführung keineswegs einfach. Viele Wochen des «Dialogs» zwischen Mensch und Maschine waren erforderlich, um ein Entladungsverfahren nach dem anderen auszuprobieren. Doch ganz allmählich stellten sich erste Fortschritte ein. Ein ähnliches «Computer-Experiment» diente Appel und Haken auch dazu, die Methoden für den Beweis der Reduzibilität zu verbessern. Nach drei Jahren vorbereitender Untersuchungen waren sie Anfang 1976 schließlich der Meinung, daß sie genug Informationen zusammengetragen hätten, um das vollständige Problem in Angriff nehmen zu können. Aufgrund ihrer experimentellen Arbeiten waren sie im Besitz eines Entladungsverfahrens, das aller Wahrscheinlichkeit nach eine unvermeidbare Menge reduzibler Konfigurationen erzeugen würde. Daneben hatten sie ein Programm für den Beweis der Reduzibilität geschrieben, welches in der Lage sein sollte, all jene Konfigurationen zu prüfen, die ihnen begegnen würden. Ihr Programm beinhaltete die Möglichkeit, seinen eigenen Ablauf zu modifizieren, so daß es im Fall einer nichtreduziblen Konfiguration positive Ladungen im Netzwerk weiterbewegte, um die Schwierigkeit zu umgehen. Würde dies alles jedoch funktionieren? Konnte es überhaupt funktionieren? Die einzige Möglichkeit, dies herauszufinden, bestand darin, das Programm zu starten und das Ergebnis abzuwarten. Genau dies taten Appel und Haken.

Sechs Monate später, im Juni 1976, waren sie im Besitz der Antwort. Mit ihrem Programm war es ihnen gelungen, den Vierfarbensatz zu beweisen. Vier Jahre harter Arbeit und 1200 Stunden Rechenzeit waren in die Lösung investiert worden. Das schließlich erfolgreiche Entladungsverfahren unterschied sich von demjenigen, mit dem sie ursprünglich begonnen hatten, durch etwa 500 Modifikationen, die sich alle infolge der verschiedenen Programmdurchläufe ergeben hatten. Die beiden Mathematiker selbst mußten etwa 10000 Umgebungen von positiv geladenen Ecken *per Hand ausrechnen*, während der Computer mehr als 2000 Konfigurationen überprüfen und die Reduzibilität von insgesamt 1482 Konfigurationen der unvermeidbaren Menge beweisen mußte. Alles lief jedoch reibungslos. Nach einhundert Jahren intensiver Bemühungen war es schließlich gelungen, das Problem zu lösen.

Die Mathematik würde nie mehr so sein wie vorher.

8 Die Fermatsche Vermutung

Das berühmteste Problem in der Geschichte der Mathematik

Anfang 1983 bewies der 29jährige deutsche Mathematiker Gerd Faltings ein Ergebnis, welches nach über hundert Jahren den ersten bedeutenden Fortschritt auf dem Weg zu einer Lösung des zweifellos berühmtesten ungelösten Problems der Mathematik darstellte. Gemeint ist natürlich der letzte Fermatsche Satz*, ein 300 Jahre altes kniffliges Problem, das nicht nur unter Mathematikern berühmt ist. Es gibt wohl kaum einen gebildeten Menschen, der nicht zumindest von ihm gehört hätte – auch wenn er oder sie vielleicht nicht genau weiß, worum es in diesem Zusammenhang geht. Dabei liegt der Ursprung des Problems in einer einzigen kleinen Bemerkung, die man an den Rand eines Buches gekritzelt fand.

Als Pierre de Fermat am 12. Januar 1665 starb, war er einer der berühmtesten Mathematiker Europas. Obwohl sein Name heute unweigerlich mit der Zahlentheorie in Verbindung gebracht wird, waren seine Arbeiten in diesem Bereich seiner Zeit so weit voraus, daß ihn seine Zeitgenossen hauptsächlich durch seine Forschungen in der Koordinatengeometrie (die er unabhängig von Descartes erfand), der Infinitesimalrechnung (die Newton und Leibniz vervollkommneten) und der Wahrscheinlichkeitstheorie (die im wesentlichen von Fermat und Pascal begründet wurde) kannten. Trotz all seiner Errungenschaften in der Mathematik war Fermat von Beruf nicht Mathematiker, sondern Jurist und königlicher Rat am Parlament von Toulouse, eine Position, die er 1631 im Alter von 30 Jahren erlangte.

Erst nachdem er als Jurist zu arbeiten begonnen hatte, wandte sich Fermat in seiner Freizeit allmählich der Mathematik zu, einem Gegenstand, in dem er keine formale Ausbildung genossen hatte, für den er

* Im deutschsprachigen Raum als «Fermatsche Vermutung» oder als «großer Fermatscher Satz» bekannt, im angelsächsischen Sprachraum auch als «Fermats letzter Satz» bezeichnet (Anm. d. Ü.).

jedoch rasch eine starke Neigung entwickelte. Wofür er hingegen nie eine Neigung entwickelte, war die Vorbereitung seiner Arbeiten für eine Veröffentlichung. Zeit seines Lebens publizierte er, abgesehen von einigen unbedeutenden Ausnahmen, keines seiner Ergebnisse. Er unterhielt jedoch eine rege Korrespondenz mit vielen seiner Zeitgenossen, darunter mit einigen der größten Mathematiker. In einer Welt, die von so überragenden Mathematikern wie Desargues, Descartes, Pascal, Wallis und Jakob Bernoulli geprägt war, konnte sich dieser Franzose, für den die Mathematik nur ein Zeitvertreib darstellte, mit jedem von ihnen messen: Pierre Fermat, der «König der Amateure».

Es ist ein langer und interessanter Weg, der zur Formulierung der berühmten Fermatschen Vermutung führte. Als Konstantinopel im Jahre 1453 von den Türken erobert wurde, flohen die byzantinischen Gelehrten in den Westen und brachten viele alte Manuskripte griechischer Gelehrter mit sich. Unter diesen Schriften befand sich auch das, was von Diophants Werk *Arithmetica* noch erhalten war. Lange Zeit blieb dieses Manuskript weitgehend unbeachtet, bis Claude Bachet 1621 den griechischen Originaltext mit einer kommentierten lateinischen Übersetzung neu herausbrachte. Damit wurden die europäischen Mathematiker schließlich auf das Werk aufmerksam, und es scheint, daß Fermats Interesse an der Zahlentheorie durch die Lektüre der *Arithmetica* geweckt wurde.

Die *Arithmetica*, die im dritten Jahrhundert n. Chr. entstand, stellt Diophants wichtigstes Werk und eines der ersten Bücher über Algebra dar. Der größte Teil der Abhandlung befaßt sich mit den rationalen Lösungen von Gleichungen in zwei oder mehr Variablen mit ganzzahligen Koeffizienten. Mathematiker, die heutzutage an solchen Problemen arbeiten, beschränken sich im allgemeinen darauf, ganzzahlige Lösungen zu finden. Dies läuft gewöhnlich auf das gleiche hinaus. Betrachten wir zum Beispiel die lineare Gleichung in drei Variablen:

$$2X + 3Y + 4Z = 0.$$

Die rationale Lösung $X = 1/4$, $Y = 1/10$ und $Z = -1/5$ läßt sich in die ganzzahlige Lösung $X = 5$, $Y = 2$ und $Z = -4$ umformen, indem wir alle Werte mit 20, dem kleinsten gemeinsamen Vielfachen von 4, 10 und 5 multiplizieren. Ein ähnliches Verfahren läßt sich auch in vielen anderen Fällen anwenden, um eine rationale Lösung in eine ganzzahlige zu verwandeln. Dies gilt jedenfalls für alle Gleichungen, die in diesem Kapitel untersucht werden, und so beschäftigen auch wir uns im großen und ganzen nur mit ganzzahligen Lösungen.

Während Fermat die von Bachet neu aufgelegte Ausgabe der *Arithmetica* durcharbeitete, pflegte er kurze Bemerkungen an den Rand zu schreiben. Als fünf Jahre nach Fermats Tod sein Sohn Samuel begann, die Aufzeichnungen und Briefe seines Vaters für eine Veröffentlichung zu ordnen, stieß er auf das mit Anmerkungen versehene Exemplar der *Arithmetica* und beschloß, das Werk, ergänzt um einen Anhang mit den Randbemerkungen seines Vaters, neu herauszugeben. Die zweite dieser *48 Beobachtungen zu Diophantos* (wie Samuel sie nannte) bezog sich auf das von Diophant im II. Buch geschilderte 8. Problem, welches lautet: «Man schreibe eine gegebene Quadratzahl als Summe zweier anderer Quadrate.» Fermats Randbemerkung in lateinischer Sprache besagte dazu folgendes:

> *Es ist unmöglich, einen Kubus als Summe zweier Kuben zu schreiben, eine vierte Potenz als Summe zweier vierter Potenzen, oder allgemeiner gesagt, irgendeine Potenz über der zweiten als Summe zweier Potenzen des gleichen Grades: Ich habe eine wahrhaft wunderbare Beweisführung dieses allgemeinen Satzes entdeckt, der auf diesem Rand nicht Platz findet.*

Algebraisch ausgedrückt, besteht Diophants Problem darin, rationale Zahlen x, y, z zu finden, die die Gleichung

$$x^2 + y^2 = z^2$$

erfüllen. Dies erweist sich als eine ziemlich einfache Aufgabe. Fermat behauptete nun jedoch in seiner Randbemerkung, daß die Gleichung

$$x^n + y^n = z^n$$

keine rationalen Lösungen besitzt, wenn n eine natürliche Zahl größer als 2 ist. Wie bereits in Kapitel 3 erwähnt wurde, betrachtete man 0 zu Zeiten Diophants – und bis zu einem gewissen Grad sogar noch zu Zeiten Fermats – nicht als eine Zahl. Die trivialen Lösungen, die sich ergeben, wenn für eine der Variablen 0 eingesetzt wird, sind hier also ausgeschlossen. Das Problem betrifft somit ausschließlich positive rationale Zahlen.

Aufgrund der oben beschriebenen Methode, rationale Lösungen in ganzzahlige umzuformen, macht es keinen Unterschied, ob wir das Diophantische Problem wie auch die Fermatsche Vermutung auf positive ganzzahlige Lösungen beziehen oder (wie in der ursprünglichen

Formulierung) auf solche in rationalen Zahlen. Jede rationale Lösung läßt sich unmittelbar in eine ganzzahlige umformen, während umgekehrt jede ganzzahlige Lösung gleichzeitig auch eine rationale Lösung ist. Wir können also die Fermatsche Vermutung, wie seine an den Rand notierte Behauptung auch genannt wird, als jene Aussage auffassen, derzufolge die Gleichung

$$x^n + y^n = z^n$$

für alle natürlichen Zahlen n größer als 2 keine positiven ganzzahligen Lösungen besitzt.

Warum bezeichnet man diese Aussage im angelsächsischen Sprachraum jedoch als «Fermats letzten Satz»? Tatsächlich liegt der Ursprung dieser Namensgebung im dunklen. Obschon nicht mit Sicherheit bekannt ist, wann Fermat seine berühmte Behauptung aufstellte, kann doch angenommen werden, daß dies in jener Zeit geschah, als er Diophants Buch zum ersten Mal durcharbeitete, also irgendwann in den dreißiger Jahren des siebzehnten Jahrhunderts. Diese Zeit stellt jedoch den Beginn seiner mathematischen Karriere dar, und so ist dieser Satz gewiß nicht als sein letzter anzusehen. Wahrscheinlich beruht der Name eher auf dem Umstand, daß er unter den zahlreichen Sätzen, die Fermat nach seinem Tod hinterließ, der letzte ist, dessen Beweis (falls er überhaupt möglich ist) noch aussteht.

Dies erklärt vielleicht, warum es «letzter» Satz heißt. Worauf stützt sich jedoch der Begriff «Satz»? Verfügte Fermat wirklich über jene «wahrhaft wunderbare Beweisführung», die er entdeckt zu haben vermeinte? Obwohl dies sicherlich als eine Möglichkeit in Betracht gezogen werden muß, sprechen doch alle Anzeichen dagegen – es scheint sogar, daß Fermat selbst später seinen Irrtum bemerkte. Während nämlich seine anderen Sätze wiederholt in Briefen Erwähnung finden und eine Herausforderung auch an andere Mathematiker darstellen, und während auch die zwei Sonderfälle $x^3 + y^3 = z^3$ und $x^4 + y^4 = z^4$ der Fermatschen Vermutung noch an anderer Stelle auftauchen, wird der vollständige letzte Satz nur in dieser einen kurzen Randbemerkung erwähnt. Vermutlich hatte Fermat entdeckt, wie der Satz für den Fall $n = 4$ und möglicherweise auch für $n = 3$ bewiesen werden konnte (für diese beiden Fälle ist der Satz erwiesenermaßen wahr), und dann fälschlicherweise angenommen, daß die Beweisführung für alle anderen ganzen Zahlen n verallgemeinert werden könne. Später stellte er dann vielleicht fest, daß dies nicht möglich war. Da er nicht beabsichtigte, seine Randbemerkungen zu veröffentlichen, hätte er wohl keine

Veranlassung dazu gesehen, die betreffende Stelle in der *Arithmetica* wieder herauszusuchen und die Bemerkung abzuändern. Vielleicht hatte er seine frühere Eintragung sogar völlig vergessen!

Trotzdem lebt in der öffentlichen Meinung der Glaube fort, daß Fermat tatsächlich einen Beweis besaß. Die Geschichte wäre ja auch wirklich wunderbar: Ein Amateurmathematiker aus dem 17. Jahrhundert beweist ein Ergebnis, das den Bemühungen professioneller Mathematiker in den nächsten 350 Jahren widersteht. Daß sich das Problem so einfach formulieren läßt, erhöht den Reiz der Geschichte natürlich noch. Außerdem ist es ja auch stets denkbar, daß Fermat tatsächlich Recht hatte!

Aber einerlei, ob Fermat nun einen Beweis besaß oder nicht, die Tatsache bleibt bestehen, daß es niemandem sonst gelungen ist, dieses scheinbar so einfache Problem auf die eine oder andere Weise zu lösen. Dies liegt nicht etwa daran, daß sich niemand darum bemüht hätte. Zahlreiche große Mathematiker widmeten der Erforschung dieses Problems viele Jahre ihres Lebens. Ganze Bücher wurden über dieses Problem geschrieben, und mancher neue Teilbereich der Mathematik verdankt seine Entwicklung den dabei entstandenen Werken. In der Tat übertreffen die Ergebnisse, die in dem Bemühen erzielt wurden, die Fermatsche Vermutung zu beweisen, den Satz an Bedeutung für die übrige Mathematik sogar bei weitem. Wenn Fermats Vermutung morgen bewiesen würde, hätte dies für die Mathematik praktisch keine neuen Einsichten zur Folge. Die Bedeutung der Fermatschen Vermutung beruht eigentlich nur noch auf zwei Dingen: ihrem Ruhm und der Tatsache, daß es noch niemandem gelungen ist, sie zu lösen!

Was aber weiß man nun über den letzten Satz und worin besteht der «bedeutsame Fortschritt», den der deutsche Mathematiker Gerd Faltings 1983 erzielte?

Pythagoräische Zahlentripel

Das Problem in Diophants *Arithmetica*, welches zur Formulierung des letzten Fermatschen Satzes Anlaß gab, besteht darin, eine Methode zur Lösung der Gleichung

$$x^2 + y^2 = z^2$$

zu finden. Dabei waren ursprünglich die Lösungen in rationalen Zahlen gesucht, doch beschränken wir uns im folgenden auf die Lösungen in natürlichen Zahlen. Aufgrund des offenkundigen Zusammenhangs zwischen dieser Gleichung und dem Satz des Pythagoras nennt man alle ganzzahligen Lösungen, x, y, z der obigen Gleichung *pythagoräische Zahlentripel*. Ein Beispiel für eine solche Lösung liefern die Zahlen 3, 4, 5:

$$3^2 + 4^2 = 5^2.$$

Kennt man ein einziges solches Zahlentripel, so lassen sich daraus unendlich viele andere pythagoräische Tripel erzeugen, indem man einfach alle drei Zahlen mit einer beliebigen anderen Zahl multipliziert. Multipliziert man zum Beispiel 3, 4, 5 mit 2, so erhalten wir 6, 8, 10. Diese Zahlen stellen wiederum ein pythagoräisches Tripel dar:

$$6^2 + 8^2 = 10^2.$$

Durch Multiplikation mit 3 erhalten wir das Tripel 9, 12, 15 usw. Genaugenommen handelt es sich also bei all diesen Beispielen nur um eine einzige *Lösung*, nämlich 3, 4, 5, da die anderen Tripel nichts anderes als «Variationen» der ursprünglichen Lösung darstellen. Die Zahlen 5, 12, 13 verkörpern dagegen eine völlig andere Lösung, die ihrerseits wieder zur Bildung einer unendlichen Familie von Lösungen benutzt werden kann. Was die Gleichungen 3, 4, 5 und 5, 12, 13 von der unendlichen Vielzahl von Lösungen unterscheidet, die durch Multiplikation mit einer Konstanten aus ihnen hervorgehen, ist, daß sie teilerfremd sind; das heißt, es gibt keine Zahl, die gleichzeitig 3, 4 und 5 bzw. 5, 12 und 13 teilt.

Allgemein ausgedrückt bedeutet dies, wenn a, b, c ein beliebiges pythagoräisches Zahlentripel ist, dann gilt dies auch für beliebige Vielfache ma, mb, mc. Wenn umgekehrt u, v, w ein beliebiges pythagoräisches Tripel und d ein gemeinsamer Teiler von u, v, w ist, dann bildet auch u/d, v/d, w/d ein pythagoräisches Zahlentripel. Jene besonderen Tripel x, y, z, die keinen gemeinsamen Teiler (außer 1) besitzen, wie zum Beispiel 3, 4, 5 oder 5, 12, 13, werden in der Mathematik als *primitive* pythagoräische Zahlentripel bezeichnet. Das Diophantische Problem besteht also im wesentlichen darin, eine Methode zur Bestimmung aller primitiven pythagoräischen Zahlentripel zu finden.

Mit Hilfe einer einfachen mathematischen Argumentation ist es möglich, eine Formel herzuleiten, die alle denkbaren primitiven pythagoräischen Zahlentripel x, y, z erzeugt:

$$x = 2st\ ;\ y = s^2 - t^2\ ;\ z = s^2 + t^2,$$

wobei s und t beliebige natürliche Zahlen sind, für die gilt: s ist größer als t, s und t haben keinen gemeinsamen Teiler; eine der beiden Zahlen s und t ist gerade, die andere ungerade. Wenn wir beispielsweise $s = 2$ und $t = 1$ setzen, so erhalten wir das Tripel $x = 4$, $y = 3$ und $z = 5$. Für $s = 3$ und $t = 2$ ist das Ergebnis $x = 12$, $y = 5$ und $z = 13$. Für $s = 4$ und $t = 1$ erhalten wir $x = 8$, $y = 15$ und $z = 17$ usw.

Die obige vollständige Lösung von Diophants Problem ist bereits in Euklids *Elementen* (ca. 350–300 v. Chr.) beschrieben.

Der Fall $n = 4$

Nachdem also Diophants Problem als gelöst betrachtet werden kann, wenden wir uns der Fermatschen Vermutung selbst zu. Diese besagt in ihrer auf ganze Zahlen bezogenen Formulierung, daß die Gleichung

$$x^n + y^n = z^n$$

für alle natürlichen Zahlen n größer als 2 keine positiven ganzzahligen Lösungen besitzt. Wie beweist man jedoch eine derartige Vermutung oder versucht zumindest, den Beweis zu finden?

Zunächst einmal ist es sinnvoll, einige einzelne Fälle zu untersuchen, etwa $n = 3$, $n = 4$ oder $n = 5$. Wenn es gelingt, diese Fälle zu lösen, zeigt sich möglicherweise bereits, wie auch der allgemeine Satz bewiesen werden kann. Es scheint, als ob Fermat selbst genau diesen Weg einschlug. Der einzige konkrete Anhaltspunkt für diese Vermutung stützt sich auf eine Arbeit Fermats zu einem Problem, welches eng mit dem Fall $n = 4$ zusammenhängt. Tatsächlich stellt diese Arbeit praktisch die einzige aus Fermats Feder stammende Beweisführung dar, die jemals ein anderer als Fermat selbst zu Gesicht bekam! Sie ist uns in Form einer weiteren Randbemerkung in der *Arithmetica* erhalten. Angesichts des ebenfalls in einer Randbemerkung überlieferten letzten Satzes ist es interessant, daß Fermat auch diesen Kommentar mit der Bemerkung schloß: «Der Rand bietet nicht genug Platz, um den Beweis vollständig und in aller Ausführlichkeit niederzuschreiben.»

Bevor wir uns nun Fermats Beweisführung zuwenden und untersuchen, inwiefern sie sich auf den Fall $n = 4$ bezieht, möchten Sie vielleicht selbst einmal überlegen, wie Sie in groben Zügen an das Problem $n = 4$ herangehen würden. Sie könnten zum Beispiel damit beginnen, für x, y, z verschiedene Werte einzusetzen, um zu sehen, ob einige davon die Gleichung

$$x^4 + y^4 = z^4$$

erfüllen. In Einklang mit Fermats Vermutung würden Sie dabei wohl nicht erwarten, eine Lösung zu finden. Nach mehreren erfolglosen Versuchen kommt Ihnen dann vielleicht der Gedanke, ein Computerprogramm zu schreiben, welches in der Lage ist, eine ausführliche und systematische Suche nach eventuellen Lösungen durchzuführen, indem es beispielsweise für x, y, z nacheinander alle Zahlen von 1 bis 100 einsetzt. Aber auch nach mehrstündigem Rechnen bliebe die Suche erfolglos und die Vergeblichkeit eines solchen Ansatzes ließe sich nicht länger verbergen. Denn gleichgültig, wie leistungsstark der Computer und wie effizient die verwendeten Methoden auch sein mögen, ist es mit einer solchen Strategie doch grundsätzlich *unmöglich*, die Fermatsche Vermutung für $n = 4$ zu *beweisen*. Diese besagt nämlich, daß *kein* Zahlentripel die Gleichung $x^4 + y^4 = z^4$ in den natürlichen Zahlen lösen kann, eine Behauptung, die eine unendliche Menge von Zahlentripeln betrifft. Selbst die umfangreichsten Computerrechnungen können nicht unendlich viele Fälle betrachten. Mit Hilfe eines solchen Ansatzes mag es daher zwar möglich sein, die Fermatsche Vermutung durch ein Gegenbeispiel zu *widerlegen*, sie könnte jedoch auf diese Weise niemals bewiesen werden. Um den letzten Satz oder einen beliebigen seiner Fälle zu beweisen, benötigt man eine subtilere mathematische Methode.

Wie so häufig in der Mathematik ist die erfolgversprechendste Methode die, nach einem Beweis durch Widerspruch zu suchen. Wenn man also zum Beispiel beweisen will, daß die Gleichung $x^4 + y^4 = z^4$ keine Lösung besitzt, nimmt man zunächst an, es gäbe eine Lösung X, Y, Z. Dann versucht man, diese Annahme durch eine mathematische Beweisführung *ad absurdum* zu führen. Gelingt dies, so kann der Beweis als erfolgreich betrachtet werden, denn widersprüchliche Schlußfolgerungen lassen sich nur aus falschen Annahmen ableiten – in diesem Fall aus der Annahme, daß eine Lösung existiert.

Die Schwierigkeit des indirekten Beweisverfahrens liegt darin, einen Weg zu finden, um die ursprüngliche Annahme zu einem Widerspruch zu führen. Als besonders nützlich für jene Art von Aussagen, die wie der letzte Satz natürliche Zahlen betreffen, hat sich dabei die sogenannte *Methode des unendlichen Abstiegs* erwiesen, die von Fermat entwickelt wurde und die, wie er sagte, die Grundlage all seiner Bewei-

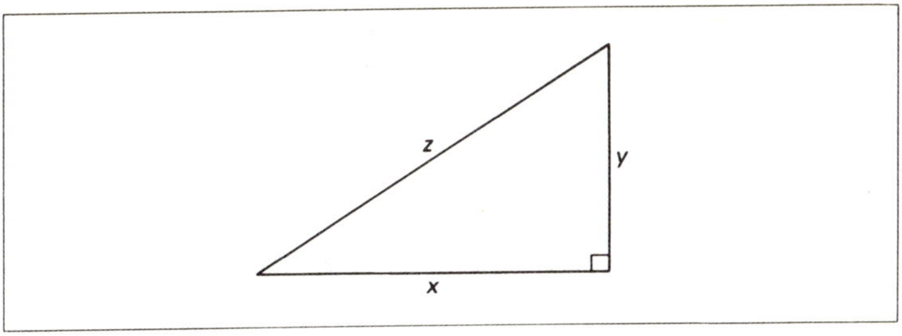

Abb. 46
Fermats Ergebnis für die pythagoräischen Zahlentripel. Nach dem Satz des Pythagoras erfüllen die Seiten eines rechtwinkligen Dreiecks stets die Gleichung

$$x^2 + y^2 = z^2.$$

Die Formel für die Fläche eines Dreiecks lautet in diesem Fall:

$$\text{Fläche} = \frac{1}{2}xy\,.$$

Fermat verwendete die «Methode des unendlichen Abstiegs», um zu zeigen, daß die Fläche des Dreiecks nicht das Quadrat einer ganzen Zahl sein kann, wenn x, y, z ganze Zahlen sind.

se in der Zahlentheorie darstellt. Ein Beispiel dieser Methode ist jener oben erwähnte Beweis, den Fermat an den Rand der *Arithmetica* kritzelte. Er beruht auf dem Begriff der sogenannten pythagoräischen Dreiecke. Der Zusammenhang mit dem Fall $n = 4$ des letzten Satzes wird Ihnen sofort auffallen.

Aus naheliegenden Gründen heißt ein Dreieck *pythagoräisch*, wenn es rechtwinklig ist und alle drei Seiten von ganzzahliger Länge sind. Anders ausgedrückt, ein pythagoräisches Dreieck ist ein solches, dessen Seiten ein pythagoräisches Zahlentripel bilden. Fermat bewies nun, daß die Fläche eines solchen Dreiecks niemals ein Quadrat (das heißt, das Quadrat einer ganzen Zahl) sein kann. Seine Beweisführung lautete dabei wie folgt:

Angenommen, es gäbe ein pythagoräisches Dreieck, dessen Fläche ein Quadrat wäre. Es seien x, y, z die Seitenlängen des Dreiecks, wobei z die Hypotenuse bildet (vgl. Abb. 46). Gemäß dem Satz des Pythagoras erfüllen x, y, z die Gleichung

$$x^2 + y^2 = z^2.$$

Die Fläche des Dreiecks sei u^2, wobei u eine ganze Zahl ist. Da die Fläche eines Dreiecks die Hälfte des Produkts von Grundlinie und Höhe ist, erhalten wir:

$$u^2 = \frac{1}{2}xy.$$

Mit Hilfe einer recht scharfsinnigen Argumentation gelang es Fermat, daraus eine andere Menge von natürlichen Zahlen X, Y, Z und U abzuleiten, für die gilt:

$$X^2 + Y^2 = Z^2\ ;\ U^2 = \frac{1}{2}XY\ ;\ Z < z.$$

Daraus ergibt sich leicht der gesuchte Widerspruch. Die Zahlen X, Y, Z und U besitzen die gleichen Eigenschaften wie x, y, z, u; mit Hilfe der von Fermat ersonnenen Argumentation lassen sich dann aus ihnen wiederum vier andere natürliche Zahlen X_1, Y_1, Z_1, U_1 erzeugen, für die gilt:

$$X_1^2 + Y_1^2 = Z_1^2\ ;\ U_1^2 = \frac{1}{2}X_1Y_1\ ;\ Z_1 < Z.$$

Zu diesen Zahlen muß es wiederum vier natürliche Zahlen X_2, Y_2, Z_2, U_2 geben, für die gilt:

$$X_2^2 + Y_2^2 = Z_2^2\ ;\ U_2^2 = \frac{1}{2}X_2Y_2\ ;\ Z_2 < Z_1.$$

Diesen Prozeß, der sich *ad infinitum* fortsetzen läßt, nennt man *unendlicher Abstieg*, weil die natürlichen Zahlen $z, Z, Z_1, Z_2, \ldots$ immer kleiner werden (das heißt: $z > Z > Z_1 > Z_2 \ldots$). Und hier stoßen wir auf einen Widerspruch: Es kann keine Folge von natürlichen Zahlen geben, die unendlich klein wird, denn irgendwann erreichen wir 1, wo die Folge zwangsläufig endet. Die Schlußfolgerung daraus lautet, daß es kein pythagoräisches Dreieck geben kann, dessen Fläche das Quadrat einer natürlichen Zahl ist.

Obwohl es keinen Hinweis darauf gibt, daß Fermat tatsächlich die Verbindung zwischen diesem Beweis und dem Fall $n = 4$ herstellte, ist doch anzunehmen, daß er den obigen Beweis gerade im Hinblick auf diesen Fall des letzten Satzes konstruierte. Um den Beweis für $n = 4$ aus dem gerade beschriebenen Ergebnis über pythagoräische Dreiecke abzuleiten, ist es nur erforderlich, die folgende einfache, aber scharfsinnige Überlegung anzustellen.

Angenommen, die Gleichung $x^4 + y^4 = z^4$ besäße eine Lösung. In dieser Lösung seien $a = y^4$; $b = 2x^2z^2$; $c = z^4 + x^4$ und $d = y^2xz$. Indem wir uns der bekannten algebraischen Formel

$$(r + s)^2 = r^2 + 2rs + s^2$$

bedienen, erhalten wir

$$\begin{aligned} a^2 + b^2 &= (z^4 - x^4)^2 + 4x^4z^4 \\ &= z^8 - 2x^4z^4 + x^8 + 4x^4z^4 \\ &= (z^4 + x^4)^2 \\ &= c^2. \end{aligned}$$

Ferner gilt:

$$\frac{1}{2}\, ab = \frac{1}{2}\, y^4\, 2x^2z^2 = (y^2xz)^2 = d^2.$$

Auf diese Weise erhalten wir das Ergebnis $a^2 + b^2 = c^2$ und ½ ab = d^2. Dies ist jedoch genau die Aussage, die durch den obigen Beweis *ad absurdum* geführt wurde. Die Annahme, daß die Gleichung $x^4 + y^4 = z^4$ eine Lösung besitzt, muß folglich falsch sein, was zu beweisen war.

Daraus kann man unmittelbar schließen, daß der letzte Fermatsche Satz auch für all jene n, die Vielfache von 4 sind, wahr ist. Denn wenn die Gleichung

$$x^{4k} + y^{4k} = z^{4k}$$

eine Lösung $x = a$, $y = b$, $z = c$ besäße, dann wäre a^k, b^k, c^k eine Lösung der Gleichung $x^4 + y^4 = z^4$, was – wie gerade bewiesen wurde – unmöglich ist.

Allgemein gilt: Wenn die Fermatsche Vermutung für einen gegebenen Exponenten m bewiesen werden kann, dann ist sie auch für alle Vielfachen von m wahr. Da also jede natürliche Zahl größer als 2 entweder durch eine Primzahl größer als 2 oder durch 4 (oder durch beide) teilbar ist, braucht man für einen Beweis des letzten Satzes nur jene Fälle zu untersuchen, in denen n eine Primzahl größer als 2 (das heißt, eine *ungerade* Primzahl) oder $n = 4$ ist. Da der Fall $n = 4$ gerade erfolgreich abgeschlossen wurde, reduziert sich das Problem auf jene Fälle, in denen n eine ungerade Primzahl p ist.

Fortgeschrittenere Arbeiten zu diesem Problem unterteilen die Fermatsche Vermutung für den Fall der ungeraden Primzahlen häufig in zwei Teilvermutungen. Bevor dies näher erläutert wird, beachten Sie bitte, daß, wie im Fall der pythagoräischen Zahlentripel $n = 2$, alle Vielfachen einer Lösung x, y, z der Gleichung

$$x^n + y^n = z^n$$

ebenfalls Lösungen der Gleichung darstellen. Die entscheidende Frage lautet daher: Gibt es für eine gegebene Zahl n eine *primitive Lösung*, das heißt eine Lösung x, y, z, die teilerfremd ist? Die *erste Teilvermutung* des Fermatschen Satzes betrifft jene Fälle, in denen eine gegebene ungerade Primzahl p keine der Zahlen x, y, z teilt. Sie besagt, daß die Gleichung

$$x^p + y^p = z^p$$

für solche p keine primitive Lösung besitzt. Die *zweite Teilvermutung* bezieht sich auf jene Fälle, in denen p eine der Zahlen x, y, z teilt. Auch hier lautet die Vermutung, daß die Gleichung für solche p keine primitive Lösung besitzt. Die Wahrheit des Fermatschen Satzes für gegebene Primzahlen p hängt also offensichtlich davon ab, daß beide Teilvermutungen für p zutreffen. Der Sinn dieser Fallunterscheidung liegt darin, daß sich für enger gefaßte Fragestellungen leichter Teilergebnisse erzielen lassen.

Wie bereits oben erwähnt wurde, gibt es keinen Hinweis darauf, daß Fermat den letzten Satz für $n = 4$ bewies. Sein Ergebnis bezüglich der pythagoräischen Dreiecke läßt dies jedoch vermuten, denn der Schritt von diesem Resultat zum Beweis des Falles $n = 4$ lag zweifellos im Bereich seiner Fähigkeiten. In den meisten Quellen wird der Beweis jedenfalls Fermat zugeschrieben. Ein ähnlicher Schatten der Ungewißheit liegt auch über dem Beweis des nächsten gelösten Falles, $n = 3$. Obwohl er allgemein Leonhard Euler zugeschrieben wird, ist die einzige veröffentlichte Version seines Beweises gleichfalls «lückenhaft».

Der Fall $n = 3$

In einem Schreiben an Christian Goldbach vom 4. August 1753 behauptete Euler, daß es ihm gelungen sei, die Fermatsche Vermutung für den Fall $n = 3$ zu beweisen. Über die näheren Einzelheiten des Beweises ließ er sich aber weder in seinem Brief noch in einer seiner Veröffentlichungen der nächsten Jahre aus. Erst 1770 erschien in seinem in Petersburg herausgegebenen Werk *Vollständige Anleitung zur Algebra* ein Beweis. Ob der Beweis, auf den er sich 1753 bezog, mit jenem identisch war, den er 1770 veröffentlichte, ist nicht bekannt. Letzterem haftete jedoch ein ernster Mangel an. Wie sich herausstellte, kann diese Unzulänglichkeit zwar für den Fall $n = 3$ behoben werden, in anderen Fällen erweist sich ein ähnlicher Irrtum indessen als unüberwindlich. Obwohl Eulers Beweis zu lang ist, um hier ausführlich wiedergegeben zu werden, lohnt es sich doch, ihn kurz zu skizzieren. Dies ist für das Verständnis von Eulers Irrtum notwendig, der für spätere Versuche, die Fermatsche Vermutung zu beweisen, so bedeutsam war.

Wie Fermat bei seinem «Beweis» des Falles $n = 4$ verwendete auch Euler die Methode des unendlichen Abstiegs. Ausgehend von der Annahme, daß die Gleichung

$$x^3 + y^3 = z^3$$

eine Lösung x, y, z besitzt, konnte Euler zeigen, daß es eine andere Lösung X, Y, Z gibt, für die $Z < z$ ist. Kernstück der Argumentation ist der Beweis des folgenden Hilfssatzes: Wenn zwei Zahlen p und q keinen gemeinsamen Teiler besitzen, und wenn $p^2 + 3q^2$ eine dritte Potenz ist, dann muß es zwei Zahlen a und b geben, so daß $p = a^3 - 9ab^2$ und $q = 3a^2b - 3b^2$ ist. Diese Behauptung ist vollkommen richtig und kann mit Hilfe von Methoden bewiesen werden, die Euler an anderer Stelle entwickelte. In seinem Beweis der Fermatschen Vermutung für $n = 3$ bediente sich Euler jedoch einer neuartigen Beweisführung, die auf Zahlen der Form $a + b\sqrt{-3}$ beruhte, wobei a und b ganze Zahlen sind. Genau hier liegt nun der Fehler des Beweises.

Der Grund, warum Euler die Zahlen $a + b\sqrt{-3}$ so nützlich fand, wird deutlich, wenn wir den Ausdruck $(a + b\sqrt{-3})^3$ erweitern. Er entspricht

$$a^3 + 3a^2b\sqrt{-3} - 9ab^2 - 3b^3\sqrt{-3},$$

was umgeformt werden kann zu

$$(a^3 - 9ab^2) + (3a^2b - 3b^3)\sqrt{-3}.$$

Wenn also $p = a^3 - 9ab^2$ und $q = 3a^2b - 3b^2$ ist, wie dies in der Schlußfolgerung des zu beweisenden Hilfssatzes angenommen wird, dann ist

$$p + q\sqrt{-3} = (a + b\sqrt{-3})^3.$$

Eine Annahme des Hilfssatzes ist, daß $p^2 + 3q^2$ ein Kubus ist. Dies ist gleichbedeutend mit der Aussage, daß $(p + q\sqrt{-3})(p - q\sqrt{-3})$ ein Kubus ist. Der gesamte Hilfssatz läßt sich also wie folgt umformulieren: Wenn p und q keinen gemeinsamen Teiler besitzen und wenn $(p + q\sqrt{-3})(p - q\sqrt{-3})$ ein Kubus (im System der $\sqrt{-3}$-Zahlen) ist, dann muß auch $p + q\sqrt{-3}$ ein Kubus sein, und zwar auch hier so, daß gilt: $p + q\sqrt{-3} = (a + b\sqrt{-3})^3$ für passende ganze Zahlen a, b.

Um diese neue Version des Hilfssatzes zu beweisen, argumentierte Euler folgendermaßen: Die Zahlen $a + b\sqrt{-3}$ für variierende ganze Zahlen a, b bilden ein Zahlensystem, das dem der ganzen Zahlen ähnlich ist (vgl. Kapitel 3). Wenn nun m und n zwei gegebene teilerfremde ganze Zahlen sind und mn ein Kubus ist, dann sind m und n dritte Potenzen. In Analogie dazu folgerte Euler, daß dies auch für das $\sqrt{-3}$-Zahlensystem gelte. Aus der Annahme, daß p und q teilerfremd sind, leitete er ganz richtig die Schlußfolgerung ab, daß auch die $\sqrt{-3}$-Zahlen $p + q\sqrt{-3}$ und $p - q\sqrt{-3}$ in den $\sqrt{-3}$-Zahlen teilerfremd sind. Daraus folgt unmittelbar der gewünschte Schluß.

Das gravierende Problem bei dieser Beweisführung liegt darin, daß der Analogieschluß von den ganzen Zahlen keineswegs zulässig ist. Nur weil das $a + b\sqrt{-3}$-Zahlensystem den ganzen Zahlen in mancher Hinsicht gleicht (beide Systeme bilden einen Integritätsring – vgl. Kapitel 3), folgt daraus nicht notwendigerweise, daß das System alle Eigenschaften der ganzen Zahlen besitzt, was nämlich durchaus nicht zutrifft. Was die für Eulers Beweis entscheidende Eigenschaft der eindeutigen Primfaktorzerlegung angeht, so ergibt sie sich im Fall der ganzen Zahlen aus dem Fundamentalsatz der Arithmetik, der besagt, daß jede ganze Zahl auf eindeutige Weise in ein Produkt aus Primfaktoren (und möglicherweise –1) zerlegt werden kann. Wenn Sie Kapitel 3 gelesen haben, werden Sie sich erinnern, daß das $\sqrt{-3}$-Zahlensystem ebenfalls diese Eigenschaft besitzt. Eulers Schlußfolgerung ist also richtig. Aus Kapitel 3 wissen Sie aber auch, daß $\sqrt{-3}$ eine von insgesamt nur neun ganzzahligen Wurzeln ist, für die das entsprechende Zahlensystem die Eigenschaft der eindeutigen Zerlegbarkeit in irreduzible Elemente besitzt. Es ist also reiner Zufall, daß Eulers Analogieschluß nicht zu einer falschen Schlußfolgerung führte. Hätte er statt dessen versucht, den Fall $n = 5$ der Fermatschen Vermutung durch Verwendung der Zahlen $a + b\sqrt{-5}$ zu beweisen, so hätte seine Methode versagt. Wie wir noch sehen werden, erweist sich die Eigenschaft der eindeutigen Zerlegbarkeit in irreduzible Faktoren als ein Prüfstein, an dem viele vermeintliche Beweise scheitern sollten.

Zwei weitere Fälle: $n = 5$ und $n = 7$

Im Jahre 1825 bewiesen Peter Gustav Lejeune Dirichlet (der gerade 20 Jahre alt war) und Adrien-Marie Legendre (der bereits über 70 Jahre zählte) die Fermatsche Vermutung für den Fall $n = 5$. Ihre Beweisführung beruhte dabei im wesentlichen auf einer Erweiterung der von Euler für $n = 3$ verwendeten Methode. Das Analogon zu der entscheidenden Gleichung

$$p + q\sqrt{-3} = (a + b\sqrt{-3})^3$$

war die Identität

$$p + q\sqrt{5} = (a + b\sqrt{5})^5.$$

Um jedoch zu beweisen, daß $p + q\sqrt{5}$ eine fünfte Potenz darstellt – und hier ist der Analogieschluß von den ganzen Zahlen sicherlich *nicht* zulässig –, mußten sie nicht nur annehmen, daß $p^2 - 5q^2$ eine fünfte Potenz ist und p, q teilerfremd sind (wie im Fall $n = 3$), sie mußten ferner annehmen, daß genau eine der Zahlen p und q gerade, und q durch 5 teilbar ist. Von der in diesem Fall eben nicht geltenden eindeutigen Zerlegbarkeit in Primfaktoren wurde kein Gebrauch gemacht.

Durch die Lösung des Falles $n = 5$ wurde allmählich deutlich, daß der bis dahin verwendete Ansatz in dem Maße, wie die Anforderungen an die Algebra stiegen, nicht mehr geeignet war, dem Problem gerecht zu werden. Im Jahre 1832 bewies Dirichlet den Fall $n = 14$, nachdem er sich vergeblich bemüht hatte, die altbewährte Methode auf den Fall $n = 7$ anzuwenden ($n = 14$ stellt im Vergleich dazu natürlich ein schwächeres Ergebnis dar). Gabriel Lamé, der 1839 schließlich den Fall $n = 7$ bewies, war dazu nur in der Lage gewesen, weil er sich mit großem Einfallsreichtum einige eng mit der Zahl 7 verbundene Eigenschaften zunutze gemacht hatte. Es schien jedoch aussichtslos, daß es gelingen könnte, den nächsten Fall, $n = 11$, zu lösen, ohne einen radikal neuen Ansatz zu entwickeln. Lamé selbst war es, der 1847 eine solche neue Vorgehensweise vorschlug.

Das Produkt von Kreisteilungspolynomen und Lamés Ankündigung

Lamés Versuch, den Fermatschen Satz in voller Allgemeinheit zu beweisen, beruhte auf der Verwendung primitiver n-ter Einheitswurzeln, das heißt, komplexer Zahlen r, für die $r^n = 1$ und $r^k \neq 1$ für alle positiven Zahlen k kleiner als n gilt. Für eine beliebige Primzahl n gibt es $n - 1$ primitive Einheitswurzeln. Für $n = 3$ beispielsweise sind die zwei komplexen Kubikwurzeln von 1

$$-\frac{1}{2} + \frac{\sqrt{3}}{2}\,\mathrm{i}, \quad -\frac{1}{2} - \frac{\sqrt{3}}{2}\,\mathrm{i}.$$

Sie können dies nachprüfen, indem Sie jede dieser komplexen Zahlen in die dritte Potenz erheben.

Die Einführung einer solchen komlexen Zahl r hatte folgenden Grund: Die bis dahin gefundenen Beweise für die einzelnen Fälle n = 3, 4, 5, 7 beruhten alle auf der Durchführung einer algebraischen Faktorisierung, wie etwa im Fall $n = 3$ in die Faktoren

$$x^3 + y^3 = (x + y)\,(x^2 - xy + y^2).$$

Lamé erkannte nun, daß die wachsenden Schwierigkeiten, die Fermatsche Vermutung für größere Werte von n zu beweisen, auf den zunehmend höheren Grad eines der Faktoren einer solchen Zerlegung zurückzuführen waren. Durch die Einführung von r wurde es jedoch möglich, $x^n + y^n$ vollständig in Faktoren vom Grad 1 zu zerlegen.

Um zu dieser Faktorisierung zu gelangen, beachten Sie bitte, daß die komplexen Zahlen 1, r, r^2, ..., r^{n-1} die Wurzeln der komplexen Gleichung

$$z^n - 1 = 0$$

sind; es gilt folglich:

$$z^n - 1 = (z - 1)(z - r)(z - r^2)\ldots(z - r^{n-1}).$$

Wenn wir nun $z = -x/y$ setzen und beide Seiten der Gleichung mit y^n multiplizieren, erhalten wir, da n ungerade ist:

$$x^n + y^n = (x + y)(x + yr)(x + yr^2)\ldots(x + yr^{n-1}).$$

Jeder der komplexen Faktoren von $x^n + y^n$ in dem obigen Ausdruck stellt einen Sonderfall der Zahlen der allgemeinen Form

$$a_0 + a_1 r + a_2 r^2 + \dots + a_{n-1} r^{n-1}$$

dar, wobei $a_0, a_1, \dots, a_{n-1}$ ganze Zahlen sind. Zahlen dieser Art, die aus ganzen Zahlen und den Potenzen von r gebildet werden, heißen heute ganze Zahlen in Kreisteilungskörpern. Dies bezieht sich noch immer auf eine feste ungerade Primzahl n. Wie die Gaußschen Zahlen oder die oben behandelten Zahlen der Form $a + b\sqrt{-3}$ bilden die ganzen Zahlen in Kreisteilungskörpern ein Zahlensystem, das dem der gewöhnlichen ganzen Zahlen in gewisser Weise ähnelt. Sie stellen nämlich beide einen *Ring* dar (vgl. Kapitel 3).

Am 1. März 1847 trat nun ein höchst erregter Lamé vor die versammelten Mitglieder der Pariser Akademie und machte die folgende Mitteilung. Es sei ihm gelungen, so sagte er, die Fermatsche Vermutung zu beweisen. Der Schlüssel zur Lösung des Problems sei gewesen, mit den heute sogenannten ganzen Zahlen in Kreisteilungskörpern zu arbeiten. Dies habe ihn in die Lage versetzt, den Beweis durch die Methode des unendlichen Abstiegs zu führen, ähnlich wie Euler den Fall $n = 3$ bewiesen habe. Seine Beweisführung hing also entscheidend davon ab, daß er die Schlüssigkeit der folgenden Annahme zeigen konnte: Wenn die Faktoren $x + y, x + yr, \dots, x + yr^{n-1}$ von $x^n + y^n$ keine gemeinsamen Teiler besitzen, dann bedeutet dies aufgrund der Gleichheit von $x^n + y^n$ und z^n, daß jeder der Faktoren $x + y, x + yr, \dots, x + yr^{n-1}$ eine n-te Potenz sein muß.

Nachdem Lamé die Beschreibung seines vermeintlichen Beweises beendet hatte, schloß er mit einer Danksagung an seinen Kollegen Joseph Liouville, der ihn einige Monate zuvor auf die Idee gebracht habe, die komplexen Zahlen in dieser Weise zu verwenden. Als Lamé sich gesetzt hatte, ergriff Liouville selbst das Wort. War Lamés Schlußfolgerung, daß jeder Faktor von $x^n + y^n$ eine n-te Potenz darstelle, tatsächlich gerechtfertigt, so fragte Liouville, wenn Lamé in seinem Beweis nur gezeigt hatte, daß keine zwei dieser Faktoren einen gemeinsamen Teiler besitzen? Die Wahrheit einer solchen Schlußfolgerung für die gewöhnlichen ganzen Zahlen hing, so stellte er fest, von dem Satz der eindeutigen Primfaktorzerlegung ab. Ein ähnliches Ergebnis für die ganzen Zahlen in Kreisteilungskörpern sei ihm jedoch nicht bekannt.

Ob Liouville damals bereits von Eulers Irrtum in diesem Punkt wußte, ist nicht bekannt. Seine Bemerkungen trafen jedoch den Kern von Lamés Beweisführung, und es war ein sehr trauriger und beschämter Lamé, der nach einigen Wochen tapferen Bemühens, seinen Beweis zu retten, schließlich das Ausmaß seines Irrtums erkennen mußte. «Wenn Du nur in Paris gewesen wärest, oder ich in Berlin, dann wäre all dies nicht geschehen», so schrieb er an seinen Freund Dirichlet in Berlin. Tatsächlich hätte dieses für Lamé so beschämende Ereignis vermieden werden können, wäre ihm nur eine Arbeit bekannt gewesen, die ein gewisser Ernst Eduard Kummer etwa drei Jahre zuvor veröffentlicht hatte. Zu Lamés Ehrenrettung muß jedoch gesagt werden, daß Kummer aus völlig unerfindlichen Gründen ausgerechnet die unbekannte *Gratulationsschrift der Universität Breslau zur Jubelfeier der Universität Königsberg* für die Veröffentlichung seiner Abhandlung ausgewählt hatte.

Kummers Arbeit und die idealen Zahlen

In seinem Artikel aus dem Jahre 1844 hatte Kummer bewiesen, daß der Satz der eindeutigen Primfaktorzerlegung für die ganzen Zahlen in Kreisteilungskörpern im allgemeinen nicht gilt, ein Ergebnis, welches Lamés vermeintlichen Beweis vollkommen zunichte machte. Als Lamé und andere Mathematiker um das Jahr 1847 von diesen Ergebnissen erfuhren, hatte Kummer bereits eine beeindruckende neue Theorie geschaffen, in der er einen Weg aufzeigte, wie der Begriff der eindeutigen Primfaktorzerlegung so modifiziert werden konnte, daß die ganzen Zahlen in Kreisteilungskörpern doch noch eine vernünftige «Zahlentheorie» erhielten. Grundlegend für seine Theorie war die Einführung der sogenannten *idealen Primfaktoren* in die Arithmetik der ganzen Zahlen in Kreisteilungskörpern – ein Schritt, der in gewisser Weise mit der Einführung der imaginären Zahl i in die Arithmetik der gewöhnlichen ganzen Zahlen verglichen werden kann. Mit Hilfe der Kummerschen *idealen Zahlen* können viele der sich aus der eindeutigen Primfaktorzerlegbarkeit ergebenden Folgerungen für die ganzen Zahlen auch für die ganzen Zahlen in Kreisteilungskörpern bewiesen werden. Dies gilt nebenbei gesagt auch für die anderen Zahlensysteme, wie etwa $a + b\sqrt{-3}$, die sich im Laufe der Bemühungen, die Fermatsche Vermutung für verschiedene Fälle zu beweisen, ergeben haben.

Kummers Arbeit stellt den größten einzelnen Fortschritt dar, der im Zusammenhang mit der Fermatschen Vermutung bis 1983 erzielt wurde. In seiner 1847 erschienenen Abhandlung bewies Kummer die Fermatsche Vermutung für alle Primzahlexponenten kleiner als 37, wodurch gleichzeitig der Fall für *alle* Exponenten kleiner als 37 gelöst war, und für alle Primzahlexponenten kleiner als 100 mit Ausnahme von 37, 59 und 67. All dies geschah nur wenige Jahre, nachdem Mathematiker mühsam die Beweise für $n = 5$ und $n = 7$ erbracht hatten.

Darüber hinaus erwies sich Kummers wichtiger neuer Begriff der *idealen Zahlen* als überaus leistungsstark und weitreichend; er führte zur Entwicklung eines allgemeineren Begriffs des *Ideals* und zur Entstehung eines völlig neuartigen Zweigs der Mathematik, der *Idealtheorie*, deren Grundlagen heute an jeder Universität ganz selbstverständlich zum Lehrstoff der Mathematik gehören. So folgenreich die Anwendung der Kummerschen idealen Zahlen auf den Fermatschen Satz auch war, so beruht die eigentliche Bedeutung seiner Arbeit doch auf dem Begriff des *Ideals* selbst, der für die übrige Mathematik von großer Tragweite war.

In der Tat liegt weder die langfristige Bedeutung von Kummers Arbeit in ihrer Auswirkung auf die Fermatsche Vermutung begründet, noch war seine Arbeit überhaupt auf gezielte Bemühungen zurückzuführen, die Fermatsche Vermutung zu beweisen. Wie Gauß (vgl. Kapitel 3) hatte Kummer an dem Problem höherer quadratischer Reziprozitätsgesetze gearbeitet und versucht, das von Gauß bewiesene quadratische Reziprozitätsgesetz zu verallgemeinern, eine Arbeit, die schließlich 1859 zu einem überaus fruchtbaren allgemeinen Ergebnis in dieser Frage führte. In diesem Zusammenhang sollte noch hinzugefügt werden, daß zwischen der Fermatschen Vermutung und den höheren Reziprozitätsgesetzen ein enger Zusammenhang besteht.

Reguläre Primzahlen

Kummers Arbeit war im Hinblick auf die Fermatsche Vermutung von besonderem Wert, weil sie eine arithmetische Bedingung formulierte, die ein ungerader Primzahlexponent erfüllen muß, damit der letzte Satz für diesen Exponenten wahr ist. Das heißt also, wenn eine ungerade Primzahl p die Kummersche Bedingung erfüllt, dann besitzt die Gleichung

$$x^p + y^p = z^p$$

keine Lösung. Heute nennt man jene Primzahlen, die die Kummersche Bedingung erfüllen, *reguläre Primzahlen*. Unter den Primzahlen bis 100 erfüllen nur drei Zahlen, nämlich 37, 59 und 67 die Bedingung nicht, wie Kummer selbst 1847 feststellte.

Was aber verstehen wir unter einer regulären Primzahl? Der Begriff hängt eng mit jenem in Kapitel 3 beschriebenen Begriff der *Klassenzahl* zusammen. Eine *reguläre Primzahl* ist eine Primzahl, die die Klassenzahl des entsprechenden Kreisteilungskörpers nicht teilt. Diese Definition würde nun beträchtliche Erklärungen erfordern, gäbe es nicht eine alternative, aber äquivalente Definition, die auf wesentlich einfacheren Begriffen beruht. Wie Sie sich aus Kapitel 3 erinnern werden, ist e eine sehr weitverbreitete mathematische Konstante, deren unendliche Dezimalbruchentwicklung mit den Ziffern 2,71828... beginnt, und für die der Wert e^t für eine beliebige Zahl t durch die unendliche Summe

$$e^t = 1 + \frac{t}{1!} + \frac{t^2}{2!} + \frac{t^3}{3!} + \dots$$

gegeben ist. Die *Bernoullischen Zahlen* B_k sind als die Koeffizienten der unendlichen Summe

$$\frac{t}{e^t - 1} = 1 + B_1 \frac{t}{1!} + B_2 \frac{t^2}{2!} + B_3 \frac{t^3}{3!} + \dots$$

definiert. Ihre Werte verhalten sich dabei höchst unregelmäßig. B_k ist Null für alle ungeraden k außer $k = 1$, in welchem Fall gilt: $B_1 = -\frac{1}{2}$ ist. Die ersten Werte von B_k für gerade Werte von k sind

$$B_2 = \frac{1}{6};\quad B_4 = -\frac{1}{30};\quad B_6 = \frac{1}{42};\quad B_8 = -\frac{1}{30};\quad B_{10} = \frac{5}{66};\quad B_{12} = -\frac{691}{2730};$$

$$B_{14} = \frac{7}{6};\quad B_{16} = -\frac{3617}{510}.$$

Definiert man eine reguläre Primzahl mit Hilfe der Bernoullischen Zahlen, so ergibt sich folgende Bedingung: Eine Primzahl p ist *regulär*, wenn sie *keinen* der Zähler der Bernoullischen Zahlen $B_2, B_4, \dots, B_{p-3}$ teilt. Sie ist *irregulär*, das heißt, sie erfüllt die Bedingung der Regularität nicht, wenn auch nur ein einziger Zähler der Bernoullischen Zahlen $B_2, B_4, \dots, B_{p-3}$ durch p teilbar ist.

Diese Definition von Regularität bietet die Möglichkeit, für eine gegebene Primzahl p rechnerisch festzustellen, ob sie regulär ist oder nicht. Die direkte Verwendung der obigen Definition ist allerdings nicht sehr effizient. So macht man sich in der Praxis mehrere Eigenschaften der Bernoullischen Zahlen zunutze, um handlichere Methoden zu erhalten. Eine Schwierigkeit im Zusammenhang mit der rechnerischen

Bestimmung der Regularität beliebiger Primzahlen liegt darin, daß einige der Bernoullischen Zahlen sehr große Zähler besitzen. Während zum Beispiel der Fall für

$$B_{34} = \frac{2\,577\,687\,858\,367}{6}$$

noch durchaus von Hand ausgerechnet werden kann, besitzt B_{220} 250 Ziffern!

Die ersten Rechnungen zur Bestimmung der regulären und irregulären Primzahlen wurden, wie bereits oben erwähnt, von Kummer selbst ausgeführt. Er kam bis 164 und stellte fest, daß die einzigen irregulären Primzahlen bis zu dieser Zahl 37, 59, 67, 101, 103, 131, 149 und 157 waren. In jedem einzelnen Fall mußte Kummer zeigen, daß die betreffende Primzahl den Zähler einer der in Frage kommenden Bernoullischen Zahlen teilte. 37 teilt zum Beispiel den Zähler von B_{32}, 59 den von B_{44} und 157 die Zähler von sowohl B_{62} als auch B_{110}.

In den dreißiger Jahren unseres Jahrhunderts benutzten dann Stafford und Vandiver zum ersten Mal Tischrechenmaschinen, verbunden mit einigen neuen Methoden zur Bestimmung von Regularität und Irregularität, um alle Primzahlen bis 617 zu überprüfen. Mit dem Aufkommen der ersten elektronischen Computer führten Lehmer und Vandiver 1954 die Rechnungen bis 4001 weiter. In der Folgezeit beteiligten sich verschiedene andere Mathematiker daran, alle Primzahlen bis 30000 zu untersuchen. 1976 schließlich unternahm es Samuel Wagstaff von der Universität von Illinois, ausgerüstet mit einem IBM 360-65 sowie einem IBM-370-Computer, alle Primzahlen kleiner als 125000 auf die Eigenschaft der Regularität zu überprüfen.

Die Ergebnisse all dieser numerischen Arbeiten legen die Vermutung nahe, daß etwa 60% aller Primzahlen regulär sind. Genauer gesagt, beobachtet man für große N das folgende Verhältnis:

$$\frac{\text{Anzahl der irregulären Primzahlen kleiner als } N}{\text{Anzahl aller Primzahlen kleiner als } N} = 0{,}39.$$

Ein plausibler, wenn auch kein streng mathematischer Beweis von Siegel aus dem Jahre 1964 zeigt, daß das Verhältnis dem Wert $1 - 1/\sqrt{e}$ entsprechen «müßte». Auf zwei Dezimalstellen genau ergibt dies 0,39.

Obwohl die regulären Primzahlen allem Anschein nach vorherrschen, ist bis heute nicht mit Sicherheit bekannt, ob es unendlich viele von ihnen gibt. Angesichts der numerischen Ergebnisse verwundert es daher sehr, daß man andererseits weiß, daß es unendlich viele irreguläre Primzahlen gibt. Dieser Beweis wurde von Jensen im Jahre 1915 erbracht. Von der scheinbar größeren Menge könnte sich also durchaus noch herausstellen, daß sie endlich ist, während man von der scheinbar kleineren Menge bereits sicher weiß, daß sie unendlich ist!

Der gegenwärtige Stand der Forschung

Kummers Ergebnis aus dem Jahre 1847 zeigt, daß die Fermatsche Vermutung für einen Exponenten p wahr ist, wenn dieser eine reguläre ungerade Primzahl ist. Was geschieht jedoch, wenn p eine irreguläre Primzahl ist? In diesem Fall hilft uns das Kummersche Ergebnis nicht weiter. Daraus läßt sich keineswegs schließen, daß der Fermatsche Satz in solchen Fällen falsch ist. Die von Kummer entwickelte spezifische Methode ist hier bloß nicht länger anwendbar. Der Satz könnte also trotzdem wahr sein, wenn auch aus anderen Gründen. In späteren Jahren entwickelte Kummer für die Primzahlen weitere Bedingungen, die – wenngleich nicht so präzise wie die Eigenschaft der Regularität – den Vorteil größerer Allgemeinheit boten. Diese Bedingungen, aus denen die Wahrheit der Fermatschen Vermutung folgt, schlossen die irregulären Primzahlen 37, 59 und 67 ein. Kummer kann also das Verdienst für sich beanspruchen, alle Fälle des großen Fermatschen Satzes für n kleiner als 100 gelöst zu haben. In der Folgezeit wurden sogar noch allgemeinere Bedingungen entdeckt, so daß Wagstaff 1976 in der Lage war, den großen Fermatschen Satz für alle Primzahlen (und damit für alle Exponenten) kleiner als 125000 rechnerisch zu verifizieren.

Andere Erkenntnisse bezüglich der Fermatschen Vermutung betreffen die bereits oben erwähnte Fallunterscheidung für eine gegebene ungerade Primzahl p. Die erste Teilvermutung besagt, daß die Gleichung

$$x^p + y^p = z^p$$

für eine gegebene ungerade Primzahl p, die keine der Zahlen x, y, z teilt, keine primitive Lösung besitzt. Die zweite Teilvermutung lautet: Für eine gegebene ungerade Primzahl p, die eine der Zahlen x, y, z teilt, gibt es keine primitive Lösung der Gleichung. Bedeutende Fortschritte wurden nun im Laufe der Jahre bei der Untersuchung der ersten Fallgruppe erzielt.

Im Jahre 1832 (also lange vor den Arbeiten von Lamé und Kummer) bewies die französische Mathematikerin Sophie Germain, daß die erste Teilvermutung wahr ist, wenn für eine gegebene ungerade Primzahl p gilt, daß auch $2p + 1$ prim ist. Dies bedeutet, daß die Fermatsche Gleichung für eine ungerade Primzahl p möglicherweise eine Lösung besitzen kann, doch müßte p in diesem Fall zwangsläufig eine der Zahlen in der Lösung teilen. Obwohl es viele Primzahlen p gibt, für die $2p + 1$ ebenfalls prim ist (z.B. $p = 3, 5, 11$) und für die folglich das von Germain erzielte Ergebnis gilt, weiß man bislang nicht, ob es unendlich viele von ihnen gibt.

Später erweiterte Legendre die von Germain entwickelten Ideen und bewies die erste Teilvermutung für jede Primzahl p, für die einer der Terme

$$4p + 1; \quad 8p + 1; \quad 10p + 1; \quad 16p + 1$$

prim ist. Damit konnte die erste Teilvermutung für alle Primzahlexponenten p kleiner als 100 bewiesen werden, obwohl dieses Ergebnis natürlich von Kummers Arbeit überholt wurde.

Andere Resultate, die im Laufe der Jahre erzielt wurden, zeigen, daß die erste Teilvermutung für alle Primzahlen mit bestimmten Eigenschaften gültig ist. Eine solche Eigenschaft wurde von Mirimanoff um 1910 entdeckt; p erfüllt dabei die Form $2^a 3^b \pm 1$ oder $\pm 2^a \pm 3^b$, wobei a und b zwei nicht-negative ganze Zahlen sind. Da dies den Fall der Mersenneschen Primzahlen mit einschließt (vgl. Kapitel 1), wissen wir, daß die erste Teilvermutung für die größte bekannte Primzahl, die 65050stellige Zahl $2^{216091} - 1$ wahr ist.

Bis 1982 hatte Lehmer gezeigt, daß die erste Teilvermutung für alle Primzahlen unter 6 Milliarden gültig ist.

1985 machten sich der Amerikaner Adleman, der Franzose Fouvry und der Engländer Heath-Brown eine Verallgemeinerung des Germainschen Kriteriums zunutze und bewiesen erstmals, daß die erste Teilvermutung des Fermatschen Satzes für unendlich viele Primzahlen gilt. Trotz solcher Fortschritte ist es immer noch denkbar, daß der vollständige Satz nur für eine endliche Anzahl von Exponenten wahr ist.

Worin besteht nun das zu Anfang des Kapitels erwähnte bemerkenswerte Ergebnis, das Faltings 1983 erzielte? Er bewies, daß die Fermatsche Gleichung

$$x^n + y^n = z^n$$

für jeden Exponenten n größer als 2 höchstens *endlich* viele primitive Lösungen besitzt. Für diesen Beweis erhielt er 1986 die Fields-Medaille.

Es bleibt abzuwarten, ob dies schließlich zu einem endgültigen Beweis des großen Fermatschen Satzes führen wird. Zweifellos bedeutet es jedoch einen gewaltigen Unterschied, ob man es mit möglicherweise unendlich vielen oder mit einer zwar unbekannten, aber gewiß endlichen Anzahl von Lösungen zu tun hat. Bitte beachten Sie jedoch das Wörtchen «unbekannt» im vorangegangenen Satz. Faltings Ergebnis gibt keinen Hinweis auf die maximale Anzahl möglicher Lösungen – es stellt nur fest, daß die Anzahl endlich ist.

Tatsächlich ist das obengenannte Ergebnis ein Sonderfall der von Faltings bewiesenen allgemeineren *Mordellschen Vermutung*. 1922 hatte Lewis Mordell die Hypothese aufgestellt, daß ein beliebiges irreduzibles Polynom in zwei Variablen mit rationalen Koeffizienten vom Geschlecht zwei oder größer höchstens eine endliche Anzahl rationaler Lösungen besitzt. Wenn Ihnen das Wort «Geschlecht» in der Mathematik schon einmal begegnet ist, werden Sie wissen, daß die Mordellsche Vermutung in den Bereich der Topologie fällt, ein Gebiet der Mathematik, das wir in Kapitel 10 behandeln werden. Da das Polynom

$$x^n + y^n = 1 \tag{7}$$

für $n \geq 3$ die in der Mordellschen Vermutung aufgestellte Annahme erfüllt, folgt daraus unmittelbar, daß diese Gleichung höchstens eine endliche Anzahl rationaler Lösungen besitzt. Da sich jedoch aus jeder ganzzahligen Lösung der Gleichung

$$x^n + y^n = z^n \tag{8}$$

eine rationale Lösung der Gleichung (7) erzeugen läßt (man dividiere beide Seiten der Gleichung (8) durch z^n), wobei verschiedene primitive Lösungen der Gleichung (8) verschiedene rationale Lösungen der Gleichung (7) ergeben, folgt daraus sofort, daß die Gleichung (8) nur eine endliche Anzahl von primitiven ganzzahligen Lösungen besitzt.

Die Zukunft

Wohin führen uns all diese Beweise und Teilergebnisse? Die Fermatsche Vermutung ist für alle Exponenten kleiner als 125 000 erwiesenermaßen wahr; für unendlich viele Exponenten größer als 125 000, mit

Ausnahme jener, die unter die höchst eingeschränkte erste Teilvermutung fallen, weiß man dies hingegen nicht. Es ist also durchaus denkbar, daß es jenseits der Grenzen des uns Bekannten einen oder mehrere Primzahlexponenten *p* (größer als 125000) gibt, für den die Fermatsche Vermutung falsch ist. Die Anzahl der primitiven Lösungen in einem solchen Fall ist jedoch nur endlich groß. Wenn *p* kleiner als 6 Milliarden ist, dann muß zumindest eine der Zahlen in einer solchen Lösung durch *p* teilbar sein (denn für *p* kleiner als 6 Milliarden ist die erste Teilvermutung erwiesenermaßen wahr). Daraus kann man schließen, daß in der Gleichung Zahlen vorkommen, die größer als 125000^{125000} sind. Wenn *p* andererseits größer als 6 Milliarden ist, entstehen sogar noch astronomischere Zahlen. Für alle praktischen Belange ist der große Fermatsche Satz also «wahr». Damit ist die Angelegenheit für den Mathematiker natürlich keineswegs abgeschlossen. Das Problem der Fermatschen Vermutung kann erst dann als gelöst gelten, wenn es mit Hilfe einer streng mathematischen Argumentation gelingt, sie entweder zu beweisen oder zu widerlegen. Gegenwärtig können wir nicht abschätzen, ob unser derzeitiges Wissen überhaupt geeignet ist, eine Lösung des Problems herbeizuführen. Vielleicht benötigen wir einen völlig neuen Ansatz, in welchem Fall der große Fermatsche Satz wieder Anlaß zu bedeutsamen Entwicklungen auch in anderen Bereichen der Mathematik geben könnte.

Mit großer Wahrscheinlichkeit, wenn auch nicht mit letzter Sicherheit, kann angenommen werden, daß eine Lösung, sollte sie je gefunden werden, wesentlich mehr als nur «elementare» Überlegungen erfordert. Dies bedeutet, daß die zahlreichen Amateure (wie Fermat?), die regelmäßig mit der Behauptung aufwarten, den großen Fermatschen Satz bewiesen zu haben, sich wohl unweigerlich irren müssen. Tatsächlich zeigt eine nähere Untersuchung solcher Beweise im allgemeinen, daß die Argumentation meistens noch nicht einmal den Fall $n = 3$, der von Euler 1753 bewiesen wurde, löst. Trotzdem erscheint jedes Jahr wieder eine neue Flut solcher «Beweise», was der Fermatschen Vermutung den Ruhm einbringt, die unbestritten größte Anzahl falscher «Beweise» angeregt zu haben.

Ein großer Teil dieser Beweise landet beim Institut für Mathematik der Universität Göttingen. Denn neben einer von der französischen Akademie im Jahre 1816 ausgeschriebenen Goldmedaille und einem Preis von 3000 Franc würde diejenige Person, der es gelänge, den großen Fermatschen Satz zu beweisen, den Wolfskell-Preis gewinnen. Als dieser Preis im Jahre 1908 von der Königlichen Akademie der Wissenschaften in Göttingen entsprechend dem Testament eines gewissen Dr. Paul Wolfskell ausgesetzt wurde, belief sich die Summe auf immerhin DM 100000. Aufgrund der verschiedenen, oft dramatischen Geldentwertungen im Laufe der Jahre wurde der gegenwärtige Preis auf etwas über DM 10000 festgesetzt. Sollte bis zum 13. September 2007 niemand den Preis gewonnen haben, wird er zurückgezogen.

Obwohl die Einreichung von Arbeiten für den Preis an zahlreiche strenge Bestimmungen geknüpft ist, geht beim Institut für Mathematik der Universität Göttingen immer noch durchschnittlich ein Lösungsvorschlag pro Woche ein, der begutachtet werden muß. Im Vergleich zu den 621 Einsendungen, die das Institut im ersten Jahr der Ausschreibung erhielt, ist dies immerhin schon eine spürbare Erleichterung.

Die Erfolgsaussichten des Amateurs ohne fachliche Ausbildung (von der Berufserfahrung ganz zu schweigen) sind äußerst gering. Trotzdem würde wohl kaum ein Mathematiker jene entmutigen wollen, die es versuchen möchten. Die Mathematik wird vor allem aus Freude an der Sache betrieben, und wer würde anderen Menschen ihre persönliche Befriedigung versagen wollen? Wenn Sie sich also an einer Lösung der Fermatschen Vermutung versuchen wollen und (was sehr wahrscheinlich ist) daran scheitern, dann können Sie sich immerhin in dem Bewußtsein trösten, daß viele der berühmtesten Mathematiker der Geschichte ebenfalls nicht in der Lage waren, dieses überaus schwierige Problem zu lösen. Wenn Sie es aber versuchen und erfolgreich sein sollten ...

9 Schwierige Fragen im Zusammenhang mit den komplexen Zahlen

Ein komplexes Thema

Viele Leser werden dieses Kapitel als das schwierigste des ganzen Buches empfinden. Nicht weil die behandelte Mathematik an sich komplizierter ist als in den anderen Kapiteln, sondern aufgrund des höheren Abstraktionsgrades, den das Thema mit sich bringt. Den Kernpunkt unserer Untersuchungen stellen Zahlen – genauer gesagt, die natürlichen und die komplexen Zahlen – dar. Die wesentliche Aufgabe der *komplexen Funktionentheorie* und des damit eng verwandten Zweigs der *analytischen Zahlentheorie,* die die Ergebnisse und Techniken der komplexen Funktionentheorie auf das Studium der natürlichen Zahlen anwendet, besteht in der Erforschung der tiefen Strukturen und Zusammenhänge, welche dem Begriff der komplexen Zahlen zugrunde liegen. Nach der Einführung in Kapitel 3 zu urteilen, scheinen diese Zahlen eher einfacher Natur zu sein, doch erfordert die Durchführung solcher Untersuchungen einige höchst abstrakte mathematische Methoden, die außerhalb der Mathematik nicht vielen Menschen geläufig sind. Leider können wir zur Verdeutlichung der Problematik auch nicht auf Bilder zurückgreifen, da das Thema im Gegensatz zu der in Kapitel 10 behandelten Topologie nicht sehr anschaulich ist. In der Topologie lassen sich ebenso schwierige und ungewohnte Gedanken mit Hilfe von Bildern und Diagrammen – zumindest in den einfacheren Fällen – sehr wohl vermitteln. Da es sich bei der komplexen Funktionentheorie jedoch um ein wichtiges Gebiet handelt, in dem in den letzten Jahren bedeutsame Fortschritte erzielt wurden, sollten wir sie nicht übergehen. Überdies werden Sie beim Lesen des Kapitels entdecken, daß sich aus den Abstraktionen einige bemerkenswerte Einsichten herauskristallisieren, die so vertraute Begriffe wie Brüche und Primzahlen betreffen. Allerdings wird vorausgesetzt, daß Sie die Einführung in die komplexen Zahlen in Kapitel 3 gelesen haben.

Obwohl die drei den Kern dieses Kapitels bildenden Probleme höchst abstrakt sind, ist daraus nicht zu schließen, daß die komplexe Funktionentheorie keine Anwendungen außerhalb der Mathematik besitzt. Ganz im Gegenteil. Seit Augustin Cauchy 1825 erste Untersuchungen zu diesem Thema anstellte, besteht ein enger Zusammenhang zwischen dieser Theorie und der realen Welt. Riemanns Werk, das nicht lange nach jenem von Cauchy erschien, zeigte, welch wichtigen Beitrag die komplexe Funktionentheorie zur Lösung physikalischer Probleme leisten kann. Spätere Arbeiten zu den sogenannten *Integraltransformationen* (wie beispielsweise die allgegenwärtige Fourier-Transformation) machten den Zusammenhang noch offenkundiger.

Während die reellen Zahlen zur Behandlung von Problemen in einer Dimension Anwendung finden, eignen sich die komplexen Zahlen aufgrund ihrer zweidimensionalen Beschaffenheit zur Untersuchung von Problemen in zwei Dimensionen (vgl. in Kapitel 3 die Erläuterung der komplexen Zahlenebene). Da reale Probleme in drei Dimensionen, sofern sie symmetrischer Natur sind, wie etwa das Fließen einer Flüssigkeit in einem kreisförmigen Rohr, häufig auf ein mathematisches Problem in zwei Dimensionen zurückgeführt werden können, ist die komplexe Funktionentheorie sowohl für den Physiker als auch den Ingenieur von Bedeutung.

Der russische Mathematiker N.Y. Youkowski (1847–1921) zum Beispiel benutzte die komplexe Funktionentheorie, um das Profil (die Form) eines Tragflügels zu bestimmen und das ihn umgebende Strömungsbild zu untersuchen. Er revolutionierte damit den Flugzeugbau. Seit jener Zeit spielt die komplexe Funktionentheorie für die Beschreibung aller Arten von Grenzflächen ebenso wie für die Konstruktion von Autos und Schiffen eine bedeutsame Rolle. Wissenschaftler der Bell Laboratories in den USA setzten die komplexe Funktionentheorie 1920 zur systematischen Entwicklung von Filtern und Verstärkern mit hohem Verstärkungsgrad ein, welche für die Fernmeldetechnik unentbehrlich sind. Falls Sie einen Elektroingenieur kennen, fragen Sie ihn nach der Bedeutung des Nyquist-Kriteriums für die Stabilität von rückgekoppelten Verstärkern. Dies stellt eine unmittelbare Anwendung der komplexen Funktionentheorie dar. Kurz gesagt, die komplexe Funktionentheorie ist heute ein unverzichtbares Werkzeug in praktisch allen Bereichen moderner Wissenschaft und Technik.

Womit beschäftigt sich aber nun die sogenannte komplexe Funktionentheorie? Eine recht gute, vorläufige Antwort könnte lauten: Sie überträgt die Methoden der Infinitesimalrechnung aus dem uns vertrauten Bereich der reellen Zahlen auf den Bereich der komplexen Zahlen (gemeint sind Methoden wie etwa das Integrieren, das Differenzieren oder das Rechnen mit unendlichen Summen etc.). Wie alle ersten Versuche ist diese Antwort sowohl hilfreich als auch irreführend, denn auf die komplexen Zahlen bezogen entwickelt die Infinitesimalrechnung völlig ungewohnte Eigenschaften. Begriffe, die im Bereich der reellen Zahlen scheinbar nichts miteinander zu tun haben, erweisen sich als miteinander verknüpft, sobald die komplexen Zahlen ins Spiel kommen.

Ein Beispiel dafür ist die bereits in Kapitel 3 vorgestellte Eulersche Identität

$$e^{\pi i} = -1.$$

Ein anderes und damit eng verwandtes Beispiel liefert die Gleichung:

$$e^{xi} = \cos x + (\sin x)i$$

für beliebige reelle Zahlen x. Sie stellt einen Zusammenhang zwischen den mathematischen Größen e, i und den bekannten trigonometrischen Funktionen Sinus und Kosinus her. Es gibt in der Tat keinen Grund, warum wir nicht die Sinus- und Kosinusfunktionen selbst auf die komplexen Zahlen anwenden sollten; ein Ausdruck wie zum Beispiel sin $(3 + 4i)$ läßt sich dann aber natürlich nicht wie im Bereich der reellen Zahlen mit Hilfe eines rechtwinkligen Dreiecks berechnen. Wenn Sie sich einmal entschlossen haben, mit den komplexen Zahlen zu arbeiten, müssen Sie bereit sein, der Theorie zu folgen, wohin sie auch führen mag. Im Fall der trigonometrischen Funktionen führt sie in den Bereich der *unendlichen Reihen*. So wie die unendliche Summe

$$e^x = 1 + \frac{x}{1!} + \frac{x^2}{2!} + \frac{x^3}{3!} + \dots$$

für reelle und komplexe Zahlen gleichermaßen gültige Ergebnisse liefert, gilt dies auch für die folgenden unendlichen Reihen:

$$\sin x = x - \frac{x^3}{3!} + \frac{x^5}{5!} - \frac{x^7}{7!} + \dots,$$

$$\cos x = 1 - \frac{x^2}{2!} + \frac{x^4}{4!} - \frac{x^6}{6!} + \ldots$$

Wenn x eine reelle Zahl ist, entspricht das Ergebnis jeder dieser unendlichen Summen genau der Antwort, die man nach der üblichen geometrischen Definition erhalten würde (vorausgesetzt, wir messen den «Winkel» nicht in Grad, sondern in *Radiant*, wobei 1 Radiant $180/\pi$, also ungefähr 57,3 Grad ist). Es hindert uns jedoch nichts daran, diese Gleichungen auch dann zu verwenden, wenn x eine komplexe Zahl ist.

Mit Hilfe einfacher algebraischer Umformungen lassen sich aus den drei obengenannten Ausdrücken die folgenden Formeln herleiten:

$$\sin x = \frac{1}{2i}\,(e^{xi} - e^{-xi}), \quad \cos x = \frac{1}{2}\,(e^{xi} + e^{-xi}),$$

wobei x sowohl reell als auch komplex sein kann.

Eine der vorrangigsten Aufgaben der komplexen Funktionentheorie besteht in der Überprüfung der Zulässigkeit aller obengenannten Rechnungen mit unendlichen Summen. Denn wie bereits in Kapitel 2 betont wurde, erfordert die Behandlung des Unendlichen große Vorsicht. Dies gilt erst recht, wenn auch komplexe Zahlen betroffen sind.

Betrachten wir etwa das Integrieren*, so stellen wir fest, daß diese Rechenart im Bereich komplexer Funktionen bemerkenswerte Veränderungen erfährt. Da komplexe Zahlen zweidimensional sind, können wir natürlich nicht einfach wie bei den reellen Zahlen von einer Zahl a zu einer anderen Zahl b integrieren, wie zum Beispiel bei

$$\int_0^1 x^2\,dx = \frac{1}{3}\,.$$

Es ist statt dessen erforderlich, längs einer Kurve innerhalb der komplexen Zahlenebene zu integrieren. Stellen wir uns zum Beispiel vor, wir wollten eine Funktion längs eines Kreises integrieren. Welches Ergebnis würden wir etwa erhalten, wenn wir die (komplexe) Funktion $1/(x - a)$ über einem Kreisbogen C integrieren (wobei a eine komplexe Konstante ist)? Das Integral schreibt sich wie folgt:

---

* Wenn Sie mit diesem Begriff aus der Infinitesimalrechnung für reelle Zahlen nicht vertraut sind, können Sie den Rest dieses Abschnitts sowie spätere gelegentliche Bemerkungen zur Integration einfach überspringen.

$$\int_C \frac{1}{x-a}\,dx.$$

Solche Integrale werden häufig Linien- oder Kurvenintegrale genannt. Das Ergebnis ist höchst überraschend, insbesondere für jene, die sich noch daran erinnern können, wie schwierig das Integrieren für reelle Funktionen sein kann. Wenn die Zahl a einem Punkt der komplexen Zahlenebene *innerhalb* des Kreises C entspricht, erhalten wir die Lösung $2\pi i$; liegt die Zahl *außerhalb* des Kreises, erhalten wir 0. Überraschend daran ist, daß weder die Größe noch die Position des Kreises von Bedeutung ist, und daß die Konstante a das Ergebnis einzig und allein durch ihre Lage innerhalb oder außerhalb des Kreises bestimmt. Obwohl dieses besondere Beispiel eigens ausgewählt wurde, weil es ein so ungewöhnliches Ergebnis liefert, ist es doch insofern typisch, als es verdeutlicht, wie komplexe Funktionen Eigenschaften entfalten, die sich von denen, die uns von den reellen Funktionen geläufig sind, völlig unterscheiden.

Wie aus dem weiteren Verlauf des Kapitels hervorgeht, erwarten uns noch mehr Überraschungen, wenn wir die komplexe Zahlentheorie auf die Untersuchung natürlicher Zahlen anwenden. Es sei nebenbei erwähnt, daß das obengenannte Integral eine wichtige Rolle bei dieser Untersuchung spielt – eine Rolle, die gleichwohl im Rahmen der vorliegenden Darstellung nicht erläutert werden kann.

Spielerei mit Zahlen

Ein Bruch h/k wird *echter Bruch* genannt, wenn er zwischen 0 und 1 liegt und h und k teilerfremd sind. ½, ¾ und ⅞ sind beispielsweise echte Brüche, 2⁄4, 3⁄9 und 3⁄2 dagegen nicht. Für beliebige Zahlen n ist die Fareysche Folge n-ter Ordnung, F_n, die Folge all jener echten Brüche (einschließlich des «Bruchs» 1⁄1), deren Nenner nicht größer als n ist und die der Größe nach angeordnet sind. Die Folge F_5 umfaßt also die folgenden Glieder:

$$\frac{1}{5}, \frac{1}{4}, \frac{1}{3}, \frac{2}{5}, \frac{1}{2}, \frac{3}{5}, \frac{2}{3}, \frac{3}{4}, \frac{4}{5}, \frac{1}{1}.$$

F_7 ist die Folge:

$$\frac{1}{7}, \frac{1}{6}, \frac{1}{5}, \frac{1}{4}, \frac{2}{7}, \frac{1}{3}, \frac{2}{5}, \frac{3}{7}, \frac{1}{2}, \frac{4}{7}, \frac{3}{5}, \frac{2}{3}, \frac{5}{7}, \frac{3}{4}, \frac{4}{5}, \frac{5}{6}, \frac{6}{7}, \frac{1}{1}.$$

Es ist nicht genau bekannt, wer als erster auf den Gedanken kam, solche Folgen zu untersuchen. Erste mathematische Ergebnisse veröffentlichte anscheinend Haros 1802. Vierzehn Jahre später griff Farey in einem Artikel eines dieser Ergebnisse auf, allerdings ohne den Beweis anzugeben. Cauchy, der den Artikel las und einen Beweis entdeckte, schrieb die Idee Farey zu, und so entstand die Bezeichnung «Fareysche Folge».

Das von Haros bewiesene und von Farey wiederaufgegriffene Ergebnis bezieht sich auf eine interessante Eigenschaft dreier beliebiger aufeinanderfolgender Glieder der Farey-Folge, a/d, b/e, c/f, die durch folgende Gleichung beschrieben ist: $b/e = (a + c)/(d + f)$. Betrachten wir dazu etwa das 10., 11. und 12. Glied der Folge F_7, nämlich 4/7, 3/5 und 2/3:

$$\frac{4+2}{7+3} = \frac{6}{10} = \frac{3}{5}.$$

Ein anderes von Haros bewiesenes Ergebnis besagt: Wenn a/c und b/d aufeinanderfolgende Glieder der Farey-Folge sind, dann gilt stets: $bc - ad = 1$. Betrachten wir nochmals die Folge F_7 und greifen als Beispiel das 6. und 7. Glied heraus, 1/3 und 2/5:

$$2 \times 3 - 1 \times 5 = 6 - 5 = 1.$$

Diese zwei Aussagen lassen sich auseinander ableiten; um beide zu beweisen, genügt es, die Wahrheit einer Aussage schlüssig zu beweisen. Dies stellt in beiden Fällen eine Herausforderung an die Geschicklichkeit des Mathematikers im Umgang mit algebraischen Manipulationen dar. (Wenn dies nicht nach Ihrem Geschmack ist, können Sie die Farey-Folge auch für einige weitere Zahlenbeispiele überprüfen.)

Für eine beliebige Zahl n bezeichne $A(n)$ die Anzahl der Glieder der Farey-Folge F_n. $A(5)$ ist also gleich 10; $A(7) = 18$ etc. Angenommen, wir betrachten das Intervall von 0 bis 1 auf der Zahlengeraden und teilen es in $A(n)$ gleiche Segmente (vgl. Abb. 47). Die Punkte, die dieses Intervall unterteilen, seien $1/A(n), 2/A(n), 3/A(n), \ldots, (A(n)-1)/A(n)$. Da die Glieder der Farey-Folge F_n in ungleichen Abständen zwischen 0 und 1 angeordnet sind, stimmen sie im allgemeinen nicht mit diesen gleichmäßig das Intervall unterteilenden Punkten überein. d_1 bezeichne nun die Differenz zwischen dem ersten Glied der Farey-Folge F_n und $1/A(n)$ auf der

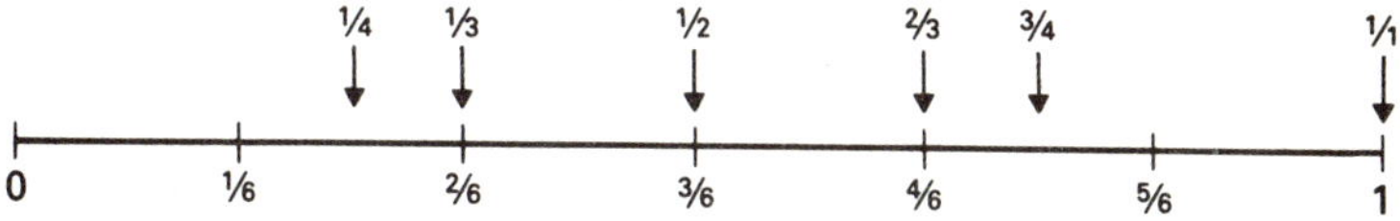

Abb. 47
Die Fareysche Folge F_4. Die Pfeile machen deutlich, wo sich die Glieder der Folge relativ zu den fünf Punkten befinden, die das Intervall zwischen 0 und 1 gleichmäßig aufteilen. Die Zahlen d_1, d_2, ..., d_5 geben die Differenz zwischen den Farey-Brüchen und den entsprechenden Unterteilungspunkten an. $D(4)$ ist dann die Summe dieser Differenzbeträge.

Zahlengeraden; d_2 bezeichne die Differenz zwischen dem zweiten Glied und $2/A(n)$ usw. bis $d_{A(n)-1}$. Es spielt dabei keine Rolle, welche der beiden Zahlen größer ist; entscheidend ist einzig der Differenzbetrag. $D(n)$ bezeichne schließlich die Summe aller Zahlen $d_1, d_2, \ldots, d_{A(n)-1}$.

Betrachten wir dazu ein einfaches Beispiel, die Folge F_4, welche die folgenden Glieder besitzt:

$$\frac{1}{4}, \frac{1}{3}, \frac{1}{2}, \frac{2}{3}, \frac{3}{4}, \frac{1}{1}.$$

In diesem Fall ist $A(4) = 6$. Die Punkte, die das Intervall zwischen 0 und 1 in sechs gleich große Segmente unterteilen, sind folglich 1/6, 2/6, 3/6, 4/6, 5/6. d_1 ist somit die Differenz von 1/4 und 1/6 bzw. $1/4 - 1/6 = 1/12$; d_2 ist die Differenz von 1/3 und 2/6 bzw. 0; d_3 entspricht $1/2 - 3/6$ bzw. wiederum 0; auch d_4 ist gleich 0; d_5 entspricht $5/6 - 3/4 = 1/12$. Es gilt also:

$$D(4) = \frac{1}{12} + 0 + 0 + 0 + \frac{1}{12} = \frac{1}{6}.$$

In einem 1924 veröffentlichten Artikel untersuchten J. Franel und E. Landau das Verhalten der Funktion $D(n)$, wenn n alle natürlichen Zahlen durchläuft. Ihre Untersuchung stützte sich dabei nicht auf die arithmetische Berechnung einer großen Anzahl von Farey-Folgen, sondern auf die Verwendung algebraischer Methoden. Insbesondere befaßten sie sich mit der folgenden Aussage: Wenn r eine beliebige reelle Zahl größer als 1/2 ist, dann gibt es eine Konstante C, so daß $D(n)$ stets kleiner als Cn^r (für alle n) ist. Sie bewiesen, daß diese scheinbar einfache Aussage äquivalent (mathematisch gleichbedeutend) mit der sogenannten *Riemannschen Vermutung* ist. Diese Vermutung gilt unter Mathematikern allgemein als das weitaus wichtigste einzelne Problem, das noch ungelöst ist.

Das herausragendste ungelöste Problem in der Mathematik

Für den Laien ist das berühmteste ungelöste Problem der Mathematik zweifellos die in Kapitel 8 erläuterte Fermatsche Vermutung. Ruhm und Bedeutsamkeit gehen jedoch nicht immer Hand in Hand. Fragen Sie einen Mathematiker, welches das wichtigste ungelöste Einzelproblem der gesamten Mathematik ist, und Sie werden mit großer Sicherheit die Antwort erhalten: «die Riemannsche Vermutung». Davon war offensichtlich auch der große britsche Mathematiker G.H. Hardy (vgl. Kapitel 4) überzeugt. Als er sich einmal bei ungewöhnlich stürmischem Wetter über der Nordsee gezwungen sah, mit der Fähre von Skandinavien nach England überzusetzen, schickte er einem Kollegen eine Postkarte mit der folgenden Mitteilung: «Habe die Riemannsche Vermutung bewiesen. Grüße, G.H. Hardy.» Zweifellos hatte er dabei den Ursprung der Fermatschen Vermutung im Sinn und rechnete damit, daß Gott ihn unmöglich mit der völlig unverdienten Ehre sterben lassen könne, ein so wichtiges Ergebnis bewiesen zu haben, und deshalb schon dafür sorgen würde, daß er sicher nach Hause gelange. Tatsächlich erreichte Hardy, der übrigens ein überzeugter Atheist war, seine Heimat unversehrt, und so gibt es heute keine «Hardysche Vermutung». Vielmehr ist die Riemannsche Vermutung bis heute unbewiesen.

Die Ursprünge des Problems reichen in das Jahr 1740 zurück, als Euler die sogenannte *Zetafunktion* in die Mathematik einführte. Sie ist für reelle Zahlen s größer als 1 durch die unendliche Summe

$$\zeta(s) = \frac{1}{1^s} + \frac{1}{2^s} + \frac{1}{3^s} + \frac{1}{4^s} + \dots$$

definiert. ζ ist der griechische Buchstabe «Zeta», der sich als Symbol für die Bezeichnung dieser Funktion eingebürgert hat. Er hat keine besondere Bedeutung. Für s kleiner oder gleich 1 ist der Wert der unendlichen Summe unendlich, so daß $\zeta(s)$ für solche s nicht definiert ist. Für beliebige s größer als 1 besitzt die unendliche Summe dagegen einen bestimmten endlichen Wert $\zeta(s)$, der, wie Euler bewies, dem unendlichen Produkt

$$\frac{1}{1-(1/2)^s} \times \frac{1}{1-(1/3)^s} \times \frac{1}{1-(1/5)^s} \times \frac{1}{1-(1/7)^s} \times \frac{1}{1-(1/11)^s} \times \dots,$$

entspricht. Das unendliche Produkt wird dabei über alle Zahlen der allgemeinen Form

$$\frac{1}{1-(1/p)^s}$$

gebildet, wobei p eine Primzahl ist. Dieses Ergebnis ist aus zwei Gründen erstaunlich. Es zeigt zum einen, daß zwischen der Zetafunktion und jenen unbestritten fundamentalen und faßbaren Größen, den Primzahlen, ein enger Zusammenhang besteht, und zum anderen, daß diese Beziehung in hohem Maße das Unendliche mit einschließt. Offenbar verbirgt sich hinter den Primzahlen weitaus mehr, als man auf den ersten Blick vermuten würde!

Lassen wir also im folgenden kurz die Zetafunktion außer acht und wenden uns den Primzahlen selbst bzw. der Frage nach ihrer Verteilung zu. Unter den relativ kleinen Zahlen scheinen die Primzahlen zunächst recht zahlreich vertreten zu sein (unter den ersten zehn Zahlen größer als 1 beispielsweise machen die Primzahlen die Hälfte aller Zahlen aus); zu den größeren Zahlen hin werden sie jedoch immer seltener. Trotzdem scheint die Verteilung der Primzahlen unter den ganzen Zahlen insgesamt keinem Muster zu folgen. Zwischen 9999900 und 10000000 liegen beispielsweise neun Primzahlen, während es unter den nächsten hundert Zahlen zwischen 10000000 und 10000100 nur zwei gibt: 10000019 und 10000079. Tatsächlich gibt es unter den ganzen Zahlen Folgen der unterschiedlichsten Längen, in denen keine Primzahlen vorkommen. Wie sich leicht zeigen läßt, kann die Folge ganzer Zahlen zwischen $N! + 2$ und $N! + N$ für beliebige Werte von N keine Primzahlen aufweisen. Ein anderes Beispiel für die scheinbar willkürliche Verteilung der Primzahlen sind die Primzahlzwillinge. Diese Primzahlen, deren Differenz genau 2 beträgt, wie etwa 3 und 5, 11 und 13 oder 10006427 und 10006429, treten höchst unregelmäßig unter den ganzen Zahlen auf. Es wird vermutet, daß es unendliche viele Primzahlzwillinge gibt, doch konnte dies bislang nicht bewiesen werden.

Trotz alledem liegt dem scheinbar chaotischen Vorkommen der Primzahlen eine tiefere Ordnung zugrunde. Sie betrifft das Verhalten der Funktion $\pi(n)$, die die Anzahl der Primzahlen kleiner oder gleich n angibt (vgl. Kapitel 1). In seinem Werk *Essai sur la Théorie des Nombres* (1798) machte Legendre die Beobachtung, daß $\pi(n)$ ungefähr der Zahl

$$\frac{n}{\ln n - 1{,}083\,66}$$

entspricht. ln n bezeichnet den natürlichen Logarithmus von n, das heißt den Logarithmus von n zur Basis e. Der Zahl 1,08366 kommt übrigens keine besondere Bedeutung zu. Sie stellt die Zahl dar, die

Legendre nach Auswertung der Primzahltabellen bis zur Zahl 400000 als diejenige auswählte, die die besten Ergebnisse gewährleistete.

Ungefähr zur gleichen Zeit, als Legendre an seinem Buch arbeitete, beschäftigte sich auch der 14jährige Gauß erstmals mit der Funktion $\pi(n)$. Er fand heraus, wenngleich er sein Ergebnis erst 1863 veröffentlichte, daß $\pi(n)$ sowohl durch die Zahl $n/\ln n$ als auch durch die Zahl

$$\mathrm{Li}(n) = \int_2^n \frac{1}{\ln x}\, dx$$

angenähert wird. Die Funktion $\mathrm{Li}(n)$ ist die sogenannte «Logarithmusintegralfunktion». Falls Ihnen diese Definition unverständlich ist, braucht Sie das nicht zu beunruhigen; sie ist hier nur der Vollständigkeit halber erwähnt. Tabelle 2 gibt die Werte der verschiedenen Näherungsfunktionen für verschiedene Werte von n kleiner als 100000000 an. Vergleicht man die Werte der Tabelle miteinander, so liegt die Vermutung nahe, daß $\mathrm{Li}(n)$ eine weitaus bessere Approximation an $\pi(n)$ darstellt als die beiden anderen Funktionen. Tatsächlich konnte Charles de la Vallée Poussin 1896 zeigen, daß dies für *alle* Werte von n ab einer bestimmten Größe zutrifft.

n	$\pi(n)$	$\frac{n}{\ln x - 1{,}08366}$	$\frac{n}{\ln x}$	$\mathrm{Li}(n)$
1000	168	172	145	178
10000	1229	1231	1086	1246
10000	9592	9588	8686	9630
1000000	78498	78534	72382	78628
10000000	664579	665138	620420	664918
100000000	5761455	5769341	5428681	5762209

Tab. 2
Die Primzahlverteilung. Dies ist eine Erweiterung der Tabelle 1 aus Kapitel 1. $\pi(n)$ gibt die Anzahl der Primzahlen kleiner als n für verschiedene Werte von n an. Drei klassische Näherungsfunktionen an $\pi(n)$ werden vorgestellt.

Aus Tabelle 2 scheint ferner hervorzugehen – wir schweifen hier ein wenig vom Thema ab –, daß $\mathrm{Li}(n)$ stets etwas größer als $\pi(n)$ ist. Würde man die Tabelle fortsetzen, so wäre dies auch weiterhin mit großer Sicherheit das beobachtete Ergebnis. Es müßte schon eine sehr skeptische Person sein, die daraus nicht schließen würde, daß Li(n) den Wert $\pi(n)$ stets von oben approximiert. Eine solche Schlußfolgerung wäre jedoch in der Tat falsch! 1914 zeigte der englische Mathematiker J.E. Littlewood (ein Kollege von G.H. Hardy), daß die Differenz Li(n) – $\pi(n)$ *unendlich oft* das Vorzeichen ändert, wenn n die natürlichen Zahlen durchläuft; es muß also Werte von n geben, für die Li(n) kleiner als $\pi(n)$ ist. Ein solches n muß, wie S. Skewes 1955 bewies, größer als die Zahl

$$e^{e^{e^{79}}} \text{ (ungefähr } 10^{10^{10^{34}}}\text{)},$$

sein; eine unvorstellbare große Zahl, die heute unter dem Namen Skewes-Zahl bekannt ist. Wesentlich kleiner, jedoch noch immer weit jenseits des menschlichen Vorstellungsvermögens, ist die Zahl $1{,}65 \times 10^{1165}$, von der Lehmann 1966 zeigte, daß sie an die Stelle der Skewes-Zahl treten kann. Dies bedeutet, daß ein Vorzeichenwechsel der Differenz Li(n) – $\pi(n)$ irgendwann vor dieser Zahl erfolgen wird. Noch kleiner ist die Zahl $6{,}69 \times 10^{370}$, von der H.J.J. te Riele 1986 bewies, daß ein Vorzeichenwechsel sogar unterhalb dieser Grenze stattfinden wird. Aber diese Zahlen sind noch immer so riesig, daß es vielleicht niemals gelingen wird, eine Zahl n zu finden, für die Li(n) kleiner als $\pi(n)$ ist. Eine mit Hilfe des Computers durchgeführte Suche unter der ersten Milliarde (10^9) von Zahlen blieb jedenfalls ergebnislos.

Kehren wir jedoch zu unserem eigentlichen Thema zurück. 1896 gelang es dem Franzosen J. Hadamard und dem Belgier C. de la Vallée Poussin unabhängig voneinander, jenen Zusammenhang zu beweisen, der aufgrund des Zahlenmaterials schon so lange vermutet worden war: Für wachsende Werte von n verbessert sich die Annäherung von $n/\ln n$ an $\pi(n)$ dergestalt, daß wir eine beliebig genaue Approximation an $\pi(n)$ – wenn auch nicht den exakten Wert – erhalten können, indem wir n ausreichend groß wählen. Daraus folgt, daß auch Li(n) dem Wert $\pi(n)$ für wachsende n beliebig nahe kommt. Dieses berühmte Ergebnis, welches ein für allemal beweist, daß der Verteilung der Primzahlen ein bestimmtes mathematisches Muster zugrunde liegt, ist als der *Primzahlsatz* bekannt. (In diesem Satz spielen sowohl das Unendliche als auch die Begriffe der Infinitesimalrechnung eine zentrale Rolle.) Die Arbeit der beiden Mathematiker stützte sich ganz wesentlich auf einen bemerkenswerten, achtseitigen Artikel, den der deutsche Mathematiker Bernhard Riemann 1859 unter dem Titel «Über die Anzahl der Primzahlen unter einer gegebenen Größe» veröffentlicht hatte. Durch diese Abhandlung – übrigens seiner einzigen zur Zahlentheorie – regte

Riemann die Entwicklung einiger neuer Forschungsrichtungen an, die sich bis heute als ungeheuer fruchtbar erwiesen haben. Man könnte sogar sagen, daß die Veröffentlichung seines Artikels den Grundstein zur gesamten analytischen Zahlentheorie legte, jener Theorie, in der die überaus leistungsstarken Methoden der Infinitesimalrechnung auf Probleme der natürlichen Zahlen angewendet werden.

Bei seiner Untersuchung der Primzahlverteilung führte Riemann als wesentliche Neuerung die Definition der Zetafunktion $\zeta(s)$ für die komplexen Zahlen ein, so daß s, anstatt auf reelle Zahlen größer als 1 beschränkt zu sein, auch komplexe Zahlenwerte $s = a + bi$ annehmen kann (außer $s = 1$). Eine solche Erweiterung der Zetafunktion ist jedoch keineswegs nur dadurch zu bewerkstelligen, daß man für s komplexe Zahlen in die Eulersche Definition der Funktion einsetzt:

$$\zeta(s) = \frac{1}{1^s} + \frac{1}{2^s} + \frac{1}{3^s} + \frac{1}{4^s} + \ldots$$

Vielmehr ist es erforderlich, eine unter dem Begriff analytische Fortsetzung bekannte, hochentwickelte Methode anzuwenden, die hier jedoch nicht näher beschrieben werden soll. Im Interesse jener Leser, die mit den verschiedenen hier verwendeten Begriffen vertraut sind (und wahrscheinlich zur größten Verwirrung aller übrigen Leser), möchte ich kurz die Formel vorstellen, die Riemann für seine erweiterte Zetafunktion erhielt. Sie ist das Kurvenintegral

$$\zeta(s) = \frac{\prod(-s)}{2\pi i} \int_c \frac{(-x)^s}{e^x - 1} \frac{dx}{x},$$

wobei das Integral über der Kurve C gebildet wird, die von ∞ entlang der positiven reellen Zahlenachse nach links bis kurz vor den Ursprung verläuft, diesen entgegen dem Uhrzeigersinn umrundet und dann entlang der positiven reellen Achse wieder nach ∞ zurückführt. Das Produkt $\Pi(s)$ ist für beliebige nicht-negative ganze Zahlen s durch die Gleichung

$$\prod(s) = \lim_{N \to \infty} \frac{N!}{(s+1)(s+2)\ldots(s+N)} (N+1)^s,$$

gegeben.

Die erweiterte Funktion ist als *Riemannsche Zetafunktion* bekannt. Es stellt sich heraus, daß sie in der Zahlentheorie von fundamentaler Bedeutung ist. Zahlreiche Bücher sind im Laufe der Zeit über sie geschrieben worden, zum Beispiel das 300seitige Werk von H.M. Edwards: *Riemann's Zeta Function.* Wie jedoch bereits die obige Definition der Zetafunktion vermuten läßt, sind solche Werke nur Fachleuten verständlich.

Für s gleich –2, –4, –6 etc. ist $\zeta(s)$ gleich 0. Anders ausgedrückt, die negativen geraden ganzen Zahlen bilden die *Nullstellen* der Funktion. Daneben gibt es noch unendlich viele komplexe Zahlen s, für die $\zeta(s)$ ebenfalls 0 ist; der Realteil all dieser Zahlen liegt stets zwischen 0 und 1; das heißt, die Zahlen besitzen die Form $s = a + bi$, wobei a zwischen 0 und 1 liegt. In seiner Abhandlung über die Primzahlverteilung stellte Riemann (ohne sich dabei nach heutigem Wissen auf viele konkrete Anhaltspunkte stützen zu können) die Vermutung auf, daß der Realteil aller komplexen Nullstellen der Zetafunktion exakt ½ beträgt. Wenn $\zeta(s) = 0$ ist, dann gilt $s = \frac{1}{2} + bi$ für passende Werte von b.

Warum ist diese als *Riemannsche Vermutung* bekannte Hypothese so bedeutsam? Wie Riemann zeigen konnte, besteht zwischen den Nullstellen der Zetafunktion und den Eigenschaften der Funktion $\pi(n)$ ein enger Zusammenhang. Genau dieser Zusammenhang führte Hadamard und de la Vallée Poussin 1896 unabhängig voneinander zu ihren Beweisen des Primzahlsatzes. Bitte beachten Sie dabei, daß die Beweise auf dem erwiesenermaßen wahren Zusammenhang zwischen den Nullstellen der Zetafunktion und den Eigenschaften der Funktion $\pi(n)$ und nicht auf der bis heute unbewiesenen Riemannschen Vermutung beruhen. Dieser Zusammenhang liegt auch vielen anderen als wahr erkannten Sätzen über Primzahlen zugrunde, darunter der oben erwähnten Arbeit von Skewes, die zur Entdeckung der Skewes-Zahl führte. Wenn sich herausstellen sollte, daß die Riemannsche Vermutung wahr ist und die Nullstellen der Zetafunktion tatsächlich so regelmäßig angeordnet sind, wie Riemann annahm, dann lassen sich daraus zahlreiche neue Erkenntnisse über die Primzahlen ableiten. Genau hierin liegt die Bedeutung der Riemannschen Vermutung für die gesamte Mathematik. Was aber weiß man über die Riemannsche Vermutung?

Bevor wir uns den zahlreichen Arbeiten zur Riemannschen Vermutung zuwenden, möchte ich noch eine besondere Approximation an $\pi(n)$ erwähnen, die direkt auf der Zetafunktion (allerdings auf der Eulerschen Version) beruht. Sie lautet:

$$R(n) = 1 + \sum_{k=1}^{\infty} \frac{1}{k\zeta(k+1)} \frac{(\log n)^k}{k!},$$

wobei die Summe in dieser Gleichung eine unendliche Summe ist, die von $k = 1$ bis $k = \infty$ gebildet wird. Auch diese Notation ist vielleicht manchen Lesern unbekannt; doch braucht Sie dies nicht zu beunruhigen, lesen Sie einfach weiter!

Tabelle 3 zeigt, wie erstaunlich gut $R(n)$ die Funktion $\pi(n)$ für wachsendes n annähert.

n	$\pi(n)$	$R(n)$
100000000	5761455	5761552
200000000	11078937	11079090
300000000	16252325	16252355
400000000	21336326	21336185
500000000	26355867	26355517
600000000	31324703	31324622
700000000	36252931	36252719
800000000	41146179	41146248
900000000	46009215	46009949
1000000000	50847534	50847455

Tab. 3
Die Primzahlverteilung. Diese Tabelle ist eine Fortführung von Tabelle 2. Es zeigt sich, daß die Funktion $R(n)$, die unter Verwendung der Riemannschen Zetafunktion definiert wird, für größere Werte von n eine überaus gute Annäherung an die Funktion der Primzahlverteilung $\pi(n)$ darstellt.

Die Riemannsche Vermutung

Welche Anhaltspunkte gibt es für die Wahrheit der Riemannschen Vermutung, derzufolge die komplexen Nullstellen der Funktion $\zeta(s)$, jene Werte s, für die gilt: $\zeta(s) = 0$, stets die Form $\frac{1}{2} + bi$ haben? Wie bereits oben erwähnt wurde, liegt der Realteil jeder komplexen Nullstelle erwiesenermaßen zwischen 0 und 1, und ½ befindet sich genau auf halber Strecke zwischen den beiden Grenzen. Zweifellos besaß Riemann jedoch triftigere Gründe für seine Vermutung. Welcher Art diese Gründe aber auch immer gewesen sein mögen, sie sind uns nicht überliefert. Wie aus dem folgenden hervorgeht, war Riemann schwerlich in der Lage, viele Nullstellen auszurechnen. Und selbst wenn er dies getan hätte, zeigt das oben beschriebene Beispiel, bei dem es um das Vorzeichen der Differenz $\mathrm{Li}(n) - \pi(n)$ geht, wie unverläßlich Schlußfolgerungen in der Mathematik sind, die auf rein numerischen Daten beruhen. G.H. Hardy konnte zeigen (und dies war keineswegs einfach!), daß es unendlich viele Nullstellen gibt, deren Realteil ½ beträgt. Dies schließt jedoch keineswegs die Existenz unendlich vieler weiterer Nullstellen aus, für die dies nicht zutrifft. Abgesehen von diesem Ergebnis stützt sich die Riemannsche Vermutung tatsächlich nur auf die im Laufe der Jahre mit ungeheurem Rechenaufwand angesammelten numerischen Ergebnisse. Obwohl die Vermutung niemals durch numerische Resultate bewiesen werden kann, ist es denkbar, wenngleich nicht sehr wahrscheinlich, daß die Vermutung durch numerische Rechnungen widerlegt werden kann. Dazu ist es nämlich nur erforderlich, ein einziges Gegenbeispiel zu finden, das heißt, eine einzige Nullstelle zu entdecken, deren Realteil nicht ½ ist. Der Versuch, das Problem numerisch zu lösen, ist also insofern durchaus gerechtfertigt. Ein Vorteil dieses Ansatzes besteht außerdem darin, daß er eine ausgezeichnete Gelegenheit bietet, neue numerische Algorithmen zu testen, die möglicherweise auch in anderen Bereichen von Nutzen sind.

Es gibt eine Reihe verschiedener Verfahren zur Berechnung jener Werte von b, für die die komplexe Zahl $\frac{1}{2} + bi$ eine Nullstelle der Zetafunktion ist. Daneben gibt es Methoden, um die *Gesamtanzahl* aller Nullstellen auszurechnen, deren Imaginärteil in einem bestimmten Bereich liegt. Durch eine Kombination beider Verfahren ist es möglich, die Riemannsche Vermutung für jeden beliebigen endlichen Bereich zu verifizieren. Der erste, der ein solches numerisches Verfahren auf die Riemannsche Vermutung anwendete, war J.-P. Gram. Mit Hilfe der sogenannten Euler-Maclaurinschen Summenformel, eines Standardverfahrens zur Berechnung von Nullstellen, fand Gram 1903 die ersten fünfzehn Werte von b, für die $\zeta(\frac{1}{2} + bi) = 0$ ist. Die ersten zehn Werte berechnete er bis auf sechs Dezimalstellen hinter dem Komma; der erste war 14,134725 und der zehnte 49,773832. Die verbleibenden Werte rechnete er nur auf eine Dezimalstelle aus, wobei der elfte 52,8 und der fünfzehnte 65,0 war. Ausgehend von der wohlbekannten Tatsache, daß der Realteil jeder komplexen Nullstelle zwischen 0 und 1 liegen muß, bewies er weiter, daß es genau zehn Nullstellen gibt, deren Imaginärteil zwischen 0 und 50 liegt. Da seine zuvor erstellte Liste von Nullstellen der Form $\frac{1}{2} + bi$ genau zehn Werte von b zwischen 0 und 50 umfaßte, folgt daraus, daß seine Aufstellung der Nullstellen in diesem Bereich vollständig ist. Mit anderen Worten, seine Rechnungen bewiesen die

Riemannsche Vermutung für den Bereich zwischen 0 und 50. Der Begriff «Bereich» bezieht sich in diesem Zusammenhang stets auf die Größe des Imaginärteils der Nullstelle.

Unter Verwendung ähnlicher (wenngleich verbesserter) Methoden verifizierte R. Backlund im Jahre 1918 die Riemannsche Vermutung für alle Nullstellen im Bereich zwischen 0 und 200. Mit der Weiterentwicklung der Methoden konnte J.J. Hutchinson 1925 den Bereich auf 300 ausdehnen. 1936 verwendeten Titchmarsh und Comrie eine von Carl Siegel verbesserte Methode, durch die es möglich war, 1041 Nullstellen auszurechnen. Alle Nullstellen entsprachen der Riemannschen Vermutung.

Nach dem Zweiten Weltkrieg rückte man dem Problem schließlich mit elektronischen Computern zu Leibe. Mit Hilfe der Siegelschen Methode zur Berechnung von Nullstellen der Form $\frac{1}{2} + bi$ und eines von Alan Turing vorgeschlagenen neuen Verfahrens zur Bestimmung der Anzahl von Nullstellen in einem gegebenen Bereich gelang es D.H. Lehmer in den fünfziger Jahren, die Forschung gewaltig voranzutreiben. Bis 1966 hatte R.S. Lehman 250000 Nullstellen untersucht. Innerhalb weniger Jahre erhöhten J.B. Rosser und seine Kollegen die Anzahl auf insgesamt 3500000 Nullstellen. 1983 schließlich waren J. van de Lune und H.J.J. te Riele in den Bereich bis 119590809,282 vorgestoßen und hatten für alle in diesem Bereich vorkommenden 300000001 Nullstellen gezeigt, daß sie die von Riemann vorausgesagte Form erfüllen. 1985 gelang es den beiden Wissenschaftlern sogar, die Rechnungen auf die ersten anderthalb Milliarden Nullstellen auszudehnen, wiederum ohne ein einziges Gegenbeispiel zu finden.

Die Riemannsche Vermutung wird also durch umfangreiche numerische Rechnungen gestützt. Sollte sie dennoch falsch sein, muß sie im Bereich jener astronomisch hohen Zahlen versagen, mit denen sich im allgemeinen nur noch Mathematiker befassen. Mit der Riemannschen Vermutung verhält es sich also ebenso wie mit dem Fermatschen Satz (vgl. Kapitel 8). Trotz der intensiven Bemühungen, das Problem zu lösen, und trotz der «Beweislast» der numerischen Ergebnisse weiß man bis heute nicht, ob die Vermutung wahr ist oder nicht. Wie um nochmals eindringlich davor zu warnen, mathematische Schlußfolgerungen aus numerischen Ergebnissen abzuleiten, wurde in den letzten Jahren eine eng mit der Riemannschen Vermutung verwandte Hypothese *widerlegt*. In diesem Fall erwiesen sich die numerischen Ergebnisse als völlig irreführend. Das Schicksal der *Mertensschen Vermutung* möge daher allen als Warnung dienen, die annehmen, die Riemannsche Vermutung müsse wahr sein.

Die Mertenssche Vermutung

Betrachten wir eine beliebige natürliche Zahl n, so gilt nach dem Fundamentalsatz der Arithmetik, daß n entweder eine Primzahl ist oder auf eindeutige Weise als Produkt von Primfaktoren ausgedrückt werden kann. Die ersten fünf zerlegbaren Zahlen lassen sich beispielsweise wie folgt schreiben:

$$4 = 2 \times 2; \quad 6 = 2 \times 3; \quad 8 = 2 \times 2 \times 2; \quad 9 = 3 \times 3; \quad 10 = 2 \times 5.$$

Von diesen Zahlen besitzen 4, 8 und 9 eine Faktorzerlegung, in der mindestens eine Primzahl mehr als einmal vorkommt, während in den Zerlegungen von 6 und 10 jeder Primfaktor nur einmal auftritt. Zahlen, die durch das Quadrat einer Primzahl teilbar sind (wie 4, 8, 9), besitzen folglich einen *quadratischen Faktor*, während Zahlen, für die dies nicht zutrifft, *quadratfrei* sind. Freilich kann in der Primfaktorzerlegung einer quadratfreien Zahl kein Primfaktor mehr als einmal vorkommen.

Wenn n eine quadratfreie, natürliche und zerlegbare Zahl ist, läßt sie sich entweder als Produkt einer geraden oder einer ungeraden Anzahl von Primfaktoren schreiben. Zum Beispiel ist $6 = 2 \times 3$ das Produkt einer geraden Anzahl von Primfaktoren, während $42 = 2 \times 3 \times 7$ das Produkt einer ungeraden Anzahl von Primzahlen ist. 1832 führte A.F. Möbius eine einfache Funktion zur Unterscheidung der verschiedenen Arten von Primfaktorzerlegungen natürlicher Zahlen n ein. Diese sogenannte *Möbiussche Funktion*, die mit dem griechischen Buchstaben μ («mü») bezeichnet wird, ist wie folgt definiert: Für $n = 1$ (ein Sonderfall) sei $\mu(n) = 1$. Ansonsten gilt:

Wenn n einen quadratischen Faktor besitzt, dann ist $\mu(n) = 0$.

Wenn n quadratfrei und das Produkt einer geraden Anzahl von Primfaktoren ist, dann ist $\mu(n) = 1$.

Wenn n entweder prim oder quadratfrei und das Produkt einer ungeraden Anzahl von Primfaktoren ist, dann ist $\mu(n) = -1$.

Betrachten wir dazu einige Zahlenbeispiele: $\mu(4) = 0$, $\mu(5) = -1$, $\mu(6) = 1$, $\mu(42) = -1$ etc. Weitere Beispiele möge sich jeder Leser selbst erarbeiten.

Für eine beliebige Zahl n sei $M(n)$ das Ergebnis, das man erhält, wenn man alle Werte von $\mu(k)$ für k kleiner oder gleich n addiert. Zum Beispiel:

$$M(1) = \mu(1) = 1,$$
$$M(2) = \mu(1) + \mu(2) = 1 + (-1) = 0,$$
$$M(3) = \mu(1) + \mu(2) + \mu(3) = 1 + (-1) + (-1) = -1,$$
$$M(4) = \mu(1) + \mu(2) + \mu(3) + \mu(4) = 1 + (-1) + (-1) + 0 = -1,$$
$$M(5) = 1 + (-1) + (-1) + 0 + (-1) = -2.$$

Weitere Beispiele, die Sie leicht selbst überprüfen können, sind:

$$M(6) = -1;\ M(7) = -2;\ M(8) = -2;$$
$$M(9) = -2;\ M(10) = -1;\ M(11) = -2;$$
$$M(12) = -2;\ M(13) = -3;\ M(14) = -2;$$
$$M(15) = -1;\ M(16) = -1;\ M(17) = -2;$$
$$M(18) = -2;\ M(19) = -3;\ M(20) = -3.$$

Frage: Welches ist der nächste Wert von n, für den $M(n)$ wieder 0 ergibt? Oder: Für welchen Wert von n ergibt sich als nächstes wieder ein positiver Wert $M(n)$?

Dies mag zwar eine ganz amüsante Zahlenspielerei sein, mit dem herausragendsten ungelösten Problem der Mathematik wird es jedoch wohl kaum in Verbindung stehen, so werden Sie vielleicht jetzt denken. (Dabei sollten wir durch den Abschnitt über die Farey-Folgen bereits gewarnt sein.) Wie im folgenden erläutert wird, besteht zwischen dem Verhalten der Funktion $M(n)$ und der Anordnung der Nullstellen der Riemannschen Zetafunktion ein enger Zusammenhang.

Dieser Zusammenhang war T.J. Stieltjes zweifellos bekannt. 1885 behauptete er in einem Brief an seinen Kollegen C. Hermite, daß es ihm gelungen sei zu beweisen, daß der Absolutbetrag von $M(n)$ für beliebig große n stets kleiner als $\sqrt{n}$ sei:

$$|M(n)| < \sqrt{n}. \qquad (9)$$

Mit den zwei senkrechten Strichen in der obigen Gleichung bezeichnet man in der Mathematik üblicherweise den Absolutbetrag einer Größe, das heißt, den Betrag ohne Vorzeichen. Folglich ist $|-10| = 10$, $|5| = 5$ etc. Wenn die Behauptung Stieltjes' wahr gewesen wäre, hätte dies unmittelbar die Wahrheit der Riemannschen Vermutung nach sich gezogen. Tatsächlich folgt die Riemannsche Vermutung aus der Existenz einer beliebigen Konstanten A, die die Ungleichung

$$|M(n)| < A\sqrt{n}$$

für beliebige n erfüllt. Angesichts des oben Gesagten brauche ich wohl kaum zu erwähnen, daß Stieltjes unrecht hatte, wenngleich dies zu seiner Zeit keineswegs klar war. Als Hadamard 1896 seinen berühmten, mittlerweile klassischen Beweis des Primzahlsatzes veröffentlichte, war er der Meinung, daß Stieltjes aufgrund der Ungleichung (9) bereits zu dem gleichen Ergebnis gekommen sei. Gleichsam um seine Arbeit zu entschuldigen, schickte Hadamard daher seiner Abhandlung voraus, daß Stieltjes' Beweis noch nicht erschienen sei! Da Stieltjes auch später keinen Beweis veröffentlichte, können wir vermuten, daß er seinen Irrtum bemerkte. 1897 publizierte jedoch F. Mertens eine 50seitige Tabelle mit Werten von $\mu(n)$ und $M(n)$ für n kleiner als 10000, die ihn vermuten ließ, daß die Ungleichung (9) tatsächlich «sehr wahrscheinlich» sei. Aufgrund dieser Arbeit kennen wir die Hypothese heute unter dem Namen Mertenssche Vermutung.

Zwischen 1897 und 1913 veröffentlichte von Sterneck eine Reihe von Arbeiten, in denen er weitere Werte von $M(n)$ für ausgewählte Werte von n kleiner als 5 Millionen vorstellte. Alle Werte erfüllten die Mertenssche Vermutung. In der Tat schien sogar für alle Werte von n größer als 200 die stärkere Ungleichung

$$|M(n)| < \frac{1}{2}\sqrt{n}$$

zu gelten. 1960 konnte Jurkat jedoch beweisen, daß diese Vermutung falsch ist. Der kleinste Wert von n, für den $|M(n)| \geq \frac{1}{2}\sqrt{n}$ ist, lautet $n =$ 7725038629; $M(n)$ ist hier 43947.

1979 berechneten Cohen und Dress die Funktion $M(n)$ für alle n kleiner als 7,8 Milliarden und fanden heraus, daß alle Werte die Ungleichung

$$|M(n)| < 0{,}6\sqrt{n}$$

erfüllten, was die Mertens-Vermutung zu stützen schien. Der Gerechtigkeit halber muß allerdings erwähnt werden, daß es auch zahlreiche Anhaltspunkte gab, die gegen sie sprachen! Im Oktober 1983 bewiesen Hermann te Riele und Andrew Odlyzko schließlich zweifelsfrei, daß die Vermutung falsch ist, und brachten damit eine acht Jahre währende Zusammenarbeit zu einem erfolgreichen Abschluß.

Ihr Beweis ist das Ergebnis klassischer mathematischer Methoden, verbunden mit dem Einsatz hochleistungsfähiger Computer. Darüber hinaus kann die Art ihrer Zusammenarbeit als stellvertretend für einen Trend angesehen werden, der sich in der heutigen Forschung immer mehr durchsetzt: Die Partner einer wissenschaftlichen Kollaboration arbeiten jeder für sich in ihren jeweiligen Heimatinstituten (in diesem Fall war dies für te Riele das Mathematische Zentrum in Amsterdam und für Odlyzko die Bell Laboratories in New Jersey) und tauschen ihre Gedanken und Ergebnisse per Computer über ein elektronisches Postnetz aus.

Wie gelangten te Riele und Odlyzko jedoch zu ihrem Ergebnis? Sicherlich nicht durch das Auffinden einer Zahl n, für die $|M(n)| \geq \sqrt{n}$ ist. Bislang ist es niemandem gelungen, eine solche Zahl zu finden. Man vermutet, daß sie größer als 10^{30} sein muß. Der Schlüssel zu ihrem Beweis liegt vielmehr in einem Ergebnis, das A.E. Ingham 1942 erzielte.

Dazu muß ich voranschicken, daß die Ungleichung $|M(n)| < \sqrt{n}$ auch folgendermaßen geschrieben werden kann:

$$\frac{|M(n)|}{\sqrt{n}} < 1.$$

Ingham hatte nun gezeigt, wie eine bestimmte Funktion $h(x)$ dergestalt definiert wird, daß für beliebige (reelle) Zahlen x gilt: Es gibt keine Zahl kleiner als $h(x)$, die größer als jeder Wert von $|M(n)|/\sqrt{n}$ ist. Um also die Mertens-Vermutung zu widerlegen, ist es nur erforderlich, eine Zahl x zu finden, für die gilt: $h(x) > 1$. Nehmen wir einmal an, wir finden eine Zahl x, für die $h(x) = 1{,}06$ ist. Entsprechend dem Ergebnis von Ingham bedeutet dies, daß keine Zahl kleiner als 1,06 größer als jeder Wert von $|M(n)|/\sqrt{n}$ ist. Insbesondere heißt das, daß die Zahl 1 (welche kleiner als 1,06 ist) nicht größer als jeder Wert von $|M(n)|/\sqrt{n}$ ist. Dies widerspricht jedoch der Mertens-Vermutung. Bitte beachten Sie, daß uns dieses Verfahren noch keine Zahl n liefert, für die die Mertenssche Vermutung versagt.

Um die Mertenssche Vermutung zu widerlegen, gingen te Riele und Odlyzko daran, einen Wert von x zu suchen, für den $h(x)$ größer als 1 ist. Dies erwies sich als eine äußerst schwierige Aufgabe.

Die Definition der Funktion $h(x)$ beruht auf einigen höchst abstrakten mathematischen Begriffen, darunter auch der Zetafunktion. Zur Berechnung von $h(x)$ für einen gegebenen Wert von x ist es insbesondere erforderlich, eine beträchtliche Anzahl von Nullstellen der Zetafunktion ziemlich genau auszurechnen. Zudem hängt Inghams Ergebnis für die Funktion $h(x)$ davon ab, daß die berechneten Nullstellen mit der Riemannschen Vermutung übereinstimmen – eine Bedingung, über die man sich wahrscheinlich keine Sorgen macht, wenn man ohnehin annimmt, daß die Vermutung wahr ist. In jedem Fall ist die Vermutung in einem weit über den für die Widerlegung der Mertensschen Vermutung notwendigen Bereich hinaus verifiziert worden. Die erforderlichen Rechnungen sind nun so zeitaufwendig, daß sie nur von den leistungsfähigsten Computern ausgeführt werden können. Selbst wenn ein Programm zur Verfügung steht, welches die Berechnung von $h(x)$ für jeden gegebenen Wert von x ausführt, sieht man sich immer noch der gewaltigen Aufgabe gegenüber, eine Zahl x zu finden, für die der Wert $h(x)$ größer als 1 ist. Dieser Teil des Beweises ist der weitaus schwierigste. Die Funktion $h(x)$ besitzt nämlich die entmutigende Eigenschaft, Werte zu produzieren, die immer knapp unter 1 liegen. Tatsächlich war das beste Ergebnis, das te Riele bis 1979 erzielen konnte, der Wert 0,86. Einen geeigneten Wert von x zu finden, schien also auf die berühmte Suche nach der Nadel im Heuhaufen hinauszulaufen. Zu jener Zeit gelangte te Riele zu der Schlußfolgerung, daß das Problem mit den verfügbaren Computern nicht zu lösen sei.

Der Durchbruch, der schließlich doch noch zur Lösung des Problems führte, kam nicht in Form einer neuen Computertechnologie, sondern beruhte auf einem 1981 von Lenstra, Lenstra und Lovász entwickelten, leistungsstarken Algorithmus, der, wie sich mittlerweile herausstellte, zahlreiche Anwendungen besitzt. Mit seiner Hilfe konnte genau jener letzte rechnerische Schritt vollzogen werden, der erforderlich war, um einen geeigneten Wert von x zu finden. Damit waren nun te Riele und Odlyzko im Besitz einer Methode, um ihren «Heuhaufen» zu durchsuchen.

Der erste Teil ihres Beweises bestand darin, jene Nullstellen der Zetafunktion auszurechnen, die wahrscheinlich benötigt würden, um die im Laufe der Suche vorkommenden Werte von $h(x)$ auszurechnen. Ein CDC-CYBER-750-Computer im Mathematischen Zentrum in Amsterdam benötigte dazu 40 Stunden und rechnete dabei 2000 Nullstellen auf 100 Dezimalstellen genau aus. Unter Verwendung des oben erwähnten neuen und sehr leistungsfähigen Algorithmus lief dann ein CRAY-1-Computer in den Bell Laboratories weitere 10 Stunden, bis er einen Wert von x fand, für den $h(x)$ größer als 1, nämlich 1,061545 war. Die Frage nach der Wahrheit der Mertensschen Vermutung war damit endgültig gelöst. Die Zahl x, für die sich schließlich dieser Wert ergab, ist von beeindruckender Größe. Sie besitzt 65 Stellen vor dem Komma und lautet:

$$-1404528968059299804679036163039978112740059199978973803996596076 2,521505.$$

Natürlich widerlegt dieses Ergebnis nicht nur die Mertens-Vermutung, es zeigt, daß auch die Ungleichung

$$|M(n)| < 1{,}06\,\sqrt{n}$$

nicht immer gültig ist. Wie steht es jedoch mit der Ungleichung

$$|M(n)| < A\,\sqrt{n}$$

für andere Werte der Konstanten A? Wenn es einen Wert A gäbe, für den eine solche Ungleichung für alle n wahr wäre, dann würde die Riemannsche Vermutung zwangsläufig daraus folgen. Um zu beweisen, daß eine Ungleichung dieser Form falsch ist, müßten wir mit Hilfe der von te Riele und Odlyzko verwendeten Methode einen Wert von x finden, für den $h(x)$ größer als A ist. Sowohl te Riele als auch Odlyzko sind davon überzeugt, daß dies theoretisch möglich ist, gleichgültig, wie groß wir A wählen. Beide sind also der Ansicht, daß die Funktion $h(x)$ beliebig große Werte annehmen kann. Allerdings weisen sie darauf hin, daß es mit den zur Zeit verfügbaren Algorithmen und Computern bestenfalls möglich sei, einen Wert von x zu finden, für den $h(x)$ ungefähr bei 1,5 liegt. Selbst ein Wert $h(x) = 2$ übersteige die gegenwärtigen Möglichkeiten bei weitem.

Welche Konsequenzen hat die Widerlegung der Mertensschen Vermutung für die Riemannsche Vermutung? Die Antwort lautet: keine. Wäre die Mertens-Vermutung wahr gewesen, wie Stieltjes ursprünglich vermutet hatte, dann hätte dies auch die Wahrheit der Riemannschen Vermutung nach sich gezogen. Das Wissen um die Ungültigkeit der Mertens-Vermutung ist jedoch ohne Bedeutung für die Riemannsche Vermutung. Die beiden Hypothesen sind nicht äquivalent.

Es gibt allerdings eine schwächere Version der Mertensschen Vermutung, die äquivalent zur Riemannschen Vermutung ist; sie besagt, daß es für eine beliebige reelle Zahl r größer als ½ eine Konstante A gibt, so daß die Ungleichung

$$|M(n)| < An^r$$

für alle n wahr ist. Mit anderen Worten, man bildet eine beliebige Potenz von n, wobei der Exponent größer als ½ ist (dies ist der Wert der Mertens-Vermutung), und erhält so eine Ungleichung der gewünschten Art. Könnte man beweisen, daß diese Vermutung falsch ist, so würde dies auch bedeuten, daß die Riemannsche Vermutung falsch ist; wäre sie dagegen wahr, würde dies auch die Riemannsche Vermutung beweisen. Diese Frage steht jedoch auf einem ganz anderen Blatt als die Mertenssche Vermutung.

Die Bieberbachsche Vermutung

Die Mathematik, wie sie der Welt im allgemeinen präsentiert wird, ist ein Gefüge kalten unpersönlichen Wissens. Die mathematische Wahrheit ist die einzige, die nicht von Minute zu Minute, von Ort zu Ort und von Mensch zu Mensch variiert. Die Mathematik, so *wie sie entwickelt wird*, ist dagegen ein menschliches Unterfangen und unterliegt daher einer ganzen Reihe verschiedener Einflüsse. Obwohl also mathematische Wahrheit letzten Endes absolut und unbestreitbar ist, kann es doch gelegentlich einige Zeit dauern, bis man zu ihr gelangt.

Stellen Sie sich einmal vor, Sie wären einer der führenden Mathematiker der Welt. Sie haben viele Jahre lang hart an einem schwierigen Problem gearbeitet und sind der Lösung verschiedentlich recht nahe gekommen. Eines Tages erhalten Sie ein 385seitiges getipptes Manuskript, in welchem der Verfasser, ein anerkannter Mathematiker, behauptet, er habe Ihr Problem gelöst. Es handelt sich also nicht um eines jener zahllosen «versponnenen» Manuskripte, die Sie regelmäßig erhalten und stets sofort in den Papiereimer werfen. Allerdings ist diese Person bereits 52 Jahre alt, und die traditionelle Auffassung (gestützt auf einige recht überzeugende Statistiken) geht dahin, daß ein Mathematiker, der älter als 40 Jahre ist, wohl keine sehr bedeutsamen Arbeiten mehr leisten wird. In früheren Arbeiten dieses Mathematikers zu anderen Problemen fand man außerdem schon einige Male ernste Fehler in der Beweisführung. Dieser Mathematiker beansprucht also nun, ein 70 Jahre altes Problem gelöst zu haben, mit dem nicht nur Sie, ein in der Welt anerkannter Experte auf diesem Gebiet, sondern auch zahlreiche andere führende Mathematiker bislang vergeblich gerungen haben. Bereits mehrmals hielten einige dieser Mathematiker das Problem irrtümlich für gelöst, doch stets fand man einen Fehler. Ein kurzes Überfliegen des Manuskripts zeigt Ihnen, daß der Verfasser eine komplizierte Methode anwendet, die Sie und praktisch jeder andere, der mit diesem Problem vertraut ist, für nicht sehr erfolgversprechend halten.

Wie würden Sie sich nun in einer solchen Situation verhalten, wenn man bedenkt, daß Sie zweifellos mit Ihren eigenen Forschungen sehr beschäftigt sind? Genau dies war die Sachlage, der sich im Frühjahr 1984 der amerikanische Mathematiker Carl FitzGerald gegenübersah. War es seinem Landsmann Louis de Branges wirklich gelungen, die Bieberbachsche Vermutung zu lösen, ein Problem, an dem so viele andere gescheitert waren? FitzGerald hielt dies für sehr unwahrscheinlich. «Ich ging nicht davon aus, daß der Beweis richtig war», so schrieb er später. «Zwei meiner besten Arbeiten zeigten, daß die Bieberbachsche Vermutung der Wahrheit zumindest sehr nahe kam ... Ich wollte nicht, daß diese Ergebnisse überholt würden.» Ähnlich skeptisch zeigten sich auch die anderen Mathematiker (etwa ein Dutzend insgesamt), denen de Branges ein Exemplar seines Manuskripts zugeschickt hatte. Niemand las es.

Der Zufall fügte es jedoch, daß de Branges von April bis Juni 1984 im Rahmen eines Austauschprogramms zwischen den USA und der UdSSR einige Universitäten der UdSSR besuchte. Unter anderem war geplant, daß er vor den Mathematikern der Universität Leningrad einen Vortrag halten sollte. Dies war ein idealer Ort, um seinen Beweis zu erläutern. Unter seiner Zuhörerschaft würden sich Mathematiker wie I.M. Milin, E.G. Emel'anov und G.V. Kuz'mina, drei weltweit anerkannte Experten auf diesem Gebiet, befinden. Tatsächlich erhob de Branges den Anspruch, eine Vermutung bewiesen zu haben, die Milin selbst 1971 aufgestellt hatte, und aus der die Bieberbachsche Vermutung, wie Milin gezeigt hatte automatisch folgen würde. Obwohl auch die sowjetischen Mathematiker skeptisch waren, erwiesen sie sich als geduldige Zuhörer, die den fünf jeweils vier Stunden währenden Vorträgen aufmerksam folgten. Jeder erwartete, daß irgendwann ein Fehler auftauchen müsse.

Dieser Fall trat jedoch nicht ein; es gab keinen Fehler. Der Beweis war korrekt. Nachdem dies zweifelsfrei feststand, untersuchte man die Möglichkeit, den Beweis zu vereinfachen und zu verkürzen. Dies war möglich. Der Gruppe gelang es, die Beweisführung so entscheidend zu modifizieren, daß die Länge des Beweises auf 13 Seiten reduziert werden konnte. Als diese 13 Seiten dann verschickt wurden, horchte die Welt auf. Diesen Beweis nahm man zur Kenntnis und – ließ sich überzeugen. Viele Mathematiker träumen von dem, was de Branges leistete, doch nur wenigen ist ein solcher Triumph vergönnt. Es war ihm gelungen, ein Problem zu lösen, das Mathematiker lange Jahre beschäftigt hatte und von dem jeder übereinstimmend sagte, es sei wirklich schwierig gewesen.

Tatsächlich gründet sich der Ruhm des Problems hauptsächlich auf seinen Schwierigkeitsgrad. Soweit bisher bekannt ist, führt die Bieberbachsche Vermutung nicht zu wichtigen neuen Entwicklungen wie etwa die Riemannsche Vermutung. Sie gehört jedoch zu jener angenehmen Art von systematisierenden Ergebnissen, die die inhärente Ordnung der Mathematik im allgemeinen und die der komplexen Funktionentheorie im besonderen verdeutlichen. Die Bieberbachsche Vermutung besagt nun folgendes:

Angenommen, wir betrachten eine unendliche Reihe der Form

$$B = x + a_2x^2 + a_3x^3 + \ldots,$$

wobei sowohl die Variable x als auch die Koeffizienten a_2, a_3, ... komplexe Zahlen sind. a_1 wird nicht besonders erwähnt, da der Koeffizient von x gleich 1, das heißt also $a_1 = 1$ ist. Für einen gegebenen Wert der Variablen x ist es denkbar, daß die unendliche Reihe ein endliches Ergebnis (bzw. eine endliche «Summe») besitzt. Damit dies möglich ist, müssen die aufeinanderfolgenden Glieder der Reihe sehr schnell sehr klein werden; dies muß sogar so schnell geschehen, daß die unendliche Anzahl der Glieder diesen Effekt nicht mehr aufwiegen kann.

Die bereits oben erwähnte Reihe für sin x erfüllt zum Beispiel die Form B:

$$\sin x = x - \frac{x^3}{3!} + \frac{x^5}{5!} + \frac{x^7}{7!} + \ldots$$

Hier ist folglich $a_2 = 0$, $a_3 = -1/3!$, $a_4 = 0$, $a_5 = 1/5!$, $a_6 = 0$ etc. Diese unendliche Reihe besitzt ein endliches Ergebnis für jeden beliebigen Wert von x, da die Koeffizienten a_n sehr schnell sehr klein werden. Das gleiche gilt auch für die Reihe von e^x, obwohl sie nicht die Form von B erfüllt, da sie mit einer 1 beginnt. Wenn man jedoch diese 1 abzieht, um die Reihe $e^x - 1$ zu erzeugen, so erhalten wir eine Reihe der gewünschten Form B, die wie sin x eine endliche Summe für jeden beliebigen Wert von x hat.

Wenn die Koeffizienten der Reihe dagegen nicht so schnell so klein werden, hängt die Existenz einer endlichen Summe von der Größe des Wertes ab, den man für x wählt. Kleine Werte von x führen vielleicht noch zu einem endlichen Ergebnis, während große Werte eine unendliche oder in manchen Fällen überhaupt keine Antwort ergeben. Insbesondere gilt, wenn x kleiner als 1 ist, nimmt die Größe von x^n für wachsende Werte von n ab. Es besteht folglich die Möglichkeit, eine endliche Antwort zu erhalten. Alles hängt nun von der Größe der Koeffizienten a_n ab. Wenn Mathematiker Reihen der Form B untersuchen, beschränken sie sich also häufig darauf, das Verhalten der Reihe für jene Werte von x zu betrachten, für die x^n bei wachsenden Werten von n kleiner wird. Das bedeutet, sie betrachten nur jene Zahlen x, deren absoluter Betrag kleiner als 1 ist. Der absolute Betrag einer komplexen Zahl x ist ihr Abstand vom Ursprung der komplexen Ebene und wird mit $|x|$ bezeichnet. Diese Schreibweise wurde bereits für die reellen Zahlen eingeführt, um das Vorzeichen zu unterdrücken. Wenn Sie einmal darüber nachdenken, werden Sie entdecken, daß sich diese beiden Verwendungsweisen nicht ausschließen. Die neue Verwendung für die komplexen Zahlen stellt nur eine Erweiterung der ersten dar. Sie läßt sich ganz einfach aus dem Satz des Pythagoras für rechtwinklige Dreiecke ableiten: wenn $x = a + bi$, dann gilt

$$|x| = \sqrt{a^2+b^2}.$$

Veranschaulicht man sich in der komplexen Zahlenebene die Menge aller komplexen Zahlen x, für die $|x| < 1$ ist, so stellt man fest, daß sie eine kreisförmige Scheibe mit dem Radius 1 um den Ursprung bildet. Diese kreisförmige Fläche bezeichnet man gewöhnlich als den *Einheitskreis*.* Die Aussage, daß x im Einheitskreis liegt, ist das geometrische Äquivalent zu der Aussage, daß $|x| < 1$ ist.

Angenommen, wir betrachten eine Reihe der Form B, die für jeden Wert von x aus dem Einheitskreis ein endliches komplexes Ergebnis besitzt, das wir mit $f(x)$ bezeichnen. Durch die Reihe ist folglich eine *Funktion* $f(x)$ bestimmt, die jedem x aus dem Einheitskreis einen *Funktionswert* $f(x)$ zuordnet. Es ist durchaus möglich, daß verschiedene Werte von x denselben Funktionswert $f(x)$ besitzen. Nehmen wir zum Beispiel an, die Koeffizienten der Reihe B wären: $a_2 = 1$ und alle übrigen Koeffizienten $a_n = 0$; die Funktion $f(x)$ wäre also: $f(x) = x + x^2$. Wie Sie leicht überprüfen können, ergeben sowohl $f(-1/3)$ als auch $f(-2/3)$ den Wert $-2/9$. Wenn die Reihe B dagegen so beschaffen ist, daß verschiedene Werte von x auch verschiedene Funktionswerte besitzen, dann bezeichnet man die Funktion $f(x)$ als eine *schlichte* Funktion, denn jeder Wert x ist nur genau einem Wert $f(x)$ zugeordnet.

Wir nehmen im folgenden an, daß unsere Reihe B stets eine schlichte Funktion $f(x)$ erzeugt, die für jede im Einheitskreis gelegene

* Man beachte, daß der Begriff «Einheitskreis» in diesem Zusammenhang die Kreisscheibe $|x| < 1$ bezeichnet. Die englische Bezeichnung «unit disc» ist hier präziser, doch ist der äquivalente Begriff «Einheitsscheibe» im Deutschen unüblich (Anm. d. Ü.).

Zahl x einen endlichen Wert $f(x)$ besitzt. Dies läßt sich in der komplexen Zahlenebene geometrisch veranschaulichen: $f(x)$ ordnet jedem im Einheitskreis gelegenen Punkt x einen anderen in der komplexen Zahlenebene gelegenen Wert $f(x)$ zu. Die Menge aller so gewonnenen Werte $f(x)$ stellt einen Teilbereich (bzw. eine Teilmenge) der komplexen Ebene dar. Man kann sich nun fragen, wie groß dieser Teilbereich ist. Da unsere Ausgangswerte x alle aus dem Einheitskreis stammen und dieser Bereich, verglichen mit der gesamten komplexen Ebene, die sich in allen Richtungen ins Unendliche erstreckt, sehr klein ist, könnte man vermuten, daß auch der Bereich, in dem die Funktionswerte $f(x)$ liegen, nur ein kleiner Ausschnitt der komplexen Zahlenebene ist. Man beachte jedoch, daß sowohl der Einheitskreis als auch die gesamte komplexe Zahlenebene unendlich viele Punkte enthalten und daß sich unendliche Mengen, wie in Kapitel 2 ausführlich dargelegt wurde, keineswegs wie die uns vertrauteren endlichen Mengen verhalten. In diesem Fall verhalten sie sich sogar entschieden anders. Die Antwort auf die obige Frage lautet nämlich: Der Bereich, in dem die Funktionswerte $f(x)$ liegen, kann sich praktisch über die *gesamte komplexe Ebene* erstrecken! Um dies zu erreichen, benötigen wir noch nicht einmal eine besonders ausgefallene Funktion $f(x)$. Die sogenannte *Koebe-Funktion* erfüllt genau die gewünschten Eigenschaften. Sie berechnet sich entweder nach der Formel

$$K(x) = \frac{x}{(1-x)^2}$$

oder nach der Reihe B

$$K(x) = x + 2x^2 + 3x^3 + 4x^4 + 5x^5 + \ldots$$

Da sich die Koebe-Funktion aus einer unendlichen Reihe der Form B ergibt und außerdem schlicht ist, entspricht sie genau der Art von Funktion, die wir betrachtet haben. Die Menge aller Werte $f(x)$, die die Koebe-Funktion für die im Einheitskreis gelegenen Werte von x erzeugt, umfaßt alle komplexen Zahlen außer jenen, die auf der reellen Achse links von $-1/4$ liegen. Geometrisch gesehen, stellt diese Funktion so ziemlich das «größte» Ergebnis dar, das man erhalten kann, wobei «groß» im Sinne der Ausdehnung des Wertebereichs gemeint ist.

Da die Koebe-Funktion so etwas wie ein Rekordhalter ist, können wir uns zurecht fragen, ob sich diese Eigenschaft in irgendeiner Weise in den einzelnen Koeffizienten der ihr zugrundeliegenden Reihe der

Form B widerspiegelt. Ist zum Beispiel jeder der einzelnen Koeffizienten der jeweils größtmögliche? Angenommen, wir betrachten eine beliebige Reihe der Form B, die für alle Zahlen x aus dem Einheitskreis eine schlichte Funktion $f(x)$ (mit endlichen Funktionswerten für x) bestimmt, folgt daraus

$$|a_2| \leq 2; \quad |a_3| \leq 3; \quad |a_4| \leq 4; \; \ldots \; ?$$

Anders ausgedrückt: Wenn unsere Reihe B einen oder mehrere Koeffizienten besitzt, die die betreffende Ungleichung nicht erfüllen, wenn also etwa $|a_{163}| = 163{,}5$, folgt daraus, daß entweder die Funktion $f(x)$ nicht schlicht ist, oder daß es, schlimmer noch, eine Zahl x aus dem Einheitskreis gibt, für die die Reihe B keinen endlichen Wert besitzt?

Dieser Frage ging der deutsche Mathematiker Ludwig Bieberbach zu Anfang dieses Jahrhunderts nach. In einem 1916 veröffentlichten Artikel äußerte er die Vermutung, daß die Frage zu bejahen sei. Er war jedoch nur in der Lage, seine Vermutung für den ersten Koeffizienten, das heißt für den Fall $|a_2| \leq 2$ zu beweisen.

Und hier nahm nun die Geschichte ihren Lauf. Die Vermutung, die durchaus vernünftig schien, stellte genau jene Art von «ordentlichem» Ergebnis in Aussicht, die die komplexe Funktionentheorie so häufig zu bieten hat. Sie ließ sich zudem ausreichend einfach formulieren, so daß es nicht an Mathematikern fehlen sollte, die sich an einer Lösung des Problems versuchen würden. Trotzdem vergingen viele Jahre, bevor dieser Beweis entdeckt wurde.

Der erste, der nach Bieberbach ein Ergebnis in dieser Frage erzielte, war Karl Löwner, ein anderer deutscher Mathematiker, der 1923 eine Methode entwickelte, mit deren Hilfe es ihm gelang, die Vermutung für den Koeffizienten a_3 zu beweisen. Er konnte zeigen, daß die Ungleichung $|a_3| \leq 3$ tatsächlich gilt. Es vergingen mehr als zwei Jahrzehnte, ehe 1955 Garabedian und Schiffer in den USA die Vermutung für den nächsten Fall $|a_4| \leq 4$ bewiesen. 1968 übersprangen Pederson und Ozawa den Koeffizienten a_5 und bewiesen die Vermutung für a_6. 1972 schlossen sich dann Pederson und Schiffer zusammen und erbrachten den Beweis für den übersprungenen Koeffizienten a_5. Im gleichen Jahr bewiesen Ozawa und Kubota die Vermutung für a_8, wobei wiederum ein Koeffizient übersprungen wurde. Damit war jedoch das Ende der schrittweisen Annäherung an das Problem erreicht.

Insgesamt also kein überwältigender Erfolg, insbesondere wenn man bedenkt, daß es nicht möglich ist, die Vermutung in ihrer allgemeinen Form dadurch zu beweisen, daß man jeden einzelnen Koeffizienten gesondert untersucht; die Vermutung gilt nämlich für unendlich viele Koeffizienten. Immerhin bestand die Hoffnung, daß ein solcher Ansatz genau jene Erkenntnisse liefern würde, die eine endgültige Lösung des Problems ermöglichen würden. Schließlich trat auch genau dies ein. Als Louis de Branges 1984 die Bieberbachsche Vermutung bewies, stützte sich seine Methode auf eine der früheren Arbeiten, nämlich auf jene von Löwner, der sich 1923 als erster nach Bieberbach mit dem Problem befaßt hatte! Wir wollen jedoch nicht vorgreifen. Während bei der Untersuchung der einzelnen Koeffizienten langsam Fortschritte erzielt wurden, rückte man dem Problem auch noch von anderer Seite zu Leibe.

Dieser Ansatz beruhte auf der Untersuchung von Ungleichungen der Form

$$|a_n| \leq Cn,$$

wobei C eine beliebige Konstante ist. Insbesondere untersuchte man die Frage, wie klein C gewählt werden kann, ohne die Gültigkeit der Ungleichung für alle Werte von n zu gefährden. Um die Bieberbachsche Vermutung zu beweisen, müßte man zeigen, daß $C = 1$ ein möglicher Wert wäre. Wie nah reichten jedoch die Zahlen, die man tatsächlich erhielt, an diesen Wert heran?

Das erste Ergebnis erzielte hier J.E. Littlewood, der 1925 bewies, daß $C = e$ möglich ist. (Zur Erinnerung, e entspricht ungefähr 2,718.) In den folgenden Jahren konnte dieser Wert stetig gesenkt werden. 1956 bewies Milin, der bereits oben erwähnt wurde, daß auch für $C = 1{,}243$ die Ungleichung noch gültig ist. 1972 senkte FitzGerald (der Empfänger des oben erwähnten 385seitigen Manuskripts) den Wert auf $C = 1{,}081$, und 1978 gelang es David Horowitz, einem seiner Studenten, den Wert nochmals auf 1,066 zu reduzieren. Der Erfolg schien zum Greifen nah, doch erreichte man den gewünschten Wert nicht ganz. Als die Bieberbachsche Vermutung 1984 schließlich bewiesen wurde, beruhte die Lösung, wie bereits erwähnt, nicht auf dieser Methode der «Reduzierung von C», sondern auf der ursprünglichen Arbeit von Löwner 1923.

Um die Vermutung für a_3 zu beweisen, führte Löwner eine partielle Differentialgleichung ein, deren Lösungen jede Funktion approximieren, die im Einheitskreis schlicht ist. Der Kunstgriff bestand nun darin, die mathematischen Vorstellungen physikalisch auszudrücken, etwa durch die Strömung von Wasser in einem Fluß. Die Differentialgleichung beschreibt einen expandierenden Fluß, und es ist möglich,

«Informationen» entlang dieses Flusses «weiterzugeben» – insbesondere Schätzwerte für die Größe der Koeffizienten in der Reihe *B* für die Funktion. Im Rahmen seines Beweises führte de Branges einige Hilfsfunktionen t_1, t_2, ... ein, die die gewünschten Informationen enthielten. Jede Hilfsfunktion t_k ist dabei durch eine Differentialgleichung definiert, die alle vorangehenden Funktionen bis t_{k-1} einschließt. Der Beweis der Bieberbachschen Vermutung (bzw. eigentlich der Beweis der von Milin postulierten stärkeren Vermutung) belief sich dann nur noch darauf zu zeigen, daß diese *t*-Funktionen bestimmte Bedingungen erfüllen. Es war alles in allem ein entschieden «altmodischer» Lösungsweg, der in mancher Hinsicht einem Jonglierkunststück nicht unähnlich war, bei dem de Branges sich bemühen mußte, alle Bälle lang genug in der Luft zu halten. Der Weg führte jedoch zum Erfolg.

10 Knoten und andere topologische Begriffe

Pfadfinder, Physiker und ein anderes Buch

Wie kann man einen Kreuzknoten von einem Altweiberknoten unterscheiden? Dem durchschnittlichen Pfadfinder wird diese Frage keine Schwierigkeiten bereiten, wie sieht es jedoch mit dem Mathematiker aus? Kann er die Unterscheidung treffen? Im Jahre 1984 kam es in dieser Frage zu einigen bedeutsamen Entwicklungen.

Ist die von Physikern zur Erforschung unseres vierdimensionalen Raum-Zeit-Universums verwendete Mathematik überhaupt die richtige? Bis 1982 hätte jeder Mathematiker diese Frage vorbehaltlos bejaht; sie sei sogar die *einzig* mögliche. Mittlerweile wurden wir jedoch eines Besseren belehrt. Es gibt andere, völlig verschiedene Arten von Mathematik, die auf ein vierdimensionales Universum zutreffen – allerdings *ausschließlich* auf ein vierdimensionales Universum. Eine solch besondere Behandlung ist weder für zwei, drei, fünf noch sechs oder mehr Dimensionen erforderlich. Der vierdimensionale Raum nimmt demnach eine ganz besondere Stellung ein, nicht nur weil das Universum, in dem wir leben, vierdimensional zu sein scheint, sondern auch unter mathematischem Gesichtspunkt – dies auf völlig unerwartete Weise.

Damit habe ich nur zwei der Entwicklungen erwähnt, die in jüngerer Zeit in der *Topologie* stattgefunden haben, einem Zweig der Mathematik, der mittlerweile so umfangreich ist, daß sich über ihn allein ein ganzes Buch mit dem Titel «Sternstunden der modernen Topologie» schreiben ließe. Die Topologie oder zumindest einige ihrer Aspekte durchdringen heute die meisten Bereiche der modernen Mathematik, von den zahlreichen tiefen Verbindungen zur modernen Physik ganz zu schweigen. Im Zusammenhang mit dem Vierfarbenproblem sind wir ihr bereits explizit begegnet. Dabei ist die Topologie gerade erst ein knappes Jahrhundert alt. Einige der Gedanken gehen zwar schon auf Euler und Gauß zurück, doch setzte die eigentliche

Entwicklung erst mit den Arbeiten von Henri Poincaré und anderen Mathematikern des ausgehenden neunzehnten Jahrhunderts ein.

In dem vorliegenden Kapitel wollen wir uns nur mit zwei Aspekten der Topologie beschäftigen: mit der *Knotentheorie*, einem faszinierenden, aber hochspezialisierten Teilbereich der Topologie, und mit der *Theorie der Mannigfaltigkeiten*, der Untersuchung von Eigenschaften geometrischer Flächen und ihrer Verallgemeinerungen. Die meisten Topologen würden die Theorie der Mannigfaltigkeiten als die zentrale Triebkraft ihrer Disziplin betrachten. Ein Thema, mit dem wir uns hier nicht beschäftigen können, obwohl es alle Kriterien für eine Aufnahme in dieses Buch erfüllte, ist die Katastrophentheorie, eine Art angewandter Mannigfaltigkeitstheorie, die in der Mitte der sechziger Jahre von den Topologen René Thom und Christopher Zeeman entwickelt worden ist. Zu meiner Entschuldigung möchte ich darauf hinweisen, daß eine sehr gute allgemeinverständliche Darstellung bereits erhältlich ist (vgl. Literaturhinweise, S. 319).

Obwohl die Topologie ein überaus schwieriges Gebiet ist, wenn man sich richtig mit ihr befaßt, reicht es für ein Verständnis der allgemeinen Prinzipien vollkommen aus, wenn der interessierte Leser ein gewisses Vorstellungsvermögen für geometrische Objekte mitbringt. Aus diesem Grund orientiert sich die folgende Einführung in hohem Maße an geometrischen Begriffen.

Was ist Topologie?

Die Topologie ist ein Teilbereich der Mathematik, der zwar leicht zu beschreiben, aber sehr schwer zu begreifen ist. Sie untersucht jene Eigenschaften geometrischer Objekte, die bei stetigen Deformationen unverändert bleiben. Intuitiv kann man sich die *stetige Deformation*, auch *topologische Abbildung* genannt, als eine Operation vorstellen, bei der das Objekt gebogen, gedehnt, zusammengedrückt oder verdreht wird oder aber einer Kombination solcher Verformungen unterzogen wird, wobei man davon ausgeht, daß das deformierte (oder *abgebildete*) Objekt vollkommen elastisch ist und beliebig viele solcher Manipulationen unbeschadet übersteht. Die einzige Bedingung ist, daß jene Punkte des Objekts, die vor der Verformung benachbart waren, auch danach benachbart bleiben müssen. Wenn man diese Bedingung angemessen definiert, was keineswegs einfach ist, steht sie durchaus nicht im Widerspruch zu der Vorstellung, daß das Objekt beliebig gedehnt werden kann; auch wenn dies auf den ersten Blick so scheinen mag.

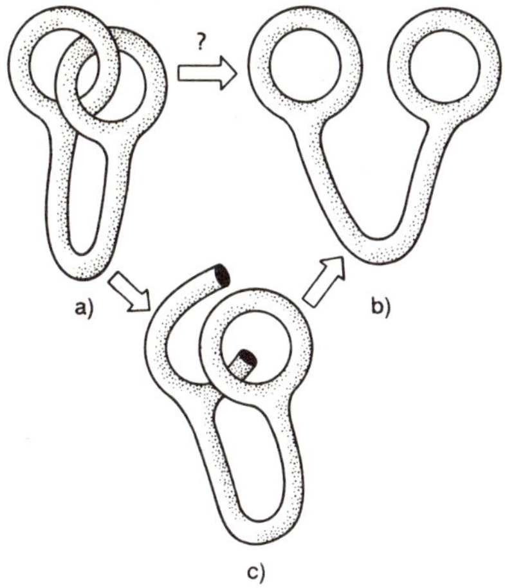

Abb. 48
Das Rätsel der Ringe. Stellen Sie sich vor, das in a) dargestellte Gebilde sei aus einem vollkommen elastischen Material hergestellt. Ist es möglich, das Gebilde so zu verformen, daß sich die Ringe auseinander lösen und wir das Gebilde in b) erhalten? Der offensichtlichste Weg ist natürlich der, einen Ring durchzuschneiden c), die Ringe zu trennen und dann die Schnittstellen wieder zu verbinden. Vorausgesetzt, daß die zwei Enden wieder so zusammengefügt werden, wie dies ursprünglich der Fall war (also ohne eines der Enden zu verdrehen), ist dies eine legitime topologische Transformation von a) nach b). Es ist jedoch möglich, a) in b) zu überführen, ohne einen der Ringe zu zerschneiden. Dazu ist es nur erforderlich, das Gebilde in geeigneter Weise zu dehnen und zu verformen. Können Sie sich vorstellen, wie man dabei vorgehen muß? Die Lösung finden Sie in Abb. 62 am Ende dieses Kapitels.

Sie schließt nur jene Operationen aus, bei denen das Objekt aufgeschnitten, zerrissen oder «geklebt» wird. Zumindest gilt dies im allgemeinen. Das Aufschneiden eines Objektes ist dagegen durchaus gestattet, um eine bestimmte Transformation durchzuführen, die anders nicht möglich wäre. Voraussetzung ist, daß das Objekt anschließend an den aufgeschnittenen Kanten wieder so zusammengefügt wird, daß die Punkte, die vor dem Aufschneiden nah beieinander lagen, auch hinterher benachbart sind. Betrachten wir dazu die Abb. 48. Um das Gebilde in Abb. 48a) in jenes von Abb. 48b) zu überführen, ist es zulässig, einen der zwei ineinander verschränkten Ringe aufzuschneiden und ihn dann, wie in Abb. 48c) gezeigt, von dem anderen zu trennen. Die zwei Schnittkanten werden anschließend wieder zusammengeklebt. Da die zwei Gebilde auf diese Weise ineinander überführt werden können, heißen sie *topologisch äquivalent*. In diesem besonderen Beispiel ist es übrigens gar nicht erforderlich, einen der Ringe aufzuschneiden. Das Gebilde in Abb. 48a) kann durch Biegen und Dehnen allein in jenes von Abb. 48b) überführt werden. Können Sie sich vorstellen wie? Die Lösung finden Sie in Abb. 62 am Ende dieses Kapitels. Dieses Beispiel zeigt also, daß sogar der scheinbar einfache Begriff der «Dehnung» nicht ganz leicht zu begreifen ist.

Einer der Gründe, warum die obige Beschreibung der Topologie mit Hilfe von Begriffen wie Dehnen, Zerschneiden und Kleben unzureichend ist, liegt darin, daß sie sich nur auf die Untersuchung von Flächen, also auf zweidimensionale Objekte bezieht, während die Topologie drei-, vier-, fünf- und beliebig höherdimensionale Objekte erforscht. Doch sogar in bezug auf Flächen birgt diese Beschreibung Schwierigkeiten. Da wir gewohnt sind, uns zweidimensionale Gebilde im dreidimensionalen Raum vorzustellen, ist es sehr leicht, die Eigenschaften des Objekts mit den Eigenschaften des umgebenden Raumes zu verwechseln. In der Tat verursacht auch der Begriff der Dimension selbst oft Verwirrung. Die Kugel wird beispielsweise in diesem Kapitel als eine geschlossene zweidimensionale Fläche und nicht als ein massiver Ball betrachtet. Ein Punkt auf der Oberfläche der Kugel kann nur in zwei unabhängige Richtungen *auf der Oberfläche* bewegt werden. Die Konstruktion einer Kugel läßt sich dagegen nur in einem Raum von mindestens drei Dimensionen verwirklichen.

Betrachten wir als weiteres Beispiel die Kugel und den Torus (vgl. Abb. 49), die nicht topologisch äquivalent zu sein scheinen und es auch tatsächlich nicht sind. Wie die Kugel ist auch der Torus eine geschlossene Fläche. Gleichgültig, wie wir diese beiden Gebilde dehnen und biegen, sie zerschneiden und wieder zusammenkleben, es ist unmöglich, das eine Gebilde in das andere zu überführen. Bitte erinnern Sie sich, daß ein Auseinanderschneiden des Objekts nur dann statthaft ist, wenn alle Punkte, die durch den Schnitt getrennt wurden, wieder an den entsprechenden Stellen zusammengefügt werden; ein Torus läßt sich also nicht in eine Kugel verwandeln, indem man ihn quer auseinanderschneidet und dann jedes der zwei Enden des entstehenden Zylinders zuklebt. Der grundlegende Unterschied zwischen den zwei Gebilden scheint darin zu bestehen, daß der Torus ein «Loch» besitzt. Dies stimmt jedoch nicht ganz. Der Torus bildet eine glatte Oberfläche,

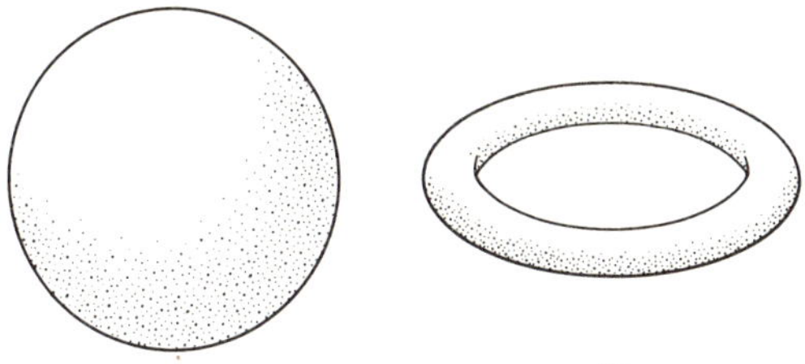

Abb. 49
Die Kugel a) und der Torus b). In der Topologie betrachtet man diese beiden Gebilde als geschlossene Flächen und nicht als massive Körper. Es liegt auf der Hand, daß die zwei Objekte nicht mit topologischen Mitteln ineinander überführt werden können. Die zwei Flächen sind folglich nicht topologisch äquivalent. Um dies zu beweisen, ist es notwendig, eine topologische Eigenschaft ausfindig zu machen, die eine der beiden Flächen besitzt, die andere nicht. Das «Loch» des Torus scheint hier ein geeignetes Merkmal darzustellen, doch ist das Loch keine Eigenschaft der Torusoberfläche. Es ist vielmehr eine Eigenschaft des den Torus umgebenden Raumes. Das topologische Merkmal, welches eine Unterscheidung zwischen den beiden Figuren ermöglicht, ist die sogenannte Eulersche Charakteristik. Dies ist nun eine echte Eigenschaft der Fläche selbst, die jedoch dem Loch im Torus entspricht.

die keineswegs irgendwelche Löcher aufweist. Wenn wir etwa auf einem riesigen Torus leben würden, könnten wir kreuz und quer über seine Oberfläche wandern, ohne jemals ein Loch zu entdecken. Das Loch hängt vielmehr damit zusammen, wie dieses besondere Gebilde im dreidimensionalen Raum liegt. Anders formuliert bedeutet das: Das Loch ist keine Eigenschaft der Fläche, sondern des sie umgebenden Raumes. Dies soll jedoch nicht heißen, daß das Loch für die Topologie des Torus bedeutungslos wäre. Im Gegenteil, es gibt eine topologische Eigenschaft des Torus, die eng mit der Existenz dieses Lochs in dem umgebenden Raum zusammenhängt und die zur Unterscheidung zwischen Kugel und Torus herangezogen wird. Wir werden in Kürze darauf zu sprechen kommen.

Die Unterscheidung zwischen den Eigenschaften einer Fläche und denen des sie umgebenden Raumes ist äußerst subtil. Sie wird vielleicht etwas deutlicher, wenn man den topologischen Begriff des *Rands* hinzuzieht. Weder die Kugel noch der Torus besitzen einen Rand; sie sind *geschlossene*, also unberandete Flächen. Eine Kreisscheibe dagegen

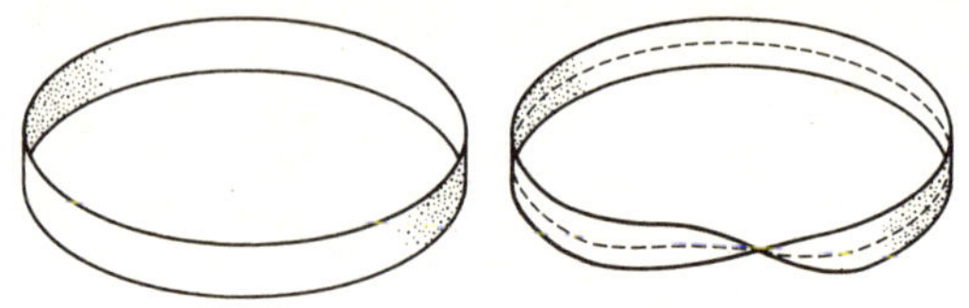

Abb. 50
Das Zylinderband a) und das Möbiusband b). Das Zylinderband ist ein Beispiel für eine orientierbare Fläche mit zwei Rändern. Das Möbiusband ist eine nichtorientierbare Fläche mit nur einem Rand. Um ein Möbiusband zu konstruieren, nimmt man einfach einen Streifen Papier, dreht eines der Enden um 180 Grad und klebt sie dann zusammen. Das Möbiusband besitzt einige sehr sonderbare Eigenschaften. Schneiden Sie zum Beispiel ein Möbiusband entlang der gestrichelten Linie in zwei Hälften und schauen Sie, was geschieht. Das Ergebnis entspricht ganz und gar nicht dem, was Sie erwarten würden. Oder nehmen Sie ein anderes Möbiusband und schneiden es entlang einer Linie auf, die etwa einem Drittel der Breite des Bandes entspricht.

besitzt einen Rand. Eine Kreisscheibe mit einem Loch (wie etwa eine Schallplatte) besitzt zwei Ränder. Wenn man einen Streifen Papier nimmt und seine Enden so zusammenklebt, daß er ein Zylinderband bildet (vgl. Abb. 50a)), dann entsteht eine Fläche mit zwei Rändern. Wenn wir den Papierstreifen einmal um 180 Grad drehen, bevor wir die Enden zusammenkleben (Abb. 50b)), erhalten wir eine Fläche mit nur einem Rand. Dieses Gebilde ist nach seinem Erfinder A.F. Möbius, den wir bereits in Kapitel 9 kennengelernt haben, *Möbiusband* genannt worden.

Wenn man zwei Möbiusbänder Rand an Rand zusammenkleben würde, wäre das Resultat eine Kleinsche Flasche (vgl. Abb. 44 in Kapitel 7). Da wir jedoch auf den dreidimensionalen Raum beschränkt sind, ist diese Konstruktion nicht möglich. Sie kann graphisch nur dargestellt werden, wenn die Fläche sich selbst durchdringen darf. Übrigens sind auch Aussagen wie «das Möbiusband oder die Kleinsche Flasche sind Flächen mit nur einer Seite» etwas irreführend, wenn sie eine Vorstellung von den grundlegenden Ideen der Flächentopologie vermitteln sollen. Die Eigenschaft der «Seitigkeit» hängt nämlich wieder entscheidend davon ab, daß man sich das Objekt in einem Raum vorstellt, der drei oder mehr Dimensionen besitzt. Erst von einer solch «höheren Warte» aus ist es möglich, die Seiten der Fläche wahrzunehmen. Die

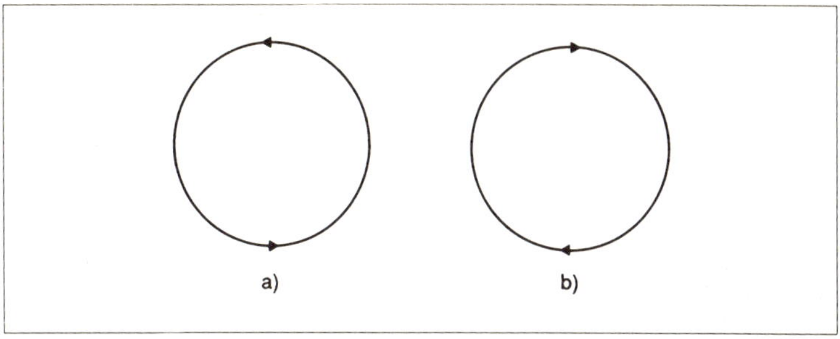

Abb. 51
Orientierbarkeit. Eine Fläche heißt orientierbar, wenn es unmöglich ist, einen entgegen dem Uhrzeigersinn a) ausgerichteten Kreis (erkenntlich an der Pfeilrichtung) in einen im Uhrzeigersinn ausgerichteten Kreis b) zu verwandeln, indem man den Kreis auf bzw. in der Fläche bewegt. Orientierbarkeit ist jene topologische Eigenschaft von Flächen, die dem anschaulichen Begriff der «Zweiseitigkeit» entspricht (zum Beispiel beim Zylinderband). Die Eigenschaft der Nichtorientierbarkeit entspricht dem Merkmal der «Einseitigkeit» (wie beim Möbiusband).

Entdeckung, daß sich die scheinbar zwei Seiten eines Möbiusbandes oder einer Kleinschen Flasche nicht verschiedenfarbig anmalen lassen, trägt sicherlich dazu bei, die ungewöhnliche Beschaffenheit dieser Flächen zu verdeutlichen; sie erklärt jedoch noch nicht, was die wahre topologische Eigenschaft solcher Flächen ausmacht. Diese beruht hier nämlich nicht auf dem Begriff der «Seitigkeit», sondern auf dem der «Orientierbarkeit» einer Fläche. Bitte versuchen Sie deshalb im folgenden, Flächen nicht mehr über die Vorstellung von Seiten zu begreifen.

Eine Fläche heißt *orientierbar*, wenn sich die Begriffe «im Uhrzeigersinn» und «entgegen dem Uhrzeigersinn» auf folgende Weise unterscheiden lassen. Angenommen, wir betrachten eine beliebige orientierbare Fläche und zeichnen auf ihr (besser gesagt: in ihr, um die Vorstellung von Seiten zu vermeiden) einen kleinen, gerichteten, das heißt, mit einem Pfeil versehenen Kreis (vgl. Abb. 51). Gleichgültig, wie wir den Kreis auf der Fläche bewegen, wird es nie gelingen, die Richtung des Kreises umzukehren. Kleiner Kreis meint hier, daß der Kreis klein genug ist, um sich frei auf der gesamten Fläche bewegen zu können, also unbehindert von eventuellen Löchern, Ausbuchtungen oder sonstigen besonderen Merkmalen. Das Zylinderband (Abb. 50a)) ist orientierbar, während das Möbiusband (Abb. 50b)) *nichtorientierbar* ist. Um dies nachzuprüfen, empfiehlt es sich, die Bänder aus einem durchsich-

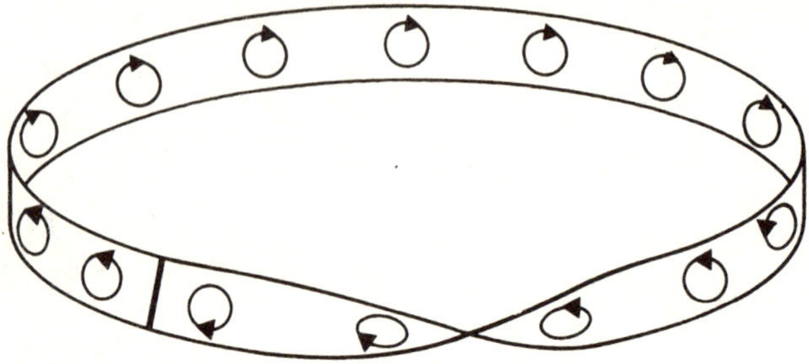

Abb. 52
Das Möbiusband ist eine nichtorientierbare Fläche. Konstruieren Sie ein Möbiusband aus einem durchsichtigen Material und beobachten Sie, was geschieht, wenn Sie einen gerichteten Kreis um das Band herumbewegen.

tigen Material herzustellen, so daß die Kreise von beiden Seiten sichtbar sind und folglich als in der Fläche befindlich angesehen werden können. Wir beginnen nun damit, einen kleinen, gerichteten Kreis auf das Band zu zeichnen und ihn dann «weiterzubewegen», indem wir ihn mitsamt Richtungspfeil in regelmäßigen Abständen kopieren. Hat man das Möbiusband auf diese Weise einmal umrundet (Abb. 52), wobei man fälschlicherweise fast annehmen könnte, irgendwie auf die «andere Seite» geraten zu sein, stellt man plötzlich fest, daß der Pfeil des Kreises in die entgegengesetzte Richtung weist. *Ohne daß die Kreise die Fläche verlassen*, ändert sich also der Richtungssinn auf der Fläche. Diese Eigenschaft nennt man Nichtorientierbarkeit. Beim Zylinderband ist eine solche Umkehrung des Richtungssinnes unmöglich; diese Eigenschaft nennt man Orientierbarkeit.

Wie treibt man Topologie?

Eine scherzhafte, jedoch durchaus angebrachte Antwort auf diese Frage könnte lauten: «Mit großer Vorsicht!» Die bekannten Eigenschaften geometrischer Figuren verlieren aufgrund der besonderen Beschaffenheit der topologischen Abbildung ihre Aussagekraft. Die klassische Geometrie kann als das Studium jener Eigenschaften von Objekten beschrieben werden, die bei starren Abbildungen – wie etwa Translationen, Rotationen und Spiegelungen – invariant bleiben. Sie beruht dabei auf Begriffen wie gerade, kreisförmig, Winkel, Länge, Fläche und Rechtwinkligkeit. Keine dieser Eigenschaften ergibt einen Sinn in der Topologie, da sie durch stetige Deformationen zerstört oder verändert werden können.

Um in der klassischen Geometrie zwei Objekte auf ihre Identität zu überprüfen, ist es theoretisch möglich, eines der Objekte mittels starrer Transformation so zu bewegen, daß es genau die gleiche Position einnimmt wie das andere. Dies nennt man, ein Objekt auf das andere *abbilden*. Wenn eine solche Abbildung möglich ist, sagt man, zwei Objekte sind «gleich» oder «identisch». Formal ausgedrückt heißt das: Sie sind *geometrisch äquivalent* oder *kongruent*. Um zu zeigen, daß zwei Objekte nicht identisch sind, muß man eine geometrische Eigenschaft finden, die sie unterscheidet. Ein Objekt kann z.B. größer als ein anderes sein, oder die Winkel in den betrachteten Objekten stimmen nicht überein. Dies ist dem Leser natürlich alles längst vertraut, so daß es fast trivial erscheint, darüber noch Worte zu verlieren. Schließlich vergleichen wir Objekte gewohnheitsmäßig auf diese Weise. Genau diese Methode benutzt man aber auch in der Topologie, mit dem einzigen Unterschied, daß die Abbildungen und die Unterscheidungsmerkmale von anderer, uns völlig unbekannter Natur sind.

Neben dem Begriff topologisch äquivalent verwenden die Mathematiker auch die Begriffe «gleich» oder «identisch»; da der Anfänger jedoch mit diesen Begriffen geometrische Vorstellungen verbindet, sollen sie hier nach Möglichkeit vermieden werden. Um also zu zeigen, daß zwei Objekte *topologisch äquivalent* sind, sucht man nach einer topologischen (stetigen) Abbildung, die ein Objekt in das andere überführt. So sind ein Dreieck und ein Kreis topologisch äquivalent, wobei es eine völlig offensichtliche Methode gibt, die eine Figur in die andere zu überführen. Um zu beweisen, daß zwei Objekte topologisch verschieden, also nicht äquivalent sind, sucht man nach einer topologischen Eigenschaft, die eines der Objekte aufweist und das andere nicht. Eine solche Eigenschaft geometrischer Objekte ist es, einen *Rand* zu besitzen. Die Kreisscheibe hat einen Rand, die Kugel nicht; folglich sind sie topologisch verschieden. Es ist nicht möglich, eine Kreisscheibe mittels stetiger Verformung in eine Kugel zu überführen oder umgekehrt eine Kugel in eine Scheibe zu verwandeln. Um zwischen zwei geschlossenen, also unberandeten Flächen wie etwa der Kugel und dem Torus topologisch unterscheiden zu können, ist es erforderlich, eine andere topologische Eigenschaft ausfindig zu machen. Das «Loch» des Torus eignet sich als unterscheidendes Merkmal nicht, da es – wie wir gesehen haben – keine topologische Eigenschaft der Fläche ist. Auch die Orientierbarkeit scheidet aus, da beide Flächen orientierbar sind. Die Kleinsche Flasche ist dagegen nicht orientierbar. Dieses Merkmal unterscheidet die Kleinsche Flasche von der Kugel und vom Torus.

Eine der vorrangigsten Aufgaben der Topologie besteht also darin, genügend topologische Merkmale zu finden, um zwei beliebige nichtäquivalente Objekte voneinander unterscheiden zu können. Jede solche Eigenschaft muß natürlich für alle Objekte gelten, die topologisch äquivalent mit dem betrachteten Objekt sind. Eine topologische Eigenschaft darf folglich nicht durch stetige Deformation veränderbar sein. Denn wenn dies der Fall wäre, würde es sich nicht um eine topologische Eigenschaft handeln! Aus diesem Grund nennt man solche Eigenschaften häufig *topologische Invarianten*, eine Bezeichnung, die in mancher Hinsicht angemessener ist als der Begriff «topologische Eigenschaft», da einige Invarianten numerischer Natur sind. Orientierbarkeit ist eine topologische Invariante, ebenso die Anzahl der Ränder einer Fläche. Eine Fläche mit nur einem Rand und eine Fläche mit drei Rändern können niemals äquivalent sein. Neben den zwei genannten Invarianten gibt es noch eine dritte. Zusammen reichen sie aus, um zwischen allen nichtäquivalenten Flächen zu unterscheiden. Bevor wir uns dieser dritten topologischen Invarianten zuwenden, möchte ich noch etwas zu der Verwendung von Ausdrücken wie «die Kugel» oder «die Kleinsche Flasche» bemerken. Da zwei beliebige Kugeln topologisch äquivalent sind, betrachtet sie der Topologe als identisch. Dies gilt auch dann, wenn sie sich hinsichtlich ihrer Größe oder Gestalt unterscheiden, denn diese Eigenschaften stellen wie gesagt keine topologischen Invarianten dar. Es ist folglich durchaus sinnvoll, von «*der* Kugel» zu sprechen, selbst wenn das betrachtete Objekt eher einer länglichen Wurst ähnelt. Wenn wir allerdings zwei Kugeln betrachten, ist eine solche Verwendung des bestimmten Artikels nicht angebracht. Der Ausdruck «die Kugel» ist nur dann sinnvoll, wenn es darum geht, die *allgemeine Vorstellung* einer Kugel zu vermitteln.

Betrachten wir nun die dritte topologische Invariante von Flächen. Tatsächlich sind wir ihr in Kapitel 7 bereits begegnet. Für jede beliebige Fläche, das heißt für jede zweidimensionale Oberfläche eines beliebigen Objekts ist, wie in jenem Kapitel gezeigt wurde, die Zahl $E - K + F$, die sich aus der Anzahl der Ecken (E), der Kanten (K) und der Flächen (F) eines die Oberfläche des Objekts vollständig bedeckenden Netzwerkes errechnet, unabhängig von dem gerade betrachteten Netzwerk bzw. von seiner Anordnung auf der Oberfläche.* Darüber hinaus kann bewiesen werden, daß diese Größe bei stetiger Deformation der Fläche unveränderlich ist und folglich eine topologische Invariante der Fläche darstellt. Sie wird als die *Eulersche Charakteristik* der Fläche bezeichnet.

Für die Kugel beträgt die Eulersche Charakteristik 2. Jedes beliebige Netzwerk auf der Oberfläche der Kugel oder auf der Oberfläche eines der Kugel topologisch äquivalenten Objekts erfüllt die Gleichung $E - K + F = 2$. Für den Torus ist die Eulersche Charakteristik 0; folglich sind der Torus und die Kugel topologisch verschiedene Gebilde. Die Eulersche Charakteristik ist übrigens jene topologische Eigenschaft, die mit dem «Loch» des Torus in Zusammenhang steht. Der Doppeltorus, der zwei Löcher besitzt, hat die Eulersche Charakteristik –2; der Dreifach-Torus besitzt die Eulersche Charakteristik –4 usw. Eine allgemeine Formel wird später hergeleitet. Für die Kleinsche Flasche beträgt die Eulersche Charakteristik wie für die Kugel 2; sie kann also in diesem Fall nicht zur Unterscheidung zwischen den beiden Gebilden herangezogen werden; die Unterscheidung beruht hier auf der topologischen Eigenschaft der Orientierbarkeit. Die drei genannten Invarianten – Anzahl der Ränder, Orientierbarkeit und die Eulersche Charakteristik – sind ausreichend, um zwischen allen zweidimensionalen Flächen zu unterscheiden.

Knotentheorie

Einige Topologen sind vielleicht der Auffassung, daß die Knotentheorie nicht wirklich zur «Topologie» gehört. In gewissem Sinne haben sie damit Recht. Die Knotentheorie ist eine ganz besondere Art der Topologie. In der Knotentheorie sind die betrachteten Objekte (die *Knoten* nämlich) notwendigerweise Gebilde in einem dreidimensionalen Raum. In zwei Dimensionen wäre es völlig unmöglich, einen Knoten zu konstruieren, da einfach nicht genug «Platz» zur Verfügung stünde, um eine Schnur, oder was immer wir benutzen wollen, zu verschlingen. In vier oder mehr Dimensionen dagegen wäre zuviel «Platz» vorhanden,

* Diese Begriffe sind im Deutschen recht unglücklich, da zwischen der Fläche (F) eines Polyeders oder Netzwerks und der Fläche als zweidimensionalem Objekt sprachlich nicht unterschieden werden kann. Im Englischen spricht man hier von «face» und «surface» (Anm. d. Ü.).

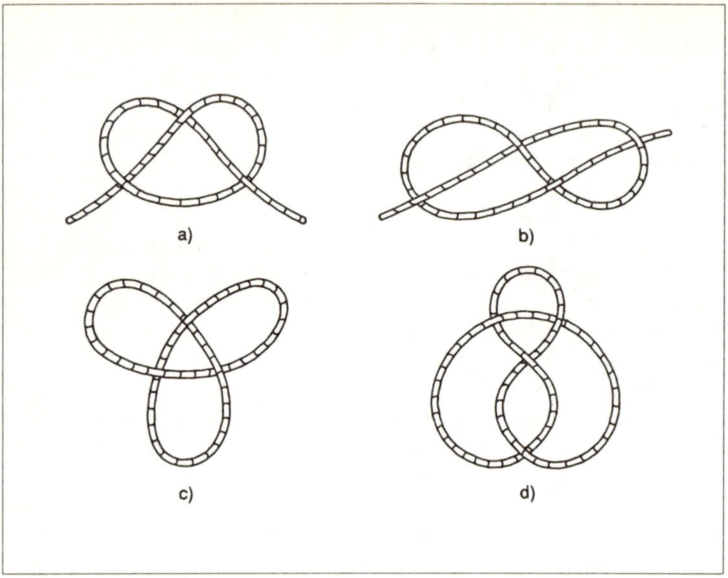

Abb. 53
Einige grundlegende Knoten: a) halber Schlag, b) Achtknoten, c) Kleeblattschlinge, d) Vierknoten. Die ersten beiden Knoten gehören zu jener Art von Knoten, die man mit einer Schnur wirklich knüpfen kann. Für eine mathematische Analyse müssen die losen Enden jedoch zu einer geschlossenen Kurve zusammengefügt werden. Verbindet man die Enden, so erzeugt man aus a) c) und aus b) d). Die Zeichnungen c) und d) sind Beispiele für sogenannte Knotendiagramme.

so daß jeder Knoten sofort «auseinanderfallen» und nichts als eine unverknüpfte Schnur übrigbleiben würde. Außerdem sind in der Knotentheorie jene topologischen Transformationen ausgeschlossen, die auf einem Auseinanderschneiden und Wiederzusammenkleben der Objekte beruhen, Transformationen also, die in der allgemeinen Topologie zulässig sind.

Was also ist die Knotentheorie? Nun, sie ist genau das, was ihr Name vermuten läßt, nämlich die mathematische Analyse von Knoten. Zwei einfache Beispiele für Knoten sehen Sie in Abb. 53a) und b): ein halber Schlag a) und ein Achtknoten b). Wenn Sie ein Stück Schnur nehmen und diese beiden Knoten herstellen, so werden Sie entdecken, daß sie die Schnur tatsächlich verknoten und nicht nur «verheddern». Der Unterschied ist einfach zu erklären. Ein Knoten kann nur gelöst werden, indem man eines der losen Enden während des Lösungsprozesses durch eine Schlaufe zieht, während eine verhedderte Schnur auch dann entwirrt werden kann, wenn man die beiden Enden der Schnur festhält. Der halbe Schlag und der Achtknoten scheinen völlig verschiedenartig zu sein. Sie können nur dann ineinander überführt werden, wenn man ein loses Ende der Schnur entweder durch eine Schlinge hindurchführt oder aus einer Schlinge herauszieht. Wenn beide Enden fest sind, ist es unmöglich, einen einfachen Knoten in einen Achtknoten zu verwandeln.

Trotz der scheinbaren Einfachheit der bisher beschriebenen Sachverhalte bewegen wir uns praktisch bereits auf Glatteis. Zwar mag es durchaus zutreffend sein, daß es uns nicht gelingt, einen Knoten zu entknoten oder einen Knoten in einen anderen zu überführen, wenn wir eine halbe Stunde lang mit der Schnur herumspielen. Doch beweist dies nicht, daß die Schnur wirklich verknotet ist oder daß zwei Knoten wirklich verschiedenartig sind. Es könnte ja sein, daß es uns einfach nicht gelungen ist, die richtigen Schritte in der richtigen Reihenfolge durchzuführen. Erinnern Sie sich an das Rätsel von Abb. 48? Und wie steht es überhaupt mit sehr kompliziert wirkenden Konfigurationen? Wenn eine lange Schnur ein scheinbar hoffnungsloses Gewirr bildet (wie dies mit dem Kabel eines elektrischen Rasenmähers mit frustrierender Regelmäßigkeit zu geschehen pflegt), ist es unmöglich, vorab zu entscheiden, ob die Schnur nur verheddert ist (in welchem Fall es möglich wäre, sie durch vorsichtiges Auseinanderziehen der Enden zu entwirren) oder ob sie wirklich verknotet ist. Es kann sehr gut möglich sein, daß sich hinter dem kompliziert scheinenden Kabelgewirr entweder überhaupt kein Knoten oder nur ein einfacher halber Schlag verbirgt. Zauberkünstler machen natürlich ausgiebigen Gebrauch von solchen beeindruckend scheinenden «Knoten», die das Seil in Wirklichkeit überhaupt nicht «verknoten». Ein potentiell äußerst verwirrender Stand der Dinge also, so verwirrend in der Tat, daß er ein entschieden sorgfältiges Vorgehen in Form einer systematischen mathematischen Analyse erfordert. Genau dies nimmt die Knotentheorie in Angriff.

Da der Gegenstand der Knotentheorie die Erforschung von «Knoten» ist, gilt es, zunächst die losen Enden aus der Betrachtung auszuschalten. Obwohl die losen Enden wesentlich für das *Knüpfen* eines Knotens sind, würde ihre Gegenwart eine mathematische Studie unmöglich machen, da sowohl das Verknoten als auch das Entknoten topologische Prozesse sind, die nicht auf dem Zerschneiden der Schnur beruhen. Mit anderen Worten, keine Schnur mit losen Enden kann topologisch gesehen verknotet werden. Die einfachste Lösung besteht darin, die losen Enden zusammenzufügen, um eine geschlossene (und vermutlich verknotete) Schlinge zu bilden. Wenn die losen Enden der Knoten in Abb. 53a) und b) verbunden werden, entstehen die in Abb. 53c) und d) dargestellten mathematischen Knoten: die *Kleeblattschlinge* und der *Vierknoten*.

Ein *Knoten* ist folglich nichts anderes als eine geschlossene Schlinge, die mittels einer Schnur, eines Seils oder eines beliebigen anderen Materials gebildet wird. Einen Spezialfall dieser Definition stellt die «unverknotete» geschlossene Schlinge dar. Sie wird häufig als trivialer Knoten bezeichnet und nimmt in der Knotentheorie eine ähnliche Stellung ein wie die Zahl 0 in der Arithmetik oder die leere Menge in der Mengenlehre. Zwei Knoten heißen *äquivalent*, wenn es möglich ist, den einen mittels eines topologischen Prozesses in den anderen zu überführen, wobei aber jegliches Zerschneiden der Schnur untersagt ist. Das Hauptziel der Knotentheorie besteht darin, eine ausreichende Menge von *Knoteninvarianten* zur Unterscheidung beliebiger nichtäquivalenter Knoten zu entdecken (ähnlich wie die Orientierbarkeit und die Eulersche Charakteristik zur Unterscheidung beliebiger nichtäquivalenter geschlossener Flächen ausreichen). Insbesondere sollte es möglich sein zu entscheiden, ob ein gegebener Knoten wirklich verknotet ist oder ob er und der triviale Knoten äquivalent sind und in Wirklichkeit nur eine einfache Schlaufe bilden.

Die erste Untersuchung dieser Art scheint Gauß durchgeführt zu haben. Mit Sicherheit widmete Gauß' Schüler Listing einen großen Teil seiner Monographie *Vorstudien zur Topologie* (1847) dieser Frage. In den folgenden Jahren entstanden sehr viele Arbeiten zu dieser Problematik, doch konnte erst Dehn um 1910 beweisen, daß es so etwas wie einen nichttrivialen Knoten überhaupt gibt. Bis dahin war es theoretisch immer noch möglich gewesen, daß echte Knoten gar nicht existierten!

Zahlreiche der frühen Arbeiten, die zwischen 1870 und 1900 von Kirkman, Tait, Little und anderen durchgeführt wurden, betrafen die Klassifikation der sogenannten *Primknoten*. Wie Sie sich vorstellen können, sind dies Knoten, die nicht in zwei einfachere Knoten zerlegt werden können. Sie wurden nach ihrer *Kreuzungszahl* klassifiziert. Um die Kreuzungszahl eines Knotens zu erhalten, ist es zunächst notwendig, den Knoten auf einer ebenen Fläche auszubreiten. Dies muß man sich entweder konkret, wenn der Knoten aus einer Schnur besteht, oder als «Projektion», wenn es sich um einen gedachten Knoten handelt, vorstellen. Dann verformt man ihn so, daß er so wenig Überkreuzungen wie möglich aufweist und an keinem einzigen Punkt drei oder mehr

Abschnitte des Knotens übereinander verlaufen. Eine Kreuzung ist schlicht ein Punkt, an dem die Schnur sich selbst kreuzt. Die Gesamtzahl der Punkte, in denen die Schnur sich selbst kreuzt, ergibt dann die *Kreuzungszahl* des Knotens. Sie stellt eine Invariante des Knotens dar. Die Knoten in Abb. 53c) und d) wurden zum Beispiel nach dem oben beschriebenen Verfahren «ausgebreitet». Sie können leicht nachprüfen, daß ihre jeweilige Kreuzungszahl 3 bzw. 4 ist. Gleichzeitig sind diese Knoten Primknoten.

Da die Kreuzungszahl eine Knoteninvariante ist, kann sie zur Unterscheidung nichtäquivalenter Knoten herangezogen werden. Besitzen zwei Knoten verschiedene Kreuzungszahlen, so können sie nicht äquivalent sein. Der Begriff ist jedoch nicht so nützlich, wie man annehmen könnte. Zum einen können viele verschiedene Knoten die gleiche Kreuzungszahl besitzen, so daß diese Invariante häufig versagt, wenn es darum geht, die Nichtäquivalenz zweier Knoten aufzuzeigen. Zum anderen kann es überaus schwierig sein, die Kreuzungszahl zu ermitteln, da der Knoten in einer solchen Weise angeordnet werden muß, daß es keine überflüssigen Schlaufen oder Kreuzungen gibt. Schon bei einem ganz einfachen Knoten ist es überaus schwierig zu erkennen, ob und wann dieses Ziel erreicht wurde!

Dennoch wurden bis Ende des 19. Jahrhunderts zahlreiche Primknoten bis zur Kreuzungszahl 10 identifiziert und katalogisiert. Unbekannt war jedoch, ob damit alle Knoten der einzelnen Kreuzungszahlen erfaßt waren oder ob einige Knoten doppelt vorkamen, weil sie zwar verschieden aussahen, in Wirklichkeit jedoch äquivalent waren. 1927 beschäftigten sich J.W. Alexander und G.B. Briggs mit der Frage der möglichen Redundanz von Knoten und bewiesen, daß die Primknoten-Tabellen bis zur Kreuzungszahl 8 keine doppelten Einträge aufwiesen. Bis auf wenige Ausnahmefälle war ihre Methode auch für Knoten der Kreuzungszahl 9 erfolgreich; nur drei Paare konnten mit Hilfe der von ihnen verwendeten Eigenschaften nicht unterschieden werden. Das Problem dieser drei ungewöhnlichen Paare löste in einer späteren Arbeit Reidemeister. Erst 1974 gelang es Perko, alle bis dahin erfaßten Knoten der Kreuzungszahl 10 eindeutig zu unterscheiden. Was nun die Frage nach der Vollständigkeit der alten, aus dem neunzehnten Jahrhundert stammenden Tabellen anbelangt, so wurden diesbezüglich bis 1960 kaum Fortschritte erzielt. In jenem Jahr erfand John Horton Conway jedoch eine neue und effektivere Notation für Knoten, die es ihm nicht nur ermöglichte, einige Primknoten zu entdecken, die früheren Arbeiten entgangen waren; es gelang ihm sogar, die Tabelle auf Primknoten der Kreuzungszahl 11 zu erweitern. Danach scheint es bis

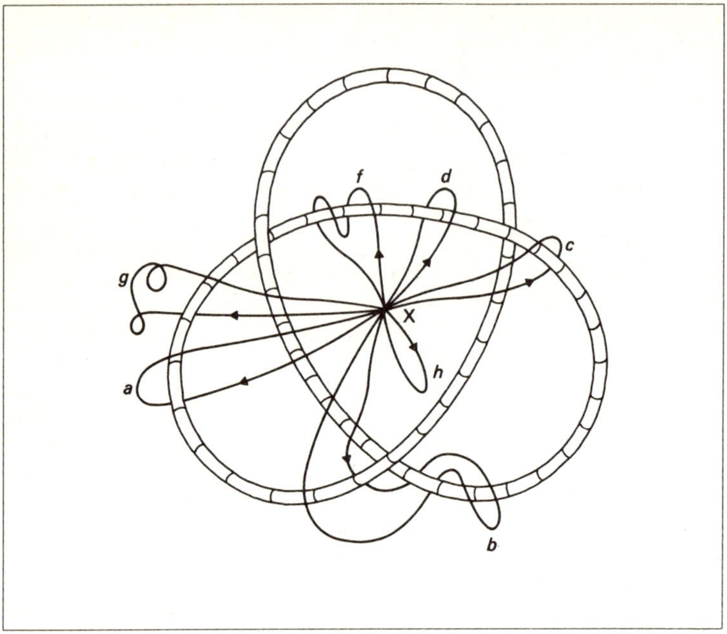

Abb. 54
Konstruktion der Knotengruppe für die Kleeblattschlinge.

zur Kreuzungszahl 11 (einschließlich) 801 Primknoten zu geben; je einer von ihnen entfällt auf die Kreuzungszahl 3 bzw. 4 (in Abb. 53c)) und d) dargestellt); zwei entfallen auf die Kreuzungszahl 5, drei auf 6, sieben auf 7, einundzwanzig auf 8; neunundvierzig auf 9, einhundertfünfundsechzig auf 10 und fünfhundertzweiundfünfzig auf die Kreuzungszahl 11. Es konnte bislang allerdings weder schlüssig bewiesen werden, daß die neuen Tabellen vollständig sind, obwohl dies vermutet wird, noch konnte die mögliche Redundanz einzelner Knoten ausgeschlossen werden. Die genannten Zahlen sind somit noch nicht als unumstößlich anzusehen.

Den weitaus bedeutsamsten Fortschritt in der mathematischen Knotentheorie stellt die Erkenntnis dar, daß jedem Knoten eine bestimmte Gruppe zugeordnet werden kann – die sogenannte *Knotengruppe* (vgl. die Einführung in die Gruppentheorie in Kapitel 5). Dies ist einer der seltenen Zufälle in der Mathematik, bei denen sich herausstellt, daß die Begriffe und Ergebnisse eines Teilbereichs der Mathematik in einem anderen von großem Nutzen sind; in diesem Fall die Anwendung der Gruppentheorie in der Knotentheorie.

Der Gedanke, der der Konstruktion der Knotengruppe zugrunde liegt, ist einfach und kann anhand der Kleeblattschlinge (vgl. Abb. 54) leicht erklärt werden. Wählen wir zunächst einen beliebigen, nicht auf dem Knoten gelegenen Punkt X. Der genaue Ort von X ist nämlich für die Bestimmung der Gruppe unerheblich. Um nun eine Gruppe zu definieren, sind drei Dinge erforderlich. Wir müssen erstens die Objekte definieren, die die Gruppe bilden; zweitens müssen wir festlegen, in welcher Weise zwei Objekte der Gruppe kombiniert werden können, um ein drittes Objekt der Gruppe zu erzeugen, und drittens müssen wir überprüfen, ob die verschiedenen Gruppenaxiome (siehe S. 132) erfüllt sind.

Die Objekte, die die Gruppe bilden, sind (im Falle unseres Beispiels der Kleeblattschlinge) gerichtete, das heißt mit Pfeilen versehene Kurven, die vom Punkt X ausgehen, sich dann verschieden häufig um den Knoten winden und schließlich wieder am Punkt X ankommen. Die Kurven dürfen dabei nicht durch das Material des Knotens verlaufen. Nicht alle Kurven bilden jedoch Elemente der Gruppe. Ausgeschlossen sind beispielsweise Kurven mit überflüssigen Schlingen, die entfernt werden können, ohne die wesentlichen Eigenschaften der Kurve zu verändern. Die Kurve g in Abb. 54 ist folglich nicht in der Gruppe enthalten, während a ein Element der Gruppe ist. Wenn es zwei Kurven gibt, die zur Deckung gebracht werden können, ohne daß dazu der Knoten durchtrennt werden muß (etwa a und b), dann wird nur eine der beiden in die Gruppe aufgenommen. Bitte beachten Sie jedoch, daß c und d keineswegs ein solches Paar bilden, da sie sich in entgegengesetzter Richtung um den Knoten winden und der Richtungssinn ein wichtiges Unterscheidungsmerkmal ist. Ein besonderes Element der Gruppe ist die triviale «Kurve» der Länge Null. Jeder Weg, der nicht um den Knoten herumführt (wie z.B. h), läßt sich in eine solche triviale Kurve umformen und ist folglich kein Element der Gruppe. Damit wäre bereits alles Notwendige gesagt. Man beachte, daß die so definierte Gruppe unendlich viele Elemente enthält, denn es gibt natürlich Kurven, die eine gegebene Strecke der Kleeblattschlinge beliebig oft umrunden, bevor sie wieder an den Ausgangspunkt X zurückkehren (die Anzahl der Windungen ist jedoch immer endlich). Alle diese Wege sind völlig unterschiedlich und können folglich nicht ineinander überführt werden. Die beschriebenen Gebilde entsprechen vielleicht nicht genau jenen Objekten, die wir gewöhnlich mit dem Begriff der «Gruppe» in

Verbindung bringen; doch zeigt dies nur, welch weitreichende Anwendungen die Gruppentheorie besitzt.

Nachdem wir also nun die Objekte der Gruppe definiert haben, wenden wir uns als nächstes der Frage zu, wie zwei solcher Objekte miteinander verknüpft bzw. «multipliziert» werden können. Gegeben seien zwei gerichtete Kurven p und q und die Kurve, die aus der Verbindung von p und q hervorgeht. Die so erzeugte Kurve kann stets in eine bereits in der Gruppe enthaltene Kurve überführt werden, da diese alle Kurven umfaßt, die nicht auf andere zurückgeführt werden können. Diese Kurve bildet dann das «Produkt» $p * q$ der zwei Elemente p und q der Gruppe. Betrachten wir das Produkt $d * d$ in Abb. 54, welches f ergibt, wie leicht einzusehen ist. Verknüpft man zwei Kurven mit entgegengesetztem Richtungssinn, so heben sie sich gegenseitig auf, und wir erhalten überhaupt keine Kurve. In der Abb. 54 zum Beispiel heben sich c und d auf, was mathematisch folgendermaßen ausgedrückt werden kann: $c * d = e$ oder $d * c = e$, wobei e die triviale Kurve bezeichnet.

Als letzte Aufgabe verbleibt nur noch, die Definitionen daraufhin zu überprüfen, ob sie ein System ergeben, welches die Gruppenaxiome erfüllt. Diesen Teil möchte ich dem Leser überlassen. Das neutrale Element der Gruppe ist natürlich durch die triviale Kurve e gegeben. Im Fall der Kleeblattschlinge ist die Knotengruppe übrigens nicht kommutativ, ein Faktum, von dem sich der Leser ebenfalls leicht selbst überzeugen kann.

Die Knotengruppe ist eine Invariante des Knotens, was angesichts der Definition, die ja die Verformung aller Kurven zuläßt, auf der Hand liegt. Zwei äquivalente Knoten führen folglich zu «derselben» Gruppe, und das bedeutet, daß ihre Knotengruppen, zumindest was ihr Gruppenverhalten anbelangt, völlig identisch sind, wenn sich auch die Kurven, die die Elemente der beiden Gruppen bilden, höchstwahrscheinlich unterscheiden. Von endlichen Gruppen sagt man, sie seien «identisch», wenn ihre Verknüpfungstabellen vollkommen übereinstimmen – vgl. Kapitel 5. Für unendliche Gruppen, wie im vorliegenden Fall, muß diese Aussage durch die Einführung des mathematischen Begriffs des *Isomorphismus* präzisiert werden. Die Knotengruppe kann also wie die Kreuzungszahl zur Unterscheidung verschiedener nichtäquivalenter Knoten herangezogen werden. Verglichen mit der Kreuzungszahl ist die Knotengruppe aber eine wesentliche stärkere Invariante. Tatsächlich vermag die Knotengruppe soviel von der «knotigen Struktur» des Knotens einzufangen – wie dies schon aus der Definition hervorgeht –, daß es nur sehr wenige verschiedene Knoten gibt, die die gleiche Knotengruppe besitzen. Der bekannte Kreuzknoten und der Altweiberknoten sind jedoch ein solches Paar, so daß kein Anlaß zur Selbstzufriedenheit besteht! Die Knotengruppe scheint sich somit als ein vielversprechendes Instrument zur Unterscheidung beliebiger Knoten anzubieten. Es erhebt sich jedoch die Frage, wie man zu einer ausreichend einfachen algebraischen Beschreibung der Gruppe gelangt, denn die Knotengruppe ist eine unendliche abstrakte mathematische Struktur. Die oben skizzierte Beschreibung, die uns zur Definition der Knotengruppe führte, eignet sich dazu sicherlich nicht – sie ist sogar noch komplizierter als der Knoten selbst! Glücklicherweise stellte sich heraus, daß dieses Problem gelöst werden kann: Im Jahre 1910 entdeckte Dehn eine Methode, wie aus dem Diagramm jedes beliebigen Knotens eine einfache und präzise algebraische Beschreibung der entsprechenden Knotengruppe abgeleitet werden kann.

Dies bedeutet nun also, daß die Knotengruppe tatsächlich ein ausgezeichnetes praktisches Instrument zur Klassifikation von Knoten darstellt. Sie ermöglicht es, die sehr leistungsfähigen Methoden der Gruppentheorie auf das Problem anzuwenden, was gelegentlich zu der Entwicklung anderer sehr nützlicher Invarianten führte (eine davon, das Alexander-Polynom, werden wir später noch besprechen). Zuvor betrachten wir jedoch noch eine einfache direkte Anwendung der Knotengruppe: Ist es möglich, einen gegebenen Knoten zu entknoten (bzw. ihn in eine unverknotete Schlinge umzuformen), indem man einen zusätzlichen Knoten in die Schnur knüpft und dann das gesamte Gebilde aufzieht? Die Antwort lautet nein. Durch das Einfügen eines zusätzlichen Knotens entsteht nur eine noch größere und noch kompliziertere Knotengruppe als die ursprüngliche, während die Knotengruppe des trivialen Knotens (bzw. des Kreises) identisch mit der Gruppe der ganzen Zahlen mit der Verknüpfungsoperation der Addition ist. Da die Knotengruppen verschieden sind, können die Knoten nicht äquivalent sein.

Ein anderer Forschungsansatz wurde 1935 von Seifert entwickelt. Er entdeckte eine Methode, wie für jeden beliebigen Knoten eine orientierbare (das heißt «zweiseitige») Fläche konstruiert werden kann, deren einziger Rand der Knoten ist. Ein elementares Ergebnis der Flächentopologie besagt, daß jede orientierbare Fläche mit nur einem Rand topologisch äquivalent einer Kreisscheibe mit einer bestimmten Anzahl von «Henkeln» ist. Einen «Henkel» erhält eine Kreisscheibe, indem man zwei Löcher in sie hineinschneidet und diese dann durch eine zylindrische Röhre verbindet (vgl. Abb. 59, S. 286). Die Anzahl der Henkel einer Scheibe nennt man das *Geschlecht* der ursprünglichen Fläche.

Wie die Eulersche Charakteristik ist das Geschlecht eine topologische Invariante der Fläche. Mit Hilfe der Seifertschen Konstruktion war es daher möglich, jedem beliebigen Knoten eine bestimmte natürliche Zahl zuzuordnen, nämlich das Geschlecht der Seifertschen Fläche für diesen Knoten. Diese Zahl wird als das *Geschlecht des Knotens* bezeichnet. Da es nach der Seifertschen Methode möglich ist, verschiedene Flächen – von verschiedenem Geschlecht – für den gleichen Knoten zu erzeugen, bestand hier anfangs eine kleine Schwierigkeit. Man einigte sich jedoch darauf, die Fläche mit der kleinsten Anzahl von Henkeln zu betrachten und von dieser das Geschlecht des Knotens abzuleiten.

Wie die Knotengruppe bietet auch das Geschlecht eine ausgezeichnete Möglichkeit, festzustellen, ob ein gegebener Knoten wirklich verknotet ist oder nicht. Das Geschlecht des trivialen Knotens ist offensichtlich Null, da der Kreis eine Scheibe ohne Henkel begrenzt. Er ist außerdem der einzige Knoten vom Geschlecht 0, wenngleich dies nicht ganz so augenfällig ist. Um also zu zeigen, daß ein Knoten wirklich verknotet ist, genügt der Beweis dafür, daß sein Geschlecht verschieden von Null ist. Wie geht man jedoch daran, das Geschlecht eines Knotens auszurechnen, wenn zum Beispiel das Diagramm des Knotens vorliegt (dies ist das Ausgangsmaterial, das üblicherweise für die Rechnungen zur Verfügung steht). Ein mögliches Verfahren wurde 1962 von Wolfgang Haken vorgeschlagen (der zusammen mit Kenneth Appel das berühmte Vierfarbenproblem löste); 1978 entwickelte Geoffrey Hemion auf der Grundlage dieses Ergebnisses einen Algorithmus, mit dessen Hilfe man entscheiden kann, ob zwei gegebene Knotendiagramme äquivalente Knoten repräsentieren. Leider ist der Algorithmus viel zu ineffizient, um von praktischem Nutzen zu sein (vgl. in Kapitel 11 die Diskussion der Effizienz von Algorithmen), doch verdeutlicht er immerhin, daß das Problem der Unterscheidung von Knoten im Prinzip auf rein mechanische Weise lösbar ist.

Obwohl Seifert seine Konstruktion geometrisch und nicht algebraisch entwickelte, konnten Charles Feustel und Wilbur Whitten übrigens 1978 zeigen, daß das Geschlecht auch aus der Knotengruppe abgeleitet werden kann, womit sie wieder einmal die fundamentale Bedeutung der Knotengruppe unter Beweis stellten.

Angesichts der schweren mathematischen Geschütze, die im Laufe der bisherigen Untersuchung zur Unterscheidung von Knoten aufgeboten wurden, fragt sich der Leser sicher schon ganz verwirrt, ob es denn nicht eine einfachere Methode gibt. Und in der Tat, wenn Sie bereit sind, gelegentliche Unzulänglichkeiten bei der Unterscheidung nichtäquivalenter Knoten in Kauf zu nehmen, so gibt es wirklich eine wesentlich einfachere Methode. Sie beruht auf den sogenannten *Knoten-Polynomen*, deren einfachste Vertreter die von J.W. Alexander im Jahre 1928 entdeckten *Alexander-Polynome* sind. Das Alexander-Polynom eines Knotens kann sowohl aus der Knotengruppe als auch direkt aus dem Knotendiagramm abgeleitet werden. Für den trivialen Knoten ist das Alexander-Polynom die Zahl 1. Für die Kleeblattschlinge (Abb. 53c), S. 270) lautet es:

$$x^2 - x + 1,$$

für den Vierknoten (Abb. 53d)) ist es:

$$x^2 - 3x + 1.$$

Da diese zwei Polynome offensichtlich nicht identisch sind, folgt daraus unmittelbar, daß die Kleeblattschlinge und der Vierknoten nicht äquivalent sind (und daß außerdem keiner der beiden Knoten trivial ist). Das Alexander-Polynom eines Knotens ist eine sehr nützliche Invariante: Mit seiner Hilfe ist es möglich, zwischen allen Primknoten bis zur Kreuzungszahl 8 und bis auf sechs Paare auch die Knoten der Kreuzungszahl 9 zu unterscheiden.

Zwei Knoten, die mit Hilfe der Alexander-Polynome nicht unterschieden werden können, sind der Kreuzknoten und der Altweiberknoten. Beide haben die Kreuzungszahl 6 und zerfallen, da sie nicht prim sind, in jeweils zwei Kleeblattschlingen. Der Unterschied zwischen ihnen besteht in der Rechts- oder Linkshändigkeit der Kleeblattschlingen (vgl. Abb. 55). Beiden Knoten entspricht das Alexander-Polynom

$$(x^2 - x + 1)^2,$$

wobei es kein Zufall ist, daß dieser Ausdruck genau das Quadrat des Alexander-Polynoms der Kleeblattschlinge darstellt. Das Alexander-Polynom jedes zerlegbaren Knotens entspricht genau dem Produkt der Alexander-Polynome seiner Bestandteile. Diese Unzulänglichkeit bedeutet jedoch nicht, daß die Alexander-Polynome wertlos sind. Wie bereits erwähnt wurde, ist es sogar mit der sehr viel leistungsfähigeren Methode der Knotengruppe nicht möglich, die beiden Knoten zu unterscheiden. Die Schwierigkeit besteht darin, zwischen einer linkshändigen und einer rechtshändigen Kleeblattschlinge zu differenzieren. Genau dies schafft die Knotengruppe allein nicht. Durch eine geeignete «Erweiterung» der Knotengruppe ist es jedoch möglich, eine Knotenin-

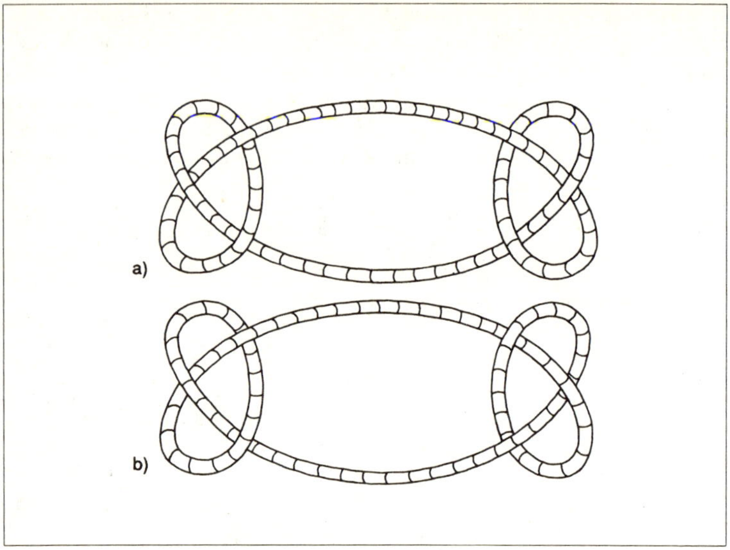

Abb. 55
a) Kreuzknoten, b) Altweiberknoten. Der Unterschied zwischen den beiden Knoten besteht in der Art, wie die rechte Kleeblattschlinge geknüpft ist. Die Knotengruppe kann zwischen diesen zwei Ausrichtungen nicht unterscheiden.

variante herzuleiten, mit der es gelingt, die nötige Unterscheidung zu treffen, doch erfordert die Lösung den Einsatz weiterer, noch abstrakterer Methoden.

Ist es also tatsächlich zutreffend, daß eine Unterscheidung, die dem durchschnittlichen Pfadfinder keine Schwierigkeiten bereitet, den Mathematiker zwingt, sein gesamtes Instrumentarium hochentwickelter abstrakter Methoden aufzubieten? Bis August 1984 hätte die Antwort auf diese Frage ja gelautet. Als jedoch vier verschiedene Gruppen von Mathematikern (eine in Großbritannien, die anderen drei in den USA) gleichzeitig und völlig unabhängig voneinander eine neue Art von Polynom entdeckten, mit dessen Hilfe eine rechts- von einer linkshändigen Kleeblattschlinge (und folglich ein Kreuzknoten von einem Altweiberknoten) unterschieden werden kann, trat eine bedeutsame Wende ein. Würde man die neuen Polynome nach ihren Entdeckern benennen, so entstände ein Bandwurm aus Namen, nämlich die Conway-Jones-Freyd-Yetter-Hoste-Lickorish-Millett-Ocneanu-Polynome. Glücklicherweise sind die Polynome selbst wesentlich einfacher. Während die Alexander-Polynome nur eine Variable besitzen, verfügen die neuen Polynome über zwei. Diese können sogar mit negativen Potenzen auftreten, weshalb mancher Leser vielleicht angesichts der Bezeichnung «Polynome» zunächst einmal stutzen wird. Für die rechtshändige Kleeblattschlinge lautet das neue Polynom:

$$-x^{-4} + x^{-2}y + x^{-2}y^{-1},$$

für die linkshändige Kleeblattschlinge

$$-x^{4} + x^{2}y + x^{2}y^{-1}.$$

Und für den Vierknoten ist es:

$$x^{-2} + x^{2} - y - y^{-1} + 1.$$

Diese Polynome lassen sich aus den Knotendiagrammen ableiten. Obwohl das Verfahren ausreichend mechanisch ist, um von einem Computer in angemessen effizienter Weise durchgeführt zu werden, würde eine Beschreibung doch über den Rahmen dieser Darstellung hinausgehen.

Ist es denn nun mit Hilfe dieser neuen Polynome möglich, zwischen allen nichtäquivalenten Knoten zu unterscheiden? Nein, ein solches allgemeingültiges Verfahren steht noch immer aus. In der Knotentheorie gibt es folglich noch viele interessante Dinge zu entdecken. Für uns wird es jedoch Zeit, ein neues Thema anzugehen.

Flächentopologie

Als die treibende Kraft in der Entwicklung der Topologie erweist sich seit Mitte der fünfziger Jahre zweifellos die Untersuchung von *Mannigfaltigkeiten*. Grob gesagt, ist eine Mannigfaltigkeit eine Verallgemeinerung des Begriffs der Fläche auf jede beliebige Zahl von Dimensionen (eine angemessene Definition folgt später). Die einfachsten Arten von Mannigfaltigkeiten sind eindimensionale Kurven (mit der reellen Zahlengeraden $\mathbb{R}$ als Spezialfall) und zweidimensionale Flächen (mit der flachen zweidimensionalen Ebene $\mathbb{R}^2$ als Spezialfall). Zweidimensionale Mannigfaltigkeiten besitzen den Vorteil, daß man sie graphisch darstellen bzw. räumliche Modelle von ihnen bauen kann. Der Leser wird es deshalb sicherlich bedauern, daß sich praktisch die gesamte

Forschung im Bereich der Mannigfaltigkeiten seit Beginn dieses Jahrhunderts auf Mannigfaltigkeiten der Dimension drei oder höher konzentriert. Solche Mannigfaltigkeiten lassen sich nicht mehr anschaulich darstellen. Diagramme, die man in Büchern über höherdimensionale Mannigfaltigkeiten abgebildet findet, sind stets nur für Fachleute gedacht und erfordern eine sorgfältige Interpretation. Wenn die Dimension nicht zu hoch ist, wie etwa bei der Dimension drei oder vier, lassen sich einfache Mannigfaltigkeiten selbstverständlich mit Hilfe von Projektionen oder Querschnitten veranschaulichen. Doch auch in diesem Fall bedarf es gewöhnlich einiger begleitender Erklärungen, um sie zu verstehen. Hätten Sie beispielsweise ohne die Bildunterschrift erkannt, welches vierdimensionale Objekt die Abb. 56 darstellen soll? Dort sind zwei Projektionen eines *Hyperkubus*, eines vierdimensionalen Analogons des Würfels, illustriert. Ebenso wie ein dreidimensionales Objekt mittels Projektion auf ein zweidimensionales Blatt Papier abgebildet werden kann, läßt sich ein vierdimensionales Gebilde dadurch veranschaulichen, daß man es auf ein dreidimensionales Objekt im Raum projiziert. Durch eine weitere Projektion dieses dreidimensionalen Gebildes auf ein zweidimensionales Blatt Papier erhalten wir eine graphische Darstellung des ursprünglich vierdimensionalen Objekts, und genau dies sehen wir in Abb. 56. Natürlich erfordert es eine beträchtliche geistige Anstrengung, um eine solche Projektion zu deuten. Bei ebenen Projektionen dreidimensionaler Objekte haben wir damit keine Schwierigkeiten. In der Tat beruht die Wirkung einiger der höchst verwirrenden Kunstwerke des holländischen Künstlers Mauritz Escher darauf, daß er sich diese menschliche Fähigkeit zunutze machte, um «unmögliche» Figuren wie die in Abb. 57 zu schaffen. Die Deutung der Projektion eines vierdimensionalen Gebildes ist dagegen weitaus schwieriger – wie sieht denn zum Beispiel ein Hyperkubus aus? Ein normaler Würfel besitzt sechs Flächen, die von vollkommen identischen Quadraten gebildet werden. Wenn Sie einmal die linke Skizze in Abb. 56 genau studieren und versuchen, sich die dreidimensionale Projektion vorzustellen, die dahintersteckt, werden Sie erkennen, daß sie acht Würfel zeigt: einen großen äußeren, einen kleinen inneren und sechs, die so verzerrt erscheinen, daß sie die Form von Pyramidenstümpfen annehmen. Die Verzerrungen von Größe und Gestalt sind ein Kennzeichen der ursprünglichen Projektion von vier auf drei Dimensionen. In der vierdimensionalen «Wirklichkeit» sind alle acht kubischen «Flächen» gleich groß und der Hyperkubus wird durch das, was «zwischen» ihnen liegt, gebildet.

Neben der Projektion gibt es noch eine andere Möglichkeit, sich

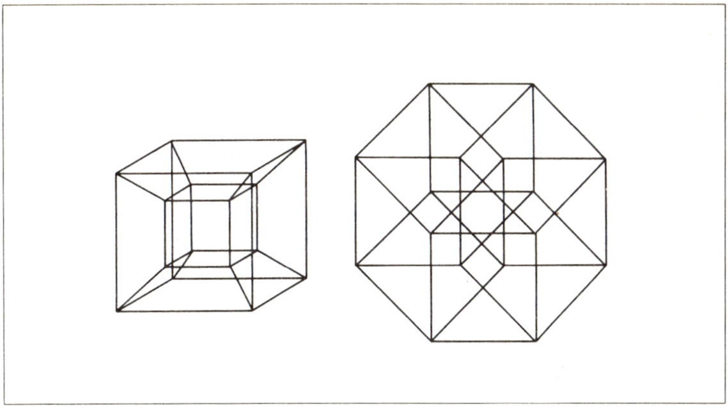

Abb. 56
Der Hyperkubus, eine vierdimensionale Figur, deren «Flächen» durch acht gleich große Würfel gebildet werden. Beide Darstellungen sind ebene Projektionen einer dreidimensionalen «Projektion» eines Hyperkubus in den dreidimensionalen Raum.

höherdimensionale Gebilde zu veranschaulichen; sie besteht darin, das Objekt in eine Folge von Querschnitten zu zerlegen. Welches vierdimensionale Objekt führt beispielsweise zu der in Abb. 58 skizzierten Folge von dreidimensionalen Querschnitten? Betrachten wir zunächst eine Kugel: Eine in Scheiben geschnittene dreidimensionale Kugel ergibt eine Folge von zweidimensionalen Kreisen, die klein beginnt, größer wird, ein Maximum erreicht und dann wieder abnimmt. Jeder, der schon einmal einen Apfel in Scheiben geschnitten hat, kennt dies. Analog dazu ergeben die aufeinanderfolgenden Querschnitte einer vierdimensionalen *«Hypersphäre»* eine Folge von Kugeln, wie sie in Abb. 58 angedeutet ist. Frage: Wie sieht wohl eine Folge von Querschnitten eines Hyperkubus aus?

Solche graphischen Hilfsmittel können Ihnen bestenfalls eine vage Vorstellung von dem «Aussehen» eines vierdimensionalen Objekts geben. Objekte von fünf oder mehr Dimensionen können auf diese Weise überhaupt nicht mehr veranschaulicht werden. Dagegen verdeutlichen diese Hilfsmittel sehr gut, wie sich die Entwicklung von den niedrigeren zu den höheren Dimensionen schrittweise nach dem Prinzip der Analogie vollzieht. Die begrenzenden «Flächen» eines zweidimensionalen Quadrats sind zum Beispiel vier gleich große, eindimensionale Geradensegmente, die begrenzenden Flächen eines dreidimensionalen Würfels bestehen aus sechs gleich großen, zweidimensionalen Quadra-

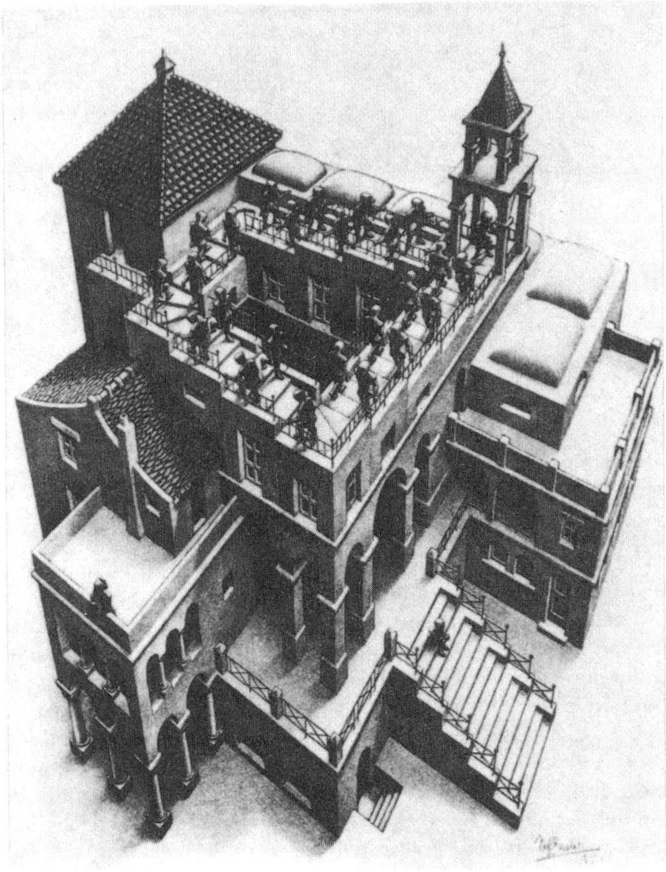

Abb. 57
Die Kunst von M.C. Escher: *Treppauf und treppab* (1960). Der Mensch kann sich dreidimensionale Objekte aufgrund ihrer zweidimensionalen Projektionen vorstellen. Dieses Vorstellungsvermögen wird hier benutzt, um ein unmögliches Gebilde zu schaffen (© 1990 M.C. Escher Heirs/Cordon Art – Baarn – Holland).

ten, die begrenzenden «Flächen» eines vierdimensionalen Hyperkubus werden aus acht gleich großen, dreidimensionalen Würfeln gebildet usw.

Aber Vorsicht! Nicht alles ist tatsächlich so, wie es auf den ersten Blick scheinen mag. Im dreidimensionalen Raum gibt es, wie bereits

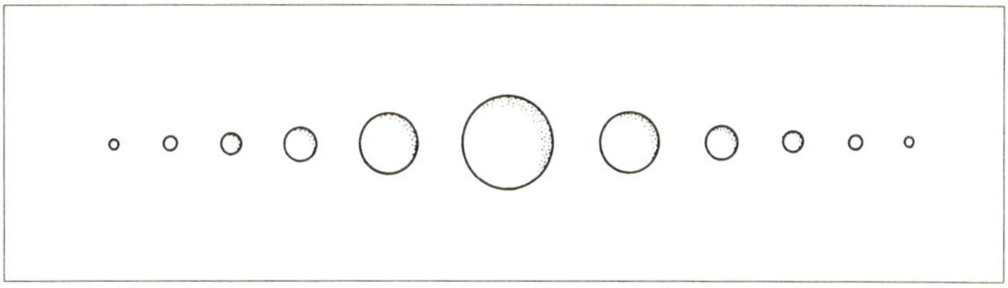

Abb. 58
Querschnitte einer vierdimensionalen Hypersphäre. Könnte man einen vierdimensionalen Apfel in Scheiben schneiden, so erhielte man eine Folge kugelförmiger «Scheiben». Diese Folge würde zunächst immer größer werden, eine maximale Größe erreichen und dann wieder unendlich klein werden.

die alten griechischen Geometer wußten, genau fünf reguläre Polyeder: das Tetraeder, den Würfel, das Oktaeder, das Dodekaeder und das Ikosaeder. Das Analogon eines Polyeders in mehr als drei Dimensionen heißt *Polytop*. (Auf diesen Begriff und seine Anwendung in der realen, dreidimensionalen Welt kommen wir noch in Kapitel 11 zu sprechen.) Die «Flächen» eines vierdimensionalen Polytops sind dreidimensionale Polyeder. Damit das Polytop regulär ist, müssen die begrenzenden Polyeder regulär sein, und die Anordnung der «Flächen» muß an jeder Ecke vollkommen übereinstimmen. Es stellt sich heraus, daß es genau sechs vierdimensionale Polytope gibt: das *Simplex*, dessen «Flächen» von fünf Tetraedern gebildet werden; den *Hyperkubus*, der acht Würfel als «Flächen» besitzt, das *16-Zell*, das von 16 Tetraedern begrenzt wird, das *24-Zell* mit 24 Oktaedern, das *120-Zell* mit 120 Dodekaedern und das *600-Zell*, dessen 600 «Flächen» von Tetraedern gebildet werden. In vier Dimensionen stellen sich die Dinge also etwas komplizierter dar als in drei Dimensionen. Dann geschieht jedoch etwas Merkwürdiges. In allen Dimensionen größer als vier gibt es nur noch drei reguläre Polytope, analog zu Tetraeder, Würfel und Oktaeder. Was ist der Grund dafür? Warum sollten die Dinge in höheren Dimensionen als vier plötzlich einfacher (und konstant) werden? Obwohl man auf diese Frage keine Antwort weiß, beschränkt sich dieses Phänomen nicht nur auf reguläre Polytope. Auch in anderer Beziehung erweist sich die Betrachtung von fünf- und höherdimensionalen Räumen als wesentlich einfacher als die Untersuchung des drei- und vierdimensionalen Raumes.

Obwohl bei der Erforschung höherer Dimensionen einige ganz neue Faktoren wirksam werden, vermittelt die Untersuchung zweidimensionaler Mannigfaltigkeiten (Flächen) doch eine ganz brauchbare

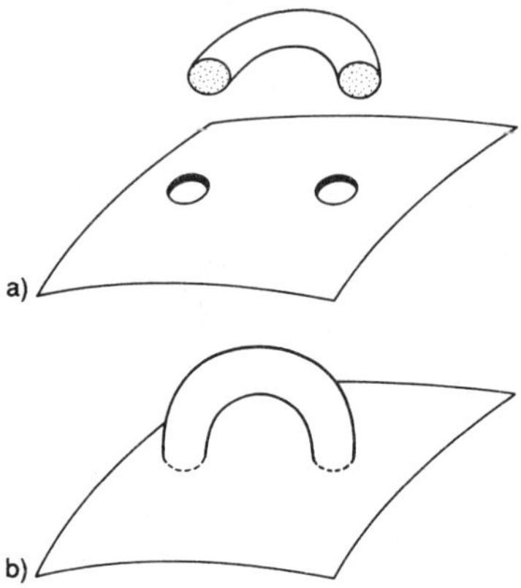

Abb. 59
Henkel. Um eine Fläche mit einem «Henkel» zu versehen, bohrt man in ihre Oberfläche zwei Löcher a) und verbindet diese dann durch eine zylindrische Röhre, die an den Schnittkanten befestigt wird b). Mit Hilfe eines besonderen topologischen Verfahrens kann man zeigen, daß jede orientierbare geschlossene Fläche topologisch äquivalent einer Kugel mit einer bestimmten Anzahl von Henkeln ist. Wir erhalten so eine «Standardform» für orientierbare geschlossene Flächen.

Vorstellung von jener Art von Problemen und Methoden, die in der Mannigfaltigkeitstheorie von Bedeutung sind. Es ist folglich durchaus sinnvoll, die topologische Theorie der Flächen etwas genauer zu betrachten.

Die bereits erwähnte Klassifizierung aller zweidimensionalen Mannigfaltigkeiten stellt eine der großen Errungenschaften der Topologie des 19. Jahrhunderts dar. Um zwischen allen geschlossenen Flächen unterscheiden zu können, sind genau zwei Invarianten erforderlich: Orientierbarkeit und die Eulersche Charakteristik. Wie kann man diese Klassifizierung jedoch vornehmen? Moderne Beweise werden meistens in zwei Schritten geführt. Zunächst zeigt man, daß jede geschlossene Fläche topologisch auf gewisse Standardflächen abgebildet werden kann. Dann braucht man nur noch zu beweisen, daß die zwei Invarianten, Orientierbarkeit und Eulersche Charakteristik, ausreichen, um zwischen allen Standardflächen zu differenzieren.

Die *orientierbare Standardfläche vom Geschlecht n* besteht aus einer Kugel mit *n Henkeln*. Um eine Kugel mit Henkeln zu versehen, schneidet man in ihre Oberfläche zwei Löcher und verbindet diese mit einer zylindrischen Röhre (vgl. Abb. 59). Eine Kugel mit einer beliebigen Zahl von Henkeln ist eine orientierbare Fläche. Die Eulersche Charakteristik einer Kugel mit n Henkeln ist $2 - 2n$. Der Beweis dieses Satzes ist nicht schwierig – der Trick dabei besteht darin, ein Netzwerk auf einer einfachen Kugel zu betrachten (für die gilt $E - K + F = 2$) und dann die Kugel mit immer mehr Henkeln auszustatten. Wenn dies sorgfältig durchgeführt wird, kann man feststellen, daß sich die Eulersche Charakteristik mit jedem hinzugefügten Henkel um 2 vermindert.

Mit Hilfe eines Verfahrens, das auf dem Auseinanderschneiden, Auseinanderziehen und Wiederzusammenfügen einer Fläche beruht, läßt sich jede beliebige orientierbare Fläche ohne Schwierigkeiten in eine orientierbare Standardfläche eines beliebigen Geschlechts umformen. Ein Torus zum Beispiel ergibt eine Fläche vom Geschlecht 1, ein Doppeltorus ergibt eine vom Geschlecht 2 usw. Da das Geschlecht und die Eulersche Charakteristik orientierbarer Standardflächen verknüpft sind (nämlich durch den oben erwähnten Ausdruck $2 - 2n$), zeigt dies, wie die Eulersche Charakteristik die Klassifikation aller orientierbaren Flächen ermöglicht.

Die *nichtorientierbare Standardfläche vom Geschlecht n* wird erzeugt, indem man eine Kugel mit *n Kreuzhauben* ausstattet. Um eine Fläche mit einer Kreuzhaube zu versehen, schneidet man in ihre Oberfläche ein Loch und klebt ein Möbiusband hinein, indem man den Rand des Möbiusbandes an die Schnittkante heftet. Im dreidimensionalen Raum kann dies nur bewerkstelligt werden, wenn man dem Möbiusband erlaubt, sich selbst zu durchdringen (vgl. Abb. 60). Da ein auf dem Möbiusband fortbewegter, orientierter Kreis seinen Richtungssinn ändert (vgl. Abb. 52, S. 266), ist die entstehende Fläche mit der Kreuzhaube nichtorientierbar. Die Eulersche Charakteristik einer Kugel mit n Kreuzhauben ist $2 - n$. Dies läßt sich wiederum nachprüfen, indem man ein Netzwerk auf einer Kugel betrachtet und beobachtet, wie sich die Größe $E - K + F$ mit jeder hinzugefügten Kreuzhaube verändert; sie nimmt nämlich jeweils um 1 ab.

Mit Hilfe des oben beschriebenen topologischen Verfahrens ist es möglich (und noch nicht einmal besonders schwierig), jede beliebige nichtorientierbare Fläche in eine nichtorientierbare Standardfläche eines beliebigen Geschlechts zu überführen. Die *projektive Ebene* des Geometers beispielsweise (die trotz ihres Namens eine geschlossene Fläche ist), läßt sich auf eine nichtorientierbare Standardfläche vom

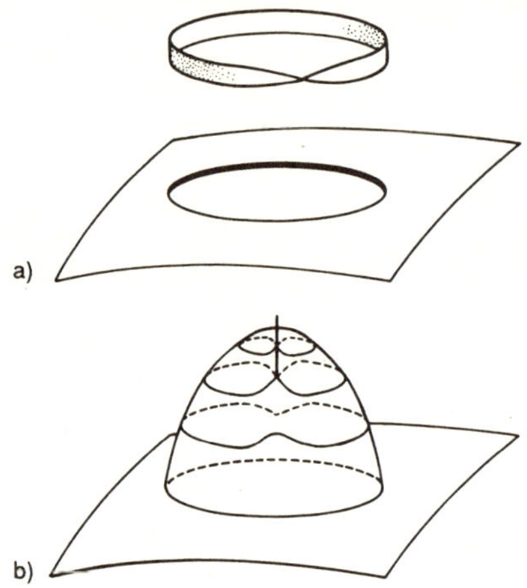

Abb. 60
Die Kreuzhaube. Um eine Fläche mit einer Kreuzhaube zu versehen, schneidet man in die Oberfläche ein Loch a) und verschließt dieses dann mit einem Möbiusband, wobei man den Rand des Möbiusbandes an die Schnittkante heftet. Im dreidimensionalen Raum kann man sich dies nur vorstellen, wenn das Möbiusband sich selbst durchdringen darf b). Das entstehende Gebilde ist eine Kreuzhaube. Mit Hilfe eines besonderen topologischen Verfahrens kann man zeigen, daß jede nichtorientierbare geschlossene Fläche topologisch äquivalent einer Kugel mit einer bestimmten Anzahl von Kreuzhauben ist. Wir erhalten so eine «Standardform» für nichtorientierbare geschlossene Flächen.

Geschlecht 1 abbilden; die Kleinsche Flasche auf eine vom Geschlecht 2. Da die Eulersche Charakteristik einer nichtorientierbaren Standardfläche durch den Ausdruck $2 - n$ mit dem Geschlecht verknüpft ist, beweist dieses Standardisierungsverfahren, daß auch alle nichtorientierbaren Flächen mit Hilfe der Eulerschen Charakteristik klassifiziert werden können. Berandete Flächen werden dadurch erfaßt, daß die Standardflächen Löcher besitzen dürfen.

Nachdem wir uns nun einiges Wissen über Flächentopologie angeeignet haben, können wir dieses als Ausgangsbasis benutzen, um die Entwicklungen zu betrachten, die in den letzten Jahren im Bereich der höheren Dimensionen stattgefunden haben. Wir beginnen zunächst mit der Untersuchung der einfachsten Mannigfaltigkeiten, der n-dimensionalen Sphären, wobei *n* gleich 2, 3, 4 etc. sein kann. Genau mit ihnen hängt das berühmteste Problem der Topologie zusammen.

Die Poincaré-Vermutung

Die einfachste aller geschlossenen zweidimensionalen Flächen ist die Kugeloberfläche, jene Fläche, die den Ausgangspunkt für das oben beschriebene Klassifizierungsverfahren bildete. Das *n*-dimensionale Analogon einer Kugel heißt *n-Sphäre*. Die gewöhnliche Kugel ist also eine 2-Sphäre. Ebenso wie die 2-Sphäre die Oberfläche einer dreidimensionalen massiven Kugel ist, stellt die *n*-Sphäre die «Oberfläche» einer (*n*+1)-dimensionalen «massiven Kugel» dar. Als der französische Mathematiker Henri Poincaré zu Anfang dieses Jahrhunderts begann, höherdimensionale Mannigfaltigkeiten zu erforschen und damit im wesentlichen die topologische Theorie der Mannigfaltigkeiten in ihrer heutigen Form begründete, widmete er sich selbstverständlich mit besonderer Aufmerksamkeit den *n*-Sphären. Schließlich war anzunehmen, daß sie, wie die 2-Sphäre unter den zweidimensionalen Mannigfaltigkeiten, etwas ganz Besonderes darstellten. Nachdem es ihm nicht gelungen war, eine seiner Ansicht nach überaus vernünftige Annahme zu den *n*-Sphären zu beweisen, formulierte er diese Annahme im Jahre 1904 als Vermutung. Sie sollte zum berühmtesten Problem der gesamten Topologie avancieren. Wie alle «guten» Vermutungen ist sie von fundamentaler Bedeutung und leicht zu formulieren.

Angenommen, wir zeichnen auf eine 2-Sphäre eine geschlossene Kurve. Jede solche Kurve kann, ohne die Oberfläche zu verlassen, auf einen Punkt zusammengezogen werden (vgl. Abb. 61a)). Die Kugel ist die einzige geschlossene Fläche, auf der dies möglich ist. Wenn man das gleiche auf dem Torus versucht und die Kurve entsprechend den beiden in Abb. 61b) angedeuteten Möglichkeiten auf die Oberfläche zeichnet, stellt man fest, daß sie nicht auf einen Punkt zusammengezogen werden können. Analog zur 2-Sphäre gilt für beliebige *n*-Sphären: Wenn man auf einer *n*-Sphäre für einen beliebigen Wert von *n* größer als 2 eine geschlossene Kurve «zeichnet», dann läßt sich diese Kurve auf einen Punkt zusammenziehen, ohne daß sie jemals die *n*-Sphäre verläßt. In diesem Fall müssen Sie sich allerdings auf die abstrakte Mathematik verlassen, da diese Aussage mit Bildern nicht mehr veranschaulicht werden kann. Ungeklärt ist allerdings bis heute, ob die *n*-Sphäre, wie im Fall von zwei Dimensionen, die einzige *n*-dimensionale geschlossene Mannigfaltigkeit mit dieser Eigenschaft ist? Der

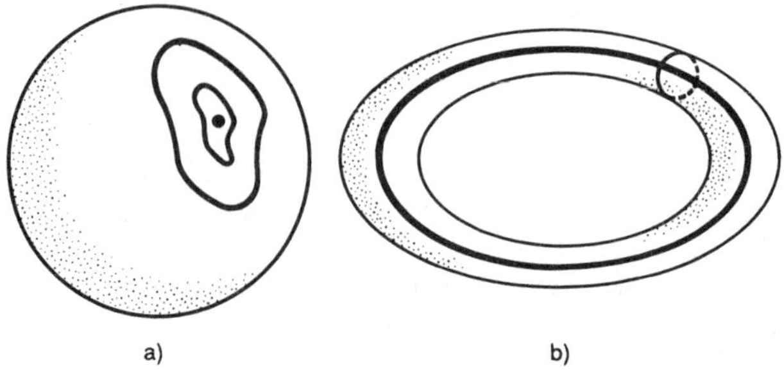

Abb. 61
Die Poincaré-Vermutung. Wenn wir auf die Kugeloberfläche eine geschlossene Kurve zeichnen, können wir diese, ohne daß sie die Oberfläche verläßt, auf einen Punkt zusammenziehen a). Auf einem Torus ist dies nicht immer möglich. Wenn wir die Kurve zum Beispiel entsprechend einer der in b) angedeuteten Möglichkeiten zeichnen, kann sie nicht auf diese Weise zusammengezogen werden. Unter allen geschlossenen Flächen besitzt allein die Kugel die Eigenschaft, daß jede beliebige geschlossene Kurve auf ihrer Oberfläche auf einen Punkt zusammengezogen werden kann. Die Poincaré-Vermutung besagt nun, daß ein entsprechendes Ergebnis auch für alle höheren Dimensionen gilt. Die einzige dreidimensionale geschlossene Mannigfaltigkeit mit dieser Eigenschaft ist zum Beispiel die dreidimensionale Hypersphäre.

«Poincaré-Vermutung» zufolge ist diese Frage zu bejahen. (Genaugenommen interessierte sich Poincaré nur für den Fall der dreidimensionalen Mannigfaltigkeiten.)

Trotz zahlreicher Anstrengungen, die Vermutung zu beweisen (oder zu widerlegen), widerstand die Frage bis 1960 hartnäckig allen Lösungsversuchen. Dann konnte jedoch der amerikanische Mathematiker Stephen Smale beweisen, daß die Vermutung für alle Dimensionen größer als fünf wahr ist. Sein Ergebnis war so bedeutsam, daß ihm für seine Leistung eine Fields-Medaille verliehen wurde. Hier erkennen wir übrigens wieder das bereits erwähnte Phänomen, daß sich höherdimensionale Mannigfaltigkeiten anders verhalten als drei- und vierdimensionale. Für drei und vier Dimensionen versagen Smales Methoden nämlich. In der Tat vergingen fast zwanzig Jahre, bevor ein anderer Amerikaner das Problem für vier Dimensionen löste. Indem Michael Freedman auf den von Smale entwickelten Methoden und Arbeiten von Andrew Casson aufbaute, war er 1981 in der Lage, die

Poincaré-Vermutung für 4-Sphären zu beweisen. Freedmans Ergebnis folgt als Sonderfall aus einem allgemeineren Resultat über vierdimensionale Mannigfaltigkeiten.

Es blieb also nur das Problem der dreidimensionalen Mannigfaltigkeiten übrig, für die die Vermutung ursprünglich formuliert worden war. Wo steht die Forschung heute? Trotz der Bemühungen zahlreicher sehr fähiger Mathematiker ist es nach wie vor ungelöst. Die enormen Schwierigkeiten, die mit diesem Problem verknüpft sind, lassen sich daran ermessen, daß Experten mehrere Monate benötigten, um einen Fehler in dem jüngsten Lösungsvorschlag zu entdecken, der Anfang 1986 veröffentlicht worden war. Achtzig Jahre nachdem Poincaré seine Vermutung aufstellte, nimmt sie also noch immer den Rang des herausragendsten ungelösten Problems der Topologie ein.

Die Theorie der Mannigfaltigkeiten

Abstrakt definiert ist eine n-dimensionale Mannigfaltigkeit ein Objekt mit der folgenden Eigenschaft: Wenn man beliebige kleine Teilstücke dieser Mannigfaltigkeit betrachtet, erscheinen sie wie der gewöhnliche (?) n-dimensionale Euklidische Raum, $\mathbb{R}^n$. Entsprechend dieser Definition ist zum Beispiel die 2-Sphäre eine zweidimensionale Mannigfaltigkeit. Jeder kleine Teilbereich der Kugeloberfläche sieht tatsächlich wie $\mathbb{R}^2$ aus – ein Umstand, der uns von den Spaziergängen auf der Oberfläche der Erde ausreichend bekannt ist. Aus der Bedingung, daß eine n-dimensionale Mannigfaltigkeit *lokal* wie $\mathbb{R}^n$ aussehen muß, folgt jedoch keineswegs, daß die gesamte Mannigfaltigkeit wie $\mathbb{R}^n$ aussieht. Das Unvermögen, dies für die zweidimensionale Mannigfaltigkeit einzusehen, führte in vergangenen Zeiten zu der Überzeugung, daß die Erde eine Scheibe ist. Lokal ist sie zwar fast flach, global jedoch nicht.

Die Untersuchung von Mannigfaltigkeiten ist von großem Interesse, da diese sich auf ganz natürliche Weise im Zusammenhang mit Problemen in der Analysis und der Physik ergeben. In diesem Fall haben wir es allerdings nicht mit so kargen Mannigfaltigkeiten wie den oben definierten zu tun. Wir erhalten eine Mannigfaltigkeit, auf der es möglich ist, eine der leistungsfähigsten Methoden der Mathematik zu entwickeln: die Differentialrechnung. Sie sind wahrscheinlich mit der Art vertraut, wie die Differentialrechnung auf der Mannigfaltigkeit $\mathbb{R}$ entwickelt wird. Dies ist die in der Schule gelehrte «gewöhnliche» Differentialrechnung mit Funktionen einer reellen Variablen. Vielleicht beherrschen Sie sogar die Differentialrechnung auf der Mannigfaltigkeit $\mathbb{R}^2$. Dieselben Methoden erlauben es auch, eine Differentialrechnung für beliebige höherdimensionale Mannigfaltigkeiten $\mathbb{R}^n$ zu entwickeln ($n = 3, 4, 5$ etc.).

Da jede beliebige n-dimensionale Mannigfaltigkeit lokal nicht von $\mathbb{R}^n$ zu unterscheiden ist, können wir die Methoden der Differentialrechnung natürlich *lokal* auf dieser Mannigfaltigkeit anwenden. Wie sieht es jedoch global aus? Zumindest für die Kugel ist es möglich, eine Differentialrechnung zu entwickeln, die auf der gesamten Fläche anwendbar ist. Der Grund dafür liegt darin, daß der Übergang von einem lokalen Teilgebiet, welches wie $\mathbb{R}^2$ aussieht, zum nachfolgenden im wesentlichen glatt und ohne Schwierigkeiten verläuft. Anders ausgedrückt: Angenommen, wir überziehen die gesamte Oberfläche der Kugel mit Längen- und Breitengraden. Wir erhalten auf diese Weise ein Koordinatensystem, welches lokal nicht von dem gewöhnlichen Koordinatensystem der kartesischen Geometrie zu unterscheiden ist (und dieses liegt natürlich der Entwicklung der Differentialrechnung auf $\mathbb{R}^2$ zugrunde). Da wir auf der gesamten Oberfläche dasselbe Koordinatensystem verwenden, führt die Entwicklung einer lokalen Differentialrechnung auf der Grundlage dieser Koordinaten nicht zu Konflikten zwischen dem, was an verschiedenen Orten geschieht: Die Übergänge sind überall *glatt.*

Es stellt sich nun natürlich die wichtige Frage, für wie viele Mannigfaltigkeiten es möglich ist, eine Differentialrechnung zu entwickeln, die auf der gesamten Mannigfaltigkeit anwendbar ist. Eine Mannigfaltigkeit, für die es möglich ist, eine globale Theorie der Differentiation zu entwickeln, heißt eine *glatte* oder *differenzierbare Mannigfaltigkeit.* Ein Koordinatensystem, welches die gesamte Mannigfaltigkeit erfaßt und als Grundlage für den Differentiationsprozeß dient (wie zum Beispiel die Längen- und Breitengrade auf der Kugel), heißt *Differenzierbarkeitsstruktur.* In Wirklichkeit sind die Dinge ein wenig komplizierter, doch dies ist in grober Umschreibung die Ausgangslage. Mit der fundamentalen Frage, welche Mannigfaltigkeiten glatt sind (bzw. welche Mannigfaltigkeiten eine differenzierbare Struktur tragen können), geht die nicht weniger interessante Frage einher, ob auf einer gegebenen glatten Mannigfaltigkeit nur eine einzige oder vielleicht mehrere verschiedene Differenzierbarkeitsstrukturen denkbar sind. Sollten verschiedene Differenzierbarkeitsstrukturen möglich sein, fragt sich natürlich, wie viele es gibt. Da die Physiker einen großen Teil ihrer Zeit damit verbringen, Differentialrechnung auf verschiedenen Mannigfaltigkeiten zu treiben, sind die Antworten auf diese Fragen nicht nur für den Topologen von Interesse.

Für Mannigfaltigkeiten von zwei und drei Dimensionen sind die Antworten seit Mitte der fünfziger Jahre bekannt: Jede zwei- bzw. dreidimensionale Mannigfaltigkeit ist glatt, und auf keiner dieser Mannigfaltigkeiten sind grundsätzlich verschiedene Differenzierbarkeitsstrukturen denkbar. Wie es damals schien, handelte es sich bloß um eine Frage der Zeit, bis das Ergebnis auf Mannigfaltigkeiten aller Dimensionen übertragen werden könnte. 1956 entdeckte jedoch der Amerikaner John Milnor zur allgemeinen Überraschung, daß die 7-Sphäre 28 verschiedene Differenzierbarkeitsstrukturen besitzen kann, und kurze Zeit später machte man für andere höherdimensionale Sphären eine ähnliche Feststellung. Offensichtlich gab es in diesem Bereich noch sehr viel zu erforschen, und zahlreiche sehr fähige Mathematiker machten sich an die Arbeit. Die Jahre zwischen 1956 und 1970 wurden als «Sternstunden für die Topologie der Mannigfaltigkeiten» bezeichnet. Eigentlich müßte man sagen, eine goldene Ära für die Untersuchung von Mannigfaltigkeiten der Dimension fünf oder höher, denn es zeigte sich wieder, daß das Problem für vier Dimensionen mit den verfügbaren Methoden nicht lösbar war. In dieser Zeit gelang es, mit Hilfe des mathematischen Begriffs der Homotopie eine weitgehend systematische Klassifizierung aller höherdimensionalen Mannigfaltigkeiten herzuleiten, eine Klassifizierung, die insbesondere zwischen den differenzierbaren und den nichtdifferenzierbaren Mannigfaltigkeiten unterschied.

Wie sah die Situation jedoch für vier Dimensionen aus? Waren alle Mannigfaltigkeiten differenzierbar und gab es nur eine einzige Differenzierbarkeitsstruktur, wie dies mit den Mannigfaltigkeiten in den niedrigeren Dimensionen der Fall war? Oder gab es wie bei den höherdimensionalen Mannigfaltigkeiten eine ganze Reihe verschiedener Möglichkeiten, in welchem Fall eine Klassifikation erforderlich wäre? Die Antwort kam schließlich im Jahre 1981. Michael Freedman, der bereits die Poincaré-Vermutung für vier Dimensionen bewiesen hatte, entdeckte, daß es eine vierdimensionale Mannigfaltigkeit gibt, die nicht differenzierbar ist. Freedmans Beschreibung dieser Mannigfaltigkeit – die aus technischen Gründen die Bezeichnung $\mathbb{E}_8$ erhalten hat – ist wie jede Aussage in der höherdimensionalen Topologie algebraischer Natur. In der Tat folgt sowohl die Lösung der Poincaré-Vermutung für vier Dimensionen wie auch die Entdeckung einer nicht differenzierbaren vierdimensionalen Mannigfaltigkeit aus einem einzigen sehr allgemeinen und völlig unerwarteten Ergebnis von Freedman, welches zeigt, daß nur genau zwei «elementare» Informationen erforderlich sind, um beliebige vierdimensionale Mannigfaltigkeiten zu klassifizieren. Diese

Informationen sind allerdings nicht so «elementar», daß sie hier erklärt werden könnten!

Das ist jedoch noch nicht das Ende der Geschichte. Den Topologen stand noch eine weitere, nicht weniger dramatische Überraschung bevor, die auch nicht lange auf sich warten ließ. Sie betraf ausgerechnet das Wesen unseres Universums!

Unerwartete Ergebnisse im Zusammenhang mit Mannigfaltigkeiten lassen sich stets leicht mit der Begründung vom Tisch wischen, daß es sich schließlich nur um recht abstrakte Begriffe handele, die sich bestenfalls in Teilaspekten begreifen ließen. Sogar zweidimensionale Mannigfaltigkeiten können mitunter recht abstruse Gebilde sein, die sich jeder Vorstellung entziehen. Dies gilt jedoch sicherlich nicht für die «konkreten» Mannigfaltigkeiten $\mathbb{R}$, $\mathbb{R}^2$, $\mathbb{R}^3$ etc. Schließlich ist $\mathbb{R}^3$ der physikalische Raum, in dem wir leben, und $\mathbb{R}^4$ das Raum-Zeit-Kontinuum. In der Tat zeigen diese «konkreten» Mannigfaltigkeiten ein fast beispielhaftes Verhalten. Sie sind alle differenzierbar, und für jedes n gibt es nur genau eine einzige Möglichkeit, $\mathbb{R}^n$ eine Differenzierbarkeitsstruktur zuzuordnen – das heißt, mit Ausnahme des Falls $n = 4$.

Merkwürdigerweise gelang es den Mathematikern nicht, die Eindeutigkeit der Differenzierbarkeitsstruktur auf $\mathbb{R}^4$ zu beweisen. Für alle anderen $\mathbb{R}^n$ war dies geglückt, nur für $\mathbb{R}^4$ stand der Beweis noch aus. Dieses Versagen war um so peinlicher, als dies ausgerechnet der Fall war, für den sich die Physiker am meisten interessierten. Aber es konnte ja sein, daß es sich nur um eine Frage der Zeit handelte, bis ein solcher Beweis gefunden würde. Die Vorstellung, daß es eine nicht der Norm entsprechende Methode der Differentiation auf $\mathbb{R}^4$ gab, war einfach undenkbar, oder ...?

Allerdings stellte sich bald heraus, daß ausgerechnet das Undenkbare wahr war. Wie eine Bombe schlug diese Nachricht im Sommer 1982 ein. Simon Donaldson, ein 24jähriger Student von Michael Atiyah von der Universität Oxford, konnte auf der Grundlage von Freedmans (im wesentlichen algebraischer) Arbeit, die er um eine gehörige Portion Analysis und Differentialgeometrie ergänzte, ein Ergebnis beweisen, aus dem die Existenz einer nicht der Norm entsprechenden Differenzierbarkeitsstruktur auf $\mathbb{R}^4$ folgte. Mit anderen Worten, die Differenzierbarkeitsstruktur, die Physiker und Mathematiker in der ganzen Welt verwendeten, war nicht die einzig mögliche! Wie Clifford Taubes später zeigte, ist die gewöhnliche Differenzierbarkeitsstruktur auf $\mathbb{R}^4$ nur eine unter *unendlich vielen* Möglichkeiten! Daraus ergeben sich zwei faszinierende Fragen: Was ist so besonders an vier Dimensionen, daß dieses Phänomen nur in diesem Fall auftritt? Welche Methode ist

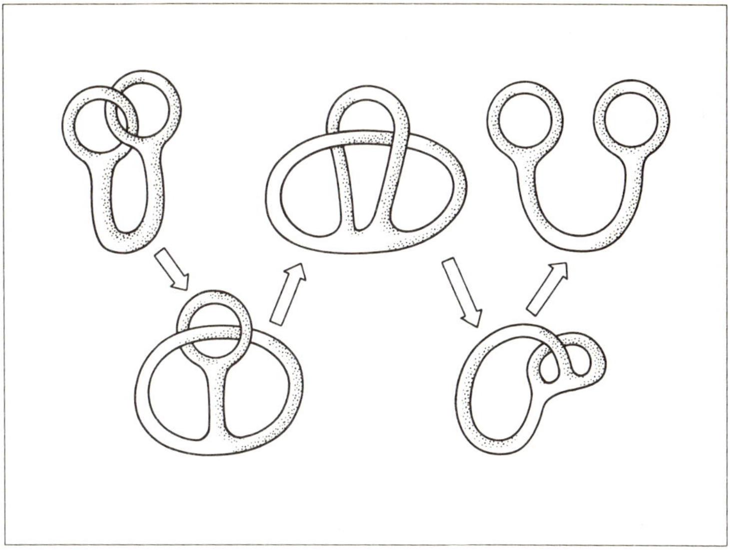

Abb. 62
Die Lösung des Rätsels der Ringe von Abb. 48. Aus der Folge der gezeigten Verformungen können Sie ersehen, wie die ursprünglich verschränkte Ringkonfiguration in die unverbundene Ringfigur überführt werden kann.

angesichts der verschiedenen Möglichkeiten, auf $\mathbb{R}^4$ zu differenzieren, die vom physikalischen Standpunkt gesehen «richtige»? Da sich die n-dimensionalen Mannigfaltigkeiten für alle Werte außer $n = 4$ allmählich in eine Ordnung eingefügt haben, erscheint der Fall $n = 4$ immer merkwürdiger.

Benutzen Physiker also die richtige Mathematik für $\mathbb{R}^4$? Wahrscheinlich schon. Die unendlich vielen «exotischen» Differenzierbarkeitsstrukturen auf $\mathbb{R}^4$, die im Laufe der Zeit gefunden wurden, betreffen allesamt ein ganz besonderes «konstruiertes» Verhalten und kommen deswegen für unser Universum nicht in Betracht. Ihre Existenz dokumentiert jedoch in eindrucksvoller Weise, daß der vierdimensionale Raum etwas ganz Besonderes darstellt. Und ihre Entdeckung zeigt, daß die letzten Jahre in der Tat Sternstunden zumindest für die Topologie waren.

11 Die Leistungsfähigkeit von Algorithmen

Verschiedene Arten von Algorithmen

Der Begriff des Algorithmus hat bereits an früherer Stelle in Kapitel 6 dieses Buches eine wichtige Rolle gespielt. Es wird im folgenden vorausgesetzt, daß Sie mit diesem Kapitel vertraut sind. Das dort behandelte zehnte Hilbertsche Problem betraf im wesentlichen die Frage, ob ein bestimmtes Problem mit Hilfe eines Algorithmus gelöst werden kann, wobei die Betonung auf dem «kann» lag. Das Interesse konzentrierte sich also auf die Existenz solcher Algorithmen, während die praktische Durchführbarkeit dieser Lösung nebensächlich war. Im Zusammenhang mit Hilberts Frage erscheint diese Betrachtungsweise natürlich durchaus gerechtfertigt. Wenn es jedoch um die Lösung von Problemen geht, die sich in der realen Welt ergeben, so bedeutet die reine Existenz eines Algorithmus noch keineswegs das Ende der Angelegenheit. Im Gegenteil, dies stellt erst den Anfang dar, denn ein Algorithmus, der zwar theoretisch in der Lage ist, ein Problem zu lösen, der dazu unter Umständen jedoch Tausende von Jahren Rechenzeit auf den schnellsten verfügbaren Computern benötigt, ist von keinem wirklichen Nutzen. Die Probleme, die in Wirtschaft und Industrie von Belang sind, erfordern die Existenz effizienter Algorithmen. In der Wirtschaft kann dies bedeuten, daß Lösungen innerhalb weniger Stunden erarbeitet werden müssen. Für einen Anwendungsbereich wie in Flugzeugsteuerungssystemen müssen die Ergebnisse sogar innerhalb von Sekundenbruchteilen verfügbar sein. Für Anwendungen wie diese ist es also offensichtlich nützlich, wenn man beweisen kann, daß ein bestimmtes Problem mit Hilfe eines «effizienten» Algorithmus lösbar bzw. nicht lösbar ist. Um dazu in der Lage zu sein, müssen wir zunächst eine angemessene Methode zur Bewertung der Effizienz von Algorithmen entwickeln.

Die Geschwindigkeit, mit der eine bestimmte Aufgabe von einem Computer ausgeführt werden kann, hängt natürlich von einer Reihe von Faktoren ab. Von Bedeutung ist nicht nur die Größe und Rechengeschwindigkeit des Computers, sondern auch die Effizienz der in dem Programm verwendeten Programmiersprache sowie die Geschicklichkeit des Programmierers. Dies sind jedoch Faktoren, die von Fall zu Fall sehr stark variieren können und die sich deshalb im Rahmen einer systematischen Untersuchung nicht erfassen lassen. Wir benötigen vielmehr eine ganz allgemeine Methode zur Klassifizierung von Algorithmen in zwei Kategorien: effizient und ineffizient. Diese Unterteilung sollte so fundamental sein, daß die Änderung nebensächlicher Faktoren wie etwa der Computergeschwindigkeit oder der Programmiersprache einen ineffizienten nicht in einen effizienten Algorithmus und umgekehrt verwandeln kann.

Eine solche Klassifikation wurde in der Mitte der sechziger Jahre von A. Cobham und J. Edwards eingeführt und dient heute als Grundlage für die meisten Arbeiten zur Effizienz von Algorithmen. Obwohl sie Effizienz im wesentlichen zeitlich messen, erfolgt die eigentliche Definition des Begriffs der Effizienz über die Anzahl der elementaren Rechenoperationen, die notwendig sind, um eine Rechnung auszuführen; damit soll eine Abhängigkeit der Definition von der Rechengeschwindigkeit des Computers vermieden werden. Natürlich ist auch diese Definition noch nicht eindeutig – sie hängt davon ab, was man unter einer elementaren Rechenoperation versteht und wie das Datenmaterial dargestellt wird. Es zeigt sich jedoch, daß solche Überlegungen für den eigentlichen Begriff der Effizienz irrelevant sind. Aus diesem Grund ist es üblich geworden, Effizienz über die Turing-Maschinen zu definieren (vgl. Kapitel 6). Sie sind einfach genug, um eine brauchbare mathematische Theorie zu gewährleisten, und führen doch zu Ergebnissen, die ihre Gültigkeit unabhängig von der verwendeten Rechenmaschine behalten.

Da nun also im Rahmen unserer Theorie die Turing-Maschine als die elementare Rechenmaschine angenommen wird, mißt man die Effizienz eines Algorithmus nach der Anzahl von Schritten, die die Turing-Maschine benötigt, um eine Rechnung durchzuführen. Fragen danach, wie ein Algorithmus für eine Turing-Maschine programmiert wird oder wie die Daten auf dem Band kodiert werden, sind dabei unerheblich. Überlegungen dieser Art beeinflussen die Unterscheidung zwischen effizienten und ineffizienten Algorithmen nicht im geringsten. Von entscheidender Bedeutung ist dagegen der Umfang des zu bewältigenden Datenmaterials. Je mehr Daten vorliegen, desto mehr Schritte sind erforderlich, um sie zu verarbeiten. Wenn wir zum Beispiel zwei ganze Zahlen mit der Hand multiplizieren, hängt die benötigte Rechenzeit von der Größe der Zahlen ab. Messen wir die für das Multiplizieren eines beliebigen Zahlenpaares benötigte Zeit und vergleichen sie mit der Zeit, die wir für die Multiplikation von zwei doppelt so langen Zahlen brauchen, so stellen wir fest, daß sich die Rechenzeit vervierfacht. Der Grund: Es sind viermal so viele Ziffern zu multiplizieren und dazu noch die dabei anfallenden «Überträge» zu beachten. Daraus ergeben sich die folgenden grundlegenden Definitionen:

Ein Algorithmus (bzw. im Rahmen unserer Definition das Programm einer Turing-Maschine) läuft in sogenannter *Polynomialzeit*, wenn es zwei konstante ganze Zahlen A und k gibt, so daß für Eingabedaten der Länge n (für beliebige Werte von n) die Rechnung nach maximal An^k Schritten beendet ist.

Der Standardalgorithmus für die von Hand ausgeführte Addition zweier ganzer Zahlen läuft zum Beispiel in Polynomialzeit. Wenn wir davon ausgehen, daß die Zahlen in der üblichen Dezimalschreibung vorliegen und die elementare Rechenoperation die Addition zweier Ziffern ist, dann benötigt die Addition zweier Zahlen von je $n/2$ Ziffern (die Gesamtlänge der Eingabedaten ist also n) genau n Schritte (Überträge eingeschlossen). Die obige Definition ist also für A und k gleich 1 erfüllt. Bei der Multiplikation zweier Zahlen von je $n/2$ Ziffern sind $n^2/4$ elementare Multiplikationen von je zwei Ziffern und $n/2$ Überträge durchzuführen; das ergibt insgesamt $n^2/4 + n/2$ Schritte. Da $n^2/4 + n/2$ stets kleiner als n^2 ist, ergeben sich für A und k die folgenden Werte: $A = 1$ und $k = 2$. Die Multiplikation zweier ganzer Zahlen (nach dem gewohnten Verfahren) ist also ebenfalls ein Polynomialzeit-Algorithmus.

Anstatt die obigen Beispiele mit Hilfe der gewöhnlichen Arithmetik anzugehen, könnten wir das Problem auch für eine Turing-Maschine formulieren. Zwar müßten wir in diesem Fall größere Werte für A und möglicherweise sogar für k einsetzen, doch hätten wir es immer noch mit einem Polynomialzeit-Algorithmus zu tun. Genau dies ist der Grund, warum der Begriff des Polynomial-Algorithmus unabhängig von der Wahl des Computers und der Programmiersprache ist, denn solche Modifikationen führen stets nur zu verschieden großen Konstanten A und k, während die Definition selbst davon unberührt bleibt.

Algorithmen, die nicht in Polynomialzeit laufen, heißen *Exponentialzeit-Algorithmen*. Dies sind Algorithmen, die zum Beispiel 2^n (3^n, n^n oder $n!$) Schritte benötigen, um Eingabedaten einer Länge n zu verarbeiten. Dies erklärt übrigens auch die Verwendung des Begriffs «Exponential» in der Bezeichnung, wenngleich diese hier ein wenig irreführend ist, da Exponentialzeit-Algorithmen auch Funktionen wie $n^{\log n}$ einschließen, die im allgemeinen nicht als «Exponential»-Funktionen betrachtet werden.

Wie Sie wahrscheinlich bereits vermuten, sind «effiziente» Algorithmen jene, die in Polynomialzeit laufen, während «ineffiziente» Algorithmen solche sind, die in Exponentialzeit laufen. Nach dem, was in Kapitel 1 über das exponentielle Wachstum gesagt wurde, sind Sie vermutlich durchaus zu glauben bereit, daß Exponentialzeit-Algorithmen ineffizient sind. Es kommt Ihnen aber vielleicht sehr fraglich vor, ob Polynomialzeit-Algorithmen notwendigerweise effizient sind. Da wir die Konstanten A und k frei wählen können, erscheint der Begriff Effizienz viel zu weit gefaßt: Ein Algorithmus, der nur dann die Bedingung von Polynomialzeit erfüllt, wenn wir $A = 10^{10}$ und $k = 100$ setzen, wird wohl schwerlich «effizient» im wahren Sinn des Wortes sein. An dieser Stelle muß jedoch zweierlei bemerkt werden. Erstens haben wir in der Praxis mit Problemen zu tun, die entweder ausschließlich durch Exponentialzeit-Algorithmen oder aber durch Polynomialzeit-Algorithmen der Größenordnung von $10n^3$ (möglicherweise weniger) Schritten gelöst werden können. Die Unterscheidung in Polynomialzeit- und Exponentialzeit-Algorithmen stellt zweitens nur eine grobe, vorläufige Klassifizierung dar. Es mag in Zukunft notwendig sein, nach einer feineren Unterteilung Ausschau zu halten, für den Augenblick erweist sie sich jedoch als durchaus brauchbar. Zur Verdeutlichung des Gesagten vgl. Tabelle 4.

Zeit-Komplexitätsfunktion	**Umfang der Daten: n**					
	10	**20**	**30**	**40**	**50**	**60**
n	0,00001 s	0,00002 s	0,00003 s	0,00004 s	0,00005 s	0,00006 s
n^2	0,0001 s	0,0004 s	0,0009 s	0,0016 s	0,0025 s	0,0036 s
n^3	0,001 s	0,008 s	0,027 s	0,064 s	0,125 s	0,216 s
2^n	0,001 s	1,0 s	17,9 min	12,7 Tage	35,7 Jahre	366 Jahrhunderte
3^n	0,059 s	58 min	6,5 Jahre	3855 Jahrhunderte	2×10^8 Jahrhunderte	$1{,}3 \times 10^{13}$ Jahrhunderte

Tab. 4
Polynomiale und exponentiale Rechenzeiten. Wir gehen davon aus, daß die Rechenmaschine eine elementare Rechenoperation pro 0,000001 Sekunde ausführt. Die Tabelle zeigt für einen gegebenen Umfang von Daten n und eine gegebene «Zeit-Komplexitätsfunktion», wieviel Zeit der Computer benötigt, um die Rechnung durchzuführen. Die Zeit-Komplexitätsfunktion ist ein Maß für die Abhängigkeit der Rechnung von dem Umfang der Daten. Man beachte die geradezu explosive Wachstumsgeschwindigkeit für die zwei Exponentialfunktionen. Die Rechenzeit für $n = 50$ bei einer Zeit-Komplexitätsfunktion von 3^n übersteigt das vermutete Alter des Universums bei weitem, und für $n = 60$ ist die Rechenzeit sogar noch 100000mal so lang!

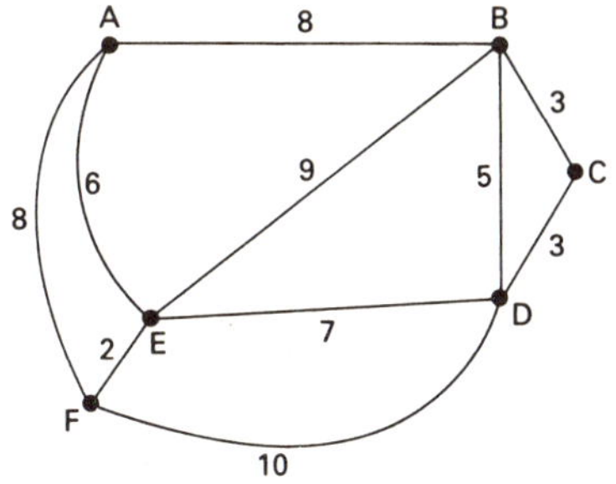

Abb. 63
Das Problem des Handlungsreisenden. Gesucht ist die kürzeste Reiseroute, die durch alle Orte verläuft. Die Entfernungen zwischen den einzelnen Orten sind entlang der vorhandenen Verbindungslinien aufgeführt. Die Reiseroute *ABEFDC* entspricht zum Beispiel einer Länge von 8 + 9 + 2 + 10 + 3 = 32. Manchmal wird vorausgesetzt, daß die Reiseroute in ein und demselben Ort beginnt und endet, in welchem Fall diese besondere Route unvollständig wäre.

Um zu zeigen, wie die obigen Begriffe zur Klassifizierung realer Probleme und Algorithmen verwendet werden, betrachten wir im folgenden ein berühmtes Problem, dessen Bedeutung für Wirtschaft und Handel auf der Hand liegt.

Das Problem des Handlungsreisenden

Stellen Sie sich vor, Sie wären ein Handlungsreisender, der Kunden in, sagen wir, 50 verschiedenen Orten aufsuchen müßte. Die Reihenfolge, in der Sie Ihre Besuche abstatten, spielt keine Rolle, solange Sie keinen Ort auslassen. Es ist offensichtlich sowohl in Ihrem eigenen Interesse als auch im Interesse desjenigen, der für Ihre Reisekosten aufkommt, daß Sie die Besuche in der Reihenfolge vornehmen, die (insgesamt gesehen) den geringsten Reiseaufwand verursacht. Wie planen Sie also Ihre Reiseroute? Natürlich machen Sie sich zunächst eine Tabelle mit den Entfernungen zwischen allen Orten. Wie gehen Sie jedoch weiter vor? Welches ist zum Beispiel die kürzeste Reiseroute, um alle Orte in Abb. 63 zu besuchen?

Ein möglicher Lösungsansatz besteht sicherlich darin, *alle* denkbaren Routen aufzulisten, ihre jeweilige Gesamtlänge auszurechnen und sich dann die kürzeste auszusuchen. Diese Methode funktioniert zweifellos und ist auch ausreichend einfach, um von einem Computer ausgeführt zu werden. Das Problem ist also im Prinzip mit Hilfe eines Algorithmus lösbar. Doch schon bei einer relativ kleinen Zahl von Orten erweist sich die Anzahl aller denkbaren Routen als so groß, daß die Methode nicht praktikabel ist. Wenn der Handlungsreisende N Orte aufsuchen muß, beläuft sich die Anzahl aller möglichen Reiserouten auf $N!$ Wie Sie sich vielleicht erinnern werden, entspricht $N!$, gesprochen «N-Fakultät», dem Produkt aller Zahlen N, $N - 1$, $N - 2$, ... bis zu 3, 2, 1. Da die Funktion $N!$ ganz zweifellos exponentiell verläuft (sie wächst schneller als 2^N oder 3^N, wenngleich nicht ganz so schnell wie die «Superexponential»-Funktion N^N), führt die Auflistung aller möglichen Routen offensichtlich zu einem Exponentialzeit-Algorithmus. Mit Hilfe eines Zahlenbeispiels sehen wir, wie schwerfällig diese Methode zwangsläufig werden muß: Für 10 Orte gibt es

$$10! = 3628800$$

verschiedene Reiserouten. Diese Datenmenge kann zwar noch von einem modernen Computer bewältigt werden, doch wenn wir die Zahl der zu besuchenden Orte auf 25 erhöhen, erhalten wir die wahrlich beeindruckende Anzahl von 16×10^{25} möglichen Routen, das ist 16, gefolgt von 25 Nullen. Eine Geschäftsreise durch 25 verschiedene Orte ist nun keineswegs unrealistisch für einen echten Handlungsreisenden, ganz zu schweigen von vielen anderen Situationen, die im wesentlichen auf der gleichen mathematischen Problematik beruhen und in denen hunderte verschiedener «Orte» vorkommen können.

Eine Lösung des Problems durch Auflistung aller Möglichkeiten kommt also nur in jenen Fällen, in denen die Anzahl der vorkommenden Orte relativ klein ist, in Betracht. Welchen anderen Weg könnten wir ausprobieren? Vielleicht eine Methode, die dem «gesunden Menschenverstand» entspringt? Wir könnten zum Beispiel mit Hilfe einer Landkarte (oder einer Entfernungstabelle) eine Route ausarbeiten, die zunächst durch die nahe am Ausgangspunkt gelegenen Orte verläuft und dann die weiter entfernten Städte erfaßt. Obwohl diese Strategie (oder jede beliebige andere, die Sie ausprobieren möchten) für gewisse Fälle funktionieren mag, konnte gezeigt werden, daß sie niemals in allen nur erdenklichen Situationen erfolgreich ist. Und es ist ja gerade das allgemeine Verhalten des Algorithmus, das uns interessiert. Einzelne Beispiele des

Handlungsreisenden-Problems besitzen möglicherweise eine einfache Lösung (z.B. wenn alle Orte auf einer Geraden liegen und die kürzeste Route offensichtlich ist), doch suchen wir einen Algorithmus, der in allen Fällen rasch zu einer Lösung führt. Obwohl sich seit der ursprünglichen Formulierung des Problems durch den Wiener Mathematiker Karl Menger im Jahre 1930 zahlreiche Mathematiker intensiv mit dieser Frage auseinandergesetzt haben (mehr als 300 Fachartikel sind dazu mittlerweile geschrieben worden), hat das Problem des Handlungsreisenden bisher allen Versuchen, eine allgemeingültige Lösung zu finden, widerstanden. In der Tat sprechen einige gewichtige Gründe dafür, daß es für dieses Problem überhaupt keinen effizienten Algorithmus gibt!

Zunächst wollen wir jedoch einige der beträchtlichen Fortschritte aufführen, die für gewisse Sonderfälle erzielt wurden. So verwendeten zum Beispiel Michael Held und Richard Karp von IBM im Jahre 1962 die sogenannte Methode der dynamischen Programmierung, um das Problem für all jene Fälle zu lösen, die maximal 13 Orte aufweisen (13! = 622 702 080). Ein Jahr später erfanden Little, Murty, Sweeney und Karp ein leistungsfähiges Verfahren, die sogenannte «branch-and-bound»- oder Verzweigungsmethode, welche es ermöglichte, das Problem für alle Fälle mit einer Anzahl bis zu 40 Orten in nur wenigen Minuten Rechenzeit auf einem Großrechner (einem IBM 7090) zu lösen. 1970 entwickelten Held und Karp einen «branch-and-bound»-Algorithmus, der in der Lage war, einen besonderen Fall mit 42 Orten zu bewältigen. Dieser Algorithmus erforderte die Untersuchung von nur 61 aus insgesamt 33×10^{49} möglichen Reiserouten. Die Bedeutung dieses besonderen Falls, der 42 Städte aus dem gesamten Gebiet der USA betraf, lag darin, daß eine Lösung bereits 1954 von Dantzig, Fulkeston und Johnson von der RAND Corporation gefunden worden war. 1979 schließlich lösten Crowder und Padberg das Problem für einen bestimmten Fall mit 318 Orten, die weitaus größte Zahl von Orten, die bis dahin bewältigt worden war. Mit den gegenwärtig verfügbaren Methoden sollte es möglich sein, jeden beliebigen Fall von bis zu 500 Orten innerhalb einer angemessenen Rechenzeit von einigen Tagen zu lösen. Hierbei kommt jedoch der Struktur der einzelnen Fälle eine entscheidende Bedeutung zu. Im großen und ganzen erweisen sich die Probleme, mit denen wir es im realen Leben zu tun haben – etwa die Erstellung von Reiserouten zwischen bestimmten Städten – als lösbar, während sich «künstliche» Beispiele konstruieren lassen, die allen bekannten Lösungsmethoden hartnäckig widerstehen. Im nächsten Abschnitt beschäftigen wir uns mit den Gründen für das wahrscheinliche Fehlen einer allgemeingültigen Lösung, die in allen Fällen rasch zum Erfolg führt.

P und *NP*

Für eine abstrakte Diskussion der Lösbarkeit von Problemen durch effiziente Algorithmen erweist es sich als nützlich, die Probleme so umzuformulieren, daß sie einfach mit «ja» oder «nein» beantwortet werden können. Dies gestattet es, verschiedene Probleme miteinander zu vergleichen. Das Multiplikationsproblem (wie lautet das Produkt zweier ganzer Zahlen a und b?) läßt sich beispielsweise wie folgt umformulieren: Gegeben seien drei ganze Zahlen a, b und c; ist es zutreffend, daß $ab = c$ ist? Das Problem des Handlungsreisenden könnte etwa so umformuliert werden: Gegeben seien eine Anzahl von Orten, eine Entfernungstabelle sowie eine Zahl B; gibt es eine Route, die durch alle Orte verläuft und deren Gesamtlänge nicht größer als B ist? Es ist zwar nicht unmittelbar einleuchtend, daß diese beiden Versionen des Problems äquivalent sind, doch ist dies in der Tat der Fall. Wenn es einen effizienten Algorithmus gibt, der die ursprüngliche Version des Problems löst, dann gibt es auch einen, der die vereinfachte Fassung löst und umgekehrt.

Probleme, die eine «ja»- oder «nein»-Antwort erfordern, heißen *Entscheidungsprobleme*. Ein Entscheidungsproblem ist vom Typ *P*, wenn es mit Hilfe eines polynomialen Algorithmus gelöst werden kann. Das bereits erwähnte Multiplikationsproblem fällt zum Beispiel in diese Klasse. Um zu prüfen, ob $ab = c$ ist, multipliziert man einfach a und b miteinander und schaut, ob das Ergebnis gleich c ist. Diese Operation läßt sich in Polynomialzeit (genauer gesagt, in quadratischer Zeit) ausführen.

Ob das Problem des Handlungsreisenden ebenfalls zu den in Polynomialzeit lösbaren Problemen gehört, ist bislang noch nicht geklärt. Bekannt ist jedenfalls, daß das Problem vom Typ *NP* ist, wobei dies für «nichtdeterministisch polynomial lösbar» steht. Um diesen Begriff zu verstehen, stellen wir uns eine Turing-Maschine (oder irgendeine andere Rechenmaschine) vor, die in der Lage ist, in verschiedenen Stadien der Rechnung Zufallsschätzungen abzugeben. Dies ist ein hypothetischer Vorgang, da es noch keine Möglichkeit gibt, eine derartige Maschine zu bauen. Stünde ein solch hypothetisches Hilfsmittel zur Verfügung, eine sogenannte *nichtdeterministische Turing-Maschine*, könnte das Problem des Handlungsreisenden in Polynomialzeit gelöst werden. Der Algorithmus dafür wäre einfach. Man bestimmt einen beliebigen Ort als den Ausgangspunkt der Reiseroute, dann bestimmt man einen zweiten Ort, einen dritten usw., bis die gesamte Route komplett ist. Anschließend berechnet man die Gesamtlänge dieser Strecke und vergleicht sie mit der Zahl B. Vorausgesetzt, daß jede der Schätzungen der Turing-Maschine «richtig» ist (ein Ereignis, dessen

Wahrscheinlichkeit nur $1/N!$ beträgt, wobei N der Zahl der zu besuchenden Orte entspricht), ist das erzielte Resultat korrekt. Genau dies versteht man nun unter einem Problem der Klasse *NP*: Ein solches Problem ist mit Hilfe einer nichtdeterministischen Turing-Maschine in Polynomialzeit lösbar, wenn diese eine oder mehrere «richtige» oder «optimale» Zufallsschätzungen abgibt.

Ein anderes Problem, das der Klasse *NP* angehört, ist die Untersuchung von ganzen Zahlen auf ihre mögliche Zerlegbarkeit. Um zu entscheiden, ob eine gegebene ganze Zahl n zerlegbar ist, bestimmt man zwei Zahlen a und b, die kleiner als n sind, und prüft, ob $ab = n$ ist. Dieses Verfahren läßt sich zweifellos in Polynomialzeit durchführen. Falls die Schätzung optimal war, erhalten wir auch die korrekte Antwort. Man beachte jedoch, daß mit Hilfe eines solchen Verfahrens nicht entschieden werden kann, ob auch die «komplementäre» Frage, die Frage nach der Primeigenschaft einer gegebenen Zahl, zur Klasse der *NP*-Probleme gehört. Im Fall der Zerlegbarkeit einer Zahl n ist eine einzige richtige Schätzung ausreichend, um das Problem zu lösen. Um dagegen zu beweisen, daß n eine Primzahl ist, müssen *alle* Schätzungen versagen. Die Überprüfung von Zahlen auf ihre mögliche Primeigenschaft ist zwar in der Tat ein *NP*-Problem, doch müssen wir, um dies zu zeigen, ein anderes Verfahren für den Primzahltest verwenden.

Die sehr abstrakte Vorstellung einer Klasse von *NP*-Problemen ist aus zwei Gründen sehr bedeutsam. Zum einen hat es sich gezeigt, daß zahlreiche Probleme, für die bislang noch kein effizienter Algorithmus entdeckt wurde, der Klasse der *NP*-Probleme angehören. Der Grund dafür liegt nicht so sehr in der Schwierigkeit der erforderlichen Rechenverfahren, sondern, wie leicht zu verstehen ist, mehr in der gewaltigen Zahl von Möglichkeiten, die der Computer ausrechnen muß. Wenn diese Möglichkeiten ausreichend ähnlich sind, eignen sie sich für die Rate-Strategie, die dem Begriff des *NP*-Problems zugrunde liegt. Der Begriff *NP* stellt also einen theoretischen Rahmen bereit, der sich auf eine Vielzahl realer, praktischer Probleme anwenden läßt.

Der zweite Grund hängt mit einer Arbeit zusammen, die Stephen Cook 1971 über die Effizienz von Algorithmen veröffentlichte. Durch die Weiterentwicklung von Methoden, die auf Turing und andere zurückgehen, konnte Cook zeigen, daß gewisse Probleme vom Typ *NP* höchstwahrscheinlich nicht durch einen effizienten Polynomialzeit-Algorithmus gelöst werden können. Insbesondere zeigte Cook, daß ein bestimmtes Problem vom Typ *NP* *NP-vollständig* ist. Darunter versteht man das folgende: Wenn es gelänge, dieses bestimmte Problem mit Hilfe eines Polynomialzeit-Algorithmus zu lösen, dann könnte auch jedes andere Problem des Typs *NP* auf diese Weise gelöst werden. Anders ausgedrückt, das von Cook untersuchte Problem ist «genauso schwierig» wie jedes andere Problem des Typs *NP*. Andere Mathematiker machten sich das Ergebnis von Cook zunutze und bewiesen, daß auch zahlreiche andere *NP*-Probleme *NP*-vollständig sind, so auch das Problem des Handlungsreisenden (siehe Kasten C).

Aufgrund der Arbeiten von Cook und anderen können wir also zeigen, daß viele der sich in der realen Welt ergebenden Probleme vom Typ *NP* mindestens ebenso schwierig sind wie jedes andere *NP*-Problem. Daraus schließen die meisten Mathematiker, daß es vergebliche Mühe wäre, nach einem effizienten (polynomialen) Algorithmus zur Lösung eines Problems zu suchen, das erwiesenermaßen ebenso schwierig ist wie jedes andere *NP*-Problem. Der Beweis, daß ein gegebenes Problem *NP*-vollständig ist, wird daher unweigerlich auch als Beweis dafür angesehen, daß es nicht durch einen Polynomialzeit-Algorithmus gelöst werden kann.

Hier liegt jedoch ein Problem. Cooks Ergebnis und alle nachfolgenden Arbeiten schließen keineswegs die Möglichkeit aus, daß die Klassen *P* und *NP* im Grunde identisch sind, daß also jedes beliebige Problem des Typs *NP* doch durch einen polynomialen Algorithmus gelöst werden könne, auch wenn das Auffinden eines solchen Algorithmus im Einzelfall keineswegs leicht wäre. Wenn dies zutreffen sollte, wäre der Beweis, daß ein Problem «genauso schwierig ist wie jedes beliebige andere in der Klasse der *NP*-Probleme», nicht sehr aussagekräftig. Alle *NP*-Probleme wären in diesem Fall in dem beschriebenen Sinn «leichte» Probleme. Wenige Experten halten dies jedoch für wahrscheinlich. Die Definition eines *NP*-Problems, die sich gerade auf ein dem Wesen des Algorithmus völlig zuwiderlaufendes Verfahren des «Ratens» stützt (ein Verfahren, bei dem die Wahrscheinlichkeit «richtig zu raten» sogar außerordentlich gering ist), läßt mit großer Sicherheit annehmen, daß Probleme des Typs *P* und solche des Typs *NP* nicht äquivalent sein können. Folglich schließt man die theoretische Möglichkeit, daß *P* und *NP* identisch sein könnten, von vornherein aus und betrachtet die *NP*-Vollständigkeit doch als einen Beweis für die «Unlösbarkeit» des betreffenden Problems.

Um die Angelegenheit endgültig beizulegen, wäre es natürlich völlig ausreichend, für ein einziges Problem vom Typ *NP* zu beweisen, daß es nicht zur Klasse *P* gehört. Obwohl der Unterschied zwischen den beiden Begriffen *P* und *NP* intuitiv auf der Hand liegt, ist dies bisher nicht gelungen. Es spricht sogar alles dafür, daß dies ein äußerst schwieriges Unterfangen ist. Bekannt als das «*P* = *NP* Problem» gehört

Kasten C: Einige *NP*-vollständige Probleme

Das Problem des Handlungsreisenden. Dieses Problem wird im Text beschrieben.

Das Hamiltonsche Kreis-Problem. Gegeben sei ein Netzwerk von Städten und Straßen, die diese Städte verbinden. Gibt es eine Route, die in ein und derselben Stadt beginnt und endet und die jede andere Stadt genau einmal berührt?

Das Multiprozessor-Aufgabenverteilungs-Problem (ein sogenanntes «Scheduling-Problem»). Gegeben sei eine Menge T von Aufgaben; eine Liste der jeweiligen Zeiten, die benötigt werden, um jede einzelne Aufgabe auf einem bestimmten Prozessortyp zu bearbeiten, sowie eine bestimmte Anzahl von Prozessoren jeden Typs. Ist es möglich, die in T enthaltenen Aufgaben aufzuteilen und jedem Prozessor eine Gruppe von Aufgaben zuzuweisen, so daß die Gesamtzeit, die benötigt wird, um alle Aufgaben auszuführen, geringer ist als eine bestimmte Zeit? Jeder einzelne Prozessor arbeitet sequentiell, doch läuft die Menge aller Prozessoren gleichzeitig.

Das Problem der Färbung von Landkarten (vgl. Kapitel 7). Gegeben sei eine Landkarte. Ist es möglich, diese Karte mit nur drei Farben so auszumalen, daß keine zwei Länder mit einer gemeinsamen Grenze die gleiche Farbe erhalten?

Das Problem des quadratischen Rests. Gegeben seien positive ganze Zahlen a, b, c, wobei a kleiner als b ist. Gibt es eine positive ganze Zahl x, die kleiner als c ist, für die gilt:

$$x^2 \bmod b = a \text{ ?}$$

Das Problem der quadratischen diophantischen Gleichungen (vgl. Kapitel 6). Gegeben seien positive ganze Zahlen a, b, c. Existieren positive ganze Zahlen x und y, für die gilt:

$$ax^2 + by = c \text{ ?}$$

es zu den bedeutsamsten ungelösten Problemen der neueren numerischen Mathematik. Einen Teil seiner Bedeutsamkeit verdankt das Problem natürlich gerade dem Umstand, daß es für viele praktische Probleme von Relevanz ist. Doch müssen wir hier vorsichtig sein, denn Fragen der Relevanz erweisen sich nie als einfach. Kehren wir also zum Ausgangspunkt unserer Betrachtung zurück.

Ein Beispiel aus der Praxis – Lineare Programmierung

Obwohl die beschriebenen theoretischen Verfahren einige wertvolle Informationen liefern können, vermitteln sie nicht immer ein übermäßig genaues Bild von den Anwendungsbereichen, auf die sie sich beziehen. Ein Algorithmus, der theoretisch ein Exponentialzeit-Algorithmus (also ineffizient) ist, kann durchaus mit den vorhandenen Daten in der Praxis gute Ergebnisse liefern. Die exponentielle Laufzeit tritt vielleicht nur für ganz bestimmte Arten von Daten in Erscheinung, mit denen man im allgemeinen nicht umgeht. Bis zu einem gewissen Grad fällt das Problem des Handlungsreisenden in diese Kategorie. Wenn man die verfügbaren Methoden – die zweifellos auf Exponentialzeit-Algorithmen beruhen – auf «reale» Konfigurationen von Städten und Straßen anwendet, erweisen sie sich in der Regel als durchaus praktikabel. Ein anderes Beispiel, das die potentielle Kluft zwischen Theorie und Praxis auf hervorragende Weise verdeutlicht, ist das sogenannte Problem der linearen Programmierung, jenes Problem, das zur Entwicklung der heute unter dem Begriff «Operations Research» bekannten Unternehmensforschung führte (und welches immer noch eines ihrer zentralen Themen darstellt). Dieser Forschungszweig, der im Zweiten Weltkrieg entstanden ist, benutzt mathematische Methoden zur Lösung komplexer Probleme, die sich bei der Steuerung und Verwaltung großer Systeme wie Wirtschaft, Industrie und Verteidigung ergeben. Kennzeichnend für diese Systeme ist die große Zahl von Faktoren, die bei Entscheidungsprozessen berücksichtigt werden muß, wie zum Beispiel die verfügbaren Arbeitskräfte, Maschinen, Rohmaterialien und finanziellen Mittel etc.

Die *lineare Programmierung* ist ein Verfahren zur mathematischen Beschreibung oder *Modellierung* eines realen Problems, welches darin besteht, bestimmte Faktoren zu *maximieren* (etwa Gewinn oder Sicherheit) oder zu *minimieren* (etwa Kosten oder Risiken). Die erforderliche *Optimierung* wird erzielt, indem man für eine Reihe von *Parametern* (oder *Variablen*) geeignete Werte wählt. Sowohl der zu optimierende Faktor als auch einige oder alle der Parameter unterliegen dabei einer oder mehreren *Nebenbedingungen.* Das Wort «linear» in der Bezeichnung «lineare Programmierung» zeigt an, daß alle mathematischen Ausdrücke in dem Modell linear sind. Die Variablen werden also nicht miteinander multipliziert und kommen nicht in Potenzen vor. In der Praxis bedeutet dies keine große Beschränkung, da die meisten Probleme, mit denen man im realen Leben zu tun hat, entweder linear an sich sind oder, ohne allzu große Fehler zu verursachen, auf diese Weise behandelt werden können.

Eine einfache Betrachtung des Problems zeigt, daß die linearen Nebenbedingungen auf natürliche Weise geometrisch dargestellt werden können. Die Werte von Variablen, die alle Bedingungen erfüllen, entsprechen Punkten, die innerhalb einer bestimmten geometrischen Figur liegen. Wenn es genau zwei Variable gibt, ist diese geometrische Figur ein Polygon, wobei die Anzahl seiner Seiten durch die Anzahl der Nebenbedingungen gegeben ist; wenn es drei Variable gibt, ist die Figur ein Polyeder, und wenn es N Variable gibt, ist sie ein Polytop im N-dimensionalen Raum (vgl. Kapitel 10). Natürlich gibt es keine Möglichkeit, ein Polytop in vier oder mehr Dimensionen graphisch darzustellen, doch ist die Mathematik in hohen Dimensionen nicht schwieriger wie in niedrigen Dimensionen.

Ein einfaches Beispiel soll dies verdeutlichen. Stellen wir uns eine Firma vor, die zwei Arten von Stoff herstellt, A und B. Sie verwendet dazu Wolle in drei verschiedenen Farben. Die Wollmengen, die benötigt werden, um jeweils eine Längeneinheit der Stoffe A und B herzustellen, sowie die Wollmenge, die von jeder Farbe zur Verfügung steht, können Sie der Tabelle 5 entnehmen. Pro Längeneinheit des Stoffs A erwirtschaftet der Unternehmer einen Gewinn von £ 12; pro Längeneinheit des Stoffs B sind es £ 8. Wie ist unter den gegebenen Umständen die Wolle zu verarbeiten, damit der höchstmögliche Gewinn erzielt wird?

	Wollmenge zur Herstellung einer Längeneinheit		
Farbe der Wolle	**Stoff A**	**Stoff B**	**Vorrätige Menge**
Rot	4 kg	4 kg	1400 kg
Grün	6 kg	3 kg	1800 kg
Gelb	2 kg	6 kg	1800 kg

Tab. 5
Es sind die Mengen roter, grüner und gelber Wolle aufgeführt, die erforderlich sind, um je eine Längeneinheit der Stoffe A und B herzustellen, ferner die jeweils vorrätigen Mengen.

Zunächst stellen wir eine Gleichung auf, die diese Frage mathematisch ausdrückt: die sogenannte «Zielfunktion»; x und y bezeichnen dabei die Mengen in der Längeneinheit, die von jedem Stoff A und B hergestellt werden. Dies ergibt dann einen Gewinn P (in £) von:

$$P = 12x + 8y. \tag{10}$$

Welchen Nebenbedingungen sind die Werte von x und y unterworfen? Da nur 1400 kg roter Wolle verfügbar sind und Stoff A wie auch Stoff B jeweils 4 kg roter Wolle pro Längeneinheit benötigen, ergibt sich daraus die Ungleichung:

$$4x + 4y \leq 1400. \tag{11}$$

Ebenso ergeben sich angesichts der verfügbaren Mengen grüner und gelber Wolle folgende Ungleichungen:

$$6x + 3y \leq 1800, \quad 2x + 6y \leq 1800. \tag{12}$$

Schließlich gilt noch die Bedingung, daß weder x noch y negativ sein dürfen, eine Beschränkung, die sich aus dem betrachteten Problem von selbst ergibt, die jedoch in der mathematischen Darstellung explizit niedergelegt werden muß:

$$x \geq 0, y \geq 0. \tag{13}$$

Abb. 64 stellt die durch die Ungleichungen (11), (12) und (13) gegebenen Bedingungen graphisch dar. Jedes Paar von Werten x und y, welches alle Bedingungen erfüllt, entspricht den Koordinaten eines Punktes, der innerhalb der schraffierten Fläche liegt. Umgekehrt gilt, jeder Punkt, der in dieser Fläche liegt, besitzt Koordinaten, die die Ungleichungen (11), (12) und (13) erfüllen. (Prüfen Sie dies selbst nach, indem Sie die Koordinaten verschiedener Punkte innerhalb und außerhalb der Fläche ablesen.) Unsere Aufgabe besteht nun darin, einen Punkt innerhalb der schraffierten Fläche zu finden, der die Größe P in der Gleichung (10) maximiert.

Alle Geraden, deren Gleichungen dieselbe Form wie Gleichung (10) für einen festen Wert von P besitzen, verlaufen parallel zueinander. Zwei solcher Geraden für $P = 1200$ und $P = 2400$ sind in der Abb. 64 eingezeichnet. Um also P zu maximieren, ist es nur erforderlich, die Gewinnkurve, die durch die Gleichung (10) gegeben ist, so weit wie

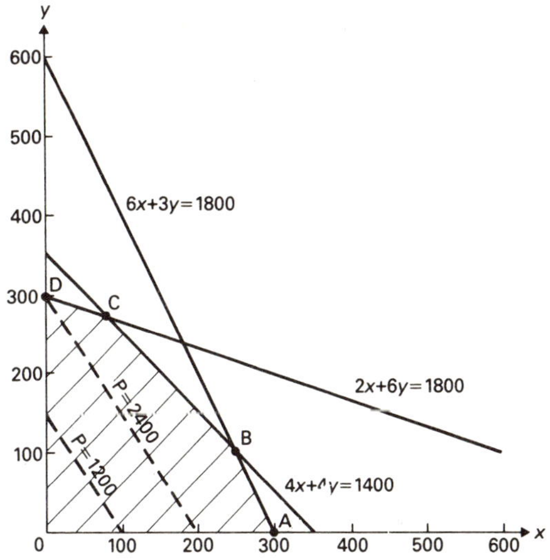

Abb. 64
Lineare Programmierung. Die Lösung des im Text beschriebenen Problems.

möglich vom Ursprung fortzubewegen, ohne daß sie die schraffierte Fläche vollständig verläßt. Dies führt uns zu dem Punkt *B*. Die Koordinaten des Punktes *B* lassen sich mit Hilfe der elementaren Algebra leicht berechnen (als Lösungen zweier simultaner Gleichungen): Sie sind (250, 100). Um also einen maximalen Gewinn zu erwirtschaften, muß der Hersteller 250 Längeneinheiten des Stoffs *A* und 100 Längeneinheiten des Stoffs *B* produzieren. Der Gewinn liegt dann bei £ 3800. Für die Produktion dieser Stoffmengen benötigt man den gesamten Vorrat roter und grüner Wolle; 700 kg der gelben Wolle bleiben jedoch übrig. Der Hersteller hätte sich also sinnvollerweise vor dem Einkaufen der Wolle mit der Materie vertraut gemacht.

Nachdem wir das Problem gelöst haben, wollen wir analysieren, welche Schritte dabei notwendig waren. Die Nebenbedingungen wurden in Abb. 64 durch das polygonale Gebilde *ABCD0* in der Ebene dargestellt. Da der Maximierungspunkt identisch mit einer der Ecken des Polygons sein muß, gilt es nur herauszufinden, mit welcher er identisch ist. In dem oben geschilderten einfachen Beispiel erforderte dies zwar keine große Mühe, doch erweist sich dieselbe Aufgabe bei komplizierteren (und folglich realistischeren) Problemen linearer Programmierung als überaus schwierig. Bei einem Problem mit drei Variablen führen die Nebenbedingungen zu einem dreidimensionalen Polyeder; bei *N* Variablen erhalten wir ein *N*-dimensionales Polytop, welches sich zwar nicht mehr graphisch veranschaulichen läßt, das jedoch mit algebraischen Methoden durchaus gemeistert werden kann. In jedem dieser Fälle läuft das Problem darauf hinaus, jene Ecke der betreffenden geometrischen Figur Polygon, Polyeder oder Polytop zu finden, wo die Optimierung stattfindet, das heißt, wo die Zielfunktion einen Extremwert erreicht. Wie geht man jedoch dabei vor? Bei einem Polytop können ja durchaus mehrere Millionen (oder noch mehr) Ekken vorkommen, so daß eine erschöpfende Suche wie bei dem Problem des Handlungsreisenden gewöhnlich ausscheidet. Wir benötigen folglich eine systematische Methode zur Erkennung der optimalen Ecke.

Im Jahre 1947 entwickelte der amerikanische Mathematiker George Dantzig ein solches Verfahren: den sogenannten *Simplex-Algorithmus*. Dabei beginnt man mit einer Ecke (wie man diese findet, soll hier nicht näher beschrieben werden) und bewegt sich von dort um die gesamte Oberfläche des Polytops, indem man den Kanten von Ecke zu Ecke folgt. An jeder neuen Ecke gibt es mehrere verschiedene Möglichkeiten, weiterzugehen. Die Entscheidung für einen bestimmten Weg hängt von verschiedenen Kriterien ab. Selbstverständlich kommen nur solche Ecken in Frage, die die gesuchte Größe entweder steigern, wenn es sich um ein Maximierungsproblem handelt, oder die sie verringern, wenn es um eine Minimierung geht.

Aufgrund der ungeheuren Vielzahl möglicher Wege entlang der Kanten eines Polytops gilt der Simplex-Algorithmus theoretisch als ein Exponentialzeit-Algorithmus. In der Praxis, wenn man ihn auf Probleme mit Hunderten oder Tausenden von Variablen anwendet, arbeitet er jedoch äußerst schnell und findet die optimale Ecke nach einer relativ kleinen Anzahl von Schritten. Alles deutet sogar darauf hin, daß er in der Regel in Linearzeit läuft (die Anzahl der Rechenoperationen ist direkt proportional zur Anzahl der vorkommenden Variablen). Jene Arten von Beschränkungen (und ihre entsprechenden Polytope), die dazu führen, daß der Algorithmus ineffizient, das heißt in Exponentialzeit läuft, kommen in der Praxis nicht sehr häufig vor. Sie müssen eigens zu dem Zweck, die Simplex-Methode scheitern zu lassen, konstruiert werden. Sie sind in der Tat so abwegig, daß die Existenz dieser «künstlichen» Probleme zu keinem Zeitpunkt verhindert hat, daß die professionell erstellten Versionen dieses Simplex-Algorithmus zu den allerersten Programmpaketen gehören, die für ein auf kommerzielle oder industrielle Nutzung gerichtetes Computersystem vertrieben werden. Kurzum, die Methode funktioniert.

Gibt es jedoch noch eine schnellere Methode, eine, die nicht nur in den meisten, sondern in allen Fällen rasch zu einer Lösung führt? Gibt es einen polynomialen Algorithmus? Intuitiv würde man annehmen, daß das Auffinden der optimalen Ecke eines Polytops beschleunigt werden könnte, wenn man, anstatt den Kanten auf der Oberfläche von Ecke zu Ecke zu folgen, eine «Abkürzung» durch das Innere nähme. Die Schwierigkeit bei diesem Ansatz liegt darin, daß man zu Beginn nicht weiß, welche Ecke optimal ist, und folglich keinen Anhaltspunkt besitzt, um zu entscheiden, in welcher Richtung man suchen soll. Wenn man auf der Oberfläche des Polytops fortschreitet, besitzt man immerhin eine Methode, um in jedem Augenblick zu entscheiden, in welche Richtung man weitergeht. Gibt es eine solche Orientierungsmöglichkeit, wenn wir uns von der Oberfläche lösen und ins Innere vorstoßen?

Tatsächlich gibt es eine solche Möglichkeit. 1970 erkannte der sowjetische Mathematiker Shor, daß eine schon seit langem bekannte Methode, das sogenannte Newton-Verfahren, auf das Problem der linearen Programmierung angewendet werden kann. Levin, Judin und Nemirovski (ebenfalls aus der UdSSR) führten diesen Gedanken weiter und entwickelten 1976 das sogenannte *Ellipsoid-Verfahren*, bei dem die Richtung des Weges durch das Innere des Polytops mit Hilfe einer Folge von Ellipsen bestimmt wird, die das Polytop approximieren. 1979 zeigte Khachian (wiederum aus der UdSSR, die in diesem Forschungszweig praktisch eine Monopolstellung innehatte), daß das Ellipsoid-Verfahren in Polynomialzeit läuft. Obwohl dies bedeutete, daß das Ellipsoid-Verfahren theoretisch besser als die Simplex-Methode war, bewährte es sich doch in der Anwendung auf reale Probleme längst nicht so gut wie der Simplex-Algorithmus.

«Dann ist der theoretische Begriff der Effizienz ja nicht viel wert, wenn die theoretisch ineffiziente Methode die theoretisch effiziente mit Leichtigkeit übertrifft», so werden Sie vielleicht jetzt schließen. Viele Nichtmathematiker sagten genau dies. Schließlich war – und ist – das Problem der linearen Programmierung das vielleicht wichtigste Einzelproblem «aus dem wirklichen Leben». Wenn es ein Beispiel geben konnte, das die Polynomialzeit/Exponentialzeit-Klassifizierung von Effizienz in Frage stellte, dann war dies vom Standpunkt der reinen Mathematik das schlimmste.

Die Rettung kam schließlich Anfang 1984 durch einen anderen Theoretiker, Narendra Karmarkar, einen 28jährigen Mathematiker, der für die Bell Laboratories in den USA arbeitete. Er hatte einen Polynomialzeit-Algorithmus für die lineare Programmierung entdeckt, der sich nicht nur gut bewährte, sondern der sogar in vielen Fällen das Simplex-Verfahren weit übertraf. In einem Probelauf, in dem es um die Lösung eines Problems mit 5000 Variablen ging, schnitt Karmarkars Algorithmus 50mal schneller ab als der Simplex-Algorithmus. Dies stellte einen bedeutsamen und völlig unerwarteten Fortschritt dar. Für seinen Algorithmus benötigte Karmarkar eine sehr hochentwickelte Mathematik, die unter anderem auf einer Folge von «Umformungen» des Polytops beruhte. Aus diesen Umformungen gehen jene «Vorzugsrichtungen» hervor, die dann innerhalb des Polytops zu verfolgen sind. Da der Computer jedoch nicht mit geometrischen Vorstellungen, sondern mit arithmetischen Manipulationen umgeht, ersetzt man die dem Karmarkar-Algorithmus zugrundeliegenden geometrischen Ideen durch eine Reihe von Matrizenoperationen. Auch die Computerimplementierung des Simplex-Algorithmus beruht auf diesem Schritt.

Der theoretische Begriff der Effizienz erweist sich also letzten Endes doch als durchaus brauchbar. Darüber hinaus verdeutlicht der neue Algorithmus auf eindrucksvolle Weise, wie ein hochentwickelter, abstrakter Teilbereich der Mathematik, der auf vieldimensionalen Entsprechungen von Polyedern und sonderbaren mathematischen «Deformationen» beruht, zu einer konkreten Anwendung in der «realen» Welt führen kann, einer Anwendung, die in Wirtschaft und Industrie wie in der Verteidigung von entscheidendem Nutzen ist. Insgesamt verkörpert dieser Algorithmus also eine beispielhafte Verquickung des Reinen und Abstrakten mit der Welt, in der wir leben; eine wahrlich angemessene Entdeckung, um mit ihr diesen Überblick über die Sternstunden der modernen Mathematik abzuschließen.

Literaturhinweise

Zu Kapitel 1:

Eine vorzügliche Einführung in die Zahlentheorie (jedoch nicht in ihre numerischen Aspekte) stellt das Werk *Elementary Number Theory* von David Burton dar (Allyn and Bacon, 1980).

Cipher Systems von Henry Beker und Fred Piper (Northwood, 1982) befaßt sich ausführlich mit allen wichtigen Aspekten der Kryptologie, der Wissenschaft von der Verschlüsselung und Entschlüsselung von Nachrichten. Obwohl dieses Buch nicht immer ganz einfach zu lesen ist, lohnt sich die Lektüre durchaus.

Zu Kapitel 2:

Eine Einführung in die mathematische Logik bieten die Bücher *What is Mathematical Logic?* von J.N. Crossley (Oxford University Press, 1972) und *Language, Logic and Mathematics* von C.W. Kilmister (English Universities Press, 1967) sowie eine Vielzahl anderer Werke. *Logic* von Wilfred Hodges (Pelican, 1977) beschäftigt sich vorwiegend mit den nicht-mathematischen Aspekten dieses Gebiets, doch lohnt es sich durchaus, einen Blick hineinzuwerfen.

Eine einfache, aber gründliche Einführung in die Mengenlehre, die alle in diesem Kapitel behandelten Themen abdeckt, bietet das Buch *Fundamentals of Contemporary Set Theory* von Keith Devlin (Springer-Verlag, 1980).

Zu Kapitel 3:

Einen historischen Abriß über die Entwicklung der Zahlensysteme gibt *Numbers: Their History and Meaning* von Graham Flegg (André Deutsch, 1983).

Eine kurze Erläuterung verschiedener Zahlensysteme bietet Ivan Niven in seinem Buch *Numbers: Rational and Irrational* (Random House, 1961). Ausführlicher wird das Thema von Claude Burrill in *Foundations of Real Numbers* (McGraw-Hill, 1967) sowie von Leon Cohen und Gertrude Ehrlich in *The Structure of the Real Number System* (Van Nostrand, 1963) behandelt.

Eine gut lesbare Darstellung jener Zahlensysteme, die im Klassenzahlproblem von Bedeutung sind, findet sich im 8. Kapitel des Buches *An Introduction to Number Theory* von Harold Stark (Markham, Chicago, 1970). Auf einem höheren Niveau wird das Thema in *Algebraic Number Theory* von I.N. Stewart und D.O. Tall behandelt (Chapman and Hall, 1979).

In seinem Artikel *L-Series of elliptic curves, the Birch-Swinnerton-Dyer conjecture, and the class number problem of Gauss*, der in der mathematischen Fachzeitschrift *Notices of the American Mathematical Society*, Vol. 31, No. 7 (Nov. 1984), Issue 237, p. 739–743 erschienen ist, beschreibt Don Zagier auf einem mathematisch sehr anspruchsvollen Niveau die endgültige Lösung des Klassenzahlproblems. In diesem Artikel wird auch auf weitere (ebenfalls sehr anspruchsvolle) Literatur verwiesen, die der interessierte Leser nachschlagen kann. Es muß jedoch betont werden, daß diese Arbeiten sehr fortgeschritten sind und daß es den meisten Mathematikern nicht leicht fiele, dem Beweis zu folgen.

Schließlich möchte ich noch das berühmte Werk *Disquisitiones Arithmeticae* von C.F. Gauß erwähnen, das erstmals in Leipzig 1801 erschienen ist und in einer Neuauflage von 1986 (Springer-Verlag) zur Verfügung steht.

Zu Kapitel 4:

Eine klare Vorstellung von der Schönheit der in Kapitel 4 beschriebenen Welt kann man sich eigentlich nur mit Hilfe von Farbabbildungen machen. Die Farben dienen dazu, eine Art von Relief- oder Höhenlinienkarte zu erstellen, die die Dynamik des Systems widerspiegelt. Eine hervorragende Sammlung von Farb- und Schwarzweißbildern (mit Erläuterungen) findet sich in dem Buch *The Beauty of Fractals* von H.O. Peitgen und P.H. Richter (Springer-Verlag, 1986). Dieses Buch ist sehr empfehlenswert.

Eine recht aktuelle Darstellung der fraktalen Geometrie und ihrer zahlreichen Anwendungen bietet das Buch *Die fraktale Geometrie der Natur* von Benoit B. Mandelbrot (Birkhäuser Verlag, 1987).

Zu Kapitel 5:

Eine behutsame Einführung in die Gruppentheorie bietet das 7. Kapitel von *Concepts of Modern Mathematics* von Ian Stewart (Pelican, 1981).

Ausführlicher und auf höherem Niveau wird das Thema in *Finite Simple Groups* von Daniel Gorenstein behandelt (Plenum, 1982).

Eine vollständige Darstellung der Klassifikation der endlichen einfachen Gruppen liefert das zweibändige Werk *The Classification of Finite Simple Groups* von Daniel Gorenstein (Plenum, 1982).

Zu Kapitel 6:

Hilberts berühmten Vortrag anläßlich des Internationalen Mathematikerkongresses im Jahre 1900 wie auch die Lösung des zehnten Hilbertschen Problems können Sie in *Mathematical Developments Arising from Hilbert Problems* (herausgegeben von Felix Browder) nachlesen, welches in der Reihe *Proceedings of Symposia in Pure Mathematics* (American Mathematical Society, 1974), Vol. 28 erschienen ist.

Einen Überblick über die Hilbertschen Probleme und die bisher erzielten Lösungen bietet auch das Werk *Die Hilbertschen Probleme* von P.S. Alexandrov (Hrsg.) (Akademische Verlagsgesellschaft, Leipzig 1983, Ostwalds Klassiker der exakten Wissenschaften 252).

Zu Kapitel 7:

Eine gut lesbare und recht verständliche Darstellung der Lösung des Vierfarbenproblems findet sich in dem Artikel *The solution of the four-color-map problem* von Kenneth Appel und Wolfgang Haken, der in der Zeitschrift *Scientific American*, Vol. 237 (October 1977), p. 108–121 erschienen ist.

Da dieser Beweis von einigen Kritikern als unzulänglich bemängelt wurde, veröffentlichten dieselben Autoren in der Zeitschrift *The Mathematical Intelligencer*, Vol. 8 (1986), p. 10–20 einen zweiten Artikel, in dem sie den Beweis nochmals darlegen. Der Titel des Artikels *The four color proof suffices* ist eine Anspielung auf den Sonderstempel, der 1972 von der Post in Illinois anläßlich der Lösung des Problems verwendet wurde und der stolz verkündet: «four colors suffice»; eine Aufschrift, die zweifellos all jene Uneingeweihten vor ein Rätsel stellen mußte, die zufällig einen solchen Brief erhielten.

Eine ausführliche mathematische Darstellung des Problems wie auch der Lösung bietet *The Four Colour Problem* von Thomas L. Saaty und Paul C. Kainen (McGraw-Hill, 1977).

Eine detaillierte Darstellung der Beiträge Heinrich Heeschs zum Vierfarbenproblem bietet Hans-Günther Bigalkes Biographie Heinrich Heesch (Birkhäuser Verlag, 1988).

Eine sehr schöne und verständliche Beschreibung der Entwicklung der Graphentheorie im allgemeinen liefert *Graph Theory 1736–1936* von N. Biggs, E. Lloyd und R. Wilson (Oxford University Press, 1976).

Zu Kapitel 8:

Es gibt mindestens zwei hervorragende und umfassende Werke zur Fermatschen Vermutung. *Fermat's Last Theorem* von Harold M. Edwards (Springer-Verlag, 1977) beginnt mit drei recht «elementaren» Kapiteln, bevor sich der Verfasser den schwierigeren Begriffen zuwendet, die für die meisten der neueren Arbeiten zu dieser Thematik so charakteristisch sind.

13 Lectures on Fermat's Last Theorem von Paulo Ribenboim (Springer-Verlag, 1980) bietet dem Leser ebenfalls ausgezeichnete Informationen, wenngleich die Einführung in das Thema nicht ganz so behutsam ist.

Ausführlich behandelt werden die Fermatsche Vermutung und verwandte Themen auch in *Algebraic Number Theory* von I.N. Stewart und D.O. Tall (Chapman and Hall, 1979), ein Buch, welches sich vor allem an Mathematik-Studenten in den ersten Semestern richtet.

Auf ähnlichem Niveau steht ferner das exzellente Werk *Elementary Number Theory* von David Burton (Allyn and Bacon, 1980), welches nicht nur die Fermatsche Vermutung, sondern auch eine ganze Reihe anderer Probleme der Zahlentheorie behandelt.

Zu Kapitel 9:

Eine Einführung in die komplexen Zahlen findet sich in vielen elementaren Büchern über Mathematik, so in *Sets, Functions and Logic* von Keith Devlin (Chapman & Hall, 1981). Daneben gibt es zahlreiche fortgeschrittenere Werke zur komplexen Funktionentheorie, darunter *A First Course on Complex Functions* von G.J.O. Jameson (Chapman & Hall, 1970).

Introduction to Analytic Number Theory von K. Chandrasekharan (Springer-Verlag, 1968) leistet genau das, was sein Titel verspricht, nämlich eine Einführung in die analytische Zahlentheorie. Es liegt jedoch in der Natur der Sache, daß dieser Gegenstand dem Laien nicht zugänglich ist.

Das klassische Werk zur Riemannschen Zetafunktion ist *Riemann's Zeta Function* von H.M. Edwards (Academic Press, 1974).

Die Lösung der Mertensschen Vermutung wird in dem Artikel *Disproof of the Mertens conjecture* beschrieben, der im *Journal für die reine und angewandte Mathematik*, Vol. 357 (1985), p. 138–160 erschienen ist. Die Verfasser sind A.M. Odlyzko und H.J.J. te Riele.

Einen kurzen Überblick über die Bieberbachsche Vermutung und ihre Lösung bietet der Artikel *The last 100 days of the Bieberbach conjecture* von O.M. Fomenko und G.V. Kuz'mina, der in der Fachzeitschrift *The Mathematical Intelligencer*, Vol. 8 (1986), p. 40–47 erschienen ist. Eine weitere Darstellung findet sich in dem Artikel *The Bieberbach conjecture: Retrospective* von Carl FitzGerald (*Notices of the American Mathematical Society*, Vol. 32 (1985), p. 2–6).

Zu Kapitel 10:

Eine Einführung in die Topologie bietet das Buch *Concepts of Modern Mathematics* von Ian Stewart (Penguin, 1981), Kapitel 10–14. Dort finden Sie eine ausführliche Darstellung des auf S. 287 beschriebenen Klassifikationsbeweises. Stewarts Buch ist vollständiger als die vorliegende Darstellung, bewegt sich aber im wesentlichen auf dem gleichen Niveau.

Eine sich an den Laien richtende Einführung in die Knotentheorie stellt der Artikel *Knotentheorie* von Lee Neuwirth dar, der in der Zeitschrift *Spektrum der Wissenschaft*, August 1979, S. 74–84 erschienen ist. Ausführlicher und auf fachlich höherem Niveau wird das Thema in dem Buch *Introduction to Knot Theory* von Richard Crowell und Ralph Fox (Gimm and Company, USA, 1963) behandelt. Einen guten Überblick über die Thematik gibt der Artikel *Knot tabulations and related topics* von Morwen Thistlethwaite, der in dem Sammelband *Aspects of Topology* erschienen ist. Die Herausgeber sind I.M. James und E.H. Kronheimer, London Mathematical Society Lecture Note Series, Volume 93 (Cambridge University Press, 1985).

In rein mathematischen Abhandlungen erweist sich die Theorie der Mannigfaltigkeiten in der Regel als unzugänglich für den Laien. Um sich jedoch eine Vorstellung von ihr machen zu können, empfehle ich dem Leser, einmal einen Blick in *Instantons and Four-Manifolds* von Daniel Freed und Karen Uhlenbeck zu werfen (Springer-Verlag, 1984), ein Buch, das sich auf die jüngeren Arbeiten von Donaldson und anderen zu den nicht der Norm entsprechenden $\mathbb{R}^4$-Mannigfaltigkeiten konzentriert. Kaufen Sie das Buch jedoch nur, wenn Sie bereits ein Experte auf dem Gebiet der algebraischen Topologie sind.

Auf den besonderen Aspekt der Katastrophentheorie geht intensiv der Titel *Katastrophentheorie* von Alexander Woodcock und Monte Davis (Penguin, 1980) ein.

Abbildungen der auf S. 272–274 behandelten Primknoten bis zur Kreuzungszahl 9 findet man in dem Artikel *On types of knotted curves* von J.W. Alexander und G.B. Briggs, der in *Annals of Mathematics*, Volume 27 (1927), p. 562–586 erschienen ist. Detaillierte Informationen über Knoten mit 10 Kreuzungen können Sie dem Artikel *On the classification of knots* von K.A. Perko entnehmen (Proceedings of the American Mathematical Society, Volume 45 (1974), p. 262–266).

Zu Kapitel 11:

Eine sehr gute lesbare, kurze Darstellung des Problems der Effizienz von Algorithmen bietet der Artikel *The efficiency of algorithms* von Harry Lewis und Christos Papadimitriou, der in der Zeitschrift *Scientific American*, Volume 238 (January 1978), p. 96–109 erschienen ist. Das Standardwerk zur Einführung in die Thematik der Effizienz von Algorithmen ist *Computers and Intractability* von Michael Garey und David Johnson (W.H. Freeman, 1979).

Auf einem allgemeinverständlichen Niveau werden der Simplex-Algorithmus und das Problem der linearen Programmierung in *Newer Uses of Mathematics* beschrieben, herausgegeben von James Lighthill (Penguin, 1978).

Eine Beschreibung des Karmarkar-Algorithmus können Sie in dem von ihm selbst verfaßten Artikel *A new polynomial-time algorithm for linear programming* nachlesen, der in der mathematischen Fachzeitschrift *Combinatorica*, Volume 4 (1984), Number 4, p. 373–392 veröffentlicht wurde.

Index